LA PROTECTION DE L'ENFANT

TOME I

LES INFRACTIONS À LA LOI PORTANT PROTECTION DE L'ENFANT

ANALYSE DES ÉLÉMENTS CONSTITUTIFS

D/2022/4910/12 ISBN : 978-2-8061-0654-4

10 rue du Poirier
B-1348 Louvain-la-Neuve

www.editions-academia.be

Rado ILUNGA KAKENKE

LA PROTECTION DE L'ENFANT

TOME I

Les infractions à la loi portant protection de l'enfant

Analyse des éléments constitutifs

ACADEMIA

« La violence à l'encontre des enfants est intolérable. La protection des enfants est une cause qui nous concerne tous. Il ne sera possible de se libérer de cette violence que si nous […] respectons nos devoirs envers les enfants et agissons en conséquence. Nous avons le pouvoir de légiférer, de veiller à l'application des lois, d'allouer des fonds et de mobiliser l'opinion publique. […] nous avons la possibilité d'influer de façon significative sur la vie des enfants. »

Pier Ferdinando Casini
Président de l'Union interparlementaire

Publication du même auteur

« La trajectoire d'entrée dans la rue des jeunes à Lubumbashi », *Annales de l'Université de Kolwezi*, vol. IV, n° 1, 2, 3, 4, juillet 2012-avril 2014, pp. 35-51.

« La compétence matérielle en matière successorale », *Annales de l'Université de Kolwezi*, vol. IV, n° 1, 2, 3, 4, juillet 2012-avril 2014, pp. 70-102.

« La juridiction compétente pour statuer sur la demande en déguerpissement », *Annales de l'Université de Kolwezi*, vol. IV, n° 1, 2, 3, 4, juillet 2012-avril 2014, pp. 103-122.

« La portée de l'article 14*bis* du Code de procédure pénale congolais tel que modifié et complété par la loi n° 06/019 du 20 juillet 2006 », *Annales de l'Université de Kolwezi*, vol. IV, n° 1, 2, 3, 4, juillet 2012-avril 2014, pp. 123-140.

« L'exécution de la mesure d'arrestation immédiate », *Annales de l'Université de Kolwezi*, vol. IV, n° 1, 2, 3, 4, juillet 2012-avril 2014, pp. 141-157.

« Les limites aux droits de jouissance foncière sur les terres des communautés locales en République démocratique du Congo », *Cahiers du Centre de Recherche universitaire du Kivu*, nouvelle série, n° 50, 2015, pp. 303-312.

« Recours en annulation contre des actes pris en violation de l'article 183 de la loi foncière », *Cahiers du Centre de Recherche universitaire du Kivu*, nouvelle série, n° 50, 2015, pp. 327-346.

La complexité du droit judiciaire congolais, Bukavu, Éditions du Centre de Recherche universitaire du Kivu, 2015.

Note à l'auteur

J'étais navré lorsqu'en mars 2016 l'auteur a quitté le parquet pour le siège, je ressentais cette douleur de séparation comme si le collègue venait d'abdiquer. Très vite, cependant, j'ai compris que son vœu était exaucé dans la mesure où, ne cessait-il de me dire, il voulait devenir juge et avait même écrit par la suite. De mon côté, je soutenais sa position en répliquant : « Cela vous permettrait d'avoir le maximum de temps pour vos recherches au lieu d'être au garde-à-vous au parquet. »

Je me rappelle lui avoir attribué la cote élite dans son dernier bulletin de signalement. J'étais persuadé que j'alertais notre hiérarchie de la présence dans la magistrature de l'un de ceux dont la République a besoin pour gouverner l'État, c'est-à-dire administrer la justice.

Son sens élitaire se cristallise davantage à travers son présent ouvrage, qui enrichit notre droit pénal spécial en ce qu'il y traite de la spécificité de chacune des infractions incriminées à la loi portant protection de l'enfant. Son talent, sa discipline et sa valeur professionnelle peuvent lui valoir une longue carrière.

C'est dans l'allégresse que le parquetier, les autres praticiens et les étudiants chercheurs trouveront un instrument indispensable à leurs activités quotidiennes.

S'il s'agissait d'une œuvre phonographique dont l'auteur-compositeur était un artiste talentueux, les éditeurs et producteurs phonogrammes se bousculeraient pour la fixation de son et faire des recettes et, en sens inverse, nous autres consommateurs mélomanes, l'aurions accueilli avec passion et surtout dansé au grand rythme de tchatcho.

Somme toute, l'administration de la justice soulève encore de grandes questions. En effet, le pouvoir est encore loin de disposer de repères fermes, car les troubles politiques et les incertitudes économiques ne permettent pas aux hommes de bonne volonté de jeter les bases solides d'une justice indépendante.

L'exercice du pouvoir judiciaire rencontre de sérieux défis à relever. Il faudra des hommes capables d'avoir et de réaliser le rêve dans ce domaine. La question reste simple à poser : quel est ce rêve et que faudrait-il ? La réponse est simple : le rêve serait celui de créer les conditions socioprofessionnelles propices à la mission de dire le droit. Pour ce faire, et c'est la réponse, il faudrait concevoir une politique judiciaire efficace en construisant dans chaque ville et territoire des palais de justice modernes, des prisons et des maisons d'arrêt, en construisant des logements décents pour les agents de l'administration pénitentiaire et les agents du pouvoir judiciaire d'une part et de l'autre, des logements décents pour le juge et l'officier du ministère public. En plus, il faudrait des hommes capables de faire exercer le pouvoir judiciaire avec commandement et coercition ; de s'autogérer en élaborant un budget autonome, insérer dans le budget général de l'État ; de faire appliquer les principes directeurs internationaux régissant la fonction de juge et celle de magistrat du parquet ; d'allouer les frais de fonctionnement aux cours et tribunaux ainsi qu'aux parquets y rattachés ; de faire respecter scrupuleusement le statut de justicier ; et enfin de faire administrer la justice, même si le ciel doit s'écrouler.

Nos concitoyens veulent l'établissement de cours et de tribunaux respectés dans la République, là où la vertu des magistrats porterait ainsi témoignage de la sagesse du peuple, les uns et les autres s'honorant mutuellement, de sorte que, si jamais de funestes malentendus venaient à troubler la concorde publique, ces temps mêmes d'aveuglement et d'erreur soient marqués par des témoignages de modération, d'estime réciproque et d'un commun respect pour les lois, présage et garant d'une réconciliation sincère.

KAZEMBE NGOY Almeda
Procureur de la République
Bukavu, 22 avril 2017

PRINCIPALES ABRÉVIATIONS

1re inst.	Tribunal de première instance.
1re inst. app.	Tribunal de première instance siégeant en appel.
BA	*Bulletin des arrêts.*
BACSJ	*Bulletin des arrêts de la Cour suprême de justice.*
BC	*Bulletin criminel.*
BIPGR	*Bulletin interne du Parquet général de la République.*
Bull.	*Bulletin des arrêts de la Cour de cassation, chambre criminelle.*
Cass.	Cour de cassation.
Cass. fr.	Cour de cassation de la République française.
CCL III	Code civil, Livre trois.
Comm.	Commentaires.
CPI	Cour pénale internationale.
CPL II	Code pénal, Livre deux.
Crim.	Chambre criminelle de la Cour de cassation.
CSJ	Cour suprême de justice.
D.	*Recueil Dalloz.*
DH	*Recueil Dalloz Hebdomadaire.*
Dr. pénal	*Revue de droit pénal.*
Élis.	Élisabethville.
Gaz. Pal.	*Gazette du Palais.*
JCP	*JurisClasseur périodique (Semaine juridique).*
JOZ	*Journal officiel du Zaïre.*
Jur. Congo	*Jurisprudence et droit du Congo.*
Jur. État	*Jurisprudence de l'État Indépendant.*

Jur. Kat.	*Jurisprudence du Katanga.*
Léo.	Cour d'appel de Léopoldville.
LPPE	Loi n° 09/001 du 10 janvier 2009 portant protection de l'enfant.
OIT	Organisation internationale du travail.
ONU	Organisation des Nations Unies.
Pand. pér.	*Pandectes périodiques.*
Pas.	*Pasinomie.*
Rejusco	Restauration de la justice à l'est de la RDC (ONG).
Rev. dr. pén. crim.	*Revue de droit pénal et de criminologie.*
Rev. jur.	*Revue juridique du Congo belge.*
Rev. sc. crim.	*Revue trimestrielle de science criminelle et droit pénal comparé.*
RJC	*Revue juridique du Congo.*
RJZ	*Revue juridique du Zaïre.*
RP	Rôle pénal.
RPA	Rôle pénal en appel.
RPDP	*Revue pénitentiaire et de droit pénal.*
RSC	*Revue trimestrielle de science criminelle et droit pénal comparé.*
Somm.	Sommaires commentés (Dalloz).
TGI	Tribunal de grande instance.
TMG	Tribunal militaire de garnison.
TPIY	Tribunal pénal international pour l'ex-Yougoslavie.

INTRODUCTION

1. Par la loi n° 09/001 du 10 janvier 2009 portant protection de l'enfant (LPPE), le législateur congolais a institué un droit que nous pouvons nommer « le droit de la protection de l'enfant ». Celui-ci peut être compris comme un ensemble de normes comportant à la fois les droits et obligations, en termes de devoirs, de l'enfant se trouvant sur le territoire congolais. Ces droits et devoirs, qui sont contenus non seulement dans la loi portant protection de l'enfant mais aussi dans d'autres textes nationaux et instruments internationaux auxquels le pays a adhéré, constituent la protection sociale, judiciaire et pénale de l'enfant.

2. Ces diverses protections ont chacune une spécificité pour le bien-être ou l'intérêt de l'enfant. La protection sociale, qui organise les organes de protection sociale de l'enfant, prévoit les mécanismes de tutelle de l'État, de placement social et autres mécanismes de prise en charge pour les enfants en situation difficile, d'une part, et le mécanisme de réinsertion familiale ou communautaire pour les enfants affectés par les conflits armés, d'autre part. Elle organise, en outre, le travail de l'enfant tout en interdisant toute forme d'exploitation et de violence à l'égard de l'enfant ainsi que les pratiques, traditions et coutumes qui portent atteinte au développement, à la santé, voire à la vie de l'enfant. La protection sociale est alors un ensemble de règles et/ou de mécanismes de protection de l'enfant en situation difficile.

3. La protection judiciaire de l'enfant institue et organise, par contre, le tribunal pour enfants. Cette protection institue non seulement une juridiction propre à toute personne âgée de moins de dix-huit ans, mais aussi un juge naturel pouvant connaître de toutes les affaires dans lesquelles un enfant est impliqué, que ce soit en matière pénale ou civile. Elle consacre aussi la médiation, une procédure « déjuridiciarisée », en faveur de l'enfant en conflit avec la loi. Ainsi, la protection judiciaire est un ensemble de règles et de mécanismes procéduraux garantissant une meilleure administration de la justice en faveur de l'enfant considéré comme étant en conflit avec la loi.

4. Enfin, la protection pénale de l'enfant constitue un ensemble de différentes infractions qui peuvent être commises à l'égard de l'enfant ou qui peuvent occasionner sa victimisation, même indirectement, à travers sa mère avant sa naissance. C'est cette protection qui nous intéresse dans cette étude et que nous avons abordée sous le thème : « Les infractions à la loi portant protection de l'enfant. Analyse des éléments constitutifs ». Il s'agira alors de faire l'étude des différentes infractions envisagées isolément, de ce qui les singularise les unes par rapport aux autres, dans leurs incriminations comme dans leurs sanctions spécifiques. Cette partie qui constitue un fragment du droit de la protection de l'enfant se distingue des deux autres parties de la protection de l'enfant. Toutefois, la protection pénale de l'enfant est alimentée par les deux autres modes de protection de l'enfant qui permettent d'ailleurs de comprendre les incriminations prévues à la loi portant protection de l'enfant. Ainsi, la protection pénale de l'enfant entretient des liens étroits avec l'ensemble des différentes parties du droit de la protection de l'enfant.

5. Certains praticiens du droit, et bien entendu du droit pénal spécial, peuvent se demander pourquoi une nouvelle étude traitant des infractions à la loi portant protection de l'enfant, alors qu'un ouvrage récent portant sur *Les Infractions de A à Z* (Cizungu M. Nyangezi, 2011) rassemble toutes les incriminations aux différents textes légaux en vigueur en République démocratique du Congo jusqu'en juillet 2011. Il est bien vrai que presque toutes les infractions sont répertoriées dans cet ouvrage. Cependant, elles ne sont pas toutes développées, au sens où les éléments constitutifs de chaque infraction n'y sont pas analysés. C'est le cas des infractions à la loi portant protection de l'enfant, elles sont bel et bien cataloguées, mais leurs éléments constitutifs ne sont pas étayés. Tels sont donc la particularité et l'intérêt de ce nouveau manuel, dont le but est de combler non seulement ce manque mais de mettre à la disposition des praticiens et apprenants du droit ainsi que des autres acteurs de la protection de l'enfant un outil de travail et de vulgarisation. Tout au long de notre rédaction, nous nous fonderons, pour quelques infractions, sur la nomenclature présentée par l'auteur de l'ouvrage *Les infractions de A à Z*, que nous félicitons pour son courage scientifique.

6. La plupart des incriminations relatives à la loi portant protection de l'enfant placent l'enfant au centre de leurs matérialisations. Elles véhiculent et promeuvent les valeurs idéales à l'égard de l'enfant. Il y a lieu de préciser à ce stade qu'au regard de la loi portant protection de l'enfant, est enfant « toute personne âgée de moins de dix-huit ans » (article 2, point 1, de la LPPE).

7. Ainsi, pour que l'infraction prévue à la loi n° 09/001 du 10 janvier 2009 portant protection de l'enfant soit établie, il est important de prouver la minorité d'âge de la présumée victime, si elle vise directement l'enfant. C'est ainsi qu'il est impérieux de verser au dossier toute pièce pouvant servir de preuve de la minorité d'âge alléguée. Cela permettra d'éviter tout arrangement ultérieur qui viserait à dissimuler l'âge de l'enfant, et qui mettrait à mal l'organe poursuivant devant le tribunal, au cas où il y a désintéressement de la part de la victime. Si les apparences de l'enfant peuvent porter à confusion, malgré cela le ministère public doit verser une preuve au dossier[1]. Il y a un âge qui prête à confusion, comme 16 et 17 ans ; quelqu'un peut se prévaloir qu'il est âgé de 18 ans après avoir déposé auprès du ministère public qu'il est mineur d'âge.

8. Tout de même, l'article 167, alinéa 2 *in fine*, du Code pénal Livre II, prévoit que « l'âge de l'enfant pourra être déterminé par examen médical, à défaut d'état civil ». Cependant, il convient de relever que cette disposition ne met pas à néant le principe de la liberté de preuve en matière répressive. C'est juste un pouvoir, et non une obligation, que le législateur donne à l'officier du ministère public ou au juge. D'autres moyens de preuve sont admis et ne peuvent être rejetés sur base de cette disposition. Dans l'affaire inscrite au RP 10 193, le tribunal de grande instance d'Uvira, siège secondaire de Kavumu, a eu à se rendre compte de la minorité d'âge de la victime par rapport aux apparences, ce que le prévenu n'avait pas contesté.

9. La protection pénale de l'enfant comporte plusieurs infractions. Un traité et, à plus forte raison, un simple manuel ne peuvent prétendre en mener une étude exhaustive. On ne retrouvera donc, dans ces pages, qu'un petit nombre d'infractions relatives à la loi portant protection de l'enfant. D'autres incriminations qui sont prévues par les textes généraux au sujet du droit de la protection de l'enfant ne pourront y être analysées. Cet ouvrage regroupe les infractions portant atteinte à la vie et à l'intégrité physique ou mentale de l'enfant, les atteintes à l'honneur et à la liberté individuelle de l'enfant, les infractions portant préjudice à la propriété et au patrimoine de l'enfant, les infractions d'agression sexuelle, la mise en danger de l'enfant, les infractions portant atteinte aux droits à la santé et à l'enseignement de l'enfant. Un regard est aussi tourné vers les infractions qui peuvent se commettre, d'une part, à l'égard d'une femme enceinte, qui constitue la protection de l'enfant avant sa naissance, et, d'autre part, pendant l'instance judiciaire engagée contre un enfant en conflit avec la loi.

10. En érigeant ces différents comportements en infraction, le législateur vise à protéger l'enfant contre la délinquance des adultes ou de certains jeunes. Toutefois, le législateur a en même temps protégé l'enfant contre sa propre délinquance en instaurant le tribunal pour enfants. Et cet aspect fera l'objet du deuxième tome consacré à la protection judiciaire de l'enfant.

11. Pour réaliser ce travail, nous avons recouru à la méthode d'interprétation dans ses divers aspects afin d'élucider les différents éléments constitutifs de chacune des préventions prévues à la loi portant protection de l'enfant. Il ne s'agit donc pas d'un simple exposé général des incriminations mais d'un examen détaillé de chacune des infractions, avec ses conditions d'existence propres, ses peines propres et son régime procédural propre, le cas échéant. Le travail, aussi

[1] À défaut de l'acte de l'état civil, il faut requérir un médecin, selon l'article 167 *in fine* du Code pénal, qui déterminera l'âge de la victime.

analytique soit-il, a en outre consisté à débusquer les problèmes que soulèvent certaines dispositions et à proposer quelques réformes qui sont regroupées dans la conclusion après leur examen au niveau de chaque prévention.

L'auteur

CHAPITRE PREMIER

LES ATTEINTES VOLONTAIRES À LA VIE ET À L'INTÉGRITÉ PHYSIQUE OU MENTALE DE L'ENFANT

En instaurant les infractions relatives aux atteintes volontaires à la vie et à l'intégrité physique ou mentale de l'enfant, le législateur a voulu protéger l'enfant contre la délinquance des autres personnes étant donné que ce dernier est vulnérable et manque de maturité physique, intellectuelle et émotionnelle. Le législateur rend volontaire cette catégorie d'infractions d'atteinte à la vie et à l'intégrité physique ou mentale de l'enfant. Ainsi, les atteintes involontaires à la vie et à l'intégrité physique ou mentale de l'enfant seront réprimées suivant les dispositions communes du Code pénal, Livre II.

Les atteintes volontaires prévues à ce chapitre de la loi portant protection de l'enfant, sont constituées de coups et blessures volontaires portés sur un enfant ; coups et blessures volontaires ayant entraîné une maladie ou une incapacité sur un enfant ; coups et blessures volontaires ayant entraîné une mutilation sur un enfant ; coups et blessures volontaires ayant entraîné la mort d'un enfant ; torture soumise à un enfant ; mutilation sexuelle d'un enfant ; expérimentation médicale sur un enfant ; administration volontaire de substances nuisibles à un enfant ; épreuves superstitieuses commises sur un enfant ; incitation d'un enfant au suicide.

Ce sont ces différentes préventions qui sont successivement analysées dans ce chapitre relatif aux atteintes volontaires à la vie et à l'intégrité physique ou mentale de l'enfant. Pour que ces préventions soient retenues, il faut que la victime soit un enfant, c'est-à-dire une personne âgée de moins de dix-huit ans.

Dans l'enquête ou la poursuite de ces infractions, il faudra tenir compte du lien entre l'enfant victime et l'auteur. L'état du père, de la mère, du parâtre, de la marâtre ou du tuteur de l'auteur entraîne une peine complémentaire, la déchéance de l'autorité parentale. Ainsi, dans l'analyse des éléments constitutifs, nous ne traiterons pas de manière particulière le lien entre la personne victime et l'auteur, sauf dans le cas où le législateur parle de l'autorité parentale.

Section 1. Coups et blessures volontaires portés sur un enfant

Vue générale. Il faut entendre par coup volontaire, tout choc ou heurt produit volontairement contre le corps d'une personne avec effet possible d'une contusion (Mineur, 1953 : 128). Ce qui caractérise le coup, écrit le même auteur, c'est le rapprochement violent, produisant le choc. Ce choc peut être produit en poussant la victime contre un corps dur ou en lançant un corps dur contre la victime. Par contre, on entend par blessure les lésions externes ou internes faites au corps humain, quel que soit le moyen employé. Constituent une blessure : une lésion corporelle caractérisée par la déchirure même interne d'un organe ; toute lésion interne ou externe du corps humain, résultant de l'action exercée au dehors de lui par une cause qui agit mécaniquement ou chimiquement sur les diverses parties de l'économie (Cass., 27 février 1933, *Pas.*, I, 141 ; Cass., 5 février 1935, *id.*, I, 145, note de Mineur, 1953 : 129).

Ainsi, les coups et blessures volontaires portés sur un enfant sont des atteintes à l'intégrité corporelle administrées sciemment et en connaissance de cause, quel que soit le moyen employé, sur une personne âgée de moins de dix-huit ans. L'atteinte à l'intégrité corporelle se réalise par les coups. Et les coups désignent les contacts physiques violents n'ayant pas causé d'effusion de sang, tandis que les blessures sont réservées aux plaies et saignements, à la rupture de tissus, aux fractures. Elles sont toute lésion dans l'organisme humain susceptible de laisser une apparente ou durable trace (Likulia Bolongo, 1985 : 90).

§ 1. Base légale

Cette infraction est prévue et punie par l'article 147 de la loi n° 09/001 du 10 janvier 2009 qui dispose comme suit : « Les coups et blessures volontaires portés sur l'enfant sont punis de trois à six mois de servitude pénale principale et d'une amende de cent mille à deux cent cinquante mille francs congolais. En cas de préméditation, l'auteur est passible de six à douze mois de servitude pénale principale et d'une amende de cent cinquante mille à trois cent mille francs congolais ».

§ 2. Éléments constitutifs

À la seule différence qui réside sur la personnalité humaine de la victime et la disposition légale, les actes matériels et l'élément moral restent les mêmes que ceux prévus aux coups et blessures prévus et punis par les articles 43, 46, 47 du Code pénal, Livre II. Dans la loi portant protection de l'enfant, la personnalité humaine de la victime est une personne mineure d'âge.

A. Élément matériel

L'élément matériel dont il est question dans la prévention des coups et blessures volontaires portés sur un enfant est un acte positif et matériel commis volontairement. Par l'acte positif, il faut entendre une action et non une inaction ou une omission. Tandis que l'acte matériel est le fait extérieur par lequel une action se révèle, pour ainsi dire, prend corps ou se manifeste. Les actes matériels de l'auteur doivent donc revêtir un aspect positif et matériel en même temps. Ainsi, la matérialité de l'acte doit être réalisée par un acte positif, et non par omission.

Les actes matériels qui entraînent un contact entre l'agresseur et sa victime peuvent se réaliser soit par contact direct – coups de poing ou coups de pied, bousculade, gifle –, soit par un contact par l'intermédiaire d'une arme, voire d'un animal en cas de morsures causées par un chien lancé volontairement contre la victime (Crim., 7 avril 1967, *D.*, 1967, 601, note de Véron, 1999 : 35).

Beaucoup d'auteurs illustrent quelques cas qui tombent sous la prévention des coups et blessures. C'est ainsi que doivent être considérés comme des coups : le fait de donner une gifle, un coup de poing, un coup de pied, un coup de bâton ; le fait de saisir un individu, de le mordre et de le projeter contre un mur, un arbre, une table ; le fait de heurter quelqu'un pour le faire tomber (CG. App., 25 janvier 1900, *Jur. État*, I, p. 83, Mineur, 1953 : 128 ; Cizungu Nyangezi, 2011 : 216), le fait d'administrer une peine corporelle, prévue par un règlement disciplinaire, sans se conformer aux dispositions de ce règlement (Boma, 4 mars 1902, *Jur. État*, I, p. 257, Mineur, 1953 : 128 ; Cizungu Nyangezi, 2011 : 216). Tombe aussi sous le coup de cette prévention, quiconque lance un corps dur sur un enfant.

Mineur (1953 : 128) précise qu'il est nécessaire que les coups présentent une certaine gravité, sinon il n'y aurait que voies de fait. C'est dans ce sens que Jean Pradel (2010 : 53) dit que le coup est, en effet, l'impression faite sur le corps d'une victime en la frappant ou en la heurtant violemment.

B. Personnalité humaine de la victime : un enfant

D'une manière générale, les coups et blessures ne sont punissables que s'ils sont administrés à une personne humaine. Par personne humaine, il faut entendre une personne née et vivante. Au regard de la loi n° 09/001 du 10 janvier 2009, la victime est un enfant, bien entendu, une personne âgée de moins de dix-huit ans, née et vivante. Ainsi, pour que cette prévention soit établie, il faudra prouver la minorité d'âge de la personne de la victime. Si la minorité d'âge est douteuse et n'est pas prouvée[2], l'auteur tombera sous le coup de l'infraction de coups et blessures prévue et punie aux articles 43 et 46 du Code pénal, Livre II. Et ceci en application du principe : « le doute profite au prévenu ». L'application du Code pénal, Livre II, est profitable au prévenu étant donné que ce dernier punit moins sévèrement les coups

[2] Il y a certain âge qui porte à confusion. Pour un enfant âgé de 17 ans, 11 mois et 3 semaines, s'il n'est pas prouvé par un acte de naissance ou autres preuves admises, il ne sera pas facile de connaître si la personne victime est mineure ou majeure.

et blessures, alors que la loi portant protection de l'enfant ne prévoit même pas la transaction pour cette infraction ; elle est donc sévère.

Toutefois, il convient de rappeler qu'il y a lieu de ne pas faire une mauvaise interprétation de l'article 110, alinéa 3, de la loi n° 09/001 du 10 janvier 2009 portant protection de l'enfant qui dispose : « En cas de doute sur l'âge, la présomption de la minorité prévaut ». Cette disposition s'applique seulement au cas où l'enfant est en conflit avec la loi et non dans le cas où l'enfant est victime. Nous fondons notre position en application de la méthode d'interprétation téléologique qui consiste à dégager le but de la loi, la volonté du législateur. Cette méthode fait prédominer l'esprit sur la lettre de la loi (Nyabirungu Mwene Songa, 1989 : 48). Sur base de cette disposition, c'est-à-dire l'article 110, le législateur a voulu faire appliquer la loi plus douce pour une personne dont l'âge est douteux, qui est devant le juge pour enfants. Aussi, quand nous situons cette disposition dans l'ensemble de la loi portant protection de l'enfant, se trouve-t-elle à la section relative à l'instruction. Et l'instruction dont il est question est prévue au chapitre III qui traite de la procédure devant le tribunal pour enfants.

Au cas où il s'agit d'un enfant victime et qu'il y a absence d'acte de l'état civil, l'article 167, alinéa 2 *in fine*, a résolu la question en ces termes : « L'âge de l'enfant pourra être déterminé par examen médical, à défaut d'état civil ». Il revient ainsi au ministère public, tout comme au tribunal, de requérir un médecin qui doit médicalement déterminer l'âge de l'enfant victime par une attestation médicale ou un acte médical. Ceci n'est pas une règle absolue, tous les autres moyens de preuve sont admis dans un procès pénal, sous réserve et en vertu du principe de la liberté de la preuve.

En poursuivant avec la notion de la personnalité humaine de la victime, la doctrine (Pradel et Danti-Juan, 2010 : 53) enseigne que la victime des violences doit présenter trois caractères. Elle doit d'abord être humaine, les violences contre les animaux étant considérées comme une infraction d'une autre nature. Elle doit ensuite être vivante, sous réserve de la jurisprudence sur l'infraction impossible. Elle doit enfin être distincte de l'agent. Nul ne peut, en effet, être poursuivi pour des violences qu'il s'est volontairement infligées à lui-même.

C. Élément moral

L'élément moral dans l'infraction de coups et blessures volontaires portés sur un enfant consiste en une intention de commettre volontairement l'infraction. L'intention constitue ici un élément essentiel, car elle permet de distinguer les violences volontaires de celles qui résultent d'une négligence, d'une imprudence ou d'un manquement à une obligation de sécurité ou de prudence. Si le législateur n'a fourni aucune précision sur son contenu, la jurisprudence estime que l'intention se trouve dans le fait de vouloir l'acte (et non de vouloir le dommage effectivement réalisé). Comme l'exprime la Chambre criminelle, « l'infraction se trouve constituée dès lors qu'il existe un acte volontaire de violence [...], dirigée contre une ou plusieurs personnes quel que soit le mobile qui l'a inspiré, et alors même que son auteur n'a pas voulu causer le dommage qui en est résulté » (Crim., 3 octobre 1991, *Dr. pénal*, 1992, comm. 57, note de Véron, 1999 : 36).

Le législateur a inscrit ainsi cette prévention dans les infractions intentionnelles. C'est-à-dire que l'auteur doit avoir intentionnellement administré les coups. L'élément moral ne consistera pas en la connaissance de la minorité d'âge de la victime. L'ignorance ou la connaissance de l'âge est inopérante pour l'établissement de l'intention coupable de l'agent.

Le problème qui peut se poser est celui de connaître l'intention volontaire d'administrer les coups, dans le chef de l'auteur, sur un enfant. Toutefois, cette intention peut être dévoilée par les aveux, c'est-à-dire que l'auteur reconnaît avoir administré volontairement des coups sur l'enfant. La manière dont les actes positifs et matériels ont été portés sur la personne de l'enfant peut aussi permettre de dénicher la volonté de l'auteur d'administrer les coups. Au cas où l'intention de commettre des coups et des blessures, dans le chef de l'auteur, n'est pas prouvée ou établie, l'auteur tombera sous le coup de la prévention des coups et blessures involontaires prévues et punies par les articles 52 et 54 du Code pénal, Livre II, étant donné que le législateur n'a pas réprimé les coups et blessures involontaires à la loi n° 09/001 du 10 janvier 2009.

§ 3. Circonstance aggravante : la préméditation

L'alinéa 2 de l'article 147 de la loi n° 09/001 du 10 janvier 2009 aggrave les coups et blessures portés sur l'enfant en cas de préméditation. La préméditation est le dessein réfléchi d'accomplir une action. C'est l'intention conçue préalablement à l'action de faire du mal à l'enfant. Il sera donc important de prouver le dessein préalable d'administrer les coups à l'enfant. À défaut de le démontrer, l'auteur ne sera pas poursuivi pour coups et blessures volontaires prémédités portés sur l'enfant (article 147, alinéa 2, de la LPPE), il sera plutôt poursuivi pour simples coups et blessures volontaires portés sur un enfant (article 147, alinéa 1er, de la LPPE).

En droit pénal spécial, « la préméditation est le dessein formé avant l'action » (Véron, 1999 : 25 ; Pradel et Danti-Juan, 2010 : 35). Elle est ainsi le dessein formé avant l'action de commettre un crime ou un délit déterminé. En d'autres termes, c'est le fait de concevoir, réfléchir, préparer, calculer, organiser, d'une manière continue et déterminée, l'infraction par avance (Renout, 2008 : 143). Véron (1999 : 35) considère que la préméditation est une cause d'aggravation qui concerne l'élément intentionnel et qui est commune à toutes les infractions sanctionnant les violences volontaires.

La question qu'on se pose est de savoir comment prouver la préméditation. Il convient tout de même de signaler, tout d'abord, que la preuve de la préméditation peut provenir de l'aveu même de l'auteur de coups et blessures. Dans son aveu, il faut rechercher quand et pourquoi il avait conçu son projet de porter des coups et faire des blessures sur la personne d'un enfant. Ensuite, cette preuve de la préméditation peut résulter de circonstances extérieures : des menaces proférées à l'enfant, la préparation de l'outil qui doit servir de moyen pour porter des coups sur l'enfant, etc.

La Chambre criminelle a d'ailleurs facilité cette preuve en considérant que la préméditation devait simplement être recherchée parmi les faits qui ont accompagné l'acte. Ainsi, par exemple, en cas d'achat d'arme et de munitions et de menaces de mort proférées quelques heures avant le rendez-vous fixé à la victime (Crim., 19 juillet 1951, *Bull.*, n° 223 ; Crim., 17 décembre 1990, *Dr. pénal*, 1991, comm. 141, note de Véron, 1999 : 25).

§ 4. Régime répressif

Aux termes de l'article 147, alinéa 1 de la loi n° 09/001 du 10 janvier 2009, les coups et blessures volontaires portés sur l'enfant sont punis de trois à six mois de servitude pénale principale et d'une amende de cent mille à deux cent cinquante mille francs congolais. Cependant, en cas de préméditation (article 147, alinéa 2, de la LPPE), l'auteur est passible de six à douze mois de servitude pénale principale et d'une amende de cent cinquante mille à trois cent mille francs congolais. Le législateur cumule ainsi la peine de servitude pénale et la peine d'amende. Il exclut donc la possibilité de mettre fin à la poursuite judiciaire par les simples amendes transactionnelles au niveau de l'instruction préjuridictionnelle.

En dehors de la peine principale de servitude pénale et de l'amende, l'article 159 de la loi portant protection de l'enfant donne le pouvoir au juge de *prononcer également la déchéance de l'autorité parentale* lorsque le père, la mère, le parâtre, la marâtre ou le tuteur se rendent coupables des atteintes volontaires à la vie, à l'intégrité physique ou mentale de l'enfant. Les coups et blessures volontaires portés sur l'enfant étant une atteinte à l'intégrité physique de l'enfant, le juge peut, outre la peine principale, prononcer la déchéance de l'autorité parentale quand l'auteur a la qualité des personnes énumérées à l'article 159 au regard de l'enfant victime. Pour cette peine complémentaire, le législateur donne la faculté au juge, elle n'est pas une peine obligatoire.

§ 5. Notion de droit de correction

Le droit de correction tient à la fonction éducative. Les auteurs, comme Cizungu Nyangezi (2011), rappellent que notre société reconnaît un droit de correction aux parents et aux enseignants. L'évolution des mœurs et la protection des mineurs doivent conduire à une limitation importante de ce droit. Tout dépendra des circonstances de l'espèce et relèvera du pouvoir d'appréciation de l'autorité judiciaire saisie d'apprécier si les coups administrés entrent dans le droit correctionnel dont disposent les parents (dans le sens large) et les enseignants.

La Cour d'appel de Versailles avait jugé que le droit de correction est légitime dans une action exercée par un enseignant dans la cour de récréation, « lorsqu'elle a comme but de faire cesser, avec l'autorité physique nécessaire, un chahut, une dispute, une bagarre, une chamaillerie » (Cour d'appel de Versailles, 16 juin 2003, *R.S.C.*, 2005, p. 87, obs. Y. Mayaud, cité par Cizungu Nyangezi, 2011 : 219). C'est dans le même sens que la Cour d'appel de Paris considère légitime lorsque le père utilise « son pouvoir de direction et de correction exercé de manière très brève et ponctuelle » (Cour d'appel de Paris, 4 mai et 11 mai 2004, *Dr. pénal*, 2004, comm. n° 158, obs. Véron, cité par Cizungu Nyangezi, 2011 : 219). Toutefois, certaines dispositions réglementaires des écoles prévoient en faute lourde entraînant le licenciement de l'enseignement tout usage du fouet à l'égard d'un élève. Ainsi, la qualification pénale est acquise lorsque le comportement violent des parents ou des enseignants aura entraîné des lésions graves traduisant une disproportion évidente entre le droit éducatif de correction et les violences infligées aux enfants.

Il y a lieu de relever qu'au regard de la Convention des droits de l'enfant, de la Charte africaine des droits et du bien-être de l'enfant et des autres textes internationaux relatifs aux droits de l'homme, les châtiments corporels, même à titre éducatif ou correctionnel, ne sont plus admis. Au regard de l'observation du Comité des droits de l'enfant, « le recours à la force physique par une personne en position d'autorité sur une personne dont elle a la responsabilité avec l'intention de provoquer un certain degré de douleur ou de malaise aussi léger soit-il » constitue un châtiment. Le Comité des droits de l'enfant liste quelques cas qui constituent le châtiment à l'égard de l'enfant. Il s'agit notamment de « tape », « gifle », « fessée » avec la main ou à l'aide d'un instrument – fouet, baguette, ceinture, chaussure, cuillère de bois, etc. Mais aussi des formes comme « donner un coup de pied, secouer ou projeter un enfant, le griffer, le pincer, le mordre, lui tirer les cheveux, lui tirer les oreilles ou bien encore forcer un enfant à demeurer dans une position inconfortable, lui infliger une brûlure, l'ébouillanter ou le forcer à ingérer quelque chose », constituent des châtiments corporels.

En matière d'éducation, l'article 28 paragraphe 2, de la Convention des droits de l'enfant fait obligation à tous les États parties de prendre « toutes les mesures appropriées pour veiller à ce que la discipline scolaire soit appliquée d'une manière compatible avec la dignité de l'enfant en tant qu'être humain et conformément à la [...] Convention ». La Charte africaine des droits et du bien-être de l'enfant dispose dans le même sens : « Les États prennent toutes les mesures appropriées pour veiller à ce qu'un enfant qui est soumis à la discipline d'un établissement scolaire ou de ses parents soit traité avec humanité et avec respect pour la dignité inhérente de l'enfant et conformément à la présente charte ». C'est ainsi que le Comité des droits de l'enfant a produit, en 2006, une observation générale n° 8 relative au « droit de l'enfant à une protection contre les châtiments corporels et les autres formes cruelles ou dégradantes de châtiments (art. 19, 28, par. 2, et 37, entre autres) ».

Cette observation a pour but de mettre en lumière l'obligation incombant à tous les États parties à la Convention de prendre rapidement des dispositions aux fins d'interdire et d'éliminer tous les châtiments corporels et les autres formes cruelles ou dégradantes de châtiments à l'égard des enfants et d'exposer les mesures législatives, les autres mesures de sensibilisation et les mesures éducatives qu'il appartient aux États de prendre. Plus encore, de s'attaquer au problème de la large acceptation ou tolérance à l'égard des châtiments corporels contre les enfants et les éliminer, tant dans la famille qu'à l'école ou dans tout autre contexte. L'idée fondamentale est que cette interdiction est non seulement une obligation incombant aux États parties, mais aussi un moyen stratégique déterminant sur la voie de la réduction et de la prévention de toutes les formes de violence dans la société.

C'est ainsi que le législateur congolais de la loi portant protection de l'enfant prévoit à l'article 57 que l'État veille à ce que la discipline soit, dans les établissements scolaires, les institutions de garde privées agréées et publiques, administrée de telle manière que l'enfant soit traité avec humanité (article 57, alinéa 3, LPPE). Toute discipline administrée sans humanité, c'est-à-dire celle administrée par les châtiments corporels, constitue une atteinte à l'intégrité physique de l'enfant.

§ 6. Position de la Commission africaine des droits de l'homme et des peuples par rapport aux fouets

En juin 1999, la Commission africaine des droits de l'homme et des peuples a reçu une plainte relative à la condamnation de huit élèves à recevoir 25 à 40 coups de fouet pour infractions à « l'ordre public ». Par rapport à cette plainte, la Commission a déclaré : « Aucun individu, et encore moins le gouvernement d'un pays, n'a le droit d'exercer une violence physique sur des individus en raison d'infractions. Un tel droit reviendrait à approuver une torture cautionnée par l'État dans le cadre de la Charte, en contradiction avec la nature même de ce traité des droits de l'homme. » En conclusion, la Commission a considéré que la loi autorisant l'usage du fouet violait l'article 5 de la Charte des droits de l'homme et des peuples et a exhorté le gouvernement à modifier sa législation, à abolir la peine du fouet et à veiller à l'indemnisation des victimes (*Curtis Francis Doebbler contre le Soudan*, 236/2000, 33e session ordinaire, Niger, 2003, § 42, note du *Guide à l'usage de parlementaire*, n° 13, 2007 : 12)

§ 7. Juridiction compétente

Ici, nous faisons allusion à la compétence matérielle du tribunal qui doit statuer sur l'infraction de coups et blessures volontaires portés sur l'enfant. Cette prévention est punie de douze mois lorsqu'il existe des circonstances aggravantes. Par rapport au taux de la peine, qu'ils soient aggravés ou non, la prévention de coups et blessures prévue à l'article 147 de la loi n° 09/001 du 10 janvier 2009 est de la compétence du tribunal de paix, et ce, en application de l'article 85 de la loi organique n° 13/011-B du 11 avril 2013 portant organisation, fonctionnement et compétences des juridictions de l'ordre judiciaire qui dispose : « Les tribunaux de paix connaissent des infractions punissables au maximum de cinq ans de servitude pénale principale et d'une peine d'amende, quel que soit son taux, ou de l'une de ces peines seulement ».

Section 2. Coups et blessures volontaires ayant entraîné une maladie ou incapacité à un enfant

Vue générale. Les coups et blessures volontaires ayant entraîné une incapacité à un enfant est une prévention qui est différente de la précédente par rapport à la maladie ou à l'incapacité qu'entraîneraient les coups portés sur l'enfant. Ainsi, cette infraction doit être entendue comme des atteintes à l'intégrité corporelle administrées sciemment et en connaissance de cause, quel que soit le moyen employé, sur une personne âgée de moins de dix-huit ans et ayant entraîné une maladie ou une incapacité.

En principe les coups et blessures volontaires ayant entraîné une incapacité sur un enfant est une infraction aggravée par rapport à la précédente, c'est-à-dire celle prévue et punie à l'article 147, alinéa 1, de la loi portant protection de l'enfant.

§ 1. Élément légal

L'élément légal de cette prévention est l'article 148 de la loi portant protection de l'enfant qui dispose comme suit : « Les coups et blessures volontaires portés sur l'enfant ayant entraîné une maladie ou une incapacité de plus de huit jours sont punis de six à douze mois de servitude pénale principale et d'une amende de deux cent mille à trois cent cinquante mille francs congolais ».

§ 2. Éléments constitutifs

A. Élément matériel

Les actes matériels sont les mêmes que ceux prévus à l'article précédent. C'est-à-dire ceux prévus à l'article 147 qui réprime les coups et blessures volontaires portés sur un enfant. Il s'agit des actes très divers qui entraînent un contact entre l'agresseur et sa victime soit un contact direct – coups de poing ou coups de pied, bousculade, gifle –, soit un contact par l'intermédiaire d'une arme, voire d'un animal.

B. Personnalité humaine de la victime : un enfant

Comme la prévention précédente, la personne victime de coups et blessures est une personne humaine, née et vivante. Au regard de la loi n° 09/001 du 10 janvier 2009, la victime est un enfant, bien entendu, une personne âgée de moins de dix-huit ans née et vivante.

C. Élément intentionnel

L'intention constitue un élément essentiel, car elle permet de distinguer les violences volontaires de celles qui résultent d'une négligence, d'une imprudence ou d'un manquement à une obligation de sécurité ou de prudence. Véron (1999 : 35-36) se fondant sur la jurisprudence estime que l'intention se trouve dans le fait de vouloir l'acte et non de vouloir le dommage effectivement réalisé. C'est ainsi que la Chambre criminelle a, dans une formule devenue une véritable clause de style, arrêté que « l'infraction se trouve constituée dès lors qu'il existe un acte volontaire de violence ou une voie de fait dirigée contre une ou plusieurs personnes, quel que soit le mobile qui l'a inspiré, et alors même que son auteur n'a pas voulu causer le dommage qui en est résulté » (Crim., 3 octobre 1991, *Dr. pénal*, 1992, comm. 57, note de Véron, 1999 : 36). Cette interprétation permet de punir les violences volontaires dont le résultat a dépassé le but que le coupable poursuivait, en fonction de la gravité de l'atteinte subie par la victime (Véron, 1999 : 36). Ces violences peuvent conduire à des conséquences sérieuses sur la santé de l'enfant, telles que la maladie ou une incapacité.

§ 3. Conséquences sérieuses pour la santé de l'enfant : une maladie ou une incapacité

En dehors des actes matériels et de l'élément moral, pour son établissement, les coups et blessures volontaires aggravés doivent entraîner une maladie ou incapacité. Ces conséquences ne sont pas cumulatives mais disjonctives, c'est-à-dire la matérialisation de l'une des conséquences (la maladie ou l'incapacité) suffit pour que la prévention de coups et blessures volontaires ayant entraîné une incapacité, ou soit ayant entraîné une maladie sur un enfant, soit constituée.

Aux termes de l'article 148, la maladie ou l'incapacité doit être le résultat des coups portés sur l'enfant. Il faut alors établir un lien de causalité entre les coups et la maladie ou l'incapacité vantée. Par maladie, il faut entendre « l'altération organique ou fonctionnelle considérée dans son évolution et comme une entité définissable ». Pour que cette maladie soit considérée, elle doit être sérieuse. C'est ainsi que le législateur de la loi portant protection de l'enfant a voulu que la maladie soit de plus de huit jours, contrairement au Code pénal (article 47) qui n'en détermine pas le temps, bien entendu la durée.

Par contre, par incapacité il faut entendre l'état d'une personne qui est incapable de faire quelque chose. Elle ne doit pas être entendue comme « l'état d'une personne privée par la loi de la jouissance ou de l'exercice de certains droits » (Guinchard *et al.*, 2015 : 527) au sens du droit civil, mais comme « l'état dans lequel se trouve une personne qui, à la suite d'un dommage corporel subi par elle, ne peut plus exercer d'activité pendant une période donnée » (Guinchard *et al.*, 2015 : 528). Il en est ainsi de l'état d'un enfant qui, à la suite d'une blessure, d'une maladie, est devenu incapable de travailler, d'accomplir certains actes. Dans ce cas, on peut parler de l'incapacité de travail qui peut revêtir les aspects suivants : incapacité totale (empêchant tout travail rémunérateur) ; incapacité partielle qui est une invalidité ; incapacité permanente, infirmité mettant quelqu'un dans l'impossibilité de travailler.

L'incapacité ne vise pas seulement l'arrêt d'une activité professionnelle au sens strict, mais l'impossibilité pour la victime de se livrer à ses activités « personnelles », habituelles et normales telles que faire des courses ou accomplir des tâches ménagères (Crim., 22 novembre 1982, *Bull.*, n° 263, note de Véron, 1999 : 39). Cette interprétation est tout à fait justifiée car elle permet d'éviter que la qualification de l'infraction ne dépende de façon aléatoire de la profession exercée par la victime, au lieu d'être déterminée objectivement par la gravité des blessures infligées (Véron, 1999 : 39).

Au terme de la loi portant protection de l'enfant, la gravité est appréciée sur base de la durée de l'incapacité ou de la maladie ; c'est pourquoi, pour que la maladie ou l'incapacité soit prise en considération, le législateur a voulu qu'elle soit de plus de huit jours, contrairement au Code pénal qui laisse au juge l'appréciation de la durée. Ainsi, pour éviter toutes spéculations, l'état de la maladie ou de l'incapacité doit être médicalement prouvé. C'est dire que le dossier judiciaire devra contenir un rapport médico-légal prouvant l'état de la maladie ou de l'incapacité qui proviendrait des coups ayant été administrés à l'enfant. Au regard de ces éléments, toute maladie ou incapacité causée par les coups ne rend pas l'auteur passible des peines prévues à l'article 148 de la loi portant protection de l'enfant. Contrairement au Code pénal, Livre II, à son article 47, qui veut que la maladie ou l'incapacité soit *grave*, le législateur de la loi portant protection de l'enfant a déterminé la durée de la maladie ou de l'incapacité pour qu'elle soit prise en compte comme circonstance aggravante des coups.

§ 4. Régime répressif

Cette prévention est punie de six à douze mois de servitude pénale principale et d'une amende de deux cent mille à trois cent cinquante mille francs congolais. Les peines de servitude pénale principale et d'amende sont cumulatives, c'est-à-dire que le juge doit prononcer une servitude pénale principale et une amende à l'égard du prévenu. Et le ministère public ne peut en aucun cas transiger.

La peine complémentaire de la déchéance de l'autorité parentale en raison de la qualité de l'auteur vis-à-vis à l'enfant s'applique aussi (article 159 de la LPPE).

Section 3. Coups et blessures volontaires ayant entraîné une mutilation ou un handicap sur un enfant

Vue générale. Cette prévention est différente des précédentes par le fait que celle-ci entraîne une mutilation ou un handicap permanent sur un enfant. Ainsi, les coups et blessures volontaires ayant entraîné une mutilation ou un handicap sur un enfant sont des atteintes volontaires à l'intégrité corporelle administrées sciemment et en connaissance de cause, quel que soit le moyen employé, sur une personne âgée de moins de dix-huit ans et ayant entraîné une perte d'un organe ou mettant l'enfant dans une situation qui peut constituer un obstacle ou une difficulté à l'expression normale de toutes ses facultés physiques ou mentales.

§ 1. Élément légal

Le texte légal qui réprime cette prévention est l'article 149 de la loi n° 09/001 du 10 janvier 2009. Cet article dispose que : « les coups et blessures volontaires ayant entraîné une mutilation ou un handicap sont punis de deux à cinq ans de servitude pénale principale et d'une amende de trois cent cinquante à cinq cent mille francs congolais ».

§ 2. Éléments constitutifs

A. Élément matériel et élément moral

Ces éléments sont les mêmes que ceux prévus à l'article 147 de la loi n° 09/001 du 10 janvier 2009 qui réprime les coups et blessures volontaires portés sur un enfant. Un nouvel élément, qui s'ajoute à cette infraction, est les conséquences qu'entraîneront les coups administrés sur un enfant. Les conséquences sont la mutilation ou le handicap de l'enfant, contrairement à la précédente qui entraîne la maladie ou l'incapacité.

B. Conséquences sérieuses pour la santé de l'enfant

L'article 149 de la loi n° 09/001 du 10 janvier 2009 prévoit des peines plus sévères lorsque les coups et blessures ont provoqué chez l'enfant une mutilation ou un handicap. Ces termes méritent d'être précisés ; toutefois, il appartient au juge, dans chaque cas particulier, d'apprécier si la circonstance aggravante existe ou n'existe pas.

La mutilation est la perte accidentelle ou l'ablation d'un membre, d'une partie externe du corps, qui cause une atteinte irréversible à l'intégrité physique. Au regard de la jurisprudence existante sur base de l'article 47 du Code pénal, Livre II, « la mutilation grave implique une amputation, perte et privation de l'usage d'un membre. Il en va ainsi de la perte de l'œil, des oreilles (tympan), du nez, d'un bras, d'une jambe, d'un pied, d'un organe, d'une main » (Katwala Kaba Kashala, 1995 : 32). Cependant, au regard de la loi portant protection de l'enfant, la perte d'un doigt sera considérée comme une mutilation, car le législateur s'est limité seulement à l'expression « mutilation » sans y ajouter le terme « grave ». Ainsi sera considérée comme une mutilation toute perte d'un organe d'un enfant à la suite des coups portés volontairement.

En outre, il y a mutilation, écrit Geroge Mineur (1953 : 133), lorsque la victime a perdu un membre ; lorsqu'elle a été privée de l'usage absolu d'un membre ; lorsque l'usage d'un membre a été sensiblement diminué. C'est pourquoi il a été jugé par le tribunal de Boma que constituent des mutilations la perte d'un œil, des oreilles, du nez, d'un bras, d'une jambe, d'un pied, mais non la fracture du cinquième métacarpe de la main gauche (Boma, 28 mars 1911, *Jur. Congo*, 1913, p. 193, note de Mineur, 1953 : 133).

La mutilation prévue à cette prévention de coups et blessures volontaires portés sur un enfant ne doit pas être confondue avec celle de la mutilation sexuelle d'un enfant (article 153 LPPE) qui sera analysée dans les lignes qui suivent.

Le handicap est, selon le sens courant, un état qui peut constituer un obstacle ou une difficulté à l'expression normale de toutes ses facultés physiques ou mentales, notamment les fonctions intellectuelles et cognitives, le langage, la motricité et les performances sociales.

Le handicap doit être ainsi entendu comme une déficience physique ou mentale. Il est aussi une infirmité ou une invalidité. Le handicap peut être mental ou physique. Il peut aussi affecter les sens ou d'autres organes, c'est ainsi qu'il peut être moteur, sensoriel, auditif, visuel. Toutefois, le handicap peut être catégorisé en degrés. C'est ainsi que certains coups administrés à l'enfant peuvent conduire à un handicap léger, profond ou sévère. Il appartient au juge d'en apprécier. Et pour éviter toute spéculation sur le degré de gravité du handicap, il est impérieux de recourir à l'expertise médicale qui le déterminera. Il y a handicap en cas de cécité ou de surdité.

§ 3. Régime répressif

Les coups et blessures volontaires ayant entraîné une mutilation sont punis de deux à cinq ans de servitude pénale principale et d'une amende de trois cent cinquante à cinq cent mille francs congolais (article 149 LPPE). Cette prévention relève de la compétence matérielle du tribunal de paix.

Section 4. Coups et blessures volontaires ayant entraîné la mort d'un enfant

Vue générale. Pour cette prévention, l'auteur doit avoir volontairement porté des coups et occasionné des blessures sur la personne de l'enfant sans l'intention de tuer, mais l'enfant victime y succombe. Cette infraction de coups et blessures volontaires ayant entraîné la mort sur un enfant se distingue du meurtre et de l'homicide involontaire, en dehors de textes légaux, du point de vue de l'élément moral.

Il s'agit ainsi de l'infraction de coups et blessures volontaires aggravée dont le résultat est la mort de la victime (Likulia Bolongo, 1985 : 104) qui est un enfant. En plus de la nécessité du lien de causalité entre les coups portés et la mort qui s'ensuit, tout ce qui est dit au sujet de l'infraction de coups et blessures volontaires portés sur l'enfant s'applique aussi à cette prévention.

Commentant l'article 48 du Code pénal, Livre II, qui est l'équivalent de l'article 150 de la loi portant protection de l'enfant, Georges Mineur (1953 : 134) enseigne que l'infraction existe dès que les coups et les blessures ont causé la mort, sans qu'il soit nécessaire de tenir compte de l'état de santé de la victime, de la tardiveté des soins médicaux ou d'autres circonstances.

§ 1. Élément légal

C'est l'article 150 de la loi n° 09/001 du 10/01/2009 qui prévoit et réprime la prévention de coups et blessures volontaires ayant entraîné la mort d'un enfant sans intention de la donner. Cet article dispose que les coups et blessures volontaires ayant entraîné la mort d'un enfant sans intention de la donner sont punis de cinq à vingt ans de servitude pénale principale et d'une amende de cinq cent mille à un million de francs congolais.

§ 2. Éléments constitutifs

Pour que cette infraction soit cristallisée, l'agent doit avoir posé un acte matériel et positif, et cet acte doit avoir conduit à la mort de l'enfant. Il est nécessaire qu'un lien de causalité soit établi entre les coups portés et la mort qui s'ensuit. Cependant, l'agent doit avoir l'intention de porter les coups.

A. Acte matériel et positif

L'élément matériel doit être constitué d'un acte positif et matériel consistant en des coups ou des blessures portés sur l'enfant. L'acte est positif parce que les coups et blessures sont un des actes de commission. Et il est matériel car l'acte consiste en un ou plusieurs coups, à main nue ou à l'aide d'un objet quelconque. Peu importe en effet le nombre, la nature ou l'instrument.

Les *coups* impliquent un contact brutal entre l'agresseur et sa victime. Le coup est, en effet, l'impression faite sur le corps d'une victime en la frappant ou en la heurtant violemment. Le coup peut être *immédiat* (l'agent frappant à l'aide de sa main, de son poing, de son pied, ou mordant à l'aide de ses dents) ou *médiat* (l'agent usant d'un objet qu'il tient ou qu'il lance comme une pierre). Peu importe aussi le procédé utilisé : sont répréhensibles au titre des coups le conducteur d'un véhicule qui heurte volontairement son adversaire à l'aide de celui-ci, ou même le dentiste qui, à la suite d'une violente discussion avec son client au sujet des honoraires, lui arrache brutalement ses appareils de prothèse et provoque une hémorragie, voire l'individu qui lance son chien sur l'adversaire et cause ainsi à celui-ci des morsures (Pradel et Danti-Juan, 2010 : 53).

Il est donc important de démontrer la nature de l'acte matériel et positif que l'agent a porté sur l'enfant victime. Il n'est pas nécessaire que le contact soit brutal entre l'agent agresseur et l'enfant victime de coups ou de blessures. Des violences qui, sans être précisément des coups, comme jeter l'enfant par terre, ont cependant un caractère de gravité et constituent les actes matériels et positifs. Dans tous les cas, sauf dans l'hypothèse d'utiliser son chien, le contact entre l'agresseur et l'enfant victime doit exister, de quelque manière que ce soit.

Commet ainsi une violence qui constitue une infraction de coups celui qui jette une personne à l'eau ou la laisse tomber du haut d'un pont, s'il en résulte pour la victime un choc nerveux qui provoque la mort (1re inst. RU, 22 octobre 1946, *Rev. jur.*, 1947 : 71, note de Mineur, 1953 : 135).

Est aussi coupable de coups et blessures ayant entraîné la mort, sans intention de la donner, l'auteur de coups et blessures volontaires portés à une personne qui tombe morte d'une apoplexie déterminée par l'émotion violente que les coups lui ont causée. Pousser une personne à l'eau, dans un mouvement d'emportement, c'est lui porter un coup. Si ce coup a entraîné la mort de la victime, sans que le prévenu ait eu l'intention de la lui donner, celui-ci s'est rendu coupable de l'infraction (Boma, 10 octobre 1911, *Jur. Congo*, 1913 : 9) prévue à l'article 150 LPPE.

B. Mort de l'enfant victime de coups

Cet élément consiste dans le décès de l'enfant victime, consécutif aux coups et blessures, peu importe le délai qui s'écoule entre l'administration des coups et son décès. Certains auteurs, comme Lesueur (1964 : 17), ajoutent : « peu importe l'insignifiance des coups et le fait que le décès est principalement dû à une déficience physique de la victime : l'auteur d'une gifle provoquant la mort d'un cardiaque [...], même s'il ignorait que sa victime était cardiaque ».

La loi n'ayant pas fixé de délai, il faut en conclure que la liberté du Parquet est entière. Néanmoins, comme il est nécessaire qu'il puisse libeller une prévention sur des éléments certains, il sera normalement amené à retarder la clôture de l'instruction jusqu'au moment où l'incertitude sur les effets de la blessure aura disparu. Si, contre toute attente, la victime venait à décéder après que le tribunal a prononcé son jugement, cette mort serait sans influence sur le sort du prévenu (Mineur, 1953 : 135).

Nous estimons qu'il est important de prouver qu'il y a décès. C'est ainsi qu'il faut verser au dossier le certificat de décès établi par un médecin ou l'extrait de l'acte de décès de l'officier de l'état civil. Son absence peut être suppléée par tout autre moyen de preuve pouvant certifier la mort de l'enfant. Ce qui importe est de prouver qu'il y a un lien de causalité entre les coups portés à l'enfant et la mort qui s'en est suivie.

C. Nécessité d'un lien de causalité entre l'acte posé et la mort de l'enfant

Cette nécessité découle de la lettre même de la loi portant protection de l'enfant qui indique : « les coups et blessures volontaires *ayant entraîné la mort* d'un enfant sans intention... ». Les juges, comme le ministère public, doivent ressortir l'existence du rapport causal entre les coups et les blessures et la mort de l'enfant et, en l'absence de cette démonstration, il y a mal jugé et la décision est cassable. La conséquence de cette nécessité est que le rapport de causalité doit être certain ; s'il n'y a pas de lien ou si ce lien est douteux, l'acquittement s'impose ou une autre qualification peut être retenue. C'est dire que l'on reste dans les simples coups et blessures volontaires portés sur l'enfant.

Il faut ainsi un lien direct de causalité entre les coups administrés à l'enfant et le décès qui s'ensuit. Ainsi, pour éviter toute spéculation sur les causes de la mort de l'enfant, à notre avis, il faut requérir un médecin de l'hôpital qui avait reçu l'enfant, qui déterminera ou fournira les causes de la mort.

C'est pourquoi Georges Mineur (1953 : 134), évoquant la jurisprudence, enseigne que les coups doivent être considérés comme étant la cause de la mort, dans le sens de la loi, même lorsque les lésions qu'ils ont produites n'étaient pas mortelles par elles-mêmes, mais seulement à raison de la constitution débile ou de l'état pathologique de la victime (Léo., 23 février 1928, *Rev. jur.*, p. 153, note de Mineur, 1953 : 134) ou lorsque la victime de coups et blessures est décédée du tétanos directement provoqué par la blessure (Léo., 20 février 1934, *Rev. jur.*, p. 109). Ceci va dans le même sens lorsque les « coups non susceptibles d'entraîner directement la mort chez un sujet normal, mais facilités par l'état du sujet » (Crim., 26 avril 1994, *Dr. pénal*, 1994, comm. 176) étant enfant. Mais s'il est constaté que le coupable a frappé la victime avec une arme dangereuse sur une partie vitale du corps, la Cour de cassation retient la qualification d'homicide volontaire à l'exclusion de toute autre (Veron, 1999 : 41).

Ainsi, il a été jugé que la relation de cause à effet entre les coups et la mort doit être tenue pour établie, même si des soins plus appropriés auraient pu empêcher le décès de la victime, du moment qu'il n'est pas établi que la mort est due à une cause d'infection provenant de ces soins (Léo., 13 avril 1944, *Rev. jur.*, 1945, p. 66). Cette jurisprudence retient ainsi la causalité indirecte. Aussi, la prédisposition, l'état maladif de la victime ou le fait que des soins plus éclairés auraient pu prévenir la mort n'excluent pas l'application de l'article 150, si les coups portés étaient de nature à causer ou hâter la mort. Ici la causalité est directe car l'acte positif et matériel reproché à l'agent est soit la cause unique, exclusive, soit la cause immédiate ou déterminante de la mort de l'enfant.

D. Élément moral

Pour ce qui est de l'élément moral, « l'intention doit avoir porté sur l'acte, mais non sur la mort qui a été la conséquence » (Cour d'appel de Kinshasa, 31 octobre 1966,

R.J.C., 1967 : 46, note de Likulia Bolongo, 1985 : 106). Ainsi sont poursuivies sous cette qualification les violences dont le résultat a dépassé l'intention du coupable qui n'était animé d'aucune volonté homicide à condition d'établir un lien de causalité entre les violences et le décès (Crim., 8 janvier 1991, *Bull.*, n° 14, note de Véron, 1999 : 41). L'aggravation de la peine est en rapport avec les conséquences de l'acte de l'agent de vouloir administrer les coups à l'enfant. Il importe peu qu'il les ait prévus ou non. C'est-à-dire qu'il apparaît sans intérêt que l'agent ait prémédité les coups ayant entraîné la mort. La seule condition requise est qu'il existe une relation de cause à effet entre les coups portés et la mort de la victime (Mineur, 1953 : 134).

Pour être ainsi puni, l'auteur doit avoir eu l'intention de faire du mal à l'enfant, mais sans intention de le tuer. C'est ainsi que l'enquête préliminaire doit réunir les éléments de précision sur la volonté de faire du mal et non celle de donner la mort. Mais le moyen employé par l'auteur et la partie vitale visée pour administrer les coups à l'enfant peuvent bien élucider son dessein.

S'il est constaté que le coupable a frappé la victime avec une arme dangereuse sur une partie vitale du corps, la Cour de cassation retient la qualification d'homicide volontaire à l'exclusion de toute autre (Véron, 1999 : 41).

L'usage d'un pilon pour l'administrer à la tête de l'enfant montre bien l'intention de tuer et non de faire du mal ou de corriger. Ainsi, l'usage d'un moyen disproportionnel à l'âge de l'enfant victime peut conduire le juge à retenir la prévention de meurtre et l'auteur sera poursuivi conformément à la loi « pénale commune ».

§ 3. *Quid* de la part de responsabilité au cas où les coups portés sur l'enfant sont l'œuvre de plusieurs personnes ?

La doctrine (Mineur, 1953 : 135 ; Likulia Bolongo, 1985 : 106-107), se fondant sur la jurisprudence, estime que lorsque plusieurs personnes agissant de concert portent à une autre des coups qui entraînent la mort sans qu'elles visent ce résultat, et que la mort est la conséquence de l'ensemble des coups et non d'un coup particulier, dont l'auteur pourrait être déterminé, la circonstance aggravante (rendant applicable l'article 150 de la loi portant protection de l'enfant) s'étend à tous les prévenus (District de Bangala, 19 juillet 1930, *Rev. jur.*, 1931 : 283).

Il en est de même lorsque, dans une attaque menée par deux prévenus, l'acte de l'un est intimement lié à l'acte de l'autre et qu'il y a agression concertée (1re inst. app. Kasaï, 9 août 1950, *Rev. jur.*, 1951 : 23). Il y a lieu de noter à cet égard que le concert préalable n'est pas exigé pour qu'il y ait participation criminelle. Il suffit que l'agent soit animé de la volonté consciente de s'associer à l'infraction. Peu importe que les autres participants l'aient su ou non, aient ou non consenti (Lubumbashi, 28 janvier 1967, *R.J.C.*, 1968 : 50).

§ 4. Régime répressif

L'auteur de l'infraction de coups et blessures volontaires ayant entraîné la mort d'un enfant sans intention de la donner est puni de cinq à vingt ans de servitude pénale principale et d'une amende de cinq cent mille à un million de francs congolais. Le taux de la servitude pénale principale n'est pas différent de celui prévu à l'article 48 du Code pénal, Livre II, sauf la peine d'amende qui est plus sévère. Quoique le taux de la peine de servitude pénale soit le même, le juge ne peut évoquer l'article 48 du Code pénal pour réprimer l'auteur de l'infraction si la victime est un enfant. Seuls les articles 147 et 150 sont d'application. Par son taux, cette prévention relève de la compétence du Tribunal de grande instance.

Par ailleurs, le juge peut également prononcer la déchéance de l'autorité parentale conformément aux disposions pertinentes de la loi lorsque le père, la mère, le parâtre, la marâtre ou le tuteur sont condamnés pour des atteintes volontaires à la vie, à l'intégrité physique ou mentale de l'enfant (article 159 LPPE).

Section 5. Soumission d'un enfant à la torture

Vue générale. L'article 9 de la loi portant protection de l'enfant dispose qu'aucun enfant ne peut être soums à la torture, ni à des peines ou traitements cruels, inhumains ou dégradants. L'article 9 prohibe ces actes, tandis que l'article 151 de la même loi prohibe et réprime en même temps la torture. Par définition, la torture est « une souffrance physique ou morale qu'on impose à une personne physique par un détenteur du pouvoir public pour lui soutirer des aveux ». Cette définition est tirée de la Convention des Nations Unies du 10 décembre 1984 contre la torture et autres peines ou traitements cruels, inhumains ou dégradants, à laquelle la République démocratique du Congo avait librement adhéré le 18 mars 1996.

Actuellement érigée en infraction à part entière par la loi portant protection de l'enfant, la torture doit être entendue au regard de l'article 151 de la loi n° 09/01 du 10 janvier 2009 comme tout acte par lequel une douleur ou des souffrances aiguës, physiques ou mentales sont intentionnellement infligées à une personne aux fins « notamment » d'obtenir d'elle ou d'une tierce personne des renseignements ou des aveux ; de la punir d'un acte qu'elle ou une tierce personne a commis ou est soupçonnée d'avoir commis ; de l'intimider ou de faire pression sur elle, d'intimider ou de faire pression sur une tierce personne, ou pour tout autre motif fondé sur une forme de discrimination, quelle qu'elle soit, lorsqu'une telle douleur ou de telles souffrances sont infligées par un agent de la fonction publique ou toute autre personne agissant à titre officiel ou à son instigation ou avec son consentement exprès ou tacite.

L'usage du concept « notamment » par le législateur traduit bien que la liste n'est pas limitative des finalités pour lesquelles une souffrance ou une douleur peut être infligée à un enfant. Il appartient ainsi au juge d'apprécier si les souffrances infligées à un enfant peuvent tomber sous l'empire de la torture ou seulement des coups et blessures volontaires.

Rappelons que la torture était une circonstance aggravante de certaines infractions, notamment l'arrestation arbitraire ou l'enlèvement (article 67, alinéa 2, CPL II), non une infraction à part entière. Mais, devant la gravité de ces actes dans le monde, diverses conventions internationales ont été adoptées. Parmi elles, on peut citer la convention contre la torture et autres peines ou traitements cruels, inhumains ou dégradants, adoptée par l'ONU le 10 décembre 1984, puis intégrée dans notre droit suivant la loi n° 11/008 du 9 juillet 2011 portant criminalisation de la torture ; aussi bien que par la loi n° 09/001 du 10 janvier 2009 portant protection de l'enfant. Bien avant, la République avait adhéré à cette convention, le 18 mars 1996, sans pour autant y légiférer. C'est dans ce contexte que le législateur congolais a créé une nouvelle infraction, celle de torture. Il faut bien comprendre qu'aujourd'hui la torture joue un double rôle : elle continue à constituer une circonstance aggravante de certaines infractions (arrestation arbitraire, détention illégale et enlèvement) et devient aussi une infraction distincte dont il faut examiner les éléments constitutifs et la répression.

§ 1. Base légale

Outre les dispositions du Code pénal et du Code pénal militaire, c'est l'article 151 qui constitue le siège de la torture dans la loi portant protection de l'enfant. Cet article dispose :

« Le fait de soumettre un enfant à la torture est puni de un à cinq ans de servitude pénale principale et d'une amende de cinq cent mille à un million de francs congolais.
Il faut entendre par torture, tout acte par lequel une douleur ou des souffrances aiguës, physiques ou mentales, sont intentionnellement infligées à une personne aux fins notamment de :
1. obtenir d'elle ou d'une tierce personne des renseignements ou des aveux ;
2. la punir d'un acte qu'elle ou une tierce personne a commis ou est soupçonnée d'avoir commis ;
3. l'intimider ou faire pression sur elle, intimider, faire pression sur une tierce personne, ou pour tout autre motif fondé sur une forme de discrimination quelle qu'elle soit, lorsqu'une telle douleur ou de telles souffrances sont infligées par un agent de la fonction publique ou toute autre personne agissant à titre officiel ou à son instigation ou avec son consentement exprès ou tacite ».

§ 2. Éléments constitutifs

La matérialisation de la torture exige la réunion des éléments ci-après : les actes matériels et l'intention criminelle. Cependant, il y a certains actes qui constituent la torture qui ne sont commis que par un officiel ou une personne agissant sous son instigation. Ainsi, pour certains actes matériels, la torture est un crime des officiels et pour d'autres un crime des particuliers agissant en tant que coauteurs.

A. Actes matériels

Il découle de l'article 151 de la loi portant protection de l'enfant que la torture se matérialise par divers actes matériels ayant une finalité bien déterminée. Il s'agit de :

1. ***Infliger une douleur ou des souffrances.*** Il ressort de cet article que les actes matériels consistent à *infliger à une personne une douleur ou des souffrances aiguës physiques ou mentales* dans un but ou une finalité quelconque. Il s'agit d'un acte de barbarie. Et « l'acte de barbarie est celui par lequel le coupable extériorise une cruauté, une sauvagerie, une perversité qui soulèvent une horreur et une réprobation générale ; idée que l'on retrouve dans la jurisprudence qui stigmatise l'acharnement du coupable ou qui décrit avec luxe de détails les actes horribles commis [...] sur la victime » (Véron, 1999 : 32). La douleur ou souffrance infligée à l'enfant peut être physique ou mentale. Ainsi, par torture corporelle, enseigne Mineur (1953 : 158), il faut entendre des sévices très graves et des actes de barbarie, exercés principalement dans le but de causer une souffrance. Constituent des tortures le fait de ligoter très fortement une personne aux poignets, aux bras et aux pieds au moyen de cordes, de la déposer ainsi liée en plein soleil et de l'y laisser pendant plusieurs heures sans lui donner ni boisson ni nourriture (Élis., 23 mai 1911, *Jur. Congo*, 1912, p. 174) ; le fait de crever intentionnellement un œil à la personne arrêtée (Élis., 14 janvier 1913, *Jur. Congo*, 1914-1919, p. 324).

La torture mentale, bien entendu la douleur ou la souffrance mentale, par contre, ne se réalise pas par les sévices, elle est plus psychologique. L'agent utilise soit la parole ou adopte une attitude qui entraîne une souffrance sur la personne soumise à cette parole ou à ce geste. Le traumatisme mental laissé sur la personne de l'enfant à la suite de cette attitude constitue une douleur ou souffrance mentale. C'est une situation qu'il faut apprécier dans chaque cas d'espèce. Ainsi, le ministère public, tout comme le juge, devra chaque fois déterminer la nature de la souffrance ou de la douleur infligée à l'enfant : est-elle physique ou mentale ?

2. ***Finalité de la douleur ou de la souffrance infligée.*** Pour constituer la torture, il ne suffit pas d'infliger une douleur ou une souffrance (physique) à un enfant, il faut encore que l'agent puisse poursuivre une finalité quelconque, sinon ce comportement tombera sous la prévention de coups et blessures volontaires. Il se dégage de l'article 151 que les finalités que l'agent doit poursuivre sont notamment : *obtenir de l'enfant ou d'une tierce personne des renseignements ou des aveux* (la torture moyen de pression) ; *punir l'enfant d'un acte qu'il ou une tierce personne a commis ou est soupçonnée d'avoir commis* (torture sanction) ; ou encore *intimider l'enfant ou faire pression sur lui, intimider, faire pression sur une tierce personne, ou pour tout autre motif fondé sur une forme de discrimination* (torture discrimination).

Ces finalités de la douleur ou de la souffrance infligées à l'enfant ne sont pas limitatives au regard de cet article 151, étant donné que le législateur utilise, pour les énumérer, l'adverbe « notamment » qui traduit une énumération à titre illustratif.

3. *Particularités : l'auteur de l'acte*. Il ressort des finalités que peut poursuivre l'agent en infligeant la douleur ou la souffrance que la torture est ainsi pratiquée par des fonctionnaires de l'État ou des personnes privées. Pour les deux premières finalités (*obtenir de l'enfant ou d'une tierce personne des renseignements ou des aveux* ou *punir l'enfant d'un acte qu'il ou une tierce personne a commis ou est soupçonnée d'avoir commis*), la torture est aussi pratiquée par les personnes privées. C'est le cas d'une personne qui frappe un enfant aux fins d'obtenir de lui les aveux de la reconnaissance du vol commis dans la maison ; soit le soumet à des sévices parce qu'il est soupçonné d'avoir volé. C'est aussi le cas de certains pasteurs ou prophètes des Églises de réveil qui mettent en place des cérémonies destinées à ôter aux enfants leurs capacités de sorcellerie. Il est démontré que « les accusés peuvent être séquestrés, sans eau ni nourriture, fouettés, battus ou purgés de force jusqu'à ce qu'ils avouent leur état de sorciers » (Fierens, 2010 : 426). Ce comportement constitue de la torture commise par un privé.

Cependant, elle est pratiquée par un officiel dans la dernière hypothèse (article 151, point 3), c'est-à-dire lorsque la douleur ou la souffrance est infligée aux fins d'*intimider l'enfant ou faire pression sur lui, intimider, faire pression sur une tierce personne, ou pour tout autre motif fondé sur une forme de discrimination.* Ces personnes visées par le point 3 de l'article 151 sont les *agents de la fonction publique* ou *toute autre personne agissant à titre officiel* ou à son instigation ou avec son consentement. La torture pratiquée par les privés peut aussi être admise dans cette hypothèse (article 151, point 3) lorsqu'elle est faite sous la bénédiction ou le consentement exprès ou tacite d'un officiel. Sous cette hypothèse, la torture est commise par un particulier en « participation criminelle » avec l'agent de la fonction publique ou une personne officielle. Mais, il ne sera pas nécessaire d'examiner cette catégorie de personnes. On peut retenir que cette catégorie est constituée des personnes énumérées à l'article 1er du décret-loi n° 17/2002 du 3 octobre 2002 portant code de conduite de l'agent public de l'État.

Ainsi, il n'est pas exigé que le crime de torture soit commis par un agent public agissant à titre officiel, avec son consentement ou à son instigation.

B. Élément moral

L'article 151 de la loi portant protection de l'enfant visant le fait de « soumettre » un enfant à la torture, « il faut en déduire que l'agent doit avoir eu la volonté de faire souffrir sa victime, de lui causer des souffrances aiguës, de nier en elle la dignité de la personne humaine » (Lyon, chambre d'accusation, 19 janvier 1996, cité par Pradel et Danti-Juan, 2010 : 67). À défaut de cette intention précise, ou dol spécial, il ne peut y avoir que violences ou coups et blessures volontaires. D'ailleurs, le législateur de la loi portant protection de l'enfant, en définissant la torture, parle de « [...] une douleur ou des souffrances aiguës, physiques ou mentales, sont *intentionnellement infligées* à une personne [...] ». Donc, la torture est une infraction intentionnelle. C'est pourquoi les auteurs d'excision qui agissent non pour faire souffrir, mais pour satisfaire à une coutume ancestrale, ne peuvent être réprimés que pour *mutilation sexuelle d'enfant* (article 153).

§ 3. Circonstance aggravante : la torture ayant entraîné la mort de l'enfant

L'article 152 de la loi portant protection de l'enfant aggrave la peine lorsque l'enfant décède à la suite de la torture. C'est-à-dire, lorsque les actes de brutalité, de cruauté, d'odieuses souffrances, de privation ou de séquestration susceptibles de porter atteinte à la santé physique ou mentale ainsi que l'équilibre affectif et psychologique ont entraîné la mort de l'enfant, la peine est aggravée.

Devant le silence de la loi, Likulia Bolongo (1985 : 180) estime définir la mort comme étant la cessation définitive de la vie. Elle doit, en principe, être constatée par un médecin. Il doit s'agir de la mort réelle et non de la mort apparente qui se caractérise par un état de ralentissement extrême des fonctions vitales, donnant l'aspect extérieur d'une mort réelle.

§ 4. Répression de la torture

Peine principale. La peine varie selon qu'il s'agit de la soumission d'un enfant à la torture sans entraîner la mort ou celle qui a entraîné la mort de l'enfant. Pour la première, le prévenu encourt la peine de un à cinq ans de servitude pénale principale et d'une amende de cinq cent mille à un million de francs congolais. Tandis que, pour la seconde, l'agent encourt la servitude pénale à perpétuité. Ces peines sont encourues par le prévenu qui n'a pas un « lien » avec l'enfant victime.

Peine complémentaire. En vertu de l'article 159 de la loi portant protection de l'enfant, au cas où le prévenu est le père, la mère, le parâtre, la marâtre ou le tuteur de l'enfant, le juge peut également prononcer la déchéance de l'autorité parentale conformément aux disposions pertinentes de la loi (c'est le Code de la famille).

Section 6. Mutilation sexuelle d'un enfant

Vue générale. Aux termes de l'article 153, alinéa 3, de la loi portant protection de l'enfant, la mutilation sexuelle est un acte qui porte atteinte à l'intégrité physique ou fonctionnelle de l'organe génital de l'enfant. Les mutilations génitales s'entendent de toute ablation partielle ou totale des organes génitaux externes et/ou toutes autres opérations concernant ces organes.

Cette prévention a été intégrée dans l'arsenal juridique dans le but de protéger les enfants contre certaines pratiques coutumières comme l'excision, entendue comme une ablation rituelle du clitoris. Le législateur a exclu du registre de la mutilation sexuelle la circoncision et elle n'est pas non plus une atteinte à l'intégrité physique de l'enfant.

La mutilation sexuelle a été introduite pour la première fois dans la législation pénale congolaise par la loi n° 06/018 du 20 juillet 2006 modifiant et complétant le décret du 30 janvier 1940 portant Code pénal congolais. Cette loi modifie et complète certaines dispositions, notamment celles relatives aux violences sexuelles. Selon le Code pénal, la mutilation sexuelle est l'une des formes des violences sexuelles. Cependant, la loi portant protection de l'enfant la catégorise parmi les atteintes à l'intégrité physique. Cette catégorisation nous semble bonne étant donné que l'auteur de l'acte ne veut pas obtenir un plaisir sexuel par son acte, mais plutôt porter atteinte à l'intégrité physique ou fonctionnelle à l'organe génital de l'enfant. La différence réside ainsi dans la catégorisation et la répression, mais elle demeure définie de la même manière par les deux lois.

§ 1. Base légale

La mutilation sexuelle d'un enfant est prévue par l'article 153 de la loi portant protection de l'enfant qui dispose que « la mutilation sexuelle d'un enfant est punie de deux à cinq ans de peine de servitude pénale principale et d'une amende de deux cent mille à un million de francs congolais. Lorsque la mutilation sexuelle entraîne la mort de l'enfant sans intention de la donner, l'auteur est passible de dix à vingt ans de servitude pénale principale. La mutilation sexuelle est un acte qui porte atteinte à l'intégrité physique ou fonctionnelle de l'organe génital. La circoncision n'est pas une mutilation sexuelle ni une atteinte à l'intégrité physique ».

La mutilation sexuelle est aussi prévue au Code pénal à son article 174, g. Cependant, cette disposition ne s'applique pas à l'égard de l'auteur de l'acte lorsque la victime est un enfant. Elle est ainsi une loi générale et cela ressort même dans ses dispositions en ces termes : « Sera puni d'une peine de servitude pénale de deux à cinq ans et d'une amende de deux cent mille francs congolais constants, quiconque aura posé un acte qui porte atteinte à l'intégrité physique ou fonctionnelle des organes génitaux d'une personne. Lorsque la mutilation a entraîné la mort, la peine est la servitude pénale à perpétuité ». Cette disposition ne s'appliquera qu'au cas où la victime est une personne majeure.

§ 2. Éléments constitutifs

Ainsi, pour être constituée, la mutilation sexuelle d'un enfant requiert la réunion d'actes matériels de mutilation et un élément moral dans le chef de l'auteur.

A. Acte matériel

Il ressort de l'article 153 de la loi portant protection de l'enfant, que l'acte matériel consiste en la mutilation. Mutiler, c'est retrancher ou priver de quelque membre, écrit Likulia Bolongo (1985 : 127). Cependant, la mutilation ne garde pas seulement le sens de retrancher un organe, mais aussi de détériorer, de détruire partiellement ou bien de dégrader l'organe génital d'un enfant. Le législateur a ainsi bien voulu protéger l'enfant contre toute atteinte, par n'importe quel moyen que ce soit, à son organe génital.

Par ailleurs, il s'agit de toutes les interventions incluant l'ablation partielle ou totale des organes génitaux internes ou externes de l'enfant, ou la lésion des organes génitaux féminins pratiqués pour des raisons culturelles ou religieuses ou pour toute autre raison non thérapeutique.

Ensuite, l'acte de mutilation doit avoir porté atteinte à l'intégrité physique ou fonctionnelle de l'organe génital. L'organe génital est le sexe de l'enfant. Ainsi, tout acte de mutilation qui ne touche pas le sexe de l'enfant ne constitue pas la mutilation sexuelle de l'enfant. C'est pourquoi le législateur a ainsi prévu les actes matériels qui portent atteinte soit à l'intégrité physique de l'organe génital, soit à l'intégrité fonctionnelle de l'organe génital.

Les actes qui portent atteinte à l'intégrité physique sont des atteintes dommageables extérieures à l'organe génital d'un enfant et qui n'entraînent pas son dysfonctionnement. C'est pourquoi la circoncision n'est pas une mutilation sexuelle ni une atteinte à l'intégrité physique (l'alinéa 4 de l'article 153 de la loi portant protection de l'enfant). Cependant, l'excision ou l'infibulation (l'ablation de clitoris) d'un enfant ainsi que blesser l'organe génital tombent sous le coup de la mutilation sexuelle d'un enfant par atteinte à l'intégrité physique.

Tandis que les actes qui portent atteinte à l'intégrité fonctionnelle sont ceux qui privent l'enfant de l'usage normal de son organe génital. C'est-à-dire que ce sont les atteintes qui ne permettent pas à l'organe génital de remplir ou d'accomplir sa fonction. Cependant, ces actes prêtent à confusion avec la privation d'un enfant de sa capacité biologique de reproduction qui est une infraction relative aux violences sexuelles (article 176 LPPE). L'atteinte à l'intégrité fonctionnelle de l'organe génital doit être ainsi temporelle ; tandis que la privation de la capacité biologique de reproduction est définitive, c'est-à-dire que l'enfant ne pourra plus procréer.

Toutefois, l'accomplissement d'actes matériels ne suffit pas, encore faut-il que l'auteur ait l'intention coupable qu'il faut prouver.

B. Élément moral

La mutilation sexuelle d'un enfant est une infraction classée parmi les atteintes volontaires à la vie et à l'intégrité physique ou mentale de l'enfant. Ainsi, l'élément moral consiste dans la volonté d'attenter à l'intégrité physique ou fonctionnelle de l'organe génital de l'enfant. Le mobile d'attenter, souvent culturel ou pratique magique, est inopérant.

Cependant, ne sera pas ainsi poursuivi sur base de l'article 153 le personnel soignant qui, dans le but de circoncire, aura coupé l'organe génital de l'enfant. Il serait dans ce cas inculpé ou prévenu de la prévention de lésions corporelles involontaires prévue et punie par les articles 52 et 54 du Code pénal, Livre II. Seront exclues de cette catégorie les opérations chirurgicales des organes génitaux, effectuées sur prescription médicale.

L'intention coupable dans cette prévention de mutilation sexuelle d'un enfant n'est pas une volonté méchante, mais une volonté consciente d'attenter à l'organe génital, pour autant que cet attentat procure à l'enfant une souffrance.

L'auteur de la mutilation sexuelle ne peut se cacher derrière la coutume pour justifier son acte. En incriminant les actes constitutifs de la mutilation sexuelle, le législateur a voulu lutter contre les pratiques coutumières attentatoires à l'intégrité sexuelle de l'enfant et y mettre fin.

§ 3. Circonstance aggravante

Il ressort de l'alinéa 2 de l'article 153 la volonté du législateur d'aggraver la mutilation sexuelle d'un enfant. Cette circonstance aggravante est la mort de l'enfant victime de la mutilation sexuelle. La mort a été précédemment définie avec Likulia Bolongo (1985 : 180) comme étant la cessation définitive de la vie. Elle doit avoir, en principe, été constatée par un médecin. Il doit s'agir de la mort réelle et non de la mort apparente qui se caractérise par un état de ralentissement extrême des fonctions vitales, donnant l'aspect extérieur d'une mort réelle.

Pour être une circonstance aggravante, la mort ne doit pas être le résultat qui a été envisagé par l'auteur en mutilant le sexe de l'enfant. L'intention de l'auteur doit être celle d'attenter à l'intégrité physique ou fonctionnelle de l'organe génital de l'enfant ; la mort est advenue à la suite de la mutilation sans que l'auteur l'ait voulue. C'est pourquoi le législateur légifère en ces termes : « lorsque la mutilation sexuelle entraîne la mort de l'enfant sans intention de la donner [...] ».

Les circonstances de la commission des faits permettront d'apprécier l'intention de l'auteur. S'il se révèle que l'enfant est décédé de la mutilation sexuelle à l'occasion d'un rituel coutumier, l'intention de donner la mort en l'espèce manque. Au contraire, si la mutilation sexuelle est le fait d'une personne qui se livre à la pratique de la vente des organes génitaux, ici l'intention de donner la mort résulte de la manière dont elle avait posé son acte.

§ 4. Régime répressif

Le régime répressif de la prévention de mutilation sexuelle d'un enfant consiste en une peine de servitude pénale principale et d'une amende, toutes cumulées, à titre principal. Une autre mesure complémentaire peut être ordonnée par la juridiction, et ce, en fonction du lien de parenté ou d'alliance entre l'auteur et l'enfant victime.

A. Peine principale

Aux termes de l'article 153 de la loi portant protection de l'enfant, la mutilation sexuelle d'enfant est punie de deux à cinq ans de peine de servitude pénale principale et d'une amende de deux cent mille à un million de francs congolais. Toutefois, il convient de dire que le juge peut prononcer, et ce, au regard des articles 12 et 13 du Code pénal, Livre I, la peine de servitude pénale subsidiaire qui n'excédera pas six mois à défaut du prévenu de payer l'amende dans le délai fixé par le jugement.

La servitude pénale principale est aggravée lorsque la mutilation sexuelle entraîne la mort de l'enfant. Dans ce cas, l'auteur est passible de dix à vingt ans de servitude pénale principale. Cette aggravation est moins sévère par rapport à celle prévue à l'article 174, g, du Code pénal, Livre II. Au regard de cet article du Code pénal, l'auteur est passible de la servitude pénale à perpétuité lorsque la mutilation sexuelle a entraîné la mort de la victime.

B. Mesure complémentaire

Une mesure complémentaire peut être prononcée par le tribunal lorsque l'auteur de la mutilation sexuelle est père, mère, parâtre, marâtre ou tuteur de l'enfant victime. Cette mesure est la déchéance de l'autorité parentale. Ceci ressort de l'article 159 qui dispose que « le juge peut également prononcer la déchéance de l'autorité parentale conformément aux dispositions pertinentes de la loi lorsque le père, la mère, le parâtre, la marâtre ou le tuteur sont condamnés pour les atteintes volontaires à la vie, à l'intégrité physique ou mentale de l'enfant ».

Il découle de cet article que le juge n'est pas obligé de prononcer la déchéance de l'autorité parentale. Étant une faculté laissée au tribunal, il ne peut prononcer que la peine principale.

Toutefois, les personnes visées par la déchéance de l'autorité parentale ne sont souvent pas les principaux acteurs. Dans la plupart des cas, ce sont les grands-parents qui se livrent à la pratique de mutilation sur leurs petites filles. Ainsi, *de lege ferenda*, il y a lieu d'étendre cette mesure de la déchéance de l'autorité parentale aux grands-parents.

Section 7. Expérimentation médicale sur un enfant

Vue générale. Le législateur a, par la loi portant protection de l'enfant, érigé en infraction l'expérimentation médicale sur un enfant. Mais, il y a aussi un problème de santé publique qui est primordial. Les données du problème, écrit Michel Véron (1999 : 89), sont les suivantes : d'une part, l'expérimentation sur une personne humaine est absolument nécessaire aux progrès de la recherche scientifique et à la mise sur le marché de nouveaux médicaments ; d'autre part, l'expérimentation sur volontaire sain ne peut être justifiée par un but thérapeutique direct et les atteintes à l'intégrité physique qui pourraient en résulter tombent en principe sous le coup des dispositions du Code pénal.

Cependant, la loi portant protection de l'enfant ne tient pas compte de ces problèmes. Elle se préoccupe de la protection de l'enfant contre les atteintes à l'intégrité physique en réprimant l'expérimentation médicale. L'« expérimentation », c'est l'action d'expérimenter. Et expérimenter, c'est soumettre à des expériences. Tandis que l'expérience, c'est l'essai, l'épreuve dans le but de vérifier ou de démontrer quelque chose (*Larousse de poche*, 2002). L'adjectif « médical » renvoie à ce qui concerne la médecine. Et la médecine est la science qui a pour but la conservation et le rétablissement de la santé (*Larousse de poche*, 2002).

Ainsi l'expérimentation médicale sur un enfant, c'est le fait de pratiquer ou de faire pratiquer sur un enfant (bien entendu vivant) tout essai ou toute épreuve de conservation et de rétablissement de la santé. Le souci du législateur est de protéger l'enfant contre certaines pratiques médicales d'essai sur sa personne. Ces expérimentations peuvent consister à tester l'efficacité d'un produit, le fonctionnement d'un appareil thérapeutique. C'est donc soumettre l'enfant à l'essai dans le travail en laboratoire d'expérimentation médicale.

L'expérimentation médicale est aussi réprimée par le Statut de Rome. Elle est l'une des formes du crime contre l'humanité. Cependant, le Statut de Rome réprime l'expérience médicale ou scientifique. Est-ce que l'expérience médicale comprend aussi l'expérimentation scientifique ? Ou bien le législateur congolais, en réprimant l'expérimentation médicale sur l'enfant, autorise-t-il l'expérimentation scientifique ? Certaines études approfondies peuvent nous éclairer. Dans le cadre de notre étude, nous limitons nos explications à la seule infraction prévue à l'article 154 de la loi portant protection de l'enfant, sanctionnant l'expérimentation médicale sur un enfant.

§ 1. Base légale

C'est l'article 154 qui constitue la base légale de l'infraction d'expérimentation médicale. Cet article dispose que « le fait de pratiquer ou faire pratiquer une expérimentation médicale sur un enfant est puni de un à cinq ans de servitude

pénale principale et d'une amende de deux cent mille à un million de francs congolais.
Si elle entraîne une incapacité ne dépassant pas huit jours, la peine est de deux à cinq ans de servitude pénale principale et d'une amende de deux cent mille à un million de francs congolais.
Si elle entraîne une incapacité de plus de huit jours ou provoque une mutilation ou une infirmité permanente, la peine est de cinq à dix ans de servitude pénale principale.
Si cette expérimentation entraîne la mort, la peine est portée à la servitude pénale à perpétuité ».

Comme toute autre infraction, l'expérimentation médicale sur l'enfant requiert la réunion d'éléments pouvant la constituer qu'il convient d'examiner.

§ 2. Éléments constitutifs de l'expérimentation médicale

Outre la minorité d'âge de la victime, pour être constituée, l'expérimentation médicale requiert l'accomplissement d'actes matériels d'expérimentation à finalité médicale et une intention (la volonté) délibérée de les accomplir.

A. Actes matériels

Aux termes de l'article 154, les actes matériels consistent à pratiquer ou faire pratiquer une expérimentation médicale sur un enfant. Ainsi, les actes d'expérimentation peuvent être accomplis par l'investigateur lui-même (ce qui renvoie à pratiquer), soit accomplis à la demande d'une personne qui est l'auteur moral (ce qui veut dire faire pratiquer). Pour celui qui *fait pratiquer*, son acte matériel consiste à emmener ou offrir l'enfant à des essais médicaux. Tandis que celui qui *pratique* pose lui-même les actes d'épreuve médicale sur l'enfant.

Peuvent constituer les actes d'expérimentation médicale, le fait de procéder au prélèvement de tissus ou d'organe sur l'enfant ; soumettre l'enfant à un test d'un appareil pour en connaître l'efficacité thérapeutique ; administrer à un enfant un produit pour en tester les effets. Donc, toute procédure médicale qui n'est pas dictée par l'état de santé de l'enfant et qui n'est pas conforme aux normes médicales généralement acceptées qui seraient appliquées dans des conditions d'expérimentation sur un enfant tombe sous le coup de l'expérimentation médicale.

Il s'agit, en outre, « du fait de provoquer une observation de nature médicale ou scientifique en vue d'étudier un phénomène donné, de vérifier ou de suggérer une notion, une méthode ou une invention, etc., ou tout simplement dans le but thérapeutique ou dans l'intérêt d'une ou plusieurs personnes [...] » (Mutata Luaba, 2008 : 288). Il s'agit, comme le dit le même auteur, « d'un aventurisme médico-scientifique exercé sur les victimes [...] transformées pour la circonstance en "cobayes" [...] ».

Quid de la participation criminelle ? Aux termes des articles 21 et 22 du Code pénal, il y a participation criminelle lorsque plusieurs personnes ont contribué à la réalisation d'une infraction en y prenant une part plus ou moins active et directe. Mais la participation revêt deux formes : d'une part, la corréité ou la coactivité lorsque la contribution s'avère directe ou indispensable ; et d'autre part, la complicité lorsque l'aide apportée, sans être nécessaire, est néanmoins utile (Nyabirungu Mwene Songa, 1989 : 212).

Les articles 21 et 22 du Code pénal énumèrent les actes constitutifs de la participation criminelle. Il s'agit de : ceux qui l'auront exécutée ou qui auront coopéré directement à son exécution ; ceux qui, par un fait quelconque, auront prêté pour l'exécution une aide telle que, sans leur assistance, l'infraction n'eût pu être commise ; ceux qui, par offres, dons, promesses, menaces, abus d'autorité ou de pouvoir, machinations ou artifices coupables, auront directement provoqué cette infraction ; ceux qui, soit par des discours tenus dans des réunions ou dans des lieux publics, soit par des placards affichés, soit par des écrits, imprimés ou non et vendus ou distribués, soit par des dessins ou des emblèmes, auront provoqué directement à la commettre, sans préjudice des peines qui pourraient être portées par décrets ou arrêtés contre les auteurs de provocations à des infractions, même dans le cas où ces provocations ne seraient pas suivies d'effets (article 21). En outre seront considérés comme complices : ceux qui auront donné des instructions pour la commettre ; ceux qui auront procuré des armes, des instruments ou tout autre moyen qui a servi à l'infraction sachant qu'ils devaient y servir [...] (article 22).

La loi punit celui qui aura pratiqué ou fait pratiquer sur un enfant une expérimentation médicale. L'accomplissement de l'acte matériel par le fait de « faire pratiquer » entre dans le registre de la participation criminelle. Mais, selon l'esprit de l'article 154 de la loi portant protection de l'enfant, l'auteur qui se rend coupable par le fait de « faire pratiquer » doit être considéré comme auteur principal au même titre que celui qui a pratiqué. La prévention ne sera pas libellée comme étant commise en participation criminelle si l'auteur s'est rendu coupable par le fait de faire pratiquer.

B. Finalité médicale de l'expérimentation

Les actes matériels peuvent constituer d'autres d'infractions s'ils n'ont pas été réalisés pour des raisons d'expérimentation médicale. Rappelons que l'expérimentation médicale sur un enfant est le fait de pratiquer ou de faire pratiquer sur un enfant (bien entendu vivant) tout essai ou toute épreuve de conservation et de rétablissement de la santé. Ainsi, la finalité médicale ne peut être que la conservation et le rétablissement de la santé à l'avenir.

Au regard des éléments des crimes de la Cour pénale internationale constitue une infraction de l'expérimentation médicale l'expérience qui n'avait pas un but thérapeutique et n'était ni justifiée par des raisons médicales ni effectuée dans l'intérêt de ladite ou desdites personnes. Ainsi, toute expérimentation médicale qui avait un but thérapeutique ou qui était justifiée par des raisons médicales et dans l'intérêt de l'enfant lui-même ne constitue pas une infraction.

Quid de l'expérimentation médicale pratiquée sur un enfant décédé ? Au cas où l'expérimentation est faite sur un enfant déjà mort, la personne sera poursuivie sur base de l'ordonnance n° 78-179 du 26 avril 1978 portant réglementation de l'autopsie scientifique (*J.O.Z.*, n° 9, 1er mai 1978, p. 26, in Code judiciaire congolais, 2013 : 222). Au regard de cette ordonnance, des autopsies et des prélèvements pourront être pratiqués sur le corps humain dans un but de recherche scientifique conformément aux dispositions des articles 2, 3 et 4 de la présente ordonnance, dans les cliniques universitaires et les formations médicales déterminées par le ministre de la Santé, si le médecin-chef de service juge qu'un intérêt scientifique ou thérapeutique le commande (article 1). Ainsi, la violation des articles 2, 3 et 4 de l'ordonnance constitue une infraction. Ces dispositions consacrent respectivement que le défunt peut, de son vivant, léguer son corps à une clinique universitaire, ou à toute autre formation médicale, aux fins d'expérimentation scientifique, à condition qu'il y ait de sa part un consentement libre, éclairé et non assorti de conditions (article 2). À défaut d'une manifestation de volonté donnée en temps utile par le *de cujus*, l'autopsie et les prélèvements peuvent être autorisés par tous ses ayants droit à condition que rien ne puisse faire présumer que le défunt s'y serait opposé (article 3). Un corps abandonné, c'est-à-dire un corps qui n'est pas réclamé et qui n'est pas susceptible de l'être peut être livré à l'autopsie scientifique par le commissaire de région ou son délégué après un délai de 15 jours qui court à partir de la constatation du décès. Pendant ce temps, tous les moyens de communication seront mis en œuvre pour s'assurer de l'abandon (article 4). En outre, l'article 6 renferme aussi un aspect infractionnel lorsqu'il dispose qu'aucun prélèvement ni autopsie ne pourront être pratiqués après inhumation.

L'article 8 de l'ordonnance réprime toute violation de ces dispositions. C'est ainsi que les infractions à la présente ordonnance seront punies d'une servitude pénale principale de un à six mois et d'une amende de cinquante à deux cents zaïres ou d'une de ces peines seulement. Toutefois, l'ordonnance prévoit à son article 9 que « les dispositions de la présente ordonnance ne portent pas atteinte au droit pour l'autorité judiciaire de requérir autopsie en cas de mort suspecte ».

C. Élément moral

C'est la volonté de pratiquer ou de faire pratiquer une expérimentation médicale sur un enfant. Cette intention pourra être déterminée par la motivation qui avait poussé l'auteur à procéder à des actes qui entrent dans le registre de l'expérimentation médicale sur un enfant.

Le consentement de l'enfant ou des parents ne peut être invoqué comme une cause de justification en ce qui concerne cette prévention. La loi ne prévoit pas cette possibilité du consentement pour effacer le caractère infractionnel de l'acte étant donné, d'une part, que l'enfant est dépourvu du discernement et, d'autre part, qu'il s'agit d'une atteinte physique où le consentement est inopérant. Par ailleurs, cette même disposition prévoit certaines circonstances aggravantes.

D. Circonstances aggravantes ou le résultat dommageable

Les circonstances aggravantes découlent des alinéas 2, 3 et 4 de l'article 154 de la loi portant protection de l'enfant. Aux termes de ces alinéas, l'expérimentation médicale sur un enfant est aggravée lorsqu'elle entraîne une incapacité ou provoque une mutilation ou une infirmité permanente ou la mort. Il convient ainsi de scruter ces circonstances qui aggravent l'expérimentation médicale sur un enfant.

Guichard *et al.* (2015 : 528) définissent **l'incapacité** comme l'état dans lequel se trouve une personne qui, à la suite d'un dommage corporel subi par elle, ne peut plus exercer d'activité professionnelle pendant une période donnée. Pour que cette incapacité soit considérée comme une circonstance aggravante au regard de l'alinéa 2 de l'article 154 de la loi portant protection de l'enfant, elle ne doit dépasser que huit jours. Si l'incapacité est de moins de huit jours, elle sera prise en compte pour aggraver la situation du prévenu. Cet alinéa dispose : « si elle entraîne une incapacité ne dépassant pas huit jours [...] ». Cependant, pour l'aggravation sur pied de l'alinéa 3 du même article, l'incapacité doit être de plus de huit jours étant donné que cet alinéa dispose que « si elle entraîne une incapacité de plus de huit jours [...] ».

La mutilation est prévue à l'alinéa 3 de l'article 154. Elle est la perte accidentelle ou l'ablation d'un membre, d'une partie externe du corps, qui cause une atteinte irréversible à l'intégrité physique. La mutilation implique une amputation, une perte et une privation de l'usage d'un membre. Il en va ainsi de la perte de l'œil, des oreilles (tympan), du nez, d'un bras, d'une jambe, pied, d'un organe d'une main (Katwala Kaba Kashala, 1995 : 32).

L'infirmité est prévue à l'alinéa 3 de l'article 154. Elle est l'incapacité de l'organisme à remplir telle ou telle fonction. L'infirmité qui est prise en compte n'est pas celle temporaire, mais celle permanente. Il y a donc sûrement infirmité permanente, note Michel Véron (1999 : 40), en cas de cécité ou de surdité (Crim., 6 novembre 1985, *Bull.*, n° 347), d'ablation de la rate (Crim., 18 décembre 1962, *D.*, 1963 : 189) ou d'atteinte grave et définitive des facultés mentales (Crim., 25 mars 1980, *Bull.*, n° 101). Il nous paraît nécessaire que cette infirmité soit médicalement prouvée afin d'éviter toute spéculation. Ceci permettra, d'ailleurs, au juge d'avoir une preuve objective et scientifique dépourvue de tout soupçon.

La mort comme circonstance aggravante est prévue à l'alinéa 4 de l'article 154. La mort est la cessation de vie dont le constat doit être fait par un professionnel habilité. La mort, écrivent Guinchard *et al.* (2015 : 656), entraîne la disparition de la personne juridique, mais le respect dû au corps humain ne cesse pas avec la mort et les restes des personnes décédées, y compris les cendres, doivent être traités avec respect, dignité et décence.

Pour que ces différentes circonstances aggravantes puissent être prises en considération, il faudra établir le lien de causalité, c'est-à-dire que l'incapacité, la mutilation, l'infirmité ou la mort devront résulter du fait de l'expérimentation médicale. C'est dans ce sens que les *Éléments des crimes* de la Cour pénale internationale précisent que « cette expérience a porté gravement atteinte à la santé ou à l'intégrité, physique ou mentale, de ladite ou desdites personnes ». L'existence du lien pourra être démontrée par « les déclarations des témoins-victimes, les divers documents d'expertise médicale, les dépositions des témoins objectifs, etc. » (Mutata Luaba, 2008 : 289).

§ 4. Répression de l'expérimentation médicale sur un enfant

Une fois que les éléments présentés ci-dessus sont réunis dans le chef de l'auteur, celui-ci encourt une servitude pénale principale et une amende. Dans certains cas, le juge peut prononcer une mesure complémentaire. La peine de servitude pénale principale est de un à cinq ans et l'amende est de deux cent mille à un million de francs congolais.

Mais, la servitude pénale peut être aggravée au cas où il y a des circonstances aggravantes qui sont retenues à charge de l'auteur. C'est ainsi qu'en cas d'incapacité qui ne dépasse pas huit jours, la peine est de deux à cinq ans de servitude pénale et d'une amende de deux cent mille à un million de francs congolais (article 154, alinéa 2). Ici, c'est juste le minimum de la servitude pénale qui change, c'est-à-dire qu'elle monte d'un an à deux ans. Cependant, le maximum de cinq ans et l'amende restent les mêmes dans les deux cas.

La servitude pénale principale pourra être de cinq à dix ans lorsque l'expérimentation médicale sur un enfant entraîne une incapacité de plus de huit jours ou provoque une mutilation ou une infirmité permanente (article 154, alinéa 3). Dans cette hypothèse, c'est-à-dire lorsque l'expérimentation médicale entraîne une incapacité de plus de huit jours ou provoque une mutilation ou une infirmité permanente, le législateur n'a pas prévu la peine d'amende.

Il peut arriver que l'enfant qui a été soumis à l'expérimentation médicale trouve la mort à la suite de cette pratique expérimentale. Dans ce cas, la peine est portée à la servitude pénale à perpétuité (article 154, alinéa 4). Dans cette hypothèse aussi, l'auteur n'est pas condamné à l'amende.

Le législateur a prévu aussi une peine complémentaire lorsque l'auteur est le père, la mère, le parâtre, la marâtre ou le tuteur (article 159 LPPE). Dans ce cas, le juge peut également prononcer la déchéance de l'autorité parentale conformément aux disposions pertinentes de la loi. Cette mesure paraît facultative, le juge n'est pas tenu de la prononcer.

Section 8. Administration volontaire à un enfant de substances nuisibles à la santé

Vue générale. Prévue par l'article 50 du Code pénal, Livre II, cette infraction se trouve aujourd'hui aussi réprimée par l'article 155 de la loi portant protection de l'enfant, à la section relative aux atteintes volontaires à la vie et à l'intégrité physique ou mentale de l'enfant. Le législateur y voit une variété d'atteintes à l'intégrité de l'enfant. Nous pouvons ainsi dire que l'administration volontaire à un enfant de substances nuisibles est « une atteinte volontaire à l'intégrité physique ou mentale d'un enfant par l'administration, peu importe le procédé, des substances qui peuvent donner la mort ou des substances qui, sans être de nature à donner la mort, peuvent cependant gravement altérer la santé ». On peut considérer cette infraction comme, notent Pradel et Danti-Juan (2010 : 69), une sorte de mini-empoisonnement, quoique les éléments et la répression soient sensiblement différents.

§ 1. Base légale de la prévention

C'est l'article 155 de la loi portant protection de l'enfant qui constitue la base légale de la prévention d'administration volontaire des substances nuisibles à un enfant. Cet article dispose que « l'administration volontaire à un enfant des substances nuisibles, notamment des stupéfiants et des psychotropes, qui peuvent donner la mort ou des substances qui, sans être de nature à donner la mort, peuvent altérer gravement la santé d'un enfant de quelque manière que ces substances aient été employées ou administrées, est punie de trois à vingt ans de servitude pénale principale ».

Cette disposition n'est pas substantiellement différente de l'article 50 du Code pénal, Livre II, qui dispose en ces termes : « Sera puni d'une servitude pénale de un an à vingt ans et d'une amende de cent à deux mille francs quiconque aura administré volontairement des substances qui peuvent donner la mort ou des substances qui, sans être de nature à donner la mort, peuvent cependant gravement altérer la santé ».

Après la lecture de la disposition légale qui prévoit et réprime l'administration volontaire à un enfant des substances nuisibles à la santé, il y a lieu d'examiner ses éléments constitutifs qui la distinguent de l'empoisonnement.

§ 2. Éléments constitutifs

Pour être constituée, outre la minorité d'âge de la victime, l'administration volontaire à un enfant des substances nuisibles requiert l'accomplissement d'actes matériels, qui consistent en administration des substances nuisibles, et ce, de manière volontaire.

A. La nature des substances

Au regard de l'article 155 de la loi portant protection de l'enfant, les substances doivent être nuisibles à la santé de l'enfant. C'est-à-dire des substances qui peuvent donner la mort ou des substances qui, sans être de nature à donner la mort, peuvent altérer gravement la santé. C'est ainsi que Georges Mineur (1953 : 138) précise que ces substances sont de nature à donner la mort sans que la mort s'ensuive, ainsi que des substances qui, sans être de nature à donner la mort, sont cependant susceptibles d'altérer gravement la santé. Il s'agit ainsi de produit non mortel[3] (Pradel et Danti-Juan, 2010 : 70). La loi portant protection de l'enfant n'énumère pas de manière exhaustive les substances qui sont de nature à nuire à l'enfant. Elle ne cite qu'à titre illustratif les stupéfiants et les psychotropes (article 155). Toutefois, la jurisprudence retient le valium dilué dans une bouteille d'eau (Crim., 14 juin 1995, *Dr. pénal*, 1995, Comm. 217, note de Véron, 1999 : 46). Mais, il appartient aux hommes de l'art, qui seront requis, de déterminer si les substances sont nuisibles ou peuvent altérer gravement la santé.

Avec la criminalisation de la contamination délibérée du VIH, le sang infecté du VIH/Sida ne peut être considéré comme une substance nuisible et entraîner la condamnation de la personne qui l'aurait injectée sur une victime sur pied de l'article 155 de la loi portant protection de l'enfant. L'auteur sera, par contre, poursuivi sur base de l'article 177 de la même loi. Ainsi, la position de la Chambre criminelle de Paris (Pradel et Danti-Juan, 2010 : 70), qui avait jugé que l'individu se sachant porteur du sida et multipliant les relations sexuelles non protégées avec plusieurs jeunes femmes auxquelles il dissimulait son état et désormais contaminées commet le délit d'administration de substances nuisibles à la santé, devra être abandonnée ou nous semble être dépassée.

B. Acte d'administration des substances

Le législateur de la loi portant protection de l'enfant, comme celui du Code pénal, n'a pas déterminé le mode précis d'administration de substances. Il se limite à dire « de quelque manière que ces substances aient été employées ou administrées ». Ceci veut dire que le procédé d'administration importe peu (Pradel et Danti-Juan, 2010 : 69). C'est pourquoi il a été jugé que la nature exacte et le procédé d'administration des substances importent peu dès l'instant que celles-ci ne se révèlent pas mortelles (TGI Cherbourg, 31 mars 1981, *Dr. pénal*, 1981, note de Véron, 1999 : 46). Toutefois, l'administration des substances peut se faire par inhalation, frottement, piqûre, boisson, etc.

---

[3] Jean Pradel (2010 : 70) a fait allusion au cas d'un dirigeant d'un club de football qui, à l'occasion d'une rencontre, avait mis à la disposition des adversaires de son club des bouteilles d'eau minérale dans lesquelles il avait introduit, à l'aide d'une seringue, du valium, produit de nature à entraîner une diminution des capacités physiques des joueurs (Crim., 14 juin 1995, *B.C.*, n° 597).

Il faut ensuite que la substance ait porté atteinte à l'intégrité de la personne à laquelle elle a été administrée (Pradel et Danti-Juan, 2010 : 69). Il faut ainsi établir un lien de causalité direct et certain entre le moyen utilisé et le résultat constaté (Crim., 10 mai 1972, *D.*, 1972 : 733 note de Michel Véron, 1999 : 46). C'est-à-dire que les juges doivent constater le lien de causalité entre l'administration de la substance et le résultat constaté. La nécessité d'un résultat d'une atteinte à l'intégrité, soulignent Pradel et Danti-Juan (2010 : 70) – comme le dit aussi la loi –, montre bien que cette infraction est matérielle. Les mêmes auteurs précisent que la condition d'atteinte à l'intégrité doit être appréciée *in abstracto*, en elle-même : il n'y a donc pas d'infraction si la substance, inoffensive en soi, cause un malaise à la victime à cause de prédispositions maladives. En outre, même si l'atteinte réelle à la santé ne subsiste plus, l'acte sera réprimé, sous réserve de la prescription de l'action publique.

C. Élément moral

L'administration volontaire à un enfant des substances nuisibles est classée parmi les infractions relatives aux atteintes volontaires à l'intégrité. Ainsi, cette « infraction suppose nécessairement l'administration de substances en connaissance de leur caractère nuisible » (Veron, 1999 : 46) ; c'est-à-dire que « l'agent doit avoir agi avec une intention de nuire à la santé » (Pradel et Danti-Juan, 2010 : 70). Ce qui exclut de la répression les erreurs de manipulation ou de dosage, les imprudences ou négligences (Véron, 1999 : 46) étant donné que l'administration doit être volontaire, c'est-à-dire que l'auteur doit avoir voulu l'administrer dans l'intention de nuire (Mineur, 1953 : 138). Si la personne à qui les substances sont administrées dans le but de la guérir venait à décéder, l'auteur ne pourrait être inculpé que d'homicide par imprudence (Boma, 12 octobre 1915, *Jur. Congo*, 1926, p. 163, note de Georges Mineur, 1953 : 138). Cette infraction existe au contraire si l'agent administre une substance mortelle sans le savoir et avec l'intention de seulement nuire à la santé de la victime (Pradel et Danti-Juan, 2010 : 70).

D. Circonstance aggravante

La circonstance aggravante résulte de l'article 156 de la loi portant protection de l'enfant. Au regard de cette disposition, l'administration volontaire à un enfant des substances nuisibles est aggravée lorsqu'elle cause une infirmité permanente à la victime. Pour que l'infirmité permanente soit prise en considération comme une circonstance aggravante, il faudra établir le lien de causalité entre l'administration des substances nuisibles et l'infirmité. C'est-à-dire que l'infirmité doit être la conséquence de l'administration volontaire des substances nuisibles.

Il y a donc sûrement infirmité permanente, écrit Véron (1999 : 40), en cas de cécité ou de surdité (Crim., 6 novembre 1985, *Bull.*, n° 347), d'ablation de la rate (Crim., 18 décembre 1962, *D.*, 1963. 189) ou d'atteinte grave et définitive des facultés mentales (Crim., 25 mars 1980, *Bull.*, n° 101).

§ 3. Répression de l'administration volontaire à un enfant des substances nuisibles

Cette prévention n'est punie que de la servitude pénale principale. Le législateur n'a pas prévu la peine d'amende pour cette infraction. La répression est à la fois ordinaire dans certains cas, et aggravée dans d'autres. La répression ordinaire est de trois à vingt ans de servitude pénale principale (article 155 LPPE) tandis que la répression aggravée est de cinq à vingt ans de servitude pénale principale (article 156 LPPE).

La répression ordinaire est appliquée à l'auteur lorsque l'administration volontaire à un enfant de substances nuisibles a juste altéré gravement la santé de l'enfant (article 155 LPPE). Tandis que la répression aggravée ne frappe l'auteur que lorsque l'administration volontaire à un enfant de substances a causé une infirmité permanente (article 156 LPPE). La différence entre la répression ordinaire et la répression aggravée réside dans le minimum de la servitude pénale, mais le taux du maximum reste le même.

Section 9. Épreuves superstitieuses commises sur un enfant

Vue générale. Par épreuve superstitieuse, il faut entendre tout acte consistant à soumettre un enfant, de gré ou de force, à un mal physique réel ou supposé, en vue de déduire des effets produits, l'imputabilité d'un acte ou d'un événement ou toute autre conclusion (article 157, alinéa 3, LPPE). Cette prévention est aussi prévue au Code pénal, Livre II, à ses articles 57 à 60. Ainsi, la loi portant protection de l'enfant n'est pas la seule loi à réprimer ces pratiques barbares « pratiquées sous l'empire des superstitions indigènes, ainsi que les exactions, sévices, tortures qui les accompagnent ou en sont la suite » (Mineur, 1953 : 146). Les épreuves, écrit Georges Mineur, sont celles qui consistent à soumettre une personne à un mal physique, en vue de tirer une conclusion des effets obtenus.

§ 1. Base légale

C'est l'article 157 de la loi portant protection de l'enfant qui constitue la base légale de l'infraction d'épreuves superstitieuses. Aux termes de cette disposition : « Est puni de un à deux ans de servitude pénale principale et d'une amende de deux cent mille à six cent mille francs congolais, l'auteur d'épreuves superstitieuses commises sur un enfant ».

Si les épreuves superstitieuses causent une maladie ou une incapacité, ou s'il en résulte la perte de l'usage absolu d'un organe ou une mutilation grave, l'auteur est puni de cinq à vingt ans de servitude pénale principale et d'une amende de deux cent mille à un million de francs congolais.

Par épreuve superstitieuse, il faut entendre tout acte consistant à soumettre un enfant, de gré ou de force, à un mal physique réel ou supposé, en vue de déduire des effets produits, l'imputabilité d'un acte ou d'un événement ou toute autre conclusion.

Cette disposition définit et réprime l'épreuve superstitieuse. C'est au regard de sa définition que découlent ses éléments constitutifs.

§ 2. Éléments constitutifs

Aux termes de l'alinéa 3 de l'article 157 de la loi portant protection de l'enfant, l'épreuve superstitieuse commise sur un enfant suppose l'acte matériel, le résultat dommageable, le but déterminé ainsi que l'élément moral.

A. Acte matériel d'épreuve

La loi parle de « tout acte consistant à soumettre un enfant à un mal physique » en vue de déduire des effets d'imputabilité. Ces actes peuvent s'entendre de toute pratique, manœuvre, exaction, sévices, torture ou souffrance de toute nature, fondés sur la croyance (Likulia Bolongo, 1985 : 121). Ainsi, l'épreuve se matérialise par un mal physique, en vue de tirer une conclusion des effets obtenus (Mineur, 1953 : 147).

Constitue l'acte matériel d'épreuve le fait de mettre la main d'un enfant dans l'eau bouillante en vue de déduire des effets produits par cette eau sur l'enfant la culpabilité ou non de celui-ci. Cela peut être la commission du vol par lui ; la réalisation de l'accident de circulation ; c'est-à-dire conclure que l'enfant est auteur de l'événement qui est arrivé (l'accident, la disparition d'une personne).

B. Résultat dommageable

Aux termes de l'article 157 de la loi portant protection de l'enfant, le résultat dommageable consiste en tout *mal physique réel ou supposé.* Il ne s'agit donc pas d'un mal psychologique. Le mal physique, qui est le résultat dommageable, n'est pas nécessairement réel, il peut être supposé.

Le mal physique est réel lorsque l'enfant a subi réellement un dommage corporel. Il est supposé, lorsque le dommage corporel auquel on s'attendait ne se produit pas, c'est-à-dire qu'aucune lésion corporelle n'existe. Par exemple, un féticheur dit : « Si le feu te brûle, c'est toi l'auteur du vol. Si ça ne te brûle pas, tu n'es pas auteur. » Après épreuve, le feu ne brûle pas l'enfant, il s'agit ici d'un mal supposé.

C. But de l'acte d'épreuve

Outre le mal réel ou supposé qui est le résultat dommageable, l'acte d'épreuve doit être réalisé « en vue de déduire des effets produits, l'imputabilité d'un acte ou d'un événement ou toute autre conclusion » (article 157, alinéa 3 *in fine*). C'est-à-dire qu'il doit cesser d'être l'épreuve superstitieuse, si le mal infligé ne vise pas le but d'établir l'imputabilité ou toute autre conclusion au regard des effets qui seront produits. C'est ainsi qu'il a été jugé que « l'épreuve qui n'a pas ce but n'est pas punissable » (1re inst. app. Luebo, 3 octobre 1926, *Rev. jur.*, 1927, p. 204, note de Mineur, 1953 : 148).

Il faut ainsi prouver la déduction à laquelle l'auteur s'attendait en accomplissant son acte d'épreuve. L'imputabilité d'un acte, c'est par exemple d'être reconnu auteur d'une destruction ; l'imputabilité d'un événement, c'est le cas de reconnaître l'enfant auteur d'un avortement ou d'un accident qui est survenu ; toute autre conclusion, cela peut inclure que l'enfant est sorcier.

D. Élément moral

L'élément moral de l'épreuve superstitieuse, c'est *l'intention* de soumettre un enfant à un mal physique ou supposé en vue de déduire des effets produits, l'imputabilité d'un acte ou d'un événement ou toute autre conclusion. Aux termes de la loi (article 157 LPPE), le consentement de l'enfant est inopérant pour justifier le comportement de l'auteur. La loi réprime l'épreuve superstitieuse soumise à l'enfant de *gré* ou de *force*. Ainsi, l'agrément de l'enfant à être soumis à certaines pratiques pour prouver son innocence ou sa culpabilité est inopérant.

E. Circonstances aggravantes

Les circonstances aggravantes résultent de l'article 157, alinéa 2, de la loi portant protection de l'enfant. Ces circonstances sont la maladie, l'incapacité, la perte de l'usage absolu d'un organe ou une mutilation grave. Un lien de causalité doit être établi entre la circonstance aggravante retenue et les épreuves pratiquées sur l'enfant.

Rappelons qu'il faut entendre par **maladie** « l'altération de la santé ». Likulia Bolongo (1985 : 87) enseigne que ne peut être considérée comme une maladie une simple douleur qui n'altère pas la santé de la victime. Le législateur de la loi portant protection de l'enfant n'a pas voulu que cette maladie, qui résulte des épreuves superstitieuses, soit grave ou sérieuse comme il le prévoit au Code pénal, Livre II. Une altération de la santé suffit pour que cette circonstance aggravante soit retenue par le juge.

Par **incapacité**, il faut entendre l'état dans lequel se trouve une personne qui, à la suite d'un dommage corporel subi par elle, ne peut plus exercer d'activité professionnelle pendant une période donnée (Guinchard *et al.*, 2015 : 528). Il s'agit de toute immobilisation de la victime de se livrer à ses activités habituelles. Pour l'enfant, l'activité professionnelle peut être les études ou toutes autres activités de loisirs auxquelles il a l'habitude de se livrer. La loi portant protection de l'enfant n'a pas précisé la durée pour qu'elle soit retenue. Ainsi, la loi n'ayant pas précisé la durée de l'incapacité, il appartient au juge d'en apprécier. Toutefois, l'incapacité à retenir est celle qui est de nature à empêcher l'enfant de se livrer à ses activités habituelles ou à un travail déterminé.

L'état de la santé de la victime au moment de la pratique des épreuves importe peu. C'est ainsi que Likulia Bolongo (1985 : 98) écrit que « la débilité de la santé de la victime, sa prédisposition, son état pathologique ou morbide même jugé sérieux, quoiqu'ayant provoqué l'incapacité [...] résultant des coups [et autres pratiques d'épreuves superstitieuses], n'aura aucune influence sur cette circonstance aggravante et par conséquent ne pourra amoindrir la responsabilité pénale de l'agresseur [le superstitieux] ».

Par **perte de l'usage absolu d'un organe**, il faut entendre une infirmité permanente résultant de la perte d'un des organes du corps humain tels que la vue, l'ouïe, l'odorat. La paralysie d'un membre et la perte des facultés mentales caractérisent également cette circonstance aggravante, enseigne Likulia (1985 : 98). Allant dans le même sens, Georges Mineur (1953 : 133) considère par « perte de l'usage absolu d'un organe » comme la perte d'un « sens psychologique » comme de la vue, l'ouïe, la parole, l'odorat. Cette perte doit être absolue ; si elle ne l'est pas, elle peut néanmoins suffire « pour [...] autant qu'elle constitue une mutilation grave ». C'est ainsi que si le fait de crever l'œil n'emporte pas la perte de la vue, elle constitue une mutilation grave (1re inst. app. Kasaï, 16 août 1950, *Rev. jur.*, 1951 : 25, cité par Mineur, 1953 : 133). Pour que la perte de l'usage absolu d'un organe soit retenue comme une circonstance aggravante, il faut qu'elle résulte des épreuves pratiquées sur l'enfant.

Par **mutilation**, il faut entendre le fait de retrancher, d'amputer un membre ou un organe. Il y a mutilation grave, écrit Georges Mineur (1953 : 133), lorsqu'une des éventualités suivantes est réalisée : lorsque la victime a perdu un membre ; lorsqu'elle a été privée de l'usage absolu d'un membre ; lorsque l'usage d'un membre a été sensiblement diminué. Il est ainsi admis que constituent des mutilations graves la perte d'un œil, des oreilles, du nez, d'un bras, d'une jambe, d'un pied, mais non la fracture du cinquième métacarpe de la main gauche (Boma, 28 mars 1911, *Jur. Congo*, 1913, p. 193, cité par Mineur, 1953 : 133). Comme pour la perte de l'usage absolu d'un organe, le législateur veut que, pour qu'elle soit considérée comme une circonstance aggravante, la mutilation soit grave et résulte d'épreuves superstitieuses (article 157, alinéa 2, de la loi portant protection de l'enfant).

§ 3. Régime répressif des épreuves superstitieuses

L'auteur d'épreuves superstitieuses est puni de un à deux ans de servitude pénale principale et d'une amende de deux cent mille à six cent mille francs congolais (alinéa 1er de l'article 157 de la loi portant protection de l'enfant). Le législateur ne donne pas la possibilité de classer le dossier par amende transactionnelle. Le juge ne peut non plus condamner à une seule peine. C'est-à-dire que les peines de servitude pénale principale et d'amende sont cumulatives.

Au cas où l'épreuve superstitieuse est aggravée, c'est-à-dire lorsqu'elle cause une maladie ou une incapacité, ou s'il en résulte la perte de l'usage absolu d'un organe ou une mutilation grave, l'auteur est puni de cinq à vingt ans de servitude pénale principale et d'une amende de deux cent mille à un million de francs congolais (alinéa 2 de l'article 157 LPPE).

Le juge peut également, aux termes de l'article 159 de la loi portant protection de l'enfant, prononcer la déchéance de l'autorité parentale lorsque l'auteur de l'épreuve superstitieuse est le père, la mère, le parâtre, la marâtre ou le tuteur de l'enfant victime.

L'épreuve superstitieuse est en principe une infraction de la compétence du tribunal de paix. Mais, au cas où elle est aggravée, c'est-à-dire lorsqu'il en résulte des circonstances aggravantes limitatives citées par la loi, elle devient de la compétence du tribunal de grande instance du fait du taux de la peine.

Parmi les circonstances aggravantes, le législateur n'a pas cité *la mort*. Au cas où la mort s'ensuit des épreuves superstitieuses pratiquées sur un enfant, c'est le Code pénal, Livre II, à son article 57, alinéa 3, qui sera appliqué. Et l'auteur sera puni de la peine de mort.

***Quid* de la participation criminelle ?** L'article 58 du Code pénal, Livre II, contient une dérogation aux règles de la participation criminelle, en ce sens qu'il fait considérer comme auteurs ou complices, non seulement ceux qui, selon les modes prévus aux articles 21 et 22 du Code pénal, Livre I, y ont participé, mais aussi ceux qui, de n'importe quelle manière, ont à dessein fait naître la résolution de réclamer, d'ordonner ou de pratiquer l'épreuve. Mais cette hypothèse n'étant pas prévue à la loi portant protection de l'enfant, la participation criminelle qui sera prise en compte est celle prévue par les articles 21 et 22 du Code pénal, Livre I, et non celle de faire naître la résolution de réclamer, d'ordonner ou de pratiquer l'épreuve. L'individu qui fera naître la résolution de réclamer, d'ordonner ou de pratiquer l'épreuve ne pourra être poursuivi sur pied de l'article 157 de la loi portant protection de l'enfant.

§ 4. La différence entre l'épreuve superstitieuse et la torture commise sur un enfant

Toutes les deux préventions sont catégorisées parmi les atteintes volontaires à la vie et à l'intégrité physique ou mentale de l'enfant. Cependant, chacune d'elles présente une particularité pour se distinguer de l'autre, quoique toutes les deux infligent de la souffrance à la victime. La particularité réside dans le but que poursuit l'auteur en infligeant la souffrance à l'enfant. Pour la torture, l'auteur vise, en infligeant une douleur ou une souffrance à l'enfant, à soutirer de lui ou de la tierce personne des renseignements ou des aveux. Tandis que pour l'épreuve superstitieuse, la souffrance ou le mal physique auxquels l'enfant est soumis doit être infligé(e) dans le but de déduire à partir des effets produits l'imputabilité d'un acte ou d'un événement ou toute autre conclusion. L'épreuve superstitieuse n'est qu'une souffrance physique, tandis que la torture est une souffrance physique et/ou mentale. C'est le but ou la finalité de la souffrance infligée qui les distingue.

Section 10. Incitation d'un enfant au suicide

Vue générale. Le suicide est l'homicide volontaire commis sur sa personne. Dans l'ensemble du Code pénal congolais, le suicide n'est puni ni en la personne de l'auteur ni en celle du complice. Ainsi, le suicide n'étant pas punissable, sa complicité, quelle qu'en soit la forme, ne l'est pas davantage (Pradel et Danti-Juan, 2010 : 116). L'impunité de l'agent s'explique non pas par la mort de celui-ci, c'est-à-dire par l'extinction de l'action publique mais par l'absence d'un texte légal, enseigne Likulia Bolongo (1985 : 48). Et si le complice n'est pas puni, nous pensons que c'est parce que la participation criminelle requiert l'existence d'une infraction principale. Et comme le suicide n'est pas une infraction au Code pénal, l'infraction principale faisant défaut, par conséquent, le complice ne sera pas puni.

Mais, dans la coutume *Luba* de *Kinkondja* en territoire de Bukama (dans le Haut-Lomami), la personne qui se suicidait par pendaison était fouettée avant que l'on descende sa dépouille. Les coups de fouet ainsi administrés constituent une sorte de « peine » malgré le fait que cela matérialise l'infraction de mutilation de cadavre.

Si les actes de complicité au suicide ne constituent pas un fait infractionnel au regard des principes qui gouvernent l'existence d'une participation criminelle, ils sont cependant choquants. C'est ainsi que le législateur de la loi portant protection de l'enfant vient d'intégrer dans l'arsenal juridique pénal l'incitation d'un enfant au suicide.

Il y a lieu de révéler que le suicide, qui est la manifestation suprême de la liberté individuelle, ne fait l'objet d'aucune incrimination pénale directe, la répression ne visant que le témoin qui s'abstient volontairement de porter secours à la personne en péril ou les tiers qui provoquent au geste fatal ou font de la publicité en faveur des objets, produits ou méthodes permettant de se donner la mort (Guinchard *et al.*, 2015 : 946).

Le législateur n'ayant pas défini l'incitation au suicide, nous pouvons, en nous référant au lexique des termes juridiques de Guinchard *et al.* (2015 : 946), définir le suicide comme le fait pour un tiers de provoquer au geste fatal ou de faire de la publicité en faveur des objets, produits ou méthodes permettant de se donner la mort. Ainsi, l'incitation d'un enfant au suicide est le fait pour une personne de provoquer, de faire la propagande ou de la publicité en faveur du suicide.

§ 1. Base légale

C'est l'article 158 de la loi portant protection de l'enfant qui constitue la base légale de la prévention d'incitation d'un enfant au suicide. Cet article dispose que « l'incitation d'un enfant au suicide est punie de un à cinq ans de servitude pénale principale et d'une amende de quatre cent mille à un million de francs congolais.
Si l'incitation aboutit au suicide, la peine est portée à la servitude pénale à perpétuité.
Si l'auteur de l'infraction est une personne exerçant l'autorité parentale sur l'enfant, le juge peut, en outre, prononcer la déchéance de cette autorité ».

La disposition légale ne fait pas ressortir clairement les éléments constitutifs de l'infraction d'incitation d'un enfant au suicide. Il convient ainsi de l'examiner.

§ 2. Éléments constitutifs

Pour la matérialisation de l'infraction d'incitation d'un enfant au suicide, il faut que l'auteur accomplisse, comme tant d'autres infractions, les actes matériels constituant la prévention mais avec l'intention coupable.

A. Actes matériels

Il découle de la dénomination de la prévention que les actes matériels doivent consister en l'*incitation*. L'incitation est l'action de pousser quelqu'un à faire quelque chose. Il s'agit ainsi du fait de pousser, d'exciter, de stimuler, d'encourager ou de provoquer l'enfant à commettre volontairement l'homicide sur sa personne.

Pour Pradel et Danti-Juan (2010 : 116), la provocation punissable doit être directe en visant une personne déterminée et doit consister soit en une pression psychologique, soit en la fourniture d'un moyen destiné à procurer la mort. Une décision, écrivent les mêmes auteurs, avait pourtant décidé que la remise d'une arme à une personne ayant tenu des propos suicidaires ne constituait pas le délit (Tribunal correctionnel de Lille, 5 avril 1990, *D.*, 1993, Somm. 14, cité par Pradel et Danti-Juan, 2010 : 116). Échappe aussi à la répression le simple conseil de se suicider, s'il n'est pas accompagné de manœuvres visant à en développer la force de conviction (Chambre criminelle, 5 mars 1992, *Gaz. Pal.*, 1993, note de Pradel et Danti-Juan, 2010 : 116).

Le Code pénal français, à son article 223-14, réprime « la propagande ou la publicité, quel qu'en soit le mode, en faveur de produits, d'objets, ou de méthodes préconisées comme moyens de se donner la mort » comme l'incitation au suicide. Les actes de propagande ou de publicité constituent une incitation. Ils doivent ainsi être considérés même s'ils ne sont pas expressément cités par la loi portant protection de l'enfant, du moins s'ils sont constitutifs d'actes d'incitation.

Entrent dans le registre d'actes d'incitation d'un enfant au suicide : le fait de dire à un enfant : « Si vous vous donnez la mort en faisant sauter un explosif dans une foule de personnes hostiles à notre régime, vous serez un héros » ; le fait de vanter devant un enfant la qualité d'un produit capable de donner la mort sans peine ; le fait de dire à un enfant que se donner la mort pour une cause juste est un acte de bravoure ; le fait de justifier le suicide à cause d'une religion.

Il a été jugé que constitue un acte d'incitation au suicide à l'encontre de l'éditeur du livre *Suicide, mode d'emploi* le fait pour lui de rééditer l'ouvrage (TGI de Paris, 11 avril 1995, note de Véron, 1999 : 95).

Ainsi, l'incitation peut prendre diverses formes. C'est-à-dire que l'incitation au suicide peut se réaliser par la communication de bouche à oreille, par la voie de la presse ou par tout autre support de transmission d'informations.

B. Résultat de l'acte matériel

L'alinéa 1er de l'article 158 de la loi portant protection de l'enfant ne conditionne pas la répression de cette prévention par le résultat, c'est-à-dire par le suicide effectif de l'enfant. Il suffit seulement de poser un acte d'incitation au suicide pour que l'agent engage sa responsabilité pénale, sans que l'enfant ne se donne la mort. Il s'agit d'une infraction formelle « car le texte n'exige ni que les moyens préconisés soient réellement susceptibles de donner la mort, ni que quiconque les ait utilisés ou ait tenté de les utiliser » (Véron, 1999 : 95).

Par contre, l'alinéa 2 du même article, qui aggrave la peine vise le résultat, étant donné qu'il faut que l'enfant se donne la mort à la suite des actes d'incitation au suicide. Autrement dit, les actes de provocation, de propagande ou de la publicité en faveur du suicide doivent avoir été suivis d'effets, qu'il y ait suicide réalisé ou tentative. Dans cette hypothèse, cet alinéa 2 fait de l'incitation au suicide une infraction matérielle. Elle suppose un résultat, le suicide, pour être punissable de la peine prévue à l'alinéa 2.

C. Élément moral

L'incitation d'un enfant au suicide est une infraction intentionnelle. L'acte doit être volontaire et accompli en connaissance de cause. Donc, une simple imprudence serait insuffisante. L'auteur doit, en posant les actes matériels qui constituent l'infraction, manifester la volonté de favoriser ou de faciliter l'acte de suicide.

D. Circonstances aggravantes

La loi aggrave l'incitation d'un enfant au suicide dans deux hypothèses. La première est le cas où l'incitation aboutit au suicide et la seconde a lieu lorsque l'auteur est une personne qui exerce l'autorité parentale sur l'enfant. Pour la première hypothèse, nous n'y reviendrons pas (voir point *C* ci-dessus), mais il y a lieu de préciser que le suicide doit être le résultat de l'incitation. Il faut ainsi démontrer que l'homicide sur la personne de l'enfant est le résultat de l'incitation.

La seconde hypothèse concerne le lien entre l'enfant et l'auteur : la personne qui exerce l'autorité parentale sur l'enfant. L'autorité parentale est en principe l'ensemble des prérogatives conférées par la loi aux père et mère sur la personne et les biens de leur enfant mineur et non émancipé. Chaque prérogative est constituée d'un droit (agir) et d'un devoir (agir dans l'intérêt de l'enfant). Les parents doivent ainsi protéger l'enfant dans sa sécurité, sa santé et sa moralité, assurer son éducation et permettre son développement, dans le respect dû à sa personne (Guinchard *et al.*, 2015 : 106). Toute personne accomplissant ces actes en faveur de l'enfant est considérée comme exerçant l'autorité parentale sur l'enfant. Ainsi, il s'agit du père, de la mère, du parâtre, de la marâtre ou du tuteur.

§ 3. Répression d'incitation d'un enfant au suicide

L'incitation d'un enfant au suicide, non suivie du suicide, est punie de un à cinq ans de servitude pénale principale et d'une amende de quatre cent mille à un million de francs congolais (article 158, alinéa 1er, LPPE).

Au cas où l'incitation d'un enfant au suicide aboutit au suicide, la peine est portée à la servitude pénale à perpétuité (article 158, alinéa 2, LPPE). L'alinéa 2 n'a pas prévu les amendes. Faut-il dire que le législateur en disant que la peine est portée à la servitude pénale à perpétuité veut dire que l'amende reste la même ? La réponse est négative. C'est dire que si l'incitation aboutit au suicide, l'auteur n'est condamné qu'à la seule peine de servitude pénale à perpétuité.

Dans les deux cas, l'incitation qui aboutit au suicide et celle qui n'aboutit pas au suicide, le juge peut, en outre, prononcer la déchéance de cette autorité si l'auteur de l'infraction exerce l'autorité parentale sur l'enfant (article 158, alinéa 3, LPPE).

CHAPITRE II

LES ATTEINTES À L'HONNEUR ET À LA LIBERTÉ INDIVIDUELLE DE L'ENFANT

Ce chapitre relatif aux atteintes à l'honneur et à la liberté individuelle de l'enfant traite les infractions, bien entendu, qui protègent l'enfant contre les atteintes à son honneur ou à sa considération et à sa liberté. Dans le but de rendre effective cette protection contre les atteintes à l'honorabilité et à la liberté, le législateur a érigé en infractions l'imputation dommageable ou la diffamation à un enfant, l'accusation de la sorcellerie à l'égard d'un enfant, l'enlèvement d'enfant, l'arrestation ou la détention d'enfant, la vente ou la traite d'enfant. Ce sont ainsi ces infractions qui sont analysées dans ce chapitre.

Section 1. Diffamation à l'égard d'un enfant

Vue générale. Selon le lexique des termes juridiques, la diffamation est l'allégation ou l'imputation d'un fait, constitutive d'un délit ou d'une contravention selon son caractère public ou non, qui porte atteinte à l'honneur ou à la considération d'une personne ou d'un corps constitué (Guinchard *et al.*, 2015 : 354). Aux termes de l'article 160 de la loi portant protection de l'enfant, la diffamation est le fait d'imputer méchamment et publiquement à un enfant un fait précis qui est de nature à porter atteinte à son honneur et à sa dignité. Cette disposition ne réprime pas la diffamation contre un corps constitué des enfants comme le parlement des enfants. Elle protège seulement la personne d'un enfant déterminé.

C'est ainsi que nous pouvons dire que la diffamation est le fait de mettre au compte d'un enfant déterminé et vivant un fait précis, vrai ou faux, de nature à porter atteinte à son honneur et à l'exposer au mépris public. Il n'est pas nécessaire que la personne visée soit nommée, il suffit qu'elle soit désignée, peu importe dans quels termes. Une désignation quelconque suffit, pourvu qu'elle soit claire et qu'il n'y ait aucun doute raisonnable (Mineur, 1953 : 174).

§ 1. Base légale

La diffamation à l'égard d'un enfant est prévue et punie par l'alinéa 1er de l'article 160 de la loi portant protection de l'enfant. Cet article dispose que « quiconque impute méchamment et publiquement à un enfant un fait précis qui est de nature à porter atteinte à son honneur et à sa dignité est puni de deux à douze mois de servitude pénale principale et d'une amende de deux cent mille à six cent mille francs congolais ».

Cet article 160 n'est pas différent de l'article 74 du Code pénal, qui réprime la diffamation, dans son contenu. L'article 74 du Code pénal réprime « celui qui a méchamment et publiquement imputé à une personne un fait précis qui est de nature à porter atteinte à l'honneur ou à la considération de cette personne, ou à l'exposer au mépris public [...] ». La seule différence ne réside que sur l'âge de la personne protégée. L'article 160 de la loi portant protection de l'enfant protège l'honneur de l'enfant, tandis que l'article 74 du Code pénal protège la personne âgée de plus de dix-huit ans. C'est ainsi que les éléments constitutifs de cette prévention seront analysés selon la doctrine qui a commenté la diffamation.

§ 2. Les éléments constitutifs

La diffamation à l'égard d'un enfant suppose l'établissement d'un élément matériel et d'un élément moral dans le chef de l'agent.

A. Élément matériel

Pour sa matérialité, la diffamation à l'égard d'un enfant suppose l'attribution à un enfant déterminé ou déterminable d'un fait précis de nature à atteindre son honneur et sa dignité. L'élément matériel se concrétise par l'attribution d'un fait qui a un caractère diffamatoire.

1. Attribution d'un fait précis

L'expression « quiconque impute [...] un fait précis à un enfant » qui ressort de l'article 160 de la loi portant protection de l'enfant, permet de comprendre que « l'imputation paraît correspondre à l'hypothèse dans laquelle l'agent, par ses propres affirmations, met lui-même sur le compte d'une personne tel fait qui la déshonore ou la déconsidère » (Pradel et Danti-Juan, 2010 : 303). Cependant, cela n'exclut pas de prendre en compte une allégation faite par le prévenu qui « peut être définie comme l'affirmation ou l'assertion qui ne se fonde pas sur des constatations personnelles, mais plutôt sur celles d'autrui. L'agent répète donc ce qu'il a lu ou entendu et il répercute ainsi une nouvelle ou l'idée d'après laquelle tel fait déshonorant peut être attribué à telle personne » (Pradel et Danti-Juan, 2010 : 303).

Ainsi, l'allégation ou l'imputation peut être directe ou indirecte, mais portant sur *un fait précis*. Par *fait précis*, il faut entendre l'imputation positive ou négative d'un fait déterminé, même conditionnel ou hypothétique, mis à charge d'une personne désignée d'une façon suffisamment claire pour qu'on puisse la reconnaître (Élis., 18 mai 1943, *Rev. jur.*, p. 174, Mineur, 1953 : 175). Il est admis par la jurisprudence que « le point de savoir si un fait est suffisamment précis est une question de fait qui relève de l'appréciation souveraine du juge du fond. Un fait est réputé précis, lorsque se véracité ou sa fausseté peut faire l'objet d'une preuve directe ou d'une preuve contraire » (Cass., 5 août 1846, *Pas.*, 1847, p. 50 ; Cass., 26 décembre 1893, *Pand. pér.*, 1894, cité par Mineur, 1953 : 175). Sera considéré précis le fait de dire à un enfant qu'il est adultérin ou incestueux.

Si les faits imputés ne sont pas précis, l'agent sera poursuivi pour injure. C'est pourquoi Jean Pradel et Michel Danti-Juan (2010 : 307) estiment que « dès lors que l'expression utilisée caractérise un fait déshonorant et suffisamment précis, les juges estiment qu'il y a diffamation ». Ainsi, dire d'un enfant qu'il est un ivrogne bien connu suggère un fait précis. Le fait précis peut se rapporter, par exemple, à l'activité ou au passé pénal d'un individu, notamment lorsque l'on suggère qu'il commet des vols, ou lorsque l'on affirme qu'il est un condamné de droit commun privé de ses droits, ou un repris de justice.

S'appuyant sur la jurisprudence, les mêmes auteurs poursuivent qu'il n'est d'ailleurs pas nécessaire que le fait soit très précis. Il suffit qu'il soit suffisamment précis. Par exemple, il y a diffamation dans le fait de dire de quelqu'un qu'il a fait l'objet de condamnations pénales, même si on ne précise pas lesquelles. Il est tout de même important de dire qu'un fait est précis ou imprécis s'il est placé dans le contexte dans lequel les expressions litigieuses ont pu être formulées.

Le fait est précis lorsqu'il est susceptible d'être contrôlé positivement, c'est-à-dire éventuellement démenti (CSJ, 2 avril 1973, *B.A.C.S.J.*, 1974 : 91, note de Likulia Bolongo, 1985 : 232) ; une imputation ou une allégation dont l'exactitude ou la fausseté peuvent être établies dans le cadre d'un débat contradictoire : un fait est susceptible de preuve (Véron, 199 : 121). Constituent l'imputation d'un fait précis le fait de traiter quelqu'un de condamné de droit commun ; de repris de justice (Chambre criminelle, 12 juillet 1974, *Bull.*, n° 239, note de Véron, 1999 : 122) ; d'attribuer à un enfant une naissance illégitime.

2. Caractère diffamatoire du fait imputé

Il ne suffit pas d'alléguer ou d'imputer le fait précis à un enfant déterminé, il faut aussi que les allégations ou les imputations portent atteinte à son honneur et à sa dignité. Le législateur semble distinguer ces deux termes ; mais la doctrine ne les distingue pas, elle distingue plutôt l'honneur de la considération. L'honneur correspond à la dignité de la personne. Il constitue un élément de son patrimoine moral qu'il est en droit de faire respecter de chacun. Quant à la considération, elle est communément définie comme l'estime ou la déférence que l'on porte à quelqu'un. Les deux termes sont évidemment très proches même si le second semble plus commun et moins intime que le premier (Pradel et Danti-Juan, 2010 :

307). Les faits imputés ou allégués doivent ainsi être « contraires à la probité, la loyauté, la valeur morale de la personne ou qui l'exposent au mépris, à la haine ou qui diminuent ou détruisent l'estime dont jouit la personne [...] » (Mineur, 1953 : 177). Constitue une imputation diffamatoire le fait de dire à un enfant qu'il est un enfant naturel. L'honneur et la considération correspondent à l'estime et au respect que tout un chacun attend normalement de ses contemporains dans toutes les formes de relations sociales.

Jean Pradel et Michel Danti-Juan (2010 : 308) soulignent que, dans l'appréciation de l'honneur et de la considération, la jurisprudence tranche en faveur d'une appréciation *in abstracto*. La jurisprudence affirme régulièrement que « pour déterminer si les allégations ou l'imputation d'un fait portent atteinte à l'honneur ou à la considération de la personne à laquelle ce fait est imputé, les juges n'ont pas à rechercher quelles peuvent être les conceptions personnelles et subjectives de celle-ci concernant la notion d'honneur et celle de considération. Les juges n'ont pas davantage à tenir compte de l'opinion que le public a de cette personne et que les lois qui prohibent et punissent la diffamation protègent tous les individus sans prévoir aucun cas d'exclusion fondé sur de tels éléments ».

Ainsi, le juge ne tiendra pas compte du statut de l'enfant (par exemple « enfant en situation de rue » ou *Shege*) pour apprécier si les imputations ou les allégations faites à son sujet portent atteinte à son honneur et à sa considération. Le juge devra ainsi examiner si les faits imputés sont précis et portent atteinte sans pouvoir apprécier la situation sociale de l'enfant. D'ailleurs, la loi portant protection de l'enfant protège tous les enfants sans distinction aucune. D'où l'article 3 de la loi portant protection de l'enfant qui dispose que : « les dispositions de la présente loi sont applicables à tout enfant vivant sur le territoire national, sans aucune discrimination ». La personne ainsi protégée par l'article 160 de la loi portant protection de l'enfant est tout enfant vivant sur le territoire de la République démocratique du Congo.

3. Publicité des allégations ou des imputations

La diffamation suppose une certaine publicité étant donné qu'il est édicté : « quiconque impute [...] publiquement un fait précis [...] ». La publicité dont il est question renvoie à la présence de témoins au moment où le prévenu tient son propos diffamatoire à l'égard d'un enfant. Il a été ainsi jugé que « l'élément de publicité requis dans la réalisation de l'infraction de l'imputation dommageable est établi dès lors que [...] le prévenu a déclaré en présence des témoins des faits précis [...] » (CSJ, 4 juillet 1975, RP 208, *B.A.*, 1978 : 167).

La jurisprudence affirme que la publicité peut aussi résulter par la voie de la presse, par envoi des lettres parvenues à leurs destinataires. C'est pourquoi il a été jugé que « la publicité est réalisée, lorsque l'article contenant l'imputation dommageable est diffusé dans le territoire congolais, même s'il est rédigé à l'étranger, la personne offensée est suffisamment désignée, si plusieurs personnes sont à même de la reconnaître » (Terr. Coq., 29 juin 1906, *Jur. État*, II, p. 95 ; Kibali-Ituri, 25 avril 1930, *Rev. jur.*, 1932, p. 223 ; Élis., 10 février 1912, *Jur. Congo*, 1914, p. 65 ; 1re inst. Léo., 8 juillet 1931, *Rev. jur.*, p. 308, citées par Mineur, 1953 : 179). La publicité n'est réalisée que si les correspondances ont été adressées à de nombreuses personnes, à moins que les quelques destinataires à qui elles sont parvenues ne les aient répandues. Il a été ainsi jugé que « les tribunaux de l'État congolais sont compétents, pour réprimer les atteintes portées à l'honneur ou à la considération des personnes, si l'infraction a été commise par envoi de lettres, parvenues à leurs destinataires sur le territoire de l'État » (1re inst. Bas-Congo, 2 juin 1902, *Jur. État*, t. I, p.194 ; Mineur, 1953 : 179).

Nous estimons que la publicité par voie d'affichage d'un mémo contenant les allégations diffamatoires tombe sous le coup de la prévention étant donné que plusieurs personnes en ont eu connaissance. Cependant, dans un milieu où la communauté est constituée de membres qui ne savent pas lire, un problème se pose pour la connaissance des faits écrits dans ce mémo pour que cette publicité soit constituée. La publicité doit être ainsi comprise comme une question de fait.

Doivent ainsi être considérés les discours, les cris ou menaces proférés dans les lieux ou réunions publics, les écrits, imprimés, dessins, gravures, peintures, emblèmes, images ou tout autre support de l'écrit, de la parole ou de l'image vendus ou distribués, mis en vente ou exposés dans les lieux ou réunions publics, les placards ou les affiches exposés au regard du public, et enfin, tout autre moyen de communication au public par voie électronique (Pradel et Danti-Juan, 2010 : 304). C'est dans ce contexte que le Tribunal de la Sous-région de Kolwezi (26 février 1974, *R.J.Z.*, 1975, n° 1, p. 49) a déclaré consommée l'infraction d'imputation dommageable, le cas d'un rapport fait à un employeur éventuel par le prévenu sur l'état de santé de la partie civile sachant que ce fait constitue une atteinte à la considération et à la valeur professionnelle de la partie civile (Katwala Kaba Kashala, 1995 : 48). Le juge devra ainsi démontrer la nature de la publicité. Une conversation privée ne constitue pas alors une diffamation ; le fait peut constituer l'injure simple.

La publicité est un élément important dans l'établissement de la prévention. Si le juge ne ressort pas l'existence de la publicité dans sa décision, celle-ci est vouée à la cassation du fait qu'elle n'est pas légalement motivée. C'est pourquoi la Cour suprême de justice a eu à arrêter que « sera cassée totalement la décision entreprise sans renvoi, le moyen faisant grief au juge d'appel de n'avoir pas motivé les éléments constitutifs des infractions d'injures publiques et d'imputations dommageables, plus particulièrement la publicité qui ne ressort pas des faits constatés et à laquelle il n'a fait aucune allusion alors qu'elle est exigée pour l'existence des deux infractions » (CSJ, RP 1083, 26 juin 1990, *B.A.C.S.J. années 1990 à 1999*, 2003 : 27).

B. La personne protégée : l'enfant

Il ne suffit pas d'alléguer des faits précis, diffamatoires et revêtus d'un caractère publicitaire, mais il faut encore que ces faits allégués visent une personne. L'article 160 de la loi portant protection de l'enfant ne protège pas n'importe quelle personne. Il s'agit d'un enfant, étant donné que cela ressort même dans cette disposition en ces termes : « Quiconque impute [...] un fait précis à *un enfant* ». Par enfant, il faut entendre toute personne âgée de moins de dix-huit ans (article 2, point 1, de la loi portant protection de l'enfant). L'enfant visé par les propos diffamatoires doit être déterminé ou déterminable. Par certaines allégations diffamatoires, l'enfant visé par ces propos peut être déterminé.

La diffamation ou l'imputation dommageable prévue par la loi portant protection de l'enfant ne vise pas à protéger le corps constitué des enfants comme le parlement et les comités des enfants. Si chacun des enfants se voit personnellement blessé par les allégations, il peut agir *ut singuli.*

Ainsi, c'est tout enfant, quel que soit son statut social (élève ou non, vivant en famille ou en rupture familiale), qui est protégé par l'article 160 de la loi portant protection de l'enfant. Rappelons qu'aux termes de l'article 3 de la loi portant protection de l'enfant, « les dispositions de [cette] loi sont applicables à tout enfant vivant sur le territoire national, sans aucune discrimination ».

C. Élément moral

Il ressort de l'article 160 de la loi portant protection de l'enfant que les imputations ou les allégations doivent être faites méchamment : « quiconque impute méchamment [...] ». C'est dire que l'auteur doit avoir agi avec l'intention de nuire ou d'offenser l'enfant. La loi punit dès lors celui qui a imputé ou allégué méchamment un fait précis.

La prévention de diffamation à l'égard d'un enfant est une infraction intentionnelle. Elle requiert « la mauvaise foi de la part de l'auteur de propos ou écrits portant atteinte à l'honneur ou à la considération d'autrui » (Pradel et Danti-Juan, 2010 : 312). La diffamation requiert ainsi « la conscience de l'atteinte à l'honneur ou à la considération qui va résulter des allégations ou imputations formulées » (Pradel et Danti-Juan, 2010 : 312).

Il ressort de la pensée de Pradel et Danti-Juan que la diffamation est une infraction à propos de laquelle la mauvaise foi du prévenu est présumée. Par contre, Georges Mineur (1955 : 178) pense que l'intention de nuire [qui traduit la mauvaise foi] ne se présume pas. « Si tout en nuisant sciemment à la personne objet de ses imputations, l'agent avait accompli un acte qui lui était imposé par la nature de ses fonctions ou de ses devoirs, ou avait cru poursuivre un but utile, par exemple scientifique [...], le délit n'existerait pas ». Cette position nous semble cautionner la raison d'être de cette disposition de protéger l'enfant contre les atteintes à son honneur et à sa dignité. Tout en poursuivant un but utile, l'agent doit tenir son propos ou son écrit dans le respect de la personne. Il s'ensuit que la mauvaise foi se présume au regard de la nature des faits allégués ou imputés et selon le contexte dans lequel ils ont été tenus. Ne sera pas constitutif de l'infraction le fait pour un enseignant de présenter un élève à ses camarades en classe de façon peu respectueuse des règlements de l'école ou comme un élève indiscipliné, ceci ne visant que la correction de l'enfant concerné et visant à le stimuler à bien se comporter en classe ou à l'école.

Par ailleurs, Likulia Bolongo (1985 : 234) enseigne que la diffamation ne sera coupablement retenue que si l'élément intentionnel est établi. Cet élément se caractérise par l'intention de nuire ou d'offenser. Il est évident, poursuit-il, que cette intention méchante est toujours présumée. Mais cette présomption peut être renversée par la preuve contraire. Ainsi, le diffamateur sera exonéré de sa responsabilité pénale s'il établit une cause justificative prouvant sa bonne foi (Lubumbashi, 17 octobre 1968, *R.J.C.*, 1969 : 265, note de Likulia Bolongo, 1985 : 234).

Il est requis que l'*animus injuriandi* soit prouvé (CSJ, 4 avril 1973, *B.A.C.S.J.*, 1974 : 92 ; 26 février 1977, *B.A.C.S.J.*, 1978 : 20). Il a été jugé en matière de diffamation que l'intention méchante ressort suffisamment du caractère injurieux des termes employés et de la conscience que l'imputation porte manifestement atteinte à l'honneur de la personne (1re inst. Léo., 8 juillet 1931, *R.J.C.B.*, p. 308 ; Trib. S/R Kolwezi, 26 février 1974, *R.J.Z..*, 1975, p. 49 ; L'shi 29 juin 1967, *R.J.C.*, 1967, p. 277, note de Likulia Bolongo, 1985 : 234).

Il y a certains cas où la loi consacre l'irresponsabilité pénale de l'agent. Il s'agit notamment de l'irresponsabilité parlementaire prévue par la Constitution. C'est dans ce sens qu'il a été arrêté par la Cour suprême de Justice que « l'irresponsabilité parlementaire prévue par [...] la constitution doit être entendue au sens large et s'applique à tout ce que les membres du Conseil législatif [pouvoir législatif] disent, écrivent ou font dans l'accomplissement de leur tâche. Est donc fondée l'exception tirée de l'irresponsabilité parlementaire couvrant les révélations faites à l'occasion d'une enquête parlementaire risquant d'être compromise par un commissaire du peuple [Député national ou provincial] dénonçant les démarches [...] » (CSJ, RP 21 CR, 15 octobre 1979, *B.A.C.S.J. année 1979*, 1984 : 277).

§ 3. La répression de la diffamation

Cette prévention est de la compétence du tribunal de paix du fait du taux de la peine qu'encourt le prévenu. Ce dernier encourt deux à douze mois de servitude pénale principale et une amende de deux cent mille à six cent mille francs congolais. Comme tant d'autres préventions à la loi portant protection de l'enfant, pour la diffamation à l'égard de l'enfant, l'officier de police judiciaire comme l'officier du ministère public ne peuvent pas transiger.

Cependant, dans le cadre de la marge de manœuvre reconnue à l'officier du ministère public d'apprécier l'opportunité de poursuivre, il ne peut que classer le dossier sans suite pour inopportunité de poursuite si les raisons sociales militent pour son classement. Cela ne peut être possible qu'après « un désintéressement non pécuniaire », au motif par exemple de la cohabitation paisible, que le ministère public peut envisager de classer le dossier.

La poursuite n'est pas subordonnée à une plainte préalable. L'organe poursuivant doit se saisir d'office dès qu'il a connaissance des faits.

Dans la répression, l'article 160 a aggravé la peine à son alinéa 2 quand il s'agit de l'accusation de la sorcellerie. Vu que l'accusation de sorcellerie à l'égard de l'enfant est un phénomène qui a pris d'ampleur, nous avons préféré l'analyser de manière séparée ci-après.

Section 2. Accusation de sorcellerie à l'égard d'un enfant

Vue générale. Il est « récemment » observé à travers la République en particulier une diversité de pratiques qui mettent gravement en péril l'intégrité physique et morale des personnes, surtout à travers les accusations de sorcellerie. Celles-ci, précise Jacques Fierens (2010 : 426), se sont multipliées, spécialement à l'égard des enfants. Ces derniers sont souvent rendus responsables d'une maladie, d'un décès, d'un divorce, d'un manque d'argent ou même d'un simple désagrément. Certains enfants sont alors accusés d'être sorciers et deviennent rapidement le centre de violents conflits familiaux et communautaires. Maltraités, stigmatisés, marginalisés, ils sont rejetés puis éventuellement bannis du clan familial, n'ayant dès lors d'autres ressources que de rejoindre la rue.

C'est dans ce contexte d'exactions à l'encontre des enfants à la suite de l'accusation de sorcellerie que le législateur congolais de la loi portant protection de l'enfant a édicté l'accusation de sorcellerie en infraction et non la sorcellerie elle-même. Cette prévention s'aligne dans la logique de la protection de l'enfant contre les atteintes à sa dignité ou à son honneur.

Ainsi l'accusation de la sorcellerie n'est pas seulement le fait d'imputer méchamment et publiquement à l'enfant qu'il est sorcier, mais aussi le fait de le rendre responsable d'un malheur survenu ou à advenir dont le lien de causalité ne peut être établi de manière objective.

Autrefois, la jurisprudence congolaise, belge et française considérait l'accusation de sorcellerie comme une imputation dommageable. C'est pourquoi le Tribunal d'appel de Boma s'était prononcé en ce sens le 4 janvier 1916, en décidant que tombe sous l'application de l'article 74 du Code pénal le fait d'imputer méchamment et publiquement à un indigène d'avoir ensorcelé et fait mourir une autre personne, alors que cette imputation est faite dans un pays où la croyance aux sorciers est générale et expose celui qui est objet de cette imputation au mépris public (Boma, 4 janvier 1916, *Jur. Congo*, 1926, p. 301, cité par Mineur, 1953 : 176-177). Ainsi, pour sa constitution, l'accusation de sorcellerie nécessite la réunion de certains éléments que nous examinons ci-après.

§ 1. La base légale

L'accusation de sorcellerie est en principe une aggravation de l'imputation dommageable à l'égard de l'enfant. C'est ainsi que la base légale de cette prévention est l'article 160, alinéa 2, de la loi portant protection de l'enfant qui dispose : « En cas d'accusation de sorcellerie à l'égard d'un enfant, l'auteur est puni de un à trois ans de servitude pénale principale et d'une amende de deux cent mille à un million de francs congolais ». Cependant, cet alinéa ne sera pas libellé de manière isolée de l'alinéa premier. Il faudra le prendre en compte quand on établit le libellé de la prévention. C'est pourquoi nous estimons qu'il faut libeller de la manière suivante : « avoir, méchamment et publiquement, accusé un enfant de sorcellerie ».

§ 2. Les éléments constitutifs

Ils sont semblables à ceux de la précédente infraction, c'est-à-dire la diffamation. La différence ne réside que dans les allégations ou les imputations ; cependant, la mauvaise foi qui constitue l'élément moral reste la même pour les deux préventions.

A. Élément matériel

La prévention d'accusation de sorcellerie, pour sa matérialité, suppose l'attribution (l'accusation) ou le fait de mettre au compte d'un enfant *déterminé* et *vivant* un fait le rendant responsable d'un malheur, l'accusant de sorcier, et ce, accompagné d'une certaine publicité.

1. Accusation de sorcellerie

Cet acte se concrétise par les propos ou allégations désignant un enfant bien déterminé comme sorcier. Dans le contexte congolais que nous connaissons, l'accusation de sorcellerie ne se matérialise pas par le seul fait de désigner un enfant et de dire « qu'il est sorcier ». La manière de l'exprimer consiste souvent à le rendre responsable d'un événement malheureux dont l'explication est métaphysique.

Ainsi constitue un fait matériel d'accusation de sorcellerie le fait de rendre responsable un enfant d'une maladie, d'un décès, d'un divorce ou d'un manque d'argent. Exemple : « c'est toi l'enfant X qui a bloqué mes affaires qui ne tournent plus bien ; si tel est décédé, c'est toi l'enfant Z qui l'a ensorcelé ; les cas des maladies observées dans la famille, c'est l'enfant Y qui en est à la base ».

Il est couramment entendu, surtout de la part des femmes, qui s'exclament en taxant leurs enfants de sorciers parce qu'ils viennent de casser un verre ou de commettre n'importe quelle bêtise. Souvent elles disent : « Toi, tu es sorcier » (*uko kalozi* en swahili ; *oza ndoki* en lingala ; *udi mwena mupongo* en tshiluba). Faut-il considérer cela comme une accusation de sorcellerie au sens de la loi ? L'atteinte à l'honneur et à la considération n'est pas manifeste dans ce cas. Il s'agit d'une simple injure à l'égard de l'enfant, qui veut réveiller ou attirer son attention. Et cela ne l'expose pas au mépris de la famille. Ce qui constitue l'infraction en soi, c'est une accusation qui expose l'enfant au mépris public et qui porte atteinte à son honneur.

2. Publicité de l'accusation de sorcellerie

Il ne suffit pas seulement de désigner l'enfant comme sorcier. Le législateur classe cette infraction parmi les atteintes à l'honneur de l'enfant. C'est ainsi que la publicité de l'accusation est requise pour sa constitution. Cependant, le législateur n'a pas précisé la portée du mot « publiquement » qu'il emploie. C'est ainsi que Georges Mineur (1953 : 177) estime qu'« il est logique de la comprendre dans son sens grammatical et usuel, de "en public", c'est-à-dire en présence de plusieurs personnes, de manière à avoir une publicité réelle, effective, immédiate. Doivent être considérées comme faites en public les imputations prononcées à haute voix, par une inculpée se trouvant à sa fenêtre qu'elle avait ouverte manifestement pour que ses paroles puissent être comprises par les voisins, de telle sorte que les imputations se répandaient réellement par-dessus les places ouvertes et les jardins des voisins (Bruxelles, 17 janvier 1934, cité par Mineur, 1953 : 177-178). La publicité est établie dès lors que [...] le prévenu a déclaré en présence des témoins » (CSJ, 4 juillet 1975, RP 208, *B.A.*, 1978 : 167). La publicité peut se faire par écrit en diffusant par exemple dans un journal ou par une lettre envoyée à plusieurs personnes ; par correspondance ou par la voie de la presse.

B. Personne accusée de sorcellerie : l'enfant

La personne protégée par la loi est l'enfant. L'enfant visé par les propos d'accusation de sorcellerie doit être déterminé ou déterminable. Par certaines allégations diffamatoires, l'enfant visé par ces propos peut être déterminé. Pour plus de précision, lire les éléments à l'infraction précédente de diffamation.

C. Élément moral

L'élément moral pour l'infraction d'accusation de sorcellerie est le même que celui de la diffamation. Ainsi, nous vous renvoyons à lire les éléments y relatifs au point précédent de l'infraction de diffamation.

§ 3. Répression de l'accusation de sorcellerie

L'accusation de sorcellerie est une forme de circonstance aggravante de la diffamation. C'est ainsi que l'article 160, alinéa 2, de la loi portant protection de l'enfant dispose qu'« en cas d'accusation de sorcellerie à l'égard d'un enfant, l'auteur est puni de un à trois ans de servitude pénale principale et d'une amende de deux cent mille à un million de francs congolais ».

Au regard du taux de la peine, l'accusation de sorcellerie est une prévention de la compétence matérielle du tribunal de paix. Le juge devra prononcer les deux peines, c'est-à-dire la peine de servitude pénale principale et celle d'amende. Étant donné qu'elles sont cumulatives et non facultatives, l'officier du ministère public ou l'officier de police judiciaire ne peut transiger afin de mettre fin aux poursuites par l'amende.

Section 3. L'enlèvement, l'arrestation arbitraire ou la détention d'un enfant

Vue générale. L'article 161 de la loi portant protection de l'enfant comporte trois préventions : l'enlèvement d'enfant (§ 1), l'arrestation arbitraire d'un enfant (§ 2), la détention d'un enfant (§ 3). La première prévention est le plus souvent le fait des particuliers tandis que la seconde est le fait des fonctionnaires publics commettant un abus d'autorité, enseigne Lesueur (1974 : 31). Tandis que la détention d'enfant peut être l'œuvre d'un particulier tout comme d'un fonctionnaire ou d'un agent public. Pour le cas d'arrestation d'un enfant, en commettant l'abus d'autorité, elle peut s'effectuer par le concours d'un particulier.

Ces préventions ont la même base légale en l'article 161 de la loi portant protection de l'enfant. Cette disposition dispose que « quiconque enlève ou fait enlever, arrête ou fait arrêter arbitrairement, détient ou fait détenir un enfant par violence, ruses, ou menaces, est puni de deux à cinq ans de servitude pénale principale.
Lorsque l'enfant enlevé, arrêté ou détenu a été soumis à des tortures corporelles, l'auteur est puni de dix à vingt ans de servitude pénale principale ».

Il y a lieu de relever que chacun des termes utilisés par la loi désigne une infraction distincte et autonome (Véron, 1999 : 98), comme nous les avons précédemment nommées. Il convient donc d'examiner chacune des infractions en traitant les éléments matériels qui constituent l'une comme l'autre. Ce sont les actes matériels qui confèrent la distinction malgré le fait toutes visent l'atteinte à la liberté d'aller et de venir de l'enfant. Ainsi, outre la personnalité de la victime (qui est l'enfant), l'enlèvement, l'arrestation arbitraire ou la détention d'un enfant exigent la réunion de deux éléments distincts : un fait matériel qui s'accompagne de certains moyens et un élément moral (qui sera analysé distinctement pour les trois infractions).

Sous-section 1. Fait matériel infractionnel

Les faits matériels qui constituent distinctement et de manière autonome les infractions à part entière sont l'enlèvement, l'arrestation arbitraire et la détention d'un enfant. Constitue aussi les infractions d'enlèvement, d'arrestation arbitraire et de détention d'un enfant, et non une participation criminelle, le fait d'avoir fait enlever, fait arrêter arbitrairement ou fait détenir un enfant. Les expressions « fait enlever, fait arrêter arbitrairement et fait détenir » traduisent l'idée de parainage par l'agent les actes d'enlèvement, d'arrestation arbitraire ou de faire détenir un enfant. C'est ainsi que le donneur d'ordre ne sera pas poursuivi comme étant coauteur ou complice, mais en tant qu'auteur. L'article 161, alinéa 1er, déroge à la règle de la participation criminelle (articles 21, 22 et 23 du Code pénal, Livre 1er). Car celui qui a « fait enlever, fait arrêter arbitrairement et fait détenir » apparaît comme celui qui a provoqué l'infraction ou donné des instructions pour la commettre et il semble punissable au titre de la complicité par instructions. Mais l'esprit de l'article 161 est de punir l'auteur « d'avoir fait arrêter » au même titre que l'auteur et non comme complice.

§ 1. Enlèvement d'enfant

L'enlèvement suppose, selon Georges Mineur (1953 : 156) le fait d'entraîner, de déplacer, de détourner une personne du lieu où elle se trouvait. Ainsi, l'enlèvement d'enfant est le fait d'entraîner, de déplacer, de détourner l'enfant du lieu où il se trouvait. C'est aussi le fait d'ordonner que l'enfant soit entraîné, déplacé, détourné du lieu où il se trouvait. La loi punit aussi bien celui qui enlève que celui qui fait enlever même si les agissements du second ne rentrent pas dans les prévisions de l'article 21 du Livre 1er du Code pénal.

Le fait matériel dans l'enlèvement d'enfant consiste dans l'entraînement, le déplacement et le détournement de l'enfant du lieu où il se trouvait jusqu'à la privation de la liberté. Ces actes matériels doivent être perpétrés par violences, ruses ou menaces.

Il y a privation de la liberté, dit Georges Mineur (1953 : 157), dès qu'une personne est empêchée d'aller là où bon lui semble. La durée de la privation de la liberté est indifférente. Par violences, il faut entendre tout moyen de coercition mettant un obstacle matériel à la liberté d'aller et venir. Elles résultent du seul fait de mettre la victime dans un local fermé à clé (Boma, 5 janvier 1909, *Jur. État*, II, p. 244). Par ruse, il faut entendre des manœuvres qui tiennent en quelque sorte lieu de violences, qui paralysent la volonté et la mettent dans l'impossibilité morale d'user de sa liberté, ainsi que pourrait l'être l'usage d'une fausse qualité, de faux uniformes, pour faire croire à un ordre de l'autorité (Élis., 20 janvier 1912, *Jur. Congo*, 1913, p. 63). Par menaces, on entend la crainte d'un mal imminent de nature à faire impression sur la personne qui en est l'objet.

§ 2. Arrestation arbitraire d'un enfant

L'article 161 de la loi portant protection de l'enfant punit les atteintes à la liberté (aller et venir) des enfants commises par les agents publics ou par ceux qui les instrumentalisent pour qu'ils abusent de leur pouvoir, en les arrêtant.

Arrêter, c'est appréhender physiquement une personne (Véron, 1999 : 98). L'arrestation ne se conçoit que comme une atteinte à la liberté d'une personne. Elle peut être définie comme l'acte qui consiste à se saisir d'une personne d'une manière quelconque et qui aboutit à la priver de sa liberté d'aller et venir. Si l'arrestation évoque *a priori* le fait d'appréhender ou de retenir prisonnière une personne qui jusque-là était libre, l'enlèvement paraît correspondre au fait de soustraire une personne (un enfant) à l'autorité qui en exerçait la garde. Les deux termes se complètent ainsi heureusement tout en étant très proches (Pradel et Danti-Juan, 2010 : 237-238).

L'arrestation, pour qu'elle soit considérée comme un acte infractionnel, doit être arbitraire. Ceci résulte de la disposition légale qui dispose que « quiconque arrête ou fait arrêter arbitrairement ». Elle est arbitraire lorsqu'elle est effectuée en dehors des cas où la loi l'autorise ou si cela n'a pas été autorisé par l'autorité compétente et légitime. Ainsi ne sera pas considérée comme une arrestation arbitraire celle qui est autorisée par la loi ou commandée par l'autorité légitime.

En matière d'enfants en conflit avec la loi, seul le juge pour enfants est l'autorité compétente pour prendre des mesures ou décisions privant l'enfant de la liberté d'aller et venir. Aux termes de l'article 106 de la loi portant protection de l'enfant, le juge pour enfants peut, avant de statuer sur le fond, prendre par voie d'ordonnance l'une des mesures provisoires suivantes (qui privent l'enfant de sa liberté) : assigner à résidence l'enfant sous la surveillance de ses père et mère ou de ceux qui en ont la garde ; soustraire l'enfant de son milieu et le confier à une institution publique ou privée agréée à caractère social. En outre, le juge peut prendre, en vertu de l'article 113 de la loi portant protection de l'enfant, l'une des décisions suivantes : confier l'enfant à une institution privée agréée à caractère social pour une période ne dépassant pas sa dix-huitième année d'âge ; le mettre dans une institution publique à caractère social pour une période ne dépassant pas sa dix-huitième année d'âge ; le placer dans un centre médical ou médico-éducatif approprié ; le mettre dans un établissement de garde et d'éducation de l'État pour une période ne dépassant pas sa dix-huitième année d'âge.

Au regard de la loi portant protection de l'enfant, la mesure de placement provisoire est de la compétence du juge pour enfants. Ainsi, le placement sous *mandat d'arrêt provisoire* d'un enfant constitue l'arrestation arbitraire d'un enfant. La loi n'a cependant pas prévu l'état dans lequel se trouverait l'enfant qui passerait par le parquet avant d'être mis à la disposition du juge pour enfants. Il serait mieux de donner aussi le pouvoir au ministère public, qui n'en abusera pas d'ailleurs, de prendre aussi par voie d'ordonnance la mesure provisoire de garde de l'enfant. La réalité montre que les enfants restent en état de privation de la liberté d'aller et venir entre les mains des officiers du ministère public ou de la police judiciaire sans un acte le justifiant avant de les mettre à la disposition du juge pour enfants. Cela est dû à la distance qui sépare les offices et les juridictions ou à l'absence du juge pour enfants du lieu de la commission du manquement.

§ 3. Détention d'un enfant

La détention et la séquestration impliquent une situation continue où l'auteur place l'enfant enlevé dans un état d'enlèvement ou d'arrestation sur une certaine durée. Elle est donc « la suite logique d'une arrestation ou d'un enlèvement et peut être accomplie par le même auteur » (Pradel et Danti-Juan, 2010 : 238). Mais la détention justifiée par la nécessité d'assurer la sécurité des personnes ou de l'enfant lui-même ne peut pas constituer la détention d'enfant. En revanche, le maintien de l'enfant à l'hôpital ou dans n'importe quelle institution hospitalière afin de se faire payer les frais de soins médicaux peut tomber sous la détention d'enfant.

La détention est ainsi le fait de retenir un enfant dans un lieu, milieu ou endroit quelconque, même pas contre son gré et de manière non justifiée par une nécessité quelconque. La question de la durée se pose. Combien de temps faut-il qu'il s'écoule pour parler de détention ? Comme signalé ci-dessus, la détention ou la séquestration implique une situation continue d'enlèvement. Cependant, dans certains cas, on peut tomber sous l'hypothèse de la détention ou séquestration, même si elle vient de se réaliser, « lorsque les auteurs n'ont pas volontairement rendu la liberté à leur victime. Il importe peu en particulier qu'ils aient perdu la maîtrise de la situation en raison de circonstances indépendantes de leur volonté » (Pradel et Danti-Juan, 2010 : 238). Ainsi, l'arrestation ou la détention peut être de quelques instants (Chambre criminelle, 12 octobre 1977, *Bull.*, n° 302, note de Véron, 1999 : 98). Toutefois, Véron (1999 : 98-99) estime qu'en cas d'hésitation il est toujours possible de poursuivre pour tentative, l'infraction étant un crime, par exemple lorsque les coupables après avoir brièvement immobilisé la victime pour la pousser dans un véhicule s'enfuient devant ses cris et sa résistance (Chambre criminelle, 4 juin 1982, *Bull.*, n° 146 et *Rev. sc. crim.*, 1983 : 271).

Sous-section 2. Moyen utilisé par l'auteur

Aux termes de l'alinéa 1er de l'article 161 de la loi portant protection de l'enfant, l'auteur doit avoir enlevé, arrêté ou détenu l'enfant par violences, ruses ou menaces. Ces moyens qui accompagnent les actes matériels infractionnels ne sont pas cumulatifs. L'accomplissement de l'un entraîne la réalisation de l'acte matériel. Ces moyens, c'est-à-dire les violences, ruses et menaces, ne sont pas définis par la loi. Il convient donc de les expliciter en recourant à la jurisprudence et à la doctrine existantes.

§ 1. La violence

La *violence* est un fait de nature à inspirer une crainte telle que la victime donne son consentement à un acte que, sans cela, elle n'aurait pas accepté (Guinchard, 2015 : 1024). La jurisprudence l'entend aussi comme « tout emploi de force, c'est-à-dire de tout moyen de coercition mettant un obstacle matériel à la liberté d'aller et de venir » (Léo., 30 décembre 1943, *Rev. jur.*, 1944, p. 102 ; CSJ, 28 mars 1973, *B.I.P.G.R.*,

1973, n° 1, p. 144, note de Likulia Bolongo, 1985 : 171) à l'enfant. C'est ainsi qu'il a été jugé que « le seul fait de détenir une personne dans un local fermé à clé est constitutif d'une violence au sens de la loi » (Boma, 5 janvier 1909, *Jur. État*, II, p. 244, note de Mineur, 1953 : 157 ; Likulia Bolongo, 1985 : 171).

§ 2. La ruse

Par *ruse*, il faut entendre des manœuvres qui tiennent en quelque sorte lieu de violences, qui paralysent la volonté et la mettant dans l'impossibilité morale d'user de sa liberté, ainsi que pourrait l'être l'usage d'une fausse qualité, de faux uniformes, pour faire croire à un ordre de l'autorité (Élis., 20 janvier 1912, *Jur. Congo*, 1913, p. 163, note de Mineur, 1953 : 157 ; Likulia Bolongo, 1985 : 171). C'est ainsi qu'il a été jugé « qu'il y a arrestation et détention arbitraires dans le chef de ceux qui, se faisant passer pour des agents du Centre National de Documentation, enlèvent et séquestrent une personne » (Cour d'appel de Kinshasa, 8 mai 1972, *R.J.Z.*, 1973, p. 182, note de Likulia Bolongo, 1985 : 171-172).

La *ruse* étant un procédé habile destiné à tromper, constituera un enlèvement d'enfant par ruse le fait de déplacer l'enfant d'un lieu vers un autre en lui faisant croire que sa mère le recherchait ou de l'emmener du lieu où sa mère l'attendrait.

§ 3. Les menaces

Les *menaces* sont liées à l'expression d'un projet nuisible par atteinte aux personnes ou aux biens (Guinchard *et al.*, 2015 : 639). Elles consistent dans l'annonce d'un mal imminent de nature à troubler ou à impressionner la personne qui en est l'objet, s'identifiant ainsi à une violence morale. Likulia Bolongo (1985 : 172) d'ajouter que la menace peut être faite par parole, par geste ou en termes quelconques même déguisés. Elle peut être adressée directement à la victime, soit par intermédiaire d'une tierce personne, et il suffit alors que cette menace ait été dans l'esprit de l'auteur destinée à prévenir à la victime même s'il n'est pas établi que celle-ci en a eu effectivement connaissance.

Pour Georges Mineur (1953 : 157), constitue une détention par menaces le fait d'amener une personne à ne pas quitter l'endroit qui lui a été assigné, en lui faisant craindre que la famille ne subisse un grave dommage matériel, si elle venait à s'évader.

Quid de l'acceptation de l'enfant ? Pour ces préventions d'enlèvement d'enfant, d'arrestation arbitraire d'un enfant et de détention d'enfant, il faut que l'auteur ait accompli son acte par la violence, la ruse ou la menace. Pour les enfants, la loi consacre l'incapacité de donner un consentement libre et volontaire ; autrement dit, avant l'âge de 18 ans, l'enfant n'acquiert pas le discernement indispensable pour donner un consentement libre et éclairé. Ainsi, le seul fait de sa minorité d'âge, son déplacement, son entraînement ou détournement du lieu où il se trouvait à un autre, entraîne déjà l'usage de la violence ou de la ruse, car l'auteur abuse de la faiblesse physique ou mentale de l'enfant.

Sous-section 3. Élément moral

Dans l'enlèvement, l'arrestation arbitraire ou la détention, l'élément moral consiste dans la conscience que possède l'agent d'entraver la liberté d'autrui en l'absence d'une justification (Pradel et Danti-Juan, 2010 : 239) légale et légitime. Il ressort de l'article 10 de la loi portant protection de l'enfant qu'« aucun enfant ne peut être privé de liberté de façon illégale ou arbitraire ». Ce qui veut dire que la privation de la liberté ne peut être faite que dans le cadre légal. C'est ainsi que l'alinéa 2 du même article précise que « l'arrestation, la détention ou l'internement d'un enfant ne peuvent être décidés qu'en conformité avec la loi ». Ceci veut dire qu'une arrestation ou une détention d'enfant non conforme à la loi rend son auteur responsable pénalement. Mais l'agent doit avoir conscience d'entraver injustement la liberté de l'enfant. Et cela exclut tout acte d'entrave à la liberté de l'enfant qui a été commis par maladresse ou inattention ; tel que le fait d'avoir par inattention enfermé l'enfant dans la salle de classe pendant plusieurs heures.

Sont seuls punis : les enlèvements, arrestations ou détentions illégales, c'est-à-dire « sans ordre des autorités constituées et hors les cas prévus par la loi ». Tel est le cas, par exemple, de parents qui excéderaient les limites du droit de correction en tenant leurs enfants enfermés sans raison pour une durée abusive (Chambre criminelle, 27 septembre 1988, *Bull.*, n° 319, note de Véron, 1999 : 99).

En revanche sont justifiés les actes commis par ceux qui ont appréhendé l'enfant qui vient de commettre un manquement flagrant, pour le conduire devant l'officier du ministère public ou de police judiciaire le plus proche (voir les dispositions sur la flagrance). C'est ainsi qu'en cas de vol dans un magasin, une détention d'une heure avant l'arrivée de la police est justifiée (Chambre criminelle, 1er octobre 1979 *Bull.*, n° 263 et *Rev. sc. crim.*, 16 février 1980, note de Véron, 1999 : 99). Cependant, la rétention de plusieurs heures, accompagnée de violence, d'un mineur surpris après avoir dérobé une revue, est constitutive de détention d'enfant.

La connaissance de l'auteur que le déplacement, l'entraînement, le détournement, l'arrestation ou la détention de l'enfant du lieu où il se trouvait à un autre est illégale, suffit pour que l'infraction soit constituée. C'est dire qu'il ne suffit pas que ces actes soient contraires à la loi, il faut en outre que l'auteur ait su que ses actes étaient illégaux et arbitraires et qu'il ait voulu néanmoins les commettre.

Cette intention existe à partir du moment où celui qui a enlevé, arrêté, détenu ou fait enlever, arrêter et détenir une personne, a agi sciemment, avec la connaissance qu'il privait l'enfant du droit d'aller et de venir sans une justification plausible, légale et légitime.

Sous-section 4. Circonstance aggravante

L'alinéa 2 de l'article 161 aggrave l'enlèvement, l'arrestation arbitraire ou la détention d'enfant lorsque l'enfant a été soumis à des tortures. Les tortures doivent être entendues comme « violente souffrance physique que l'on fait subir à autrui et tous autres traitements cruels, inhumains ou dégradants » (Guinchard *et al.*, 2015 : 978). C'est aussi « des sévices très graves et des actes de barbarie, exercés principalement dans le but de causer une souffrance » (Mineur, 1953 : 158).

Ces tortures qui constituent la circonstance aggravante ne doivent pas être confondues avec la torture comme infraction *sui generis* prévue à l'article 151 de la loi portant protection de l'enfant. Pour cette torture, l'agent doit avoir soumis l'enfant à un mal physique ou mental aux fins notamment d'obtenir de l'enfant ou d'une tierce personne des renseignements ; de punir l'enfant d'un acte qu'il ou une tierce personne a commis ou est soupçonné d'avoir commis ; d'intimider ou de faire pression sur l'enfant ou sur une tierce personne. C'est dire que le mal ou les sévices sont pratiqués sur l'enfant ou sur une tierce personne pour une certaine finalité dont obtenir le renseignement, le punir pour un acte ou l'intimider. Tandis que la torture qui constitue la circonstance aggravante n'est qu'une souffrance physique.

Au regard de la jurisprudence existante constituent des tortures, le fait de ligoter très fortement une personne aux poignets, aux bras et aux pieds au moyen de cordes, de la déposer ainsi liée en plein soleil et de l'y laisser pendant plusieurs heures sans lui donner ni boisson ni nourriture (Élis., 23 mai 1911, *Jur. Congo*, 1912, p. 174) ; le fait de crever intentionnellement un œil à la personne arrêtée (Élis., 14 janvier 1913, *Jur. Congo*, 1914-1919, p. 324, note Mineur, 1953 : 158), détenue ou enlevée. Étant une circonstance aggravante, la torture doit être nécessairement commise au moment ou pendant l'arrestation, la détention ou l'enlèvement. Les tortures constitueraient les coups et blessures volontaires (Mineur, 1953 : 158), lorsqu'elles sont commises en dehors de l'arrestation, de la détention ou de l'enlèvement et lorsqu'elles n'ont pas une finalité prévue à l'article 151 de la loi portant protection de l'enfant.

Les douleurs ou souffrances ne résultent pas uniquement de sanctions légales et ne sont pas inhérentes à de telles sanctions ni occasionnées par elles.

Sous-section 5. Régime répressif

Si l'enlèvement, l'arrestation arbitraire ou la détention d'enfant n'est pas accompagné(e) de la torture, l'auteur est puni au maximum de cinq ans de servitude pénale principale. Ceci ressort de l'alinéa 1er de l'article 161 de la loi portant protection de l'enfant qui dispose que « quiconque enlève ou fait enlever, arrête ou fait arrêter arbitrairement, détient ou fait détenir un enfant par violence, ruse ou menaces, est puni de deux à cinq ans de servitude pénale principale ». Cette prévention n'est pas punie d'une peine d'amende. Le régime répressif est le même que celui prévu au Code pénal à son article 67 pour l'arrestation arbitraire.

Lorsque l'enlèvement, l'arrestation arbitraire ou la détention d'enfant est aggravé(e), c'est-à-dire accompagné(e) de la torture, l'auteur est puni de dix à vingt ans de servitude pénale principale. Même aggravé(e), la détention, l'arrestation arbitraire ou l'enlèvement d'enfant n'est pas puni(e) de la peine d'amende.

Ceux qui ont fait enlever, fait arrêter arbitrairement ou fait détenir un enfant sont punis comme auteurs et non comme complices. Ceci est une dérogation à la règle de la participation criminelle qui résulte de la formulation de l'article 161. Cet article réprime à titre d'auteur celui qui fait enlever, fait arrêter arbitrairement ou fait détenir un enfant.

L'enlèvement, l'arrestation arbitraire ou la détention d'un enfant est une infraction de la compétence matérielle du tribunal de paix. Au cas où elle est aggravée, elle devient de la compétence du tribunal de grande instance.

Section 4. Traite ou vente d'enfants

Vue générale. La répression de la traite ou la vente d'enfants par la loi portant protection de l'enfant est la concrétisation de la volonté politique de la République démocratique du Congo d'avoir adhéré au *Protocole additionnel à la Convention des Nations Unies contre la criminalité transnationale organisée visant à prévenir, réprimer et punir la traite des personnes, en particulier des femmes et des enfants.* La République a adhéré à ce protocole par la loi n° 06/013 du 12 juin 2006 autorisant l'adhésion de la République démocratique du Congo au protocole additionnel à la convention des Nations Unies contre la criminalité transnationale organisée visant à prévenir, réprimer et punir la traite des personnes, en particulier des femmes et des enfants.

Les motifs d'adhésion se résument en ces termes : « La traite des êtres humains est un phénomène criminel qui s'est développé ces dernières décennies en raison essentiellement de son caractère très lucratif. Cette pratique qui concerne tous les individus, mais qui touche particulièrement les femmes et les enfants, connaît aujourd'hui une ampleur inquiétante en ce qu'elle fait chaque année plusieurs victimes dans le monde. Ce trafic est souvent lié au crime organisé. C'est la raison pour laquelle les États parties à la Convention des Nations Unies contre la criminalité transnationale organisée, ouverte à la signature le 12 décembre 2002, ont ajouté à celle-ci un Protocole consacré spécifiquement à la lutte contre la traite des êtres humains vulnérables que sont les femmes et les enfants. Notre pays n'est pas épargné par ce fléau. En adhérant à ce Protocole adopté lors de la Conférence de Palerme, en Italie, qui s'est tenue du 12 au 15 décembre 2000, la République démocratique du Congo veut exprimer sa ferme volonté à participer dans les actions qui visent à prévenir, réprimer et punir la traite des êtres humains, en particulier des femmes et des enfants. Ce Protocole demande à chaque État de criminaliser l'acte de traite. Il contient en outre des dispositions concernant la protection des victimes de la traite des personnes, notamment : – la possibilité d'un débat à huis clos ; – une assistance juridique, médicale, matérielle et psychologique ; – l'octroi d'un titre de séjour ; – le rapatriement dans le pays d'origine. Il est également recommandé à chaque État partie au présent Protocole : – d'établir des politiques et des programmes de mesures pour protéger les victimes de la traite des personnes contre une nouvelle victimisation et pour prévenir et combattre la traite des personnes, notamment par des campagnes dans les médias ; – de prendre des mesures pour remédier aux facteurs qui rendent les personnes vulnérables ».

Ainsi, en introduisant dans la loi portant protection de l'enfant l'infraction relative à la traite ou la vente des enfants, la République démocratique du Congo veut combattre ce phénomène transnational de la traite des enfants. Il est observé, comme l'écrivent Jean Pradel et Michel Danti-Juan (2010 : 401), l'augmentation constante du nombre des candidats à l'adoption ; et la rareté des enfants à adopter jointe à la rigidité des exigences et des critères posés par l'administration ont eu pour conséquence de faire se développer de véritables trafics d'enfants où certains n'hésitent pas à assurer des rôles d'entremetteur.

L'article 162 de la loi portant protection de l'enfant vient ainsi prévenir et combattre les trafics d'enfants en réprimant ces actes. L'article 68 du Code pénal n'est plus adapté aux situations actuelles sur la traite d'êtres humains. Cet article du Code pénal ne réprime que les actes d'enlèvement, d'arrestation ou de détention ayant pour but de vendre les personnes comme esclaves. L'article 162 vient toutefois élargir le champ de répression sur les actes commis à l'encontre des enfants qui ne tiennent pas compte de la dignité de sa personne humaine. Ces actes sont la traite ou la vente d'enfants.

§ 1. Base légale

La traite ou la vente d'enfants est prévue et punie par l'article 162 de la loi portant protection de l'enfant. Cet article dispose que « la traite ou la vente d'enfants est punie de dix à vingt ans de servitude pénale principale, et d'une amende de cinq cent mille à un million de francs congolais ».

Cette même disposition définit la traite ainsi que la vente d'enfants. Il faut entendre par :

Traite d'enfants : le recrutement, le transport, le transfert, l'hébergement ou l'accueil des enfants, par la menace du recours à la force ou à d'autres formes de contrainte, par l'enlèvement, la fraude, la tromperie, l'abus d'autorité ou d'une situation de vulnérabilité, ou par l'offre ou l'acceptation de paiements ou d'avantages pour obtenir le consentement d'une personne ayant autorité sur l'enfant aux fins d'exploitation.

Vente d'enfants : tout acte ou toute transaction faisant intervenir le transfert d'enfants de toute personne ou de tout groupe de personnes à un autre groupe contre rémunération ou tout autre avantage.

Il découle de cet article deux préventions distinctes dont il convient d'examiner pour chacune d'elles les actes matériels la constituant. Il s'agit de la traite d'enfants et de la vente d'enfants, deux préventions qui portent atteinte à l'honneur et à la liberté individuelle de l'enfant. Ainsi, nous allons analyser les éléments qui les distinguent l'une de l'autre. Le régime répressif sera examiné en commun.

§ 2. Traite d'enfants

Rappelons que la *traite d'enfants* est le recrutement, le transport, le transfert, l'hébergement ou l'accueil des enfants, par la menace de recours à la force ou à d'autres formes de contrainte, par l'enlèvement, la fraude, la tromperie, l'abus d'autorité ou d'une situation de vulnérabilité, ou par l'offre ou l'acceptation de paiements ou d'avantages pour obtenir le consentement d'une personne ayant autorité sur l'enfant aux fins d'exploitation.

Il ressort de cette définition que la traite d'enfants s'attache au comportement de ceux qui exploitent les êtres humains. Pour sa matérialisation, l'auteur doit avoir commis les actes limitativement énumérés par la loi (A), accompagnés par certains moyens (B) pour une finalité bien déterminée.

A. Actes matériels de la traite d'enfants

Les actes matériels de la traite d'enfants ressortent de sa définition légale. Il s'agit du recrutement, du transport, du transfert, de l'hébergement ou de l'accueil d'enfants. Ces concepts méritent une explication.

Le recrutement est l'action de recruter. Le recrutement qui sera considéré est le fait d'enrôler les enfants, par l'un des moyens cités à la disposition, aux fins d'exploitation. Le fait d'attirer les enfants constituerait aussi l'acte de recrutement.

Le transport est l'action de porter d'un lieu à un autre. Ainsi constitue l'acte matériel de traite par transport le fait d'avoir porté un enfant d'un lieu à un autre aux fins d'exploitation.

Le transfert est l'action de transférer. Et par transférer, il faut entendre le fait de faire passer d'un lieu à un autre. Au regard des *Éléments des crimes* de la Cour pénale internationale, le transfert est le déport de force sans motif admis en droit international d'une ou de plusieurs personnes dans un autre État ou un autre lieu. Dans le texte anglais, l'expression « déporté ou transféré de force » est interchangeable avec « déplacé de force » (*Éléments des crimes* de la CPI). Le terme « transféré » doit être interprété conformément aux dispositions pertinentes du droit international humanitaire (*Éléments des crimes* de la CPI). Pour être constitutif de l'acte matériel de traite, il doit être réalisé aux fins d'exploitation.

L'hébergement est l'action d'héberger, de recevoir ou de loger. Il nous semble qu'il n'est pas nécessaire que l'hébergeant réside avec le ou les enfant(s) pour que cet acte soit considéré. L'hébergement est réalisé par le fait de louer à un enfant un logement ou de lui fournir un logement aux fins d'exploitation.

Dans l'enquête sur l'hébergement, il y a lieu de remonter la pente jusqu'au réseau, c'est-à-dire qu'il faut chercher à identifier qui a joué le rôle de recruteur, de transporteur. Celui qui héberge ne peut se trouver qu'au dernier maillon de la chaîne de la traite d'enfant.

L'hébergement comme acte matériel de la traite d'enfant est une situation continue qui se poursuit tant que dure l'hébergement illicite.

Accueillir, c'est recevoir, donner l'hospitalité à quelqu'un (*Larousse de poche*, 2002). Ainsi constitue l'acte de traite d'enfant le fait pour une personne de donner l'hospitalité à un enfant aux fins d'exploitation.

Pour que ces actes soient matériellement constitués, ils doivent être accompagnés de certains moyens.

B. Moyens employés

Aux termes de l'article 162 de la loi portant protection de l'enfant, les actes de la traite d'enfants sont accomplis à l'aide de certains moyens que le point 1 de cet article énumère. En effet, le recrutement, le transport, le transfert, l'hébergement ou l'accueil d'enfants doivent être réalisés par l'un ou l'autre moyen, à savoir : la menace, l'enlèvement, la fraude, la tromperie, l'abus d'autorité, l'abus d'une situation de la vulnérabilité, l'offre pour obtenir le consentement d'une personne ayant l'autorité sur l'enfant, l'acceptation de paiement ou l'acceptation d'avantages. Ces moyens méritent d'être explicités.

2.1. La menace

La menace est l'annonce d'un mal entraînant pour le destinataire un sentiment d'insécurité et de peur (Pradel et Danti-Juan, 2010 : 130). La menace dont il est question à l'article sous examen est l'un des éléments constitutifs de la traite d'enfants. Aux termes de l'article 162, la menace doit être soit de recourir à la force, soit de recourir à d'autres formes de contrainte.

Le terme « force » ne se limite pas à la force physique et peut comprendre un acte commis en usant à l'encontre de ladite ou desdites ou de tierces personnes de la menace de la force ou de la coercition, telle que celle causée par la menace de violences, contrainte, détention, pressions psychologiques, abus de pouvoir, ou bien à la faveur d'un climat coercitif (*Éléments des crimes* de la CPI).

La contrainte est une cause psychologique qui enlève à la volonté toute liberté. Elle enlève à l'enfant sa volonté libre. Par conséquent, l'enfant se laisse entraîner volontairement du fait d'une pression morale ou psychologique. Cette pression peut résulter de l'annonce d'un mal.

2.2. L'enlèvement

L'enlèvement est l'action d'enlever, d'emporter. Et enlever, au regard du *Larousse* (2002), implique soustraire par un rapt. Ainsi, l'enlèvement d'enfant, comme nous l'avons précédemment dit, est le fait d'entraîner, de déplacer, de détourner l'enfant du lieu où il se trouvait, bien entendu le milieu familial. L'auteur qui héberge ou transporte l'enfant aux fins d'exploitation peut l'avoir au préalable enlevé.

2.3. La fraude

La fraude est une action révélant chez son auteur la volonté de nuire à autrui ou de contourner certaines prescriptions légales. Elle est aussi un acte de mauvaise foi qui contrevient à la loi ou aux règlements et nuit au droit d'autrui. La fraude est le fait pour l'agent d'assurer à un tiers une prestation différente de celle qu'il attendait (Pradel et Danti-Juan, 2010 : 572). Sera ainsi considéré comme fraude le fait pour une personne d'avoir recruté, accueilli ou transféré des enfants à l'étranger, etc., sans que cela ne soit fait conformément à la législation, soit en faisant croire à la famille les avantages qu'obtiendrait l'enfant une fois à l'étranger. C'est ainsi que la fraude sera entendue comme un acte malhonnête fait dans l'intention de tromper en contrevenant aux lois et règlements (www. larousse.fr/dictionnaire/fraude, consulté le 14 novembre 2015 à 13h58).

2.4. La tromperie

La tromperie est le fait pour l'agent d'induire en erreur, soit par l'intermédiaire d'un tiers, l'enfant ou la personne qui en a la garde, sur les services à rendre à l'enfant une fois accueilli. La tromperie peut porter sur la convention qui entraîne à céder l'enfant à la suite des mensonges, dissimulation ou des manœuvres. Sera considéré comme de la tromperie le fait pour l'agent d'obtenir en hébergement un enfant en faisant croire aux parents qu'il va le scolariser alors qu'il l'héberge aux fins d'exploitation. Il y a aussi tromperie lorsqu'un parent a transféré son enfant dans un autre lieu en lui faisant croire qu'il va étudier à l'internat, alors qu'il l'envoie dans ce milieu aux fins d'exploitation.

2.5. L'abus d'autorité

Il y a abus d'autorité lorsque le détenteur d'un pouvoir sur autrui, que cette domination soit de droit ou de fait, en use pour pousser celui qui lui doit obéissance à commettre une infraction ou pour le contraindre à supporter une atteinte à sa dignité ou à ses droits (www.lexinter.net/JF/abus_d'autorite, consulté le 14 novembre 2015 à 14h15).

En droit pénal, l'abus d'autorité est une expression désignant l'ensemble des qualifications pénales s'appliquant aux fonctionnaires qui commettent un délit dans l'exercice de leurs fonctions, soit contre un particulier, soit contre la chose publique. En droit civil, par contre, l'abus d'autorité est la contrainte morale, prenant appui sur une autorité de fait ou de droit, exercée sur une personne, pour l'amener à accomplir un acte juridique (mariage, contrat, etc.) ou non (Guinchard *et al.*, 2015 : 4).

Le sens qui nous semble correspondre à la traite d'enfant est celui du droit civil. Dans ce sens, celui qui se rend coupable, par ce moyen, est la personne qui a autorité, soit de fait ou de droit, sur l'enfant, qui abuse de son pouvoir pour convaincre l'enfant à être recruté, transporté, hébergé ou accueilli aux fins d'exploitation (c'est-à-dire pour accomplir des actes qui portent atteinte à sa dignité, par exemple être hébergé, transféré aux fins sexuelles ou pour le travail forcé ou encore pour l'esclavage domestique).

2.6. L'abus d'une situation de vulnérabilité

Selon Lagarde (2009, note de Pradel et Danti-Juan, 2010 : 62), « la personne vulnérable est celle qui n'est pas en mesure d'exercer les attributs de la personnalité juridique [...] qui, dans une situation pathologique ou hors normes, n'est pas en mesure d'exercer correctement ses droits et libertés ». Ainsi, la vulnérabilité est due à l'âge, à la maladie, à l'infirmité, à la déficience physique ou psychique, à l'état de grossesse apparente ou connue de l'auteur (Guinchard *et al.* 2015 : 980). Cette définition est faite par voie d'exemples, mais nous comprenons que la vulnérabilité est un état de faiblesse psychologique ou physique dans lequel se trouve une personne.

La situation de vulnérabilité dont l'auteur abuse peut être celle de l'enfant ou même de sa famille. C'est-à-dire que l'auteur recrute, transporte, héberge ou accueille les enfants aux fins d'exploitation, en abusant de la situation de vulnérabilité dans laquelle se trouve l'enfant ou la personne qui exerce l'autorité sur lui.

La vulnérabilité de l'enfant peut résulter de la situation dans laquelle il se trouve. Nous pouvons dire que se trouve dans une situation de vulnérabilité, au sens de la loi portant protection de l'enfant, l'enfant déplacé, l'enfant réfugié, l'enfant en situation difficile, l'enfant en situation exceptionnelle, l'enfant avec handicap physique ou mental, l'enfant séparé (voir article 2 de la loi portant protection de l'enfant).

L'abus d'une situation de vulnérabilité est une notion qui est largement commentée par l'Office des Nations Unies contre la drogue et le crime[4], que nous avons voulu

---

[4] Note d'orientation sur « l'abus d'une situation de vulnérabilité » donnant lieu à la traite de personnes, notion mentionnée à l'article 3 du Protocole visant à prévenir, réprimer et punir la traite des personnes, en particulier des femmes et des enfants, additionnel à la Convention des Nations Unies contre la criminalité transnationale organisée. Office des Nations Unies contre la drogue et le crime, document de travail sur l'abus d'une situation de

reprendre. Étant donné que la traite des enfants est constituée par l'acte de recrutement, d'hébergement, etc., aux fins d'exploitation, il n'est pas nécessaire de mettre en évidence l'abus d'une situation de vulnérabilité ou tout autre moyen dans le cadre de poursuites engagées pour traite des enfants. Il sera important d'établir l'existence de la vulnérabilité des victimes au regard de nombreux aspects d'une affaire de traite. Par exemple, la vulnérabilité peut être un indicateur essentiel dans l'identification des victimes, et une évaluation précise de la vulnérabilité peut aider à faire en sorte que les témoins victimes soient dûment soutenus et protégés. Cependant, il faut réunir davantage d'éléments pour engager des poursuites pénales. La simple existence d'une vulnérabilité attestée n'est pas suffisante pour justifier l'ouverture de poursuites au motif que l'abus d'une situation de vulnérabilité a servi à commettre un « acte » donné. En l'occurrence, l'existence de la vulnérabilité et l'abus de cette vulnérabilité doivent être établis sur la base des preuves crédibles.

Il est plus facile d'évaluer l'existence de la vulnérabilité au cas par cas, en tenant compte de caractéristiques personnelles, situationnelles ou circonstancielles de la victime présumée. La vulnérabilité personnelle, par exemple, peut se rattacher à une incapacité physique ou mentale. La vulnérabilité situationnelle peut caractériser une personne se trouvant en situation irrégulière dans un pays étranger dans lequel elle est socialement et linguistiquement isolée. La vulnérabilité circonstancielle peut caractériser une personne au chômage ou indigente. Ces vulnérabilités peuvent préexister, mais elles peuvent aussi être créées par l'auteur de la traite.

Les formes de vulnérabilité préexistantes peuvent être en rapport (sans toutefois s'y limiter) avec la pauvreté, le handicap physique ou mental, la jeunesse ou la vieillesse, le sexe, la grossesse, la culture, la langue, la croyance, une situation familiale ou une situation irrégulière. Les formes de vulnérabilité créées par l'auteur de la traite peuvent être liées (sans toutefois s'y limiter) à l'isolement social, culturel ou linguistique ; à une situation irrégulière ; ou à une dépendance entretenue par la toxicomanie ou un attachement amoureux ou affectif, ou encore par des pratiques ou des rituels culturels ou religieux.

La vulnérabilité de la victime peut être un indicateur d'un abus d'une situation de vulnérabilité, mais elle ne saurait constituer un moyen donnant lieu à la traite de personnes, à moins qu'il n'ait été également fait abus de cette situation de vulnérabilité au point que le consentement de la victime a été vicié.

Il y a *abus d'une situation de vulnérabilité* lorsque la vulnérabilité personnelle, situationnelle ou circonstancielle d'un individu est utilisée intentionnellement ou autrement mise à profit pour recruter, transporter, transférer, héberger ou

---

vulnérabilité et d'autres moyens envisagés dans le cadre de la définition de la traite des personnes, octobre 2012, consultable sur : http://www.unodc.org/unodc/en/humantrafficking/publications. html?ref=menuside.

accueillir cet individu dans le but de l'exploiter, de sorte que celui-ci estime que le fait de se soumettre à la volonté de l'auteur de la traite est le seul choix véritable ou acceptable disponible, et que ce sentiment est raisonnable compte tenu de la situation de la victime. Pour déterminer si le sentiment de la victime, à savoir qu'elle n'a pas d'autre choix véritable ou acceptable disponible, est raisonnable, il faudrait prendre en compte ses caractéristiques personnelles et les circonstances dans lesquelles elle se trouve.

Il est important d'établir la relation entre l'abus d'une situation de vulnérabilité et l'élément « acte » figurant dans la définition de la traite. La définition énoncée dans le *Protocole relatif à la traite des personnes* [ainsi que la loi portant protection de l'enfant] établit un lien évident entre l'« acte » et les moyens. En conséquence, lorsque l'abus d'une situation de vulnérabilité est invoqué en tant que moyen, il faut démontrer que le délinquant a abusé de la vulnérabilité de la victime dans le but de la recruter, la transporter, la transférer, l'héberger ou l'accueillir.

Quelles que soient les fins de l'exploitation, l'abus d'une situation de vulnérabilité ne devrait pas être plus ou moins facile à constater. La constatation d'un abus de situation de vulnérabilité est uniquement subordonnée à des preuves crédibles établissant l'existence d'une situation de vulnérabilité chez la victime et d'un d'abus de cette situation par l'auteur de la traite dans le but d'exploiter la victime.

Le degré de preuve exigé pour établir un abus de situation de vulnérabilité devrait être le même que celui exigé pour établir les éléments de toute infraction en vertu du droit national, y compris les autres éléments de l'infraction que constitue la traite des personnes. Plus précisément, il faut disposer d'éléments crédibles pour prouver que l'auteur de l'infraction avait l'intention d'abuser d'une situation de vulnérabilité pour commettre un acte (recrutement, transport, transfert, hébergement ou accueil) aux fins d'exploitation. Comme indiqué ci-dessus, la preuve doit mettre en évidence le fait que la vulnérabilité personnelle, situationnelle ou circonstancielle de l'individu a été utilisée intentionnellement ou autrement mise à profit pour recruter, transporter, transférer, héberger ou accueillir l'intéressé dans le but de l'exploiter, de sorte que celui-ci estime que le fait de se soumettre à la volonté de l'auteur de la traite est le seul choix véritable ou acceptable disponible, et que ce sentiment est raisonnable compte tenu de la situation de la victime. Le « moyen » doit être d'une nature et d'une ampleur suffisamment graves pour vicier le consentement de la victime.

L'efficacité des enquêtes et des poursuites dans les affaires de traite des personnes exige que les praticiens de la justice pénale se tiennent au courant des méthodes utilisées par les délinquants pour soumettre leurs victimes à l'un des actes énoncés dans la définition de la traite. Indépendamment du point de savoir si la notion d'abus d'une situation de vulnérabilité fait partie intégrante de la définition de la traite à l'échelle nationale, il est indispensable de faire en sorte que les praticiens comprennent comment une situation de vulnérabilité peut exister ou naître et comment il peut être fait abus d'une telle situation dans le cadre des infractions relatives à la traite.

2.7. L'offre pour obtenir le consentement d'une personne ayant l'autorité sur l'enfant

L'offre est la manifestation de volonté par laquelle l'agent propose un cadeau à une personne ayant l'autorité sur l'enfant, la conclusion d'une convention sur le recrutement, le transfert, le transport, l'hébergement, etc., des enfants. Ceci ne se conçoit que lorsque l'enfant à soumettre à l'exploitation est entre les mains d'une personne qui peut être un parent ou toute autre personne qui a autorité sur lui. Et pour obtenir l'enfant aux fins d'exploitation, l'auteur offre au parent quelque chose afin que celui-ci accepte de libérer l'enfant.

Ainsi, pour que l'offre soit considérée comme moyen de la traite, il faut que la personne qui a autorité sur l'enfant ait consenti au recrutement, au transfert, au transport, à l'hébergement, à l'accueil suite à l'offre qui lui a été présentée par l'auteur de l'un ou l'autre acte de la traite. Il faut que l'enquête révèle que l'acte de la traite a été accompli par son auteur parce que la personne qui a autorité sur l'enfant avait consenti à la suite d'une offre.

Nous pensons qu'il n'est pas nécessaire que la personne qui a autorité sur l'enfant sache que l'offre lui est présentée pour qu'elle puisse consentir et que l'enfant soit obtenu aux fins d'exploitation. Il suffit de prouver que l'enfant n'a été obtenu auprès de la personne qui a autorité sur lui que par l'offre que l'auteur lui avait présentée. C'est donc une relation qu'il faut établir pendant l'enquête. Cette offre ne sera pas considérée comme un acte de complicité mais comme un moyen utilisé par l'auteur pour commettre l'un ou l'autre acte de la traite.

2.8. L'acceptation de paiement ou d'avantages

Comme l'offre, l'acceptation du paiement ou des avantages est un moyen qui ne se conçoit que si l'enfant se trouve entre les mains d'une personne qui exerce sur lui l'autorité parentale de fait ou de droit. Le paiement, mis en rapport avec l'avantage, est numéraire. Tandis que l'avantage n'est pas numéraire, mais un bien, produit ou service servi. L'avantage, tout comme le paiement, doit être servi en contrepartie, c'est-à-dire en obtention du consentement de la personne qui a autorité sur l'enfant.

Pour être ainsi considéré comme moyen qui a servi à la traite (dans la diversité d'actes prévus à l'article), l'acception de paiement ou d'avantages doit être le moyen qui a milité pour que la personne ayant l'autorité sur l'enfant consente à le livrer à l'auteur de l'un ou l'autre acte.

Ici, l'auteur doit avoir connaissance en acceptant le paiement ou l'avantage quelconque qu'il transfère l'enfant aux fins d'exploitation.

C. Finalité de l'acte de la traite : aux fins d'exploitation

Il ressort du point 1 *in fine* de l'article 162 de la loi portant protection de l'enfant, que la traite d'enfants doit être faite *aux fins d'exploitation*. Le *Protocole*, tout comme la loi portant protection de l'enfant, ne donne pas lui-même de définition de l'exploitation, mais donne une liste non exhaustive des formes d'exploitation possibles. Au regard du *Protocole*, les formes d'exploitation possible sont l'exploitation sexuelle, le travail forcé, l'esclavage et les pratiques analogues à l'esclavage. Le *Protocole relatif à la traite des personnes* évite la tendance à limiter la définition de la traite des personnes aux seuls services sexuels et reconnaît au contraire toutes les formes de traite, y compris les différentes formes de travail forcé, la traite aux fins du prélèvement d'organes, et reconnaît également que tout le monde peut être une victime éventuelle de la traite, bien que les femmes et les enfants soient particulièrement vulnérables à ce phénomène (Office des Nations Unies contre la drogue et le crime, 2006 : xii).

Il découle toutefois du lexique des termes juridiques que « l'exploitation résulte de la mise à disposition de la victime, à l'auteur des faits incriminés ou à un tiers même non identifié, aux fins de lui faire subir la commission de certaines infractions : proxénétisme, agression ou atteinte sexuelles, réduction en servitude, prélèvement d'un de ses organes, exploitation de la mendicité, conditions de travail ou d'hébergement contraires à sa dignité ou, au contraire, de la contraindre à commettre tout crime ou délit » (Guinchard *et al.*, 2010 : 980).

De ce qui précède, le but de la traite (l'exploitation) peut prendre plusieurs formes. Les plus communes sont l'exploitation sexuelle, le travail forcé et l'esclavage domestique. Faute de cette finalité **d'***exploitation*, l'auteur ne pourra être poursuivi que pour enlèvement ou détention d'enfant, ou maintien de l'enfant à l'étranger.

L'exploitation comprend ainsi, au minimum, l'exploitation de la prostitution de l'enfant ou d'autres formes d'exploitation sexuelle, le travail ou les services forcés, l'esclavage ou les pratiques analogues à l'esclavage, la servitude ou le prélèvement d'organes.

Nous estimons que, bien que cet objectif n'ait pas nécessairement eu à se concrétiser, l'infraction existe par le seul fait du but d'exploitation poursuivi par l'auteur en recrutant, transportant, transférant, hébergeant, accueillant les enfants.

D. Élément moral

La traite des enfants est une infraction intentionnelle. Ainsi, l'élément moral de cette prévention est la volonté délibérée de l'auteur de recruter, de transporter, de transférer, d'héberger ou d'accueillir des enfants, par l'un ou l'autre moyen précité, aux fins d'exploitation. Comme pour toute infraction, si l'auteur l'a fait par contrainte, qu'il doit d'ailleurs prouver, c'est celle-ci qui effacera sa responsabilité pénale.

Quid du consentement de la victime ou de la personne exerçant l'autorité sur elle ?

L'une des questions principales qui se posent est de savoir si la victime a consenti à faire l'objet de la traite, auquel cas cela enlèverait le caractère infractionnel. Ou si la personne qui exerce l'autorité sur l'enfant a consenti.

Le *Protocole relatif à la traite des personnes* dispose que, aux fins de cette définition, le consentement de la victime est inopérant lorsque des moyens illicites ont été mis en œuvre. De ce fait, le Protocole reconnaît que l'exercice par la victime de son libre arbitre est souvent limité à cause du recours à la force, à la tromperie ou à l'abus de pouvoir. Le *Protocole* respecte la capacité des adultes à prendre des décisions en toute connaissance de cause sur leur vie, notamment en ce qui concerne le travail et la migration. Cela étant, le *Protocole relatif à la traite des personnes* exclut la possibilité d'invoquer le consentement lorsque des moyens illicites ont été utilisés pour obtenir ce consentement. Un enfant ne saurait donner son consentement à faire l'objet d'un trafic (ainsi que la traite) ; le *Protocole* exclut en effet la possibilité qu'il y ait eu consentement de la part d'une victime âgée de moins de 18 ans (Office des Nations Unies contre la drogue et le crime, 2006 : xvi), et ce, en vertu du litera c de l'article 3 du *Protocole relatif à la traite des personnes* qui dispose que le consentement et le recours ou non à des moyens illicites pour procéder à la traite n'interviennent en rien si la victime est un enfant de moins de 18 ans.

Le consentement, par l'acceptation de paiement ou d'avantages à la suite de l'offre, de la personne qui a autorité de fait ou de droit sur l'enfant est considéré par le législateur comme moyen qui a accompagné la traite. Ainsi, le consentement par l'acceptation de paiement ou d'avantages rend la personne qui a autorité sur l'enfant l'auteur de la traite d'enfants par le transfert avec comme moyen l'acceptation de paiements ou d'avantages pourvu que celle-ci connaisse que c'est aux fins d'exploitation qu'elle cède l'enfant.

Dans bien des cas de traite des personnes, il y a consentement ou coopération initiale entre victimes et trafiquants, cédant ensuite la place à la coercition, à la violence ou à l'exploitation. L'alinéa b de la définition dit clairement que le consentement est annulé chaque fois que l'un des moyens incriminés est utilisé. Le consentement de la victime peut être invoqué comme moyen de défense en droit interne, mais dès que des procédés tels que les menaces, la coercition ou l'usage de la force ou l'abus de pouvoir sont établis, le consentement devient nul et les défenses invoquant le consentement sont impossibles. Dans la plupart des systèmes de justice pénale, le procureur invoquerait l'illicéité des moyens utilisés et le conseil de la défense invoquerait le consentement de la victime, et ce serait au tribunal d'évaluer d'abord la valeur des arguments du procureur puis celle des arguments invoqués par la défense (Office des Nations Unies contre la drogue et le crime, 2006 : xviii).

§ 2. Vente d'enfants

Il convient de rappeler qu'aux termes de l'article 162, point 2, la *vente d'enfants* est tout acte ou toute transaction faisant intervenir le transfert d'enfants de toute personne ou de tout groupe de personnes à un autre groupe contre rémunération ou tout autre avantage. Cette définition légale n'est pas différente de celle du *Protocole facultatif à la Convention relative aux droits de l'enfant*, concernant la vente d'enfants, la prostitution des enfants et la pornographie mettant en scène des enfants. Aux fins du présent *Protocole*, on entend par vente d'enfants tout acte ou toute transaction en vertu desquels un enfant est remis par toute personne ou tout groupe de personnes à une autre personne ou à un autre groupe contre rémunération ou tout autre avantage (article 2, litera a) du Protocole).

Il ressort tant de la définition légale que du Protocole que la vente d'enfants s'attaque au comportement de ceux qui font commerce des êtres humains, contrairement à la traite d'enfants qui réprime les actes d'exploitation. De cette définition, il y a lieu de dégager les éléments qui constituent la prévention de la vente d'enfants.

A. Actes matériels

Il ressort du point 2 de l'article 162 de la loi portant protection de l'enfant que les actes matériels de la vente d'enfants consistent, d'une part, en l'acte de transfert d'enfant et, d'autre part, en toute transaction faisant intervenir l'enfant contre rémunération ou tout autre avantage. Ces deux actes méritent une explicitation à la lumière du *Protocole* relatif à la matière.

Tout acte faisant intervenir le transfert d'enfant dans le cadre de la vente d'enfants peut se matérialiser par le fait d'offrir, de remettre ou d'accepter un enfant, quel que soit le moyen utilisé. Aussi, le fait d'obtenir indûment, en tant qu'intermédiaire, le consentement à l'adoption d'un enfant, en violation des instruments juridiques internationaux relatifs à l'adoption (article 3 du *Protocole*) constitue un acte de transfert.

« Toute transaction faisant intervenir le transfert d'enfant » est une expression que le droit international n'a pas explicitée tout comme la loi nationale. Mais nous pouvons comprendre la transaction comme un accord conclu en vue d'obtenir le consentement du transfert d'un enfant en contrepartie d'une rémunération ou de toute autre forme d'avantage.

Ainsi constitue un acte de transaction, comme le prévoient la loi burkinabaise (loi n° 011-2014/AN) ainsi que le Protocole facultatif à la Convention relative aux droits de l'enfant, concernant la vente d'enfants, la prostitution des enfants et la pornographie mettant en scène des enfants, le fait d'obtenir indûment, en tant qu'intermédiaire, le consentement à l'adoption d'un enfant en contrepartie d'une rémunération ou de toute autre forme d'avantage.

Les actes matériels doivent être commis dans le but de remettre l'enfant à un autre groupe contre rémunération ou tout autre avantage. C'est-à-dire que l'enfant doit passer d'une personne à une autre ou d'un groupe à un autre, soit une personne à un groupe ou d'un groupe à une personne contre rémunération ou tout autre avantage. La rémunération doit être entendue comme un prix obtenu contre l'offre ou la remise de l'enfant à son acquéreur. Cependant, l'avantage peut prendre diverses formes, comme un profit. Il peut être ainsi le fait de donner l'enfant contre embauche ou contre obtention du visa de séjour. Ainsi, le cédant et le recevant commettent tous au même titre d'auteurs l'infraction de la vente d'enfants. C'est dire que, dans la vente d'enfants, comme elle implique la présence de deux parties, les intervenants aux opérations de transaction commettent l'infraction comme auteurs.

Aux termes de l'article 162, point 2, de la loi portant protection de l'enfant ainsi que du *Protocole* facultatif à la Convention relative aux droits de l'enfant, concernant la vente d'enfants, la prostitution des enfants et la pornographie mettant en scène des enfants, l'auteur de l'acte matériel peut être une personne ou un groupe de personnes. Un groupe de personnes devient ainsi une personne morale qui peut être de fait ou de droit. Il n'est pas nécessaire que l'auteur de l'acte soit une personne qui exerce une autorité sur l'enfant.

B. Élément moral

La vente d'enfants est une infraction intentionnelle. C'est dire que l'auteur doit avoir commis volontairement tout acte ou toute transaction faisant intervenir le transfert d'enfants de toute personne à un autre groupe contre rémunération ou tout autre avantage. C'est ainsi la volonté de l'auteur de porter atteinte à l'honneur et à la liberté individuelle de l'enfant en voulant le chosifier.

Cette volonté peut se présumer par le versement de la rémunération par l'auteur ou par le fait de faire bénéficier l'avantage à la personne qui a la charge de l'enfant qu'on veut obtenir ; ainsi que par l'acceptation de la rémunération ou de tout autre avantage dans le but de transférer l'enfant vers une autre personne ou vers un autre groupe de personnes.

§ 3. Régime répressif

La traite ou la vente d'enfants est punie de dix à vingt ans de servitude pénale principale et d'une amende de cinq cent mille à un million de francs congolais (article 162, alinéa 1er LPPE).

Au regard de l'article 24, point 3, du Code pénal, Livre 1er, et du taux de la peine, l'action publique née de la traite ou de la vente d'enfants doit se prescrire après dix ans révolus. Cette prescription ne court toutefois pas tant que l'enfant se trouve encore dans l'état de la traite ou de la vente. Ces infractions doivent être considérées comme les infractions continues dont la prescription commence à courir au moment où cesse l'état délictueux.

§ 4. Distinction entre traite et vente d'enfants

Dans la traite comme dans la vente d'enfants, il s'agit de transporter des êtres humains pour en tirer un avantage. Cependant, en ce qui concerne la traite, deux éléments supplémentaires au-delà du simple trafic doivent être présents : il faut tout d'abord qu'il y ait eu un moyen malhonnête de recruter les personnes visées : coercition, tromperie ou une forme quelconque d'abus d'autorité ; ensuite, l'activité doit répondre à une finalité d'exploitation, bien que cet objectif n'ait pas nécessairement eu à se concrétiser.

Dans le cas de la traite des personnes, la principale source de revenus pour les délinquants et leur motivation économique se situe dans les bénéfices tirés de l'exploitation des victimes, qu'il s'agisse de prostitution ou de travail forcé ou d'autres formes d'exploitation. En ce qui concerne la vente, c'est la somme versée ou l'avantage qui constitue la principale source de revenus. La traite, comme la vente d'enfants, peut être de nature transnationale ou non.

La traite et la vente d'enfants sont des crimes distincts, mais ils constituent des problèmes qui se chevauchent. Concrètement, les affaires visées peuvent revêtir des éléments constitutifs des deux infractions, mais également osciller de l'un à l'autre.

CHAPITRE III

LES ATTEINTES À LA PROPRIÉTÉ OU AU PATRIMOINE DE L'ENFANT

Constatant que plusieurs enfants sont victimes d'abus portant atteinte à leur propriété ou leur patrimoine, de la part surtout des adultes, le législateur n'a pas voulu qu'ils soient seulement protégés par les dispositions du Code pénal qui semblent moins sévères. Il a aussi inséré dans la loi portant protection de l'enfant certaines dispositions pénales qui protègent la propriété ou le patrimoine de l'enfant. Le débat au Parlement visait surtout à protéger l'enfant contre la dépossession dont il était souvent victime lors de l'héritage. C'est ainsi que ce chapitre regroupe les infractions relatives aux atteintes à la propriété ou au patrimoine de l'enfant. Il s'agit de : vol d'un bien appartenant à un enfant ; vol d'un bien d'un enfant à l'aide de violences ou de menaces ; destruction méchante des biens d'un enfant ; stellionat au préjudice d'un enfant ; escroquerie au préjudice d'un enfant et abus de confiance au préjudice d'un enfant. Comme pour toutes les autres infractions, la victime doit être une personne âgée de moins de dix-huit ans, c'est-à-dire un enfant au sens juridique et non sociologique.

Section 1. Vol d'un bien appartenant à un enfant

Vue générale. La loi portant protection de l'enfant ne nomme pas la prévention prévue à son article 163 « vol d'un bien appartenant à un enfant ». Si nous la nommons ainsi et comme tout juriste peut l'appeler, c'est parce que cet article dispose que « quiconque soustrait frauduleusement un bien [...] ». C'est de cette même manière, « quiconque soustrait frauduleusement », que dispose le Code pénal, Livre II, à son article 79 et qu'il qualifie l'auteur de la soustraction frauduleuse coupable de vol. C'est ainsi que cela nous a influencé à nommer cette prévention prévue à l'article 163 « vol d'un bien appartenant à un enfant ».

Le vol en soi est la soustraction frauduleuse de la chose d'autrui qui doit s'entendre comme le fait pour un individu de s'emparer d'un objet mobilier appartenant à un tiers et de se comporter comme s'il en était le propriétaire (Guinchard *et al.*, 2015 : 1028). Ainsi, dans le cadre de la loi portant protection de l'enfant, c'est la soustraction frauduleuse d'un bien qu'on sait appartenir à un enfant, et le fait pour un individu de s'emparer d'un objet mobilier appartenant à un enfant et de se comporter comme s'il en était le propriétaire.

§ 1. Base légale

L'article 163 de la loi portant protection de l'enfant constitue la base légale du vol d'un bien appartenant à un enfant. Cependant, à la lecture de cette disposition qui dispose : « Quiconque soustrait frauduleusement un bien qu'il sait appartenir à un enfant est puni conformément à la loi », il y a lieu de dire qu'il y a dualité du régime. Selon la loi portant protection de l'enfant, la prévention et la répression sont prévues par un autre texte. Nous y reviendrons en détail au point relatif au régime répressif de la prévention après examen des éléments constitutifs.

§ 2. Éléments constitutifs

De la définition succincte, « le vol est la soustraction frauduleuse d'un bien qu'on sait appartenir à un enfant », il se dégage – comme dans le droit pénal spécial commun – les éléments suivants : un objet (un bien) du vol, une soustraction et une intention. L'examen de ces éléments commencera par l'analyse de l'objet et se poursuivra par les autres éléments : soustraction et intention (l'élément moral). Cette présentation paraîtra à certains inhabituelle, car la plupart des auteurs commencent par l'acte de soustraction. Nous pensons qu'il convient de préciser d'abord la nature du bien susceptible de vol pour ensuite examiner les autres éléments.

A. Objet du vol

Le législateur de la loi portant protection de l'enfant n'a pas usé du terme « chose », qui est celui employé dans le Code pénal (article 79). Il a voulu éviter les critiques que la doctrine porte sur le terme « chose » et a préféré employer le concept de « bien ». Ainsi, l'objet du vol est un bien appartenant à un enfant.

1. Un bien

Un bien, au sens large, est un objet susceptible de désirs ou de besoins individuels des personnes, pouvant être satisfaits. Au sens juridique, écrivent Guinchard *et al.* (2015 : 124), le terme recouvre, d'une part, toute chose, caractérisée par sa rareté, dont l'utilité justifie son appropriation (qu'elle soit corporelle ou incorporelle) et, d'autre part, tout droit subjectif (réel ou personnel). Ainsi, le terme « bien » comprend les biens immeubles ou réels et les biens meubles ou personnels de tous genres, ainsi que les actes et instruments concernant ou constatant le titre ou droit à des biens, ou conférant le droit de recouvrer ou de recevoir de l'argent ou des marchandises (Millet, 1965 : 28).

Bien que le législateur ait employé le terme « bien » à la place de « chose », la confusion n'est pas dissipée. Le déterminatif (mobilier) devrait accompagner le terme « bien » du fait qu'il ressort de ce qui vient d'être dit précédemment qu'il y a le bien meuble et immeuble. Toutefois, nous devons concéder à cette omission que la soustraction ne se conçoit que sur le bien déplaçable, qu'on peut rendre amovible, qu'on fait en sorte qu'il se déplace.

En nous référant à la doctrine existante (Mineur, 1953 : 193 ; Likulia Bolongo, 1985 : 379-381 ; Véron, 1999 : 196-198 ; Pradel et Danti-Juan, 2010 : 492-495), l'unanimité se dégage pour dire que le bien visé par la loi est toute chose mobilière corporelle. Toutefois, il y a lieu de signaler qu'il y a une émergence de la nouvelle *théorie de dématérialisation de l'objet du vol* (nous y reviendrons dans les lignes qui suivent).

Ainsi, toute chose corporelle mobilière peut faire l'objet d'un vol. On peut en ce sens voler les choses les plus diverses de l'enfant, soit en l'occurrence les jouets, les objets scolaires, les vêtements, les souliers, les animaux, etc. Il s'agit donc de tout bien corporel mobilier inanimé ou animé (comme un animal).

Rappelons que la doctrine a déjà résolu la question de la fiction du droit civil sur la distinction de bien en bien immeuble par incorporation, par destination, ou par nature. La division des biens en meubles et immeubles, écrit Georges Mineur (1953 : 193) est sans application en cette matière. Un immeuble par destination violemment détaché devient meuble et est susceptible de soustraction. Il en est ainsi, continue l'auteur, s'il s'agit d'une tapisserie ou d'une récolte, du charbon d'une mine, des portes d'une maison, etc. Les biens visés par la loi sont « les choses que l'on peut déplacer » (Chambre criminelle, 27 février 1966, *Bull.*, n° 96, note de Véron, 1999 : 196).

La question qui peut venir à l'esprit est de savoir si un bien sans valeur peut être pris en considération. Le souci du législateur est de protéger la propriété patrimoniale de l'enfant. La question de la valeur est inopportune pour qualifier le bien. C'est ainsi que Pradel et Danti-Juan (2010 : 493) notent qu'« il importe peu que la chose soit dépourvue de toute valeur marchande ou juridique ». Et Véron (1999 : 196) de préciser : « il n'y a pas à se préoccuper du point de savoir si la chose soustraite a une valeur patrimoniale ou sert à constater un droit ».

S'agissant de la *théorie de dématérialisation de l'objet du vol* (comme les données informatiques ou les applications ou logiciels de jeux), les auteurs qui abordent cette théorie sont nuancés. Pour Véron, les meubles incorporels ou droits mobiliers, s'ils ne peuvent faire l'objet d'une appréhension directe, la soustraction peut porter sur le meuble corporel qui leur sert de support matériel : manuscrit, plan, document, bande magnétique, disquette informatique (Chambre criminelle, 1er mars 1989, *Gaz. Pal.*, 1989, note de Véron, 1999 : 196). Ce point de vue de la doctrine, au vu de certains arrêts, se fonde sur le fait que les biens immatériels sont de meubles incorporels et affirme que le vol ne pourrait porter sur une information seule, séparée de son support matériel (Lucas De Leyssac, 1985, cité par Pradel et Danti-Juan, 2010 : 494).

Toutefois, il a été jugé, par la Chambre criminelle (4 mars 2008, Droit pénal, 2008) qu'« il y a vol lorsque la personne poursuivie copie sur un support matériel le contenu informationnel des fichiers informatiques ». L'intérêt de cet arrêt, écrivent Pradel et Danti-Juan (2010 : 495), est qu'en l'espèce « aucun support n'a été soustrait, l'agent s'accaparant le contenu des fichiers informatiques sans manipulation du contenant... sans déplacement de la source des informations », avait commis le vol.

On admet ainsi que les biens visés sont les choses corporelles mobilières, les meubles incorporels tels que les écrits des ouvrages constituant un droit intellectuel, des disques et bandes contenant des chansons (Elis, 22 février 1944, *Rev. jur.*, 1944, p. 133, note de Likulia Bolongo, 1985 : 380) et dans une certaine mesure les informations en tant que telles. Ne sont donc pas concernés les immeubles, sauf une partie détachable de l'ensemble de l'immeuble ; dans ce cas, le vol se conçoit par exemple sur les tuiles d'un toit, du sable d'une carrière, des pierres détachées du sol (Chambre criminelle, 27 avril 1866, note de Pradel et Danti-Juan, 2010 : 493).

Dans la même logique de la théorie de la dématérialisation de l'objet du vol, la jurisprudence congolaise, comme ailleurs, soutient aussi qu'il y a vol d'eau et vol d'électricité (Élis., 27 février 1940, *Rev. jur.*, 1943, p. 103, note de Likulia, 1985 : 381). La Cour de cassation a aussi qualifié de vol le « branchement clandestin » après coupure du courant (Chambre criminelle, 12 décembre 1984, *Bull.*, n° 403, note de Véron, 1999 : 198).

Après analyse du bien susceptible de vol, il est important d'examiner sa nature en termes d'appartenance.

2. Un bien appartenant à l'enfant

Pour que l'article 163 de la loi portant protection de l'enfant puisse s'appliquer, le bien volé doit appartenir à un enfant. Si le bien n'est pas une propriété de l'enfant, c'est le droit commun, le Code pénal, qui s'applique. Il ressort aussi de cette même disposition l'une des plus importantes conditions du vol d'un bien d'un enfant : le bien ne doit pas appartenir à l'auteur de la soustraction. Il y a ainsi lieu d'établir « que la chose n'appartenait pas à celui qui l'a soustraite » (Véron, 1999 : 198). Et cela impose qu'on connaisse avec précision l'identité du véritable propriétaire afin de dégager la minorité d'âge. Pour certains biens, l'identité peut être exigée ; pour d'autres, par contre, la nature du bien volé peut la déterminer. Mais cela ne peut être dans tous les cas. Nous y reviendrons à propos de l'élément intentionnel. Il y a un danger pour la qualification de la prévention si nous nous tenons à la position selon laquelle « le vol existe, même si l'identité du propriétaire de la chose soustraite n'est pas connue » (Cass., 29 mai 1943, note de Mineur, 1953 : 190).

Comme le bien doit appartenir à un enfant, il convient d'examiner trois cas de figure qu'il faut appréhender pour affirmer que le bien n'appartient pas à l'auteur du vol. Nous allons, à ce sujet, nous référer à Jean Pradel et Michel Danti-Juan (2010 : 496-497). Il s'agit des trois cas suivants : la chose appartient encore au « voleur » ; la chose appartient partiellement au voleur ; la chose n'appartient plus au voleur.

– La chose *appartient encore au « voleur »*, mais se trouve entre les mains de l'enfant. Si le « voleur » récupère ce qui est sa chose, il ne commet évidemment pas de vol. C'est le cas de l'agent qui laisse entre les mains de l'enfant un jouet et le récupère ensuite, même contre la volonté de l'enfant. Il est ainsi nécessaire de prouver que le « voleur » n'a pas encore aliéné son droit sur le bien et que celui-ci reste sa propriété. C'est-à-dire qu'il n'y avait pas une affectation spéciale dépossédant l'agent du droit sur la chose.

C'est dans ce sens que la Cour de cassation belge avait pris un arrêt du 30 septembre 1935 qui se résume comme suit : « constitue un vol, le fait de soustraire frauduleusement une chose à un tiers qui la possède, avec toutes les conditions requises pour bénéficier de la disposition de l'article 2279 du Code civil belge, aux termes duquel en fait de meubles, possession vaut titre, à moins qu'il soit établi que la chose possédée serait entrée en la possession du tiers, à la suite d'une perte ou d'un vol » (Mineur, 1953 : 193).

– La chose *appartient partiellement au voleur.* Il y a vol pour la partie de cette chose qui ne lui appartient pas. Celui qui, par exemple, soustrait un objet indivis commet un vol au préjudice de l'enfant co-indivisaire. Ici, nous voulons dire que le fait pour un cohéritier de soustraire frauduleusement un bien qui est encore dans l'indivision, et que parmi les héritiers il y a les enfants, il commet le vol d'un bien appartenant à un enfant dans l'hypothèse d'une appartenance partielle. C'est dans cet ordre d'idées que Likulia Bolongo (1985 : 382), faisant appel à la jurisprudence, écrit qu'« ainsi sera poursuivi pour vol le cohéritier qui s'empare de la totalité de la chose reçue en héritage. Il en est ainsi aussi de la soustraction des choses indivises par l'un des copropriétaires ou coassociés ». Ceci renforce la position selon laquelle, si les choses soustraites appartiennent en commun à l'auteur de la soustraction et à des tiers [les enfants], il y a néanmoins vol : succession indivise, copropriété. Ainsi, celui qui dispose en totalité des choses communes ou indivises dispose d'une fraction des choses qui ne lui appartiennent pas (Véron, 1999 : 199).

– La chose *n'appartient plus au voleur.* Tel est le cas de l'agent qui, après avoir vendu à crédit (ou à tempérament) un objet, alors que la vente était parfaite, s'introduit de force au domicile de l'acheteur pour reprendre cet objet déjà vendu, les dernières traites étant restées impayées (Pradel et Danti-Juan, 2010 : 497). Ceci veut dire que, lorsque l'agent a déjà disposé de sa chose ou qu'il l'a aliénée mais que l'acquéreur ne s'est pas acquitté du prix et revient la soustraire sous prétexte qu'il n'a pas été désintéressé, il commet le vol.

Face à ce qui vient d'être dit sur l'appartenance de la chose, un revirement jurisprudentiel s'impose. Ces positions jurisprudentielles, ci-après, ne tiennent plus : ne se rend pas coupable de vol celui qui s'approprie une chose appartenant à son débiteur pour se rembourser et se faire justice lui-même (Boma, 19 septembre 1911, *Jur. Congo*, 192, note de Strouvens et Piron, 1948 : 352) ni le créancier qui s'empare de la chose de son débiteur en acompte sur le paiement de la créance (Élis., 25 mai 1943, *R.J.C.B.*, 1943).

B. Acte de soustraction

Pour Jean Pradel et Michel Danti-Juan (2010 : 497-498), la soustraction, interprétée strictement, supposait l'enlèvement de la chose : la soustraction était matérielle. Aujourd'hui, la remise de la chose, par la victime, n'exclut pas la soustraction : la soustraction devient juridique et, en quelque sorte, se dématérialise. Cette conception de la remise comme soustraction ne peut tenir en droit congolais du fait que la remise par la victime est un élément qui distingue le vol de l'extorsion. Toutefois, la dématérialisation de la soustraction qui implique l'enlèvement de la chose tient par rapport à l'examen des biens qui sont susceptibles de vol.

Par contre, pour Georges Mineur (1953 : 188), qui demeure dans la conception matérialiste, la soustraction suppose une appréhension, un déplacement qui est le fait de l'auteur du vol. La remise volontaire d'une chose ne rentre pas dans les prévisions légales. Comme la soustraction demeure une appréhension, un déplacement ou un enlèvement, il n'est pas nécessaire, pour qu'il y ait soustraction frauduleuse, que l'auteur du vol se soit éloigné de la chose volée, le fait de s'être emparé de la chose [...] constitue le vol.

Pour être considérée, la soustraction qui suppose le fait pour l'agent d'avoir appréhendé, déplacé ou enlevé la chose doit se faire sans le consentement de l'enfant. La fiction selon laquelle « l'enfant n'a pas un consentement libre et éclairé » doit être maniée soigneusement. La qualification du vol sera retenue « lorsque le prévenu profite de la situation pour se faire remettre des choses par une personne dont le consentement n'est pas totalement conscient [libre et éclairé] soit parce que, trop jeune, elle agit sans discernement, soit parce que ses facultés intellectuelles ou mentales sont altérées par l'âge » (Véron, 1999 : 194). Il y a dans ce cas une remise involontaire de la chose. Mais, le consentement obtenu de l'enfant pour le soustraire (compris dans le sens de la remise) peut conduire à retenir une autre prévention que celle du vol d'un bien d'enfant.

Ainsi, la soustraction doit être frauduleuse, étant donné que l'assentiment du propriétaire enlève automatiquement à la soustraction son caractère frauduleux ; il en est de même si le prévenu a pu vraisemblablement supposer que le propriétaire, le détenteur ou le gardien, consentait à l'enlèvement (Boma, 4 décembre 1900, 26 mars 1901, *Jur. État*, I, pp. 109-120, note de Mineur, 1953 : 190).

La soustraction est constituée lorsque la chose passe de la possession du légitime détenteur dans celle de l'auteur sans le gré de l'enfant. Diverses manières peuvent ainsi expliciter le concept de « soustraction ». La soustraction est le fait de prendre, de subtiliser, de dissimuler, d'enlever, d'appréhender, de ravir le bien appartenant à un enfant. C'est dans ce sens que Véron (1999 : 193) dit qu'on entend par soustraction le fait de déplacer matériellement la chose, c'est-à-dire de la « prendre ou de l'enlever », de la déplacer à l'insu ou contre le gré de son légitime propriétaire ou possesseur. Par conséquent, il n'y a pas soustraction, parce qu'il n'y a pas déplacement, lorsque la chose a fait l'objet d'une remise volontaire de la part de son propriétaire.

Le vol étant constitué par la soustraction et non par la détention de la chose d'autrui, il faudrait en conclure que cette infraction est consommée dès que le coupable s'est mis en possession de la chose d'autrui. Mais, fait remarquer Garraud, il peut être difficile de déterminer à quel moment précis l'enlèvement est terminé (Mineur, 1953 : 192). Nous pensons que, lorsque le moment devient difficile à déterminer, il y a lieu de recourir à l'article 4 du Code pénal, Livre 1er, relatif à la tentative punissable du fait que Mineur pense que « sans doute, le délit est terminé dès que la soustraction est achevée ».

Nous pensons qu'il n'est pas nécessaire, au moment de la soustraction, que les biens se trouvent entre les mains de l'enfant. Il suffit de prouver que le bien appartient à un enfant. D'où l'intérêt d'examiner l'élément moral ou l'intention de l'auteur.

C. Intention

Il découle de l'article 163 sous examen que l'intention est double. Il y a, d'une part, l'intention frauduleuse et, d'autre part, la connaissance par l'auteur que le bien appartient à l'enfant.

En principe, note Véron (1999 : 199), il ne suffit donc pas d'établir que l'auteur de la soustraction a agi volontairement ou sciemment contre le gré ou à l'insu du propriétaire ou du possesseur – dol général[5] – mais en outre qu'il avait l'intention de se comporter en propriétaire de la chose soustraite – dol spécial. Il y a ainsi vol lorsque l'appropriation a lieu dans des circonstances telles qu'elle révèle l'intention de se comporter, même momentanément, en propriétaire (Chambre criminelle, 19 février 1959, *D*, 1959 : 331, note de Véron, 1999 : 200). C'est ainsi que, pour cet auteur, l'intention frauduleuse doit être appréciée au moment même où s'accomplit l'acte de soustraction. Les événements postérieurs sont sans incidence sur cette intention et ne constituent qu'un « repentir actif » qui n'affecte pas l'infraction : voleur pris de remords ou qui se sent découvert et qui restitue les choses soustraites.

La position précédente semble être en opposition avec celle qui considère que « la soustraction de la chose d'autrui [n'est] constitutive du délit de vol que si elle a été accompagnée de l'intention de s'approprier définitivement de la chose d'autrui ». On ne peut considérer comme vol le fait d'enlever une voiture automobile sur la voie publique pour s'en servir momentanément et l'y abandonner après quelques heures d'usage. Par contre, l'intention de déposséder le propriétaire de l'essence et de l'huile consommées pendant l'utilisation de la voiture enlevée, ainsi que le fait matériel de leur soustraction résultent de l'usage même qui en fut fait (Élis.,

---

[5] On sait que, selon la théorie générale du droit pénal, le dol général est la volonté de commettre un acte interdit (et que l'on est présumé savoir être interdit).

13 novembre 1937, *R.J.C.B.*, 1938, 128, note de Strouvens et Piron, 1948 : 119). Il en va également dans ce sens avec ceux qui considèrent que, pour qu'il y ait vol, il importe peu que l'auteur de la soustraction ait eu ou non l'intention de profiter de la chose d'autrui, il suffit qu'il ait eu celle d'en priver le propriétaire (Léo., 17 septembre 1940, *R.J.C.B.*, 1941, p. 103, note de Strouvens et Piron, 1948 : 119).

Au regard de ce qui vient d'être dit de l'intention frauduleuse, deux positions se dégagent. L'une considère que l'intention frauduleuse de priver la propriété peut être momentanée et, pour l'autre, l'intention de s'approprier définitivement la chose d'autrui est celle qui cristallise l'infraction.

En effet, il a été jugé que « le dol spécial de toutes les infractions contre les propriétés est constitué par l'intention de s'approprier injustement le bien d'autrui » (Boma, 14 mars et 8 avril 1911, *Jur. Congo*, 1912 : 43, note de Strouvens et Piron, 1948 : 119), même si cette appropriation injuste est momentanée ou définitive. C'est dans ce sens qu'il a été décidé « qu'il y a vol lorsque l'appréhension a lieu dans les circonstances telles qu'elle révèle l'intention de se comporter, même momentanément en propriétaire, et revêt ainsi les caractères de la soustraction frauduleuse » (Pradel et Danti-Juan, 2010 : 506). L'intention frauduleuse se prouve par le comportement qu'adopte l'agent face au bien de l'enfant en en usant suivant les attributs reconnus au propriétaire.

Cette intention frauduleuse ne suffit pas à elle seule pour appliquer l'article 163 de la loi portant protection de l'enfant. Il faut encore que l'auteur ait eu la connaissance que le bien qu'il soustrait frauduleusement appartient à un enfant.

Cette connaissance peut se déduire par la nature du bien frauduleusement soustrait. C'est le cas d'une personne qui entre dans la maison et soustrait frauduleusement une trotteuse. L'auteur doit avoir connu qu'il s'agit d'un bien appartenant à un enfant, car un adulte ne peut user d'une trotteuse.

Ainsi donc, l'intention frauduleuse est de s'approprier injustement, momentanément ou définitivement, un bien que l'on sait appartenir à un enfant.

§ 3. Régime répressif

L'article 163 de la loi portant protection de l'enfant dispose que : « quiconque soustrait frauduleusement un bien qu'il sait appartenir à un enfant est puni conformément à la loi », sans déterminer la loi applicable à l'égard de l'auteur. Il faut ainsi recourir à d'autres dispositions légales hors la loi portant protection de l'enfant pour réprimer l'auteur des faits qualifiés de vol dont la victime est un enfant. Il y a d'abord les articles 80, 81 et 82 du Code pénal, Livre II, qui répriment le vol. On exclura toutefois de recourir à l'article 82 étant donné que la loi portant protection de l'enfant a, à son article 164, prévu la peine pour le vol d'un bien d'un enfant commis à l'aide de menaces ou violences. Ainsi, l'article 163 de la loi portant protection de l'enfant ne sera pas combiné avec l'article 82 du Code pénal, Livre II, pour la répression du vol d'un bien d'un enfant.

Il est de bon droit de recourir au Code pénal, Livre II, pour réprimer le vol d'un bien qu'on sait appartenir à un enfant. Dans ce cas, pour qualifier et punir ce vol, on dira « vol d'un bien d'un enfant, prévu et puni par les articles 163 de la loi n° 09/001 du 10 janvier 2009 et 80 du Code pénal, Livre II ». Au cas où le vol est accompagné de circonstances aggravantes, autres que les violences ou de menaces prévues à l'article 164 de la loi portant protection de l'enfant, l'auteur sera puni en vertu de dispositions du Code pénal qui l'aggravent, tout en associant l'article 163 qui le prévoit sans déterminer la peine.

Il peut arriver que les biens volés soient des substances minérales appartenant à un enfant ou qui sont encore dans l'indivision ou dans la copropriété avec un enfant. Nous estimons qu'il faut recourir à l'article 300 du Code minier. Cet article dispose : « quiconque se rend coupable de vol ou de recel des substances minérales sera puni, sans préjudice des dispositions particulières en matière des substances précieuses et de celles prévues par le Code pénal, d'une amende dont le montant en francs congolais est l'équivalent de 5 000 à 20 000 dollars américains ».

Il est impérieux d'examiner chaque cas d'espèce pour savoir quelle disposition il faut mobiliser pour punir l'auteur du vol d'un bien appartenant à un enfant.

Section 2. Vol d'un bien d'un enfant à l'aide de violences ou de menaces

Vue générale. L'article 164 de la loi portant protection de l'enfant prévoit les circonstances qui aggravent le vol d'un bien d'un enfant. Il s'agit de la violence ou de la (des) menace(s) que l'auteur aurait employées pour voler le bien d'un enfant. Cette prévention ne se distingue de la précédente que sur le moyen employé par l'auteur.

§ 1. Base légale

Le vol d'un bien d'un enfant à l'aide de violences ou menaces est prévu à l'article 164 de la loi portant protection de l'enfant qui dispose que « si le vol a été commis à l'aide de violences ou de menaces, l'auteur est puni de dix à vingt ans de servitude pénale principale et d'une amende de cinq cent mille à un million de francs congolais ».

§ 2. Éléments constitutifs

Les éléments constitutifs du vol d'un bien appartenant à un enfant à l'aide de violences sont les mêmes que ceux du vol d'un bien d'un enfant. Cependant, pour cette prévention, le législateur a prévu des circonstances aggravantes qui la distinguent ou la différencient de la première. Il s'agit des violences ou des menaces. Ainsi n'allons-nous pas examiner les éléments qui ont été développés à la prévention précédente ; l'examen des éléments constitutifs ne portera que sur les circonstances aggravantes qui sont les violences et les menaces.

A. La violence

En droit civil, la violence est un fait de nature à inspirer une crainte telle que la victime donne son consentement à un acte que, sans cela, elle n'aurait pas accepté. En droit pénal, par contre, c'est un terme générique qui, dans le Code pénal, désigne l'ensemble des infractions constituant une atteinte à l'intégrité des personnes. Les violences peuvent être physiques ou psychologiques. Selon la jurisprudence, écrivent Guinchard *et al.* (2015 : 1024-1025), la violence psychologique est tout acte qui, en dehors de tout contact avec le corps de la victime, est de nature à provoquer un choc émotif. Il découle ainsi de cette position jurisprudentielle que les violences physiques sont celles qui impliquent le contact direct entre l'auteur des faits et l'enfant victime. Les deux sens de la violence doivent être considérés comme constituant une circonstance aggravante.

Il a été jugé que « ne commet pas le vol avec violences celui qui coupe les cordons du sac contenant la somme d'argent volée » (1re inst. RU., 10 janvier 1952, *R.J.C.B.*, p. 124), « mais celui qui menace d'exercer les sévices sur les enfants de la victime » (Conseil de guerre, 6 mai 1966, inédit, note de Katwala Kaba Kashala, 1995 : 53).

B. La menace

La menace est l'expression d'un projet nuisible par atteinte aux personnes ou aux biens. C'est, par exemple, le fait de dire à un enfant que, s'il s'oppose à la soustraction de son bien, on tuera ses parents ou bien ils seront enlevés.

La menace consiste, en outre, dans l'annonce d'un mal imminent de nature à troubler ou à impressionner la personne qui en est l'objet, s'identifiant ainsi à une violence morale. Likulia Bolongo (1985 : 172) ajoute que la menace peut être faite par parole, par geste ou en termes quelconques même déguisés. Elle peut être adressée directement à la victime ou par l'intermédiaire d'une tierce personne, et il suffit alors que cette menace ait été dans l'esprit de l'auteur destinée à prévenir la victime, même s'il n'est pas établi que celle-ci en a eu effectivement connaissance.

C. Le champ d'application de la circonstance aggravante

Cette circonstance aggravante est applicable à tous ceux qui ont coopéré à l'infraction, même s'il est établi que certains d'entre eux n'ont pas pris part aux violences exercées (Boma, 24 octobre 1911, *Jur. Congo*, 1913 : 24, note de Likulia Bolongo, 1985 : 399).

Les questions qui reviennent sont celles de savoir : le bien volé doit-il appartenir à un enfant et se trouver entre ses mains, ou encore le bien volé appartient-il à une personne majeure, mais se trouvait entre les mains de l'enfant ou bien enfin, le contraire ? Pour dire, dans quelle hypothèse l'article 164 sera-t-il d'application ? Est-ce que le bien doit appartenir à l'enfant et l'auteur doit-il le soustraire avec violences ou menaces pour que cet article puisse s'appliquer ? L'appartenance d'un bien à un enfant suffit-elle pour que les violences ou les menaces soient considérées comme les circonstances aggravantes du vol d'un bien d'un enfant, même si ce bien se trouvait entre les mains d'une personne majeure ?

L'article 164 de la loi portant protection de l'enfant est classé dans la catégorie des atteintes à la propriété ou au patrimoine de l'enfant. C'est donc la propriété ou le patrimoine de l'enfant qui est protégé. La raison d'être de la loi est de protéger non seulement le patrimoine mais aussi l'enfant lui-même. Ainsi, les violences ou les menaces dont il est question dans la présente disposition ne doivent pas être faites à l'égard d'un adulte même si le bien appartient à un enfant ; dans ce cas, c'est l'article 82 du Code pénal, Livre II, qui s'applique. Les violences ou les menaces doivent être faites à l'égard de l'enfant et contre son bien pour qu'elles puissent constituer une circonstance aggravante. Il ne faut pas que le bien puisse appartenir à un enfant pour que les violences et les menaces puissent être considérées, même si elles sont proférées à l'égard d'un adulte. L'enfant doit avoir été détenteur de son bien et il faut que l'auteur le menace ou utilise les violences pour le déposséder de son bien.

§ 3. Régime répressif

Aux termes de l'article 164 de la loi portant protection de l'enfant, si le vol a été commis à l'aide de violences ou de menaces, l'auteur est puni de dix à vingt ans de servitude pénale principale et d'une amende de cinq cent mille à un million de francs congolais. Les peines sont donc cumulatives, c'est-à-dire que le juge devra prononcer les deux peines, servitude pénale principale et amende.

Le maximum de la servitude pénale principale n'est pas différent de celui prévu au Code pénal, Livre II. Ce code, à son article 83, prévoit la peine de cinq à vingt ans de servitude pénale principale. La différence réside toutefois dans le fait que, pour le Code pénal, le juge peut infliger soit les deux peines prévues (servitude pénale principale et amende), soit la peine de servitude pénale seulement (sans l'amende). Cependant, le juge ne peut jamais infliger la peine d'amende sans la peine de servitude pénale.

Ceci constitue l'intérêt de la distinction du vol à l'aide de violences ou menaces prévu par la loi portant protection de l'enfant et celui prévu par le Code pénal. Pour le premier cas, les peines sont cumulatives, tandis que, pour le second cas, les peines sont soit cumulatives, soit l'application de la servitude pénale principale seulement sans la peine d'amende. Cette dernière ne peut être prononcée sans la peine de servitude pénale principale. Ceci découle de la formulation de l'article 83 qui dispose que « quiconque a commis un vol à l'aide de violences ou de menaces est puni d'une servitude pénale de cinq à vingt ans et d'une amende qui peut être portée à deux mille zaïres, ou de la première de ces peines seulement ».

Au regard du taux de la peine, cette prévention est de la compétence du tribunal de grande instance.

Section 3. Destruction ou dégradation méchante d'un bien d'un enfant

Vue générale. Dans le souci de protéger la propriété ou le patrimoine de l'enfant, le législateur a prévu une disposition qui réprime tout comportement de quiconque détruit ou dégrade méchamment les biens meubles ou immeubles qu'il sait appartenir à un enfant. Cette infraction constitue un acte attentatoire au droit de propriété reconnu à l'enfant. Pour protéger l'enfant contre le comportement et l'attitude vexatoire à l'égard de l'enfant, le législateur a prévu et réprimé tout acte qui porterait atteinte à la propriété ou au patrimoine de l'enfant par la destruction ou la dégradation.

§ 1. Base légale

La destruction ou la dégradation méchante d'un bien d'un enfant est prévue et punie par l'article 165 de la loi portant protection de l'enfant. Aux termes de cet article, « est puni de cinq à dix ans de servitude pénale principale et d'une amende de deux cent cinquante mille à cinq cent mille francs congolais, quiconque détruit ou dégrade méchamment des biens meubles ou immeubles qu'il sait appartenir à un enfant ».

Cette prévention n'est pas à sa première introduction dans l'arsenal juridique. Elle est aussi prévue au Code pénal, Livre II (articles 110 à 113). La particularité de la prévention prévue dans la loi portant protection de l'enfant ne réside que sur la victime ainsi que le taux de la peine applicable à l'auteur. Les actes constituant la prévention sont presque les mêmes. Il convient de les analyser.

§ 2. Éléments constitutifs

Il ressort de l'article 165 de la loi portant protection de l'enfant que les éléments, une fois réunis, constituent la prévention prévue à la disposition. Il y a les actes matériels, les biens protégés ainsi que l'élément moral qui sont les éléments constitutifs qu'il convient de commenter.

A. Les biens protégés : meubles ou immeubles appartenant à un enfant

L'article 165 sous examen protège les biens meubles ou immeubles appartenant à l'enfant. Ainsi, l'infraction prévue à l'article 165 ne sera retenue que si elle a pour objet la destruction ou la dégradation des biens meubles ou immeubles appartenant à l'enfant.

En droit civil, le terme « meuble » désigne deux catégories de biens : 1) les biens corporels : les animaux et les corps qui peuvent se transporter d'un lieu à un autre, soit qu'ils se meuvent par eux-mêmes, soit qu'ils ne puissent changer de place que par l'effet d'une force étrangère ; 2) les biens incorporels, qui sont des droits portant sur une chose mobilière par nature ou des droits détachables de tout support matériel mais que la loi considère arbitrairement comme meubles (Guinchard *et al.*, 2015 : 645). Le droit pénal n'est pas lié à la catégorisation fictive du droit civil. Les meubles qui sont protégés par la loi portant protection de l'enfant, comme le Code pénal, sont les biens corporels. Cela peut être un téléphone, des objets classiques, un vélo, ainsi que tout autre bien qui peut être transporté ou qui ne peut changer de place que par l'effort de l'auteur de l'acte.

Ainsi, par biens meubles, il faut entendre tout objet mobilier susceptible de déplacement ou d'enlèvement tel que le véhicule, les meubles meublants, les documents, les appareils de musique, ou même les vêtements (Likulia Bolongo, 1985 : 545) ou encore les jouets appartenant à l'enfant.

Tandis que l'immeuble est initialement la catégorie de biens corporels, désignant un fonds de terre et ce qui y est incorporé, ainsi que le bien mobilier qui en permet l'exploitation. L'immeuble, visé par la loi portant protection de l'enfant, est ce qui est incorporé au fonds de terre, c'est-à-dire ce qui est incorporé à ce fonds et qui ne peut être déplacé. Ce sont par exemple les bâtiments, les plantations. Par bâtiments, écrit Likulia Bolongo (1985 : 540), « il faut entendre toute construction servant ou non à l'habitation [...] ».

Qu'il soit meuble ou immeuble, le bien doit appartenir à l'enfant. Il y a ainsi lieu de démontrer par tout moyen de droit que le bien concerné appartient à l'enfant. L'appartenance peut être prouvée par la nature du bien concerné. L'appartenance du bien à un enfant est un élément important pour que l'infraction soit constituée. La destruction ou la dégradation de son propre bien ne rend pas l'acte répréhensible.

B. Les actes matériels

Il se dégage de l'article 165 de la loi portant protection de l'enfant que les actes matériels qu'il punit concernent le fait d'avoir détruit ou dégradé un bien meuble ou immeuble.

Détruire, c'est démolir, jeter bas. C'est faire tomber par terre, saccager, terrasser. *Dégrader*, par contre, c'est détériorer, altérer, endommager ou abîmer un bien meuble ou immeuble.

Le degré de la destruction ou de la dégradation ainsi que le moyen utilisé importent peu. C'est ainsi qu'il a été jugé que « peu importe le moyen utilisé, peu importe également que l'objet dégradé soit ou non réparable, un simple dommage suffit » (1re inst. Kas., 2 août 1950, RPA 1417, note de Likulia Bolongo, 1985 : 541) pour que l'infraction soit constituée. Ainsi, la destruction ou la dégradation d'un meuble ou immeuble appartenant à un enfant peut être partielle pour que la destruction du bien d'un enfant soit cristallisée dans le chef de l'auteur. C'est dans le même ordre d'idées qu'il a été jugé que constitue un acte de dégradation le « cas de celui qui enlève d'une machine une pièce qui la met dans l'impossibilité de fonctionner, en l'espèce un fil du distributeur d'une voiture » (Léo., 2 avril 1947, *Rev. jur.*, *p.* 210, note de Likulia Bolongo, 1985 : 541).

La jurisprudence veut que l'acte de destruction ou de dégradation soit apporté par une preuve une constatation. C'est dans ce sens que la Cour suprême de justice a eu à décider que « l'infraction de destruction et de dégradation méchante de biens mobiliers ne peut être établie s'il n'a pas été constaté l'existence de l'élément matériel de cette infraction, à savoir le bien mobilier endommagé (CSJ, RP. 144, 10 avril 1976, *B.A.C.S.J.*, 1977 : 93). Toutefois, il y a lieu de retenir que le droit pénal consacre la liberté de la preuve. La preuve de la destruction ou de la dégradation peut être, à défaut du procès-verbal de constat, prouvée par tous les moyens à la disposition de l'organe poursuivant. À défaut de preuve établissant la matérialité de l'acte, l'infraction ne peut être constituée dans le chef de l'agent. Il est donc important d'apporter la preuve de l'acte matériel, qui consiste en un simple dommage, pour que l'infraction soit retenue.

C. L'élément moral

L'infraction de destruction méchante d'un bien appartenant à l'enfant requiert l'intention méchante de nuire ainsi que la connaissance par l'auteur qu'il détruit ou dégrade un bien appartenant à un enfant. L'élément moral est donc double. D'une part, la loi requiert un dol spécial, c'est-à-dire une intention méchante dans le chef de l'auteur pour nuire à l'enfant. D'autre part, la loi requiert, en outre, la connaissance par l'auteur que les biens qu'il détruit ou dégrade appartenaient à l'enfant. Cette connaissance peut se prouver par la nature du bien endommagé. Ainsi, à défaut de prouver cet élément moral, l'infraction ne sera pas retenue.

Celui qui détruit ou dégrade les biens appartenant à un enfant et les emporte ne commet pas l'infraction prévue à l'article sous examen (art. 165 de la loi portant protection de l'enfant). Par le fait pour lui de les emporter et de s'en approprier, il se comporte en propriétaire. Par conséquent, il commet le vol d'un bien appartenant à un enfant (sous réserve des éléments précédemment analysés). La destruction ou la dégradation méchante est un acte que nous pouvons nommer, faute de mieux, « un acte de sabotage ».

§ 3. Régime répressif

La loi portant protection de l'enfant est plus sévère que le Code pénal, Livre II. Le Code pénal réprime la destruction méchante par cinq ans de servitude pénale principale au maximum et par une amende ou par une de ces peines seulement. Tandis que la loi portant protection de l'enfant punit la destruction ou la dégradation méchante d'un bien appartenant à l'enfant de cinq à dix ans de servitude pénale principale et d'une amende de deux cent cinquante mille à cinq cent mille francs congolais.

La loi portant protection de l'enfant est non seulement sévère sur le taux de la peine de servitude pénale principale, qui est élevé, mais aussi, elle ne permet pas que l'auteur soit puni d'une simple amende. Les peines sont donc cumulatives et le juge ne peut en prononcer une seule. Au regard de son régime répressif, le ministère public ne peut pas transiger.

Section 4. Stellionat au préjudice d'un enfant

Vue générale. La jurisprudence définit le stellionat comme le fait de vendre ou de donner en gage, c'est-à-dire d'hypothéquer, un immeuble appartenant à autrui (CSJ, 15 avril 1975, *B.A.*, 1976, p. 120, note de Likulia Bolongo, 1985 : 473). Le stellionat est aussi une fraude consistant à vendre un immeuble dont on n'est plus propriétaire, ou à l'hypothéquer une seconde fois à l'insu du créancier précédent, ou encore à le présenter comme libre d'hypothèque alors qu'il en est grevé (Guinchard *et al.*, 2015 : 942). Aux termes de l'article 166 de la loi portant protection de l'enfant, le stellionat est le fait de vendre ou de donner en gage un immeuble qu'on sait appartenir à autrui.

En réprimant le stellionat (prévu au Code pénal, Livre II, à son article 96), écrit Georges Mineur (1953 : 231), le but poursuivi par le législateur était d'assurer efficacement la protection de la propriété immobilière exposée à des réels dangers, par suite de l'organisation encore incomplète du cadastre, de son inexistence dans les milieux indigènes et de la difficulté où les tiers se trouvent de se renseigner sur l'origine des propriétés et sur leur situation hypothécaire.

Cependant, ceci n'est pas le même souci qui a animé le législateur de la loi n° 09/001 du 10 janvier 2009 portant protection de l'enfant. Dans son exposé des motifs, le législateur fustige certains comportements qui ne militent pas pour la protection en dépit des efforts déployés dans le cadre de la protection de l'enfant. Parmi ces actes, il y a entre autres la privation des enfants de leur droit à la succession. C'est ainsi qu'il a dégagé de l'article 163 que le législateur a voulu protéger l'enfant contre les abus qui consistent à le déposséder de la propriété immobilière lui laissée par le parent. Il y a certaines pratiques coutumières qui consistent à considérer les biens laissés par le *de cujus* comme appartenant aux frères ou sœurs de ce dernier et mettant ainsi les enfants dans la rue. Dans le but de lutter contre ce constat malheureux où de nombreux enfants vivent dans la rue, victimes d'exclusion sociale, il a été ainsi prévu une autre forme d'infraction visant à protéger son patrimoine. Il s'agit du stellionat au préjudice d'un enfant, qui consiste à réprimer quiconque vend ou donne en gage un immeuble qu'il sait appartenir à un enfant.

Ainsi, le stellionat au préjudice d'un enfant est le fait pour toute personne de vendre ou d'hypothéquer un immeuble qu'il sait appartenir à un enfant.

§ 1. Base légale

La disposition légale qui réprime le stellionat au préjudice d'un enfant est l'article 166 de la loi portant protection de l'enfant. Cet article dispose : « Quiconque vend ou donne en gage un immeuble qu'il sait appartenir à un enfant est puni de cinq à dix ans de servitude pénale principale et d'une amende de deux cent cinquante mille à cinq cent mille francs congolais ».

Il découle de cette disposition que, pour être constitué, le stellionat au préjudice d'un enfant requiert la réunion de certains éléments qu'il convient d'examiner.

§ 2. Éléments constitutifs

Aux termes de l'article 166 de la loi portant protection de l'enfant, « quiconque vend ou donne en gage un immeuble qu'il sait appartenir à un enfant est puni de cinq à dix ans de servitude pénale principale et d'une amende de deux cent cinquante mille à cinq cent mille francs congolais ». Il découle de cette disposition que le stellionat au préjudice d'enfant suppose la réunion des éléments ci-après : un acte matériel de vente ou de mise en gage ; un immeuble appartenant à un enfant ; une intention frauduleuse.

A. Acte matériel

Il ressort de l'article 166 de la loi portant protection de l'enfant que l'acte matériel de stellionat au préjudice d'un enfant consiste soit en la vente, soit en la mise en gage d'un immeuble d'un enfant.

1. La vente est un contrat par lequel une personne, le vendeur, transfère ou s'engage à transférer un bien à une autre personne, l'acheteur, qui a l'obligation d'en verser le prix en argent (Guinchard *et al.*, 2015 : 1013). Il n'est pas nécessaire que les conditions de validité de cette vente soient réunies pour que l'infraction soit constituée. La loi pénale n'est pas tenue à certaines fictions du droit civil. C'est ainsi qu'il sera considéré qu'il y a vente à la seule « transaction transférant la propriété d'un immeuble » (Likulia Bolongo, 1985 : 475) sans tenir compte des conditions de validité de la vente.

Constitue la vente et tombe sous le coup de stellionat (au préjudice d'un enfant) le fait pour un parent de vendre la maison d'un mineur, sous prétexte qu'il a été représenté, alors que l'article 833 du Code de la famille interdit au mineur de disposer de ses biens même par représentation (CSJ, RP. 1650, 28 mai 1996, *B.A.C.S.J.*, 2003 : 151). C'est dans le même sens qu'il a été jugé dans le même arrêt qu'« est irrecevable le moyen tiré de la violation de l'article 317 du Code de la famille en ce que le juge d'appel a affirmé que la disposition des biens du mineur ne peut se faire que dans son intérêt et qu'il fait droit à l'action publique du mineur quant à l'administration de ses biens, étant donné que la disposition légale visée se rapporte aux seuls actes d'administration des biens du mineur et qu'elle est étrangère en ce qui concerne la vente de sa maison » (CSJ, RP. 1650, 28 mai 1996, *B.A.C.S.J.*, 2003 : 150).

Si la transaction de l'immeuble d'un enfant par le parent constitue le stellionat, ceci résulte de l'esprit de l'article 327 du Code de la famille. Aux termes de cet article, les père et mère ont l'administration et la jouissance des biens de leur enfant jusqu'à sa majorité ou jusqu'à son émancipation. La loi n'autorise que les actes d'administration ainsi que de jouissance et non ceux de disposition (l'aliénation). Ainsi, un parent qui aliénerait un immeuble appartenant à un enfant, dont il a la charge d'administration, tombe sous le coup de l'article sous examen.

D'ailleurs, l'article 328 du Code de la famille, précise que les charges de cette jouissance sont celles auxquelles sont tenus en général les usufruitiers. Ainsi, l'enfant est nu-propriétaire et les père et mère sont des usufruitiers. Et la conséquence juridique est que l'usufruitier n'a pas l'attribut de disposer du bien dont il a la jouissance.

Le stellionat peut aussi se concevoir sur base de l'article 785 du Code de la famille. Aux termes de cette disposition, « le conjoint survivant a l'usufruit de la maison habitée par les époux et des meubles meublants. Il a en outre droit à la moitié de l'usufruit des terres attenantes que l'occupant de la maison exploitait personnellement pour son propre compte ainsi que du fonds de commerce y afférent, l'autre moitié revenant aux héritiers de la première catégorie. En cas de mise en location de la maison habitée par les époux, le fruit de celle-ci est partagé en deux parties égales entre le conjoint survivant et les héritiers de la première catégorie ». N'ayant que le droit d'usufruit de la maison ou de la terre, la vente par lui sans l'accord des héritiers de la première catégorie constitue le stellionat.

Une autre hypothèse qui peut constituer le stellionat est celle prévue à l'article 780 du Code de la famille. Cette disposition prévoit que l'aliénation éventuelle de la maison qui constitue l'héritage ne peut être opérée qu'avec l'accord unanime des enfants tous devenus majeurs et à condition que l'usufruit prévu au bénéfice du conjoint survivant ait cessé d'exister. Ainsi, la vente par un des héritiers sans l'accord unanime des autres cohéritiers et s'il y a encore des héritiers mineurs, constitue le stellionat au préjudice d'un enfant.

La vente successive d'un immeuble à deux personnes constitue le stellionat pour la deuxième vente au préjudice du premier acquéreur. C'est dans ce sens que la Cour suprême de justice a eu à décider qu'« emporte cassation totale de l'arrêt attaqué, le moyen pris de la violation des articles 96 du Code pénal, 227 de la loi foncière et 264 du Code civil, Livre III, par le juge d'appel qui a assujetti la validité de la vente immobilière et le transfert de propriété y afférant à l'établissement d'un certificat d'enregistrement alors que la vente était parfaite dès qu'il y avait accord de volonté sur la chose et sur le prix. En conséquence, en revendant la même parcelle à une autre personne, le vendeur défenseur a vendu un bien d'autrui, le premier contrat ayant déjà été générateur de propriété et le certificat d'enregistrement n'étant qu'une formalité ultérieure pour transférer cette propriété » (CSJ, RP 1573, 30 décembre 1997, *B.A.C.S.J. année 1990 à 1999*, 2003 : 305).

Un autre acte matériel qui constitue le stellionat est la mise en gage de l'immeuble appartenant à un enfant.

2. La mise en gage est le fait d'hypothéquer un immeuble. Ainsi, le sens du gage dont il est question à la disposition sous examen est le *gage immobilier*. Selon Guichard *et al.* (2015 : 485), c'est la sûreté réelle née de la convention des parties et permettant au créancier de prendre possession d'un immeuble et d'en imputer annuellement les fruits et les revenus d'abord sur les intérêts, ensuite sur le capital de sa créance, jusqu'au règlement de cette dernière.

Dans la pratique, la mise en gage immobilier se matérialise par la remise des titres immobiliers au créancier afin de garantir la créance. Constitue ainsi le stellionat, par la mise en gage, le fait pour l'agent de remettre au banquier ou à la coopérative d'épargne et de crédit les titres immobiliers de l'immeuble d'un enfant afin d'obtenir un emprunt.

Les autres cas que nous avons précédemment évoqués pour la vente peuvent aussi se réaliser par la mise en gage. Le conjoint usufruitier commettrait le stellionat par la mise en gage, s'il hypothèque la maison dont il a la jouissance sans qu'il en soit autorisé par les enfants.

B. Objet de stellionat

L'examen de l'objet de stellionat soulève deux questions principales auxquelles nous devons répondre. Il s'agit de connaître la nature de l'immeuble qui peut faire objet de stellionat ainsi que le droit que l'auteur n'a pas sur l'immeuble qu'il a vendu ou mis en gage.

Aux termes de l'article 166 de la loi portant protection de l'enfant, l'objet de stellionat est un immeuble. Ce concept polysémique peut prêter à confusion si on tente de l'analyser sous l'approche civiliste. Initialement, écrit Guichard *et al.* (2015 : 519), l'immeuble est la catégorie de biens corporels désignant un fonds de terre et ce qui y est incorporé (immeuble par nature), ainsi que le bien mobilier qui en permet l'exploitation (immeuble par destination).

L'acception qui répond à la logique pénale est celle de l'immeuble par nature, sous certaines réserves. L'immeuble par nature est le fonds de terre et ce qui est incorporé à ce fonds et ne peut être déplacé. Constituent l'immeuble, au sens de l'article 166 de la loi portant protection de l'enfant, le fonds de terre ainsi que les bâtiments qui sont incorporés à ce fonds. Tout autre bien incorporé autre que les bâtiments (entendus comme toute construction servant ou non à l'habitation) ne peut faire l'objet de stellionat. C'est dire que les arbres, les poteaux ainsi que toute autre chose incorporée sur le fonds de terre autre que le bâtiment ne peuvent faire l'objet de stellionat. Leur vente par une personne autre que le propriétaire constituerait une faute civile (article 258 du CCL III) qui peut être poursuivie devant la juridiction civile sur pied de l'article 276 du CCL III qui dispose que « la vente de la chose d'autrui est nulle ».

Si la question de l'immeuble qui doit faire objet de stellionat est résolue (c'est-à-dire visant le fonds de terre ainsi que le bâtiment), il y a lieu d'examiner le régime auquel est soumis l'immeuble concerné et de voir si cela peut avoir un impact en droit pénal de la protection de l'enfant.

À ce sujet, la Cour suprême de justice a eu à trancher et a décidé judicieusement en ces termes : « étant donné que le droit pénal n'est pas tenu de prendre en considération les fictions de droit privé comme s'imposant à lui vu son autonomie d'interprétation et qu'au surplus, la disposition [...] réprimant le stellionat a une portée générale d'application, concernant tous les biens réellement immeubles, peu importe le régime foncier et immobilier les réglementant en droit privé, que ce soit le régime de l'enregistrement ou bien celui du droit spécial urbain constaté par le titre d'occupation qualifié de logeur ou bien enfin, le régime foncier coutumier rural » (CSJ, RP 130, 15 avril 1975, *B.A.C.S.J.*, 1976 : 119-120).

Au regard de cette décision de la Cour suprême de justice, même le fonds de terre acquis en vertu de la coutume peut faire l'objet de stellionat. Le mode d'acquisition ainsi que le régime foncier auquel l'immeuble qui a fait objet de stellionat est soumis importe peu pour la qualification de l'infraction. C'est dans ce sens que Nyabirungu Mwene Songa (2001 : 93) enseigne que le stellionat s'applique à la vente d'un immeuble appartenant à autrui, que celui-ci soit un bâtiment ou une maison de type africain.

Outre ces éléments, l'immeuble qui a fait objet de stellionat doit appartenir à autrui, c'est-à-dire à un enfant. Il y a ainsi lieu d'établir la preuve du droit de propriété sur l'immeuble ou du droit de jouissance sur le fonds de terre par tous les moyens de droit. C'est une question qui relève du droit civil que le juge pénal est appelé à examiner pour établir la prévention du stellionat, étant donné que cette infraction ne peut être constituée quand l'agent a vendu son propre immeuble.

Toutefois, l'étendue du droit de propriété ou de jouissance sur l'immeuble a un impact dans l'établissement ou non de l'infraction. Si l'immeuble qui a fait objet de vente ou de mise en gage est une copropriété immobilière, il y a lieu, écrit Likulia Bolongo (1985 : 477), de retenir cette infraction à l'égard du copropriétaire qui vendrait l'immeuble sans le consentement de l'autre. Ce raisonnement de l'auteur vaut son pesant d'or et trouve son fondement dans le droit civil qui considère que la gestion du bien indivis est soumise à l'accord de tous, parce que le droit s'applique, matériellement, à la totalité du bien.

C. Élément moral

L'élément moral de l'infraction de stellionat au préjudice d'un enfant est double. Il faut que l'auteur ait l'intention frauduleuse et ait connaissance que l'immeuble qu'il a mis en vente ou donné en gage appartient à un enfant. L'intention frauduleuse consiste dans le fait d'avoir consciemment vendu ou donné en gage un immeuble que l'on sait appartenir à autrui.

L'auteur peut savoir que l'immeuble appartient à autrui sans qu'il sache que c'est une propriété de l'enfant. Pour que l'article 166 de la loi portant protection de l'enfant soit d'application, il faut prouver que l'auteur savait que l'immeuble appartenait à un enfant. Ceci découle de la formulation grammaticale de la disposition légale sous examen qui dispose que « quiconque vend ou donne en gage un immeuble qu'il *sait appartenir à un enfant* [...] ». La connaissance par l'auteur que l'immeuble qu'il met en vente ou donne en gage appartient à un enfant est un élément important qui déterminera le régime répressif applicable. C'est dire que la non-connaissance par l'auteur que le bien appartient à l'enfant n'efface pas le caractère infractionnel de son acte ; plutôt, cela change le régime répressif applicable à son égard. Il sera soumis aux peines prévues par le Code pénal, Livre II.

§ 3. Régime répressif

Le régime répressif de la loi portant protection de l'enfant est trop rigoureux par rapport à celui prévu par le Code pénal, Livre II. L'article 166 de la loi portant protection de l'enfant punit le stellionat au préjudice d'un enfant de cinq à dix ans de servitude pénale principale et d'une amende de deux cent cinquante mille francs congolais. Tandis que le Code pénal, Livre II, en ses articles 96 et 95 combinés, prévoit et punit le stellionat de trois mois à cinq ans et d'une amende dont le montant ne dépasse pas mille francs ou d'une de ces peines seulement.

La loi portant protection de l'enfant ne laisse pas la possibilité au juge de condamner l'auteur à l'une des peines. C'est dire que l'auteur est puni à une peine de servitude pénale principale ainsi qu'aux amendes.

Quid de l'action civile ?

L'action civile a pour objet, écrit Georges Mineur (1953 : 54), la réparation du dommage causé par l'infraction. Elle comprend : les restitutions civiles, les dommages et intérêts, toutes les mesures nécessaires pour rétablir l'ordre légal troublé par l'infraction.

La victime dispose de deux voies pour obtenir réparation. Elle peut saisir la juridiction civile pour obtenir l'annulation de la vente ainsi que les dommages-intérêts. Soit elle peut, devant le juge répressif qui est saisi de l'action publique, se constituer partie civile et obtenir réparation, et ce, en vertu de l'article 107 de la loi organique n° 13/011-B du 11 avril 2013 portant organisation, fonctionnement et compétences des juridictions de l'ordre judiciaire qui dispose que « l'action en réparation du dommage causé par une infraction peut être poursuivie en même temps que l'action publique et devant le même juge ».

Comme cette prévention porte atteinte à la propriété de l'enfant et que ce dernier est incapable pour agir en justice, celui-ci ne peut agir que par représentation. Dans l'impossibilité d'être représenté, le ministère public devra dans son réquisitoire demander au tribunal de condamner d'office le prévenu aux dommages et intérêts. Ainsi, le tribunal peut d'office, et ce, en application de l'article 108 de la loi organique sus-évoquée qui dispose que « [...] les tribunaux répressifs saisis de l'action publique prononcent d'office les dommages-intérêts et réparations, qui peuvent être dus en vertu de la loi, de la coutume ou usages locaux », prononcer en faveur de l'enfant les dommages-intérêts.

Toutefois, il y a lieu de dire quelque chose sur la portée des articles 15 du Code pénal, Livre I, ainsi que 109 de la loi organique référencée *supra*. L'article 15 dispose que « toute condamnation pénale est prononcée sans préjudice des restitutions et dommages-intérêts qui peuvent être dus aux parties ». Tandis que l'article 109 dispose que « la restitution des objets sur lesquels a porté l'infraction est ordonnée d'office lorsqu'ils ont été retrouvés en nature et que la propriété n'est pas contestée ».

Les deux articles emploient le mot *restitution*, lequel à notre avis n'a pas la même portée suivant chacune des dispositions. Le mot restitution prévu à l'article 15 « comprend toutes les mesures nécessaires pour rétablir l'ordre légal troublé par l'infraction » (Élis., 12 août 1913, *Jur. Congo*, 1921 : 203, note de Strouvens et Piron, *Code et Lois du Congo belge*, 1948 : 114). Il n'est pas nécessaire que les biens aient été saisis. Ce sens du mot *restitution* donne le pouvoir très large au juge de prendre les mesures qui vont, dans le cas de stellionat, ordonner que l'immeuble spolié soit remis à la victime. C'est dans ce sens que Georges Mineur (1953 : 55) écrit que la restitution, prise dans son acceptation la plus étendue, comprend : la chose elle-même dont la propriété a été dépouillée, le rétablissement des lieux dans leur état primitif et l'annulation, suppression, réformation des actes surpris, extorqués ou frauduleux. L'auteur poursuit qu'indépendamment de la remise au propriétaire des choses mobilières obtenues par un fait illicite et retrouvées en nature, la restitution comprend toutes les mesures nécessaires pour rétablir l'ordre légal troublé par l'infraction telles que la suppression de clôtures ou de bornes, la suppression d'actes faux, etc.

Par contre, la restitution prévue à l'article 109 ne suppose les choses provenant de l'infraction que si elles sont retrouvées en nature et si la propriété en appartient à la partie lésée ; sinon il y a lieu à allocation de dommages-intérêts (Boma, 29 juin 1899, *Jur. État*, I, p. 70 ; Parquet Likasi, 4 septembre 1930, *R.J.C.B.*, 1930, p. 260 note de Strouvens et Piron, 1948 : 114). C'est dans ce sens que la Cour suprême de justice a eu à juger qu'« aux termes de l'article 105 du code de l'organisation et compétence judiciaire [aujourd'hui l'article 109 de la loi organique portant organisation, fonctionnement et compétences des juridictions de l'ordre judiciaire], la restitution des fonds détournés suppose que ces fonds ont été retrouvés » (CSJ, RP. 22/CR, 26 août 1980, note de Katwala Kaba Kashala, 1995 : 15). Au sens de l'article 109, la restitution ne peut être ordonnée que pour les biens (objets d'infraction) qui ont été saisis et dont le propriétaire est connu.

De l'analyse de cette prévention, la vente de l'immeuble « d'autrui n'est pas une escroquerie, mais un stellionat » comme il en était jugé par le tribunal d'Élisabethville (1re inst. app. Élis., 29 mai 1925, Kat. I, p. 270, note Strouvens et Piron, 1948 : 121).

Section 5. Escroquerie au préjudice d'un enfant

Vue générale. L'escroquerie est une délinquance astucieuse. La loi portant protection de l'enfant ne l'a pas définie et n'en a donné le moindre élément pour son établissement. Elle se limite à disposer : « quiconque se rend coupable d'escroquerie au préjudice d'un enfant ». Quoique la loi pénale soit de stricte interprétation, ceci ne nous interdit pas de dire qu'il faut recourir au droit pénal commun pour dégager les éléments constitutifs de cette infraction. En disposant « quiconque se rend coupable d'escroquerie », le législateur sait que l'escroquerie est déjà prévue par le Code pénal, Livre II, qui la définit en quelque sorte et en donne les éléments constitutifs.

Aux termes de l'article 98 du Code pénal, Livre II qui prévoit et punit l'escroquerie, celle-ci est le fait de quiconque, dans le but de s'approprier une chose appartenant à autrui, s'est fait remettre ou délivrer des fonds, meubles, obligations, quittances, décharges, soit en faisant usage de faux noms ou fausses qualités, soit en employant des manœuvres frauduleuses pour persuader l'existence de fausses entreprises, d'un pouvoir ou d'un crédit imaginaire, pour faire naître l'espérance ou la crainte d'un succès, d'un accident ou de tout autre événement chimérique, pour abuser autrement de la confiance ou de la crédulité.

La doctrine, qui se fonde sur la base légale, définit l'escroquerie comme le fait de se faire remettre volontairement une chose appartenant à autrui soit en faisant usage d'un faux nom ou d'une fausse qualité, soit en employant des manœuvres frauduleuses (Likulia Bolongo, 1985 : 402).

Selon le lexique des termes juridiques, l'escroquerie est un « délit consistant dans le fait, soit par l'usage d'un faux nom ou d'une fausse qualité, soit par l'abus d'une qualité vraie, soit par l'emploi de manœuvres frauduleuses, de tromper une personne physique ou morale et de la déterminer ainsi, à son préjudice ou au préjudice d'un tiers, à remettre des fonds, des valeurs ou un bien quelconque, à fournir un service ou à consentir un acte opérant obligation ou décharge » (Guinchard *et al.*, 2014-2015 : 429). Cette définition a le mérite d'avoir ajouté, à la lumière de la jurisprudence, « l'abus de la qualité vraie » comme élément pouvant être employé par l'escroc.

L'abus de la qualité vraie comme un autre moyen pouvant déterminer la victime à remettre ou à délivrer la chose, objet de la remise ou de la délivrance, est déjà intégré dans le Code pénal français à son article 313-1. Il est important que le législateur congolais l'intègre aussi à l'article 98 du Code pénal, Livre II. Les cours et tribunaux congolais l'emploient à titre jurisprudentiel.

Si nous nous basons sur le Code pénal, Livre II, pour comprendre l'escroquerie au préjudice d'un enfant, nous ne devons pas perdre de vue que ce délit doit être commis au préjudice d'un enfant, comme la loi elle-même le précise. Au regard des définitions données, il y a lieu de dire que l'escroquerie prévue par la loi portant protection de l'enfant est « une prévention qui consiste dans le fait pour l'auteur, soit par l'usage d'un faux nom ou d'une fausse qualité, soit par l'abus d'une qualité vraie, soit par l'emploi de manœuvres frauduleuses, de tromper un enfant ou un tiers et de le déterminer ainsi, au préjudice d'un enfant, à remettre des fonds, des valeurs ou un bien quelconque, à fournir un service ou à consentir un acte opérant obligation ou décharge ».

La distinction entre l'escroquerie prévue au Code pénal et à la loi portant protection de l'enfant va résider dans la personne devant laquelle les procédés frauduleux ont été employés et à l'appartenance des fonds, des valeurs ou bien quelconque qui a été remis. Il peut arriver que les procédés frauduleux soient réalisés devant une personne majeure qui va remettre les biens appartenant à un enfant. Comme la loi portant protection de l'enfant parle de l'escroquerie au préjudice d'un enfant, il y a lieu de considérer que, même si les procédés ou moyens frauduleux ont été réalisés devant un majeur, pour que cela puisse préjudicier l'enfant, le juge devra retenir que c'est l'escroquerie au préjudice d'un enfant car les fonds, les valeurs ou un bien quelconque qui ont été remis appartiennent à un enfant. D'ailleurs, la disposition sous examen est classée parmi les atteintes à la propriété ou au patrimoine de l'enfant. Ce qui veut dire que c'est la propriété de l'enfant qui est protégée. C'est dans ce sens que Georges Mineur (1953 : 239) écrit et en évoquant la jurisprudence, « il n'est pas nécessaire que ces manœuvres soient employés directement vis-à-vis du préjudicié. Leur emploi vis-à-vis de son conseiller ou de son mandataire, rentre dans la notion légale de l'escroquerie dès qu'elles ont été, conformément à l'intention de leur auteur, la cause de la remise des fonds » (Cass., 15 novembre 1937, *Pas.*, I, 341) ».

§ 1. Base légale

C'est l'article 167 de la loi portant protection de l'enfant qui constitue la base légale de l'escroquerie au préjudice d'un enfant. Cet article dispose : « est puni de deux à cinq ans de servitude pénale principale et d'une amende de cent mille à deux cent cinquante mille francs congolais, quiconque se rend coupable d'escroquerie au préjudice d'un enfant ».

L'article 167 de la loi portant protection de l'enfant constitue la base légale pour la répression. Mais, pour en établir les éléments constitutifs, c'est l'article 98 du Code pénal, Livre II, qui va servir de base. Comme nous l'avons précédemment relevé, la disposition de la loi portant protection de l'enfant prévoit la peine, mais elle ne permet pas de dégager les éléments constitutifs de l'infraction.

§ 2. Éléments constitutifs

Les éléments constitutifs seront dégagés et analysés sur base de l'article 98 du Code pénal, Livre II. Il résulte de cette disposition que l'escroquerie suppose, d'une part, les actes matériels qui consistent en la remise d'un quelconque bien, l'objet de la remise, l'emploi de procédés ou moyens frauduleux et, d'autre part, l'intention coupable.

A. Actes matériels

Il sied de relever de ce qui précède que les actes matériels de l'escroquerie sont triples. L'auteur doit avoir employé les procédés frauduleux, qui vont déterminer la personne à remettre ou à délivrer un bien quelconque. Mais, en droit français il faut que cette remise cause préjudice à quelqu'un.

1. L'emploi de procédés ou moyens frauduleux

De l'article 98 du Code pénal, Livre II, découlent trois moyens que l'auteur peut utiliser pour déterminer la remise ou la délivrance de la chose, objet de l'escroquerie. Il s'agit de l'usage de faux noms, l'usage de la fausse qualité et l'emploi des manœuvres frauduleuses. Ces procédés ne sont pas cumulatifs pour constituer la prévention de l'escroquerie. Un seul procédé employé suffit pour que l'infraction soit considérée, pourvu qu'il soit déterminant pour la remise ou la délivrance de la chose, objet de l'escroquerie.

a) L'usage de faux noms

Toute personne est désignée par un nom composé d'un ou de plusieurs éléments qui servent à l'identifier. L'article 56 du Code de la famille précise que l'ordre de déclaration des éléments du nom et leur orthographe sont immuables. En outre, l'article 2 de l'arrêté ministériel n° 221/CAB/MIN/J&DH/2011 du 16 juin 2011 portant détermination des éléments du nom, allant dans le même sens, dispose que « les éléments du nom comprennent le nom, le post-nom et le prénom ».

Au regard de ce qui précède, toute personne qui utiliserait un nom autre que le sien ou celui qui sert à l'identifier a fait usage de faux nom. Par « faux noms », écrit Likulia Bolongo (1985 : 404), « il faut entendre un nom autre que le nom véritable de la personne qui l'utilise ». L'auteur poursuit qu'« il peut s'agir d'un nom patronymique, post-nom, prénoms, ou même un pseudonyme ou sobriquet pourvu qu'il soit susceptible de provoquer une erreur sur l'identité d'une personne ».

Sera considéré comme usage d'un faux nom, le fait pour le prévenu d'avoir obtenu le transfert de fonds sur son compte bancaire en se faisant passer sous un nom autre que le sein. C'est dans ce sens que la Cour suprême de justice a eu à décider qu'il est établi que les fonds transférés au compte du prévenu Mbelo et dont il a tiré un profit personnel provenaient d'un compte bancaire alimenté au moyen d'un faux en écritures ; il est aussi établi que les auteurs de ce faux se sont fait passer d'un côté pour Litho Moboti, de l'autre pour le fils de Litho titulaire du compte n° W 25. 011 G-8 à l'United Overseas Bank de Genève ; ce faisant, ils ont commis une escroquerie au moyen d'un faux en écritures (CSJ, RPA. 102, 14 décembre 1984, *B.A.C.S.J.*, 2001 : 534-535), en usant d'un faux nom.

Les applications de faux noms sont variées, dénotant le dynamisme du concept. Peu importe que le nom soit utilisé verbalement ou par écrit, qu'il soit imaginaire ou usurpé. Peu importe qu'il s'agisse d'un nom de famille ou d'un prénom si ce dernier suffit à provoquer une erreur sur la personne (Pradel et Danti-Juan, 2010 : 515). Ont été ainsi considérés comme constitutifs d'escroquerie le fait de changer de nom en vue de faire croire à sa solvabilité (Crim, 26 octobre 1934, B.C., n° 170) ou le fait de se présenter sous le nom réel d'autrui, même avec son accord, ce dernier étant alors complice (Paris, 12 décembre 1938, *D.H.*, 1939, 121, note de Pradel et Danti-Juan, 2010 : 515-516).

Dans ce cas, dans l'escroquerie par l'usage de faux nom, l'escroc usurpe un nom auquel il n'a pas droit pour inspirer confiance et tromper sa victime, le nom usurpé pouvant être purement imaginaire ou le véritable nom d'une autre personne. À l'usage d'un faux nom patronymique, on assimile l'usage d'un faux prénom ou d'un faux pseudonyme s'il entraîne confusion ou homonymie (Véron, 1999 : 213).

L'usage de faux noms est indépendant des autres procédés qui constituent les moyens frauduleux. Il n'est donc pas important que l'auteur qui fait usage du faux nom puisse y associer d'autres astuces pour constituer l'escroquerie. À lui seul il suffit pour que la prévention soit constituée et pourvu qu'il soit déterminant pour la remise ou la délivrance de la chose convoitée par l'escroc.

b) L'usage de la fausse qualité

Le législateur n'ayant pas défini le terme « qualité », il n'est pas aisé de dégager son sens précis. Le sens qui paraît convenir le mieux pour la constitution de l'infraction d'escroquerie est la condition sociale ou juridique. Malgré cette tentative de décryptage, la notion de la fausse qualité ne peut être comprise que par des cas précis. Toutefois, nous pouvons comprendre par l'expression « fausse qualité » le fait de se faire passer pour une personne ayant un tel statut alors qu'on ne l'a pas.

Pour Véron (1999 : 214), au sens strict, « on entend par "qualités" les éléments de l'état des personnes : âge, situation matrimoniale, titres, profession [...] et il est certain que nombreuses escroqueries sanctionnées par les tribunaux procèdent de cette conception de la qualité ».

Tandis que, pour Pradel et Danti-Juan (2010 : 516), « la qualité au sens strict est constituée par les éléments de l'état des personnes et l'on peut citer la tromperie sur l'âge, sur la situation matrimoniale, sur le domicile, sur l'état de père de famille ». Pour eux, la jurisprudence n'hésite pas à adopter une conception plus large qui voit dans la qualité tout élément de nature à susciter la confiance et à entraîner en conséquence la remise. En voici quelques applications.

A été retenue la qualité de *mandataire.* À titre général, se faire passer faussement pour un mandataire est délictueux. La jurisprudence, assez riche, a été illustrée par exemple dans le cas particulier de la contrepartie ou le fait pour un mandataire infidèle, agissant à l'insu du mandant, de prendre à son propre compte l'opération qu'il était chargé de conclure avec un tiers : la fausse qualité consiste dans le fait pour le mandataire de dissimuler au mandant sa qualité de contrepartiste.

A été aussi retenue la fausse qualité relative à la *profession*. Il peut s'agir de la fausse qualité de militaire, de médecin, d'ecclésiastique, d'évêque choisi par le pape, de salarié, d'antiquaire, de représentant, de concessionnaire exclusif d'une maison de commerce, de représentant d'un service officiel.

De manière plus simple, Georges Mineur (1953 : 235) considère que le mot « qualité » à la portée de titre, fonction, emploi, parenté, de représentant légal ou conventionnel. Pour lui, prendre une fausse qualité, c'est donc s'attribuer une fonction, un titre, un emploi, une parenté que l'on ne possède pas. Tel est le cas de la personne qui se présente comme magistrat, avocat, officier de police judiciaire, fonctionnaire du gouvernement ; de l'indigène qui se fait passer pour chef de secteur, de centre, etc.

Constitue également l'usage de la fausse qualité le fait de se faire passer pour le fils de Litho titulaire du compte n° W 25. 011 G-8 à l'United Overseas Bank de Genève (CSJ, RPA. 102, 14 décembre 1984, *B.A.C.S.J.*, 2001 : 534-535). La jurisprudence retient généralement un état (état civil, nationalité), un faux titre, une fausse profession ou fonction, un faux diplôme (Likulia Bolongo, 1985 : 405).

« Il importe peu que l'usage soit verbal ou écrit et il importe peu que la qualité soit réelle ou imaginaire [...] il y a usage de fausse qualité même si l'agent a naguère possédé la qualité qu'il a perdue depuis » (Pradel et Danti-Juan, 2010 : 516). C'est ainsi que constitue une escroquerie le fait de s'attribuer la fausse qualité de collecteur d'impôts et de se faire remettre des sommes par les indigènes (Boma, 29 mars 1912, *Jur. Congo*, 1914-1919, p. 92, note de Strouvens et Piron, 1948 : 121).

Constituent ainsi des qualités : l'état des personnes : âge, nationalité, situation matrimoniale, lien de parenté, domicile (lorsqu'il procure un avantage aux résidents) ; les titres : titres de noblesse, titres universitaires, titres honorifiques, fonctions électives, fonctions religieuses... Exemple : prince, docteur en médecine, titulaire d'une décoration, maire, prêtre, président d'une association... ; la profession : quelle qu'elle soit. Exemple : avocat, commerçant, directeur commercial, comptable, militaire, magistrat, policier, etc.

Diverses autres situations constituent la qualité. Il peut s'agir de mandataire : le mensonge sur ce point constitue l'usage d'une fausse qualité ; chômeur et ayant droit à des allocations diverses : il s'agit de qualités pouvant être faussement utilisées pour escroquer les caisses ; propriétaire ou créancier : il ne s'agit pas de qualités. Mais le mensonge appuyé par des actes extérieurs (visite des lieux, intervention de tiers...) constitue une manœuvre frauduleuse.

Peu importe que la qualité existe réellement ou qu'elle soit totalement imaginaire (ex. : personne se prétendant diplômée d'une université qui n'existe pas). L'usage d'une qualité perdue est assimilé à l'usage d'une fausse qualité (ex. : médecin radié se prétendant toujours médecin). Le simple mensonge verbal ou écrit sur la qualité suffit s'il est déterminant et résulte d'un comportement actif. De plus, il faut que la fausse qualité soit attribuée à l'escroc lui-même (la fausse qualité non déterminante ou attribuée à un tiers peut s'insérer dans des manœuvres frauduleuses).

Comme l'usage de faux noms, la fausse qualité ne doit viser qu'à déterminer la victime à remettre ou à délivrer la chose. Il n'est pas, en outre, nécessaire qu'il soit suivi par les manœuvres frauduleuses.

c) L'abus de qualité vraie

La législation congolaise ne prévoit pas l'abus de qualité vraie parmi les procédés frauduleux de l'escroquerie comme le fait le Code pénal français (article 333-1). En se fondant sur la jurisprudence française, ce procédé peut être retenu au regard du sens qu'il prend. Les juges avaient réprimé l'agent qui avait abusé d'une qualité qu'il possédait vraiment : il fallait seulement que, par sa qualité, l'agent ait obtenu un avantage illicite, à raison de la confiance qu'il inspirait (comme c'est le cas des notaires, par exemple). Comme l'a exprimé la Cour de cassation, « l'abus d'une qualité vraie, de nature à imprimer l'apparence de la sincérité à des déclarations mensongères, à commander la confiance de la victime et à la persuader de l'existence d'un crédit imaginaire, constitue une manœuvre frauduleuse au sens de l'article » (Crim., 8 juillet 1986, *B.C.*, n° 232, note de Pradel et Danti-Juan, 2010 : 518). En somme, selon la jurisprudence, l'abus de qualité vraie consistait pour l'agent à faire état d'une qualité qu'il possédait vraiment, mais qui lui servait pour couvrir ses mensonges, grâce à la confiance qu'il inspirait. Et l'abus de la qualité vraie était une forme de manœuvre frauduleuse (Pradel et Danti-Juan, 2010 : 518).

Dans ce cas, la jurisprudence incrimine l'abus de qualité vraie en tant que manœuvre frauduleuse parce que l'usage de la qualité « est de nature à imprimer l'apparence de la sincérité » (Crim., 8 juillet 1986, *Bull.*, n° 232, note de Véron, 1999 : 215). L'escroc utilise une qualité qu'il possède réellement pour donner force et crédit à ses mensonges grâce à la confiance qu'il inspire. Tel est le cas du commerçant qui affirme faussement avoir exporté du matériel pour réaliser une escroquerie à la TVA, de l'avocat qui abuse de sa qualité pour obtenir paiement de son client alors qu'il n'a pas été mandaté.

d) L'emploi des manœuvres frauduleuses

L'analyse de ce moyen frauduleux nécessite le cadrage de la notion de manœuvres frauduleuses ainsi que le but des manœuvres frauduleuses.

1. Notion de manœuvres frauduleuses

La loi n'a pas défini les manœuvres frauduleuses. Si l'on s'interroge pour savoir ce que sont ces manœuvres, il faut entendre qu'elles sont un mensonge appuyé par un fait matériel extérieur qui lui assure crédibilité (Pradel et Danti-Juan, 2010 : 519). En doctrine, poursuivent les mêmes auteurs, on a écrit que les manœuvres « sont des faits extérieurs, des actes matériels, une mise en scène, destinés à conforter le mensonge ». Pour Mineur (1953 : 236), les manœuvres frauduleuses sont les moyens dont l'auteur use « pour surprendre la confiance de sa victime et la persuader de l'existence de fausses entreprises, d'un pouvoir ou d'un crédit imaginaire », etc. On ajoute que ce sont les moyens utilisés pour faire naître, en outre, l'espérance ou la crainte d'un succès, d'un accident ou de tout autre événement chimérique, ou pour abuser autrement de la confiance ou de la crédulité.

Tandis que la jurisprudence, allant dans le même sens, énonce : « un mensonge, même produit par écrit, ne peut constituer une manœuvre caractéristique du délit d'escroquerie, s'il ne s'y joint aucun fait extérieur ou un acte matériel, aucune mise en scène ou intervention d'un tiers, destinés à donner force et crédit aux allégations mensongères du prévenu » (Crim., 26 juin 1885, *D.*, 1886.I.89, note de Pradel et Danti-Juan, 2010 : 520). C'est dans ce sens que la même Cour de cassation avait décidé : « Il n'y a manœuvre que si ce mensonge est confronté et étayé par des éléments matériels extérieurs destinés à lui donner force et crédit : production d'écrits, intervention de tiers ou insertion dans une mise en scène (Crim., 11 février 1976, *D.*, 1976, 295, note de Véron, 1999 : 216).

Nous estimons que l'expression « manœuvres frauduleuses » ne signifie pas que l'acte constituant la manœuvre doive être irrégulier en lui-même (ex.: louer des bureaux). La fraude se révèle par la finalité de cet acte : tromper la victime (ex.: louer des bureaux pour faire croire à une activité commerciale réelle). Les manœuvres frauduleuses doivent résulter d'un comportement actif et être déterminantes pour la remise.

La Cour suprême de justice avait confirmé la position de la Cour d'appel de Bukavu qui avait considéré comme manœuvres frauduleuses le fait pour le prévenu d'avoir saisi une organisation arbitrale et une juridiction. Pour condamner Muhindo du chef d'escroquerie, le juge d'appel a souverainement apprécié les faits lui reprochés comme étant des manœuvres frauduleuses, notamment le fait d'avoir saisi une organisation arbitrale et ensuite une juridiction étatique (CSJ, RP 462, 14 août 1984, *B.A.C.S.J. années 1980 à 1984*, 2001 : 501).

Constitue en outre les manœuvres frauduleuses le fait pour les prévenus d'avoir fait croire à la victime qu'ils avaient le mercure rouge d'une valeur de 800.000 USD et procédé au test de ce produit chez elle à la maison pour la déterminer à l'acheter (TGI Bukavu, RP. 12 040, 27 septembre 2008, Rejuscc, 2010 : 253).

Ainsi, l'essentiel est que « les manœuvres doivent être de nature à influer les personnes qui en sont l'objet, à surprendre leur bonne foi et les amener à consentir à une remise de fonds, qu'elles n'auraient pas faite sans cela (Liège, 3 juin 1901, note de Mineur, 1953 : 239).

2. Buts des manœuvres frauduleuses

Les deux premiers procédés frauduleux (l'usage de faux noms et de fausse qualité) n'ont pour finalité que la remise de l'objet. Les manœuvres frauduleuses, quoiqu'elles visent la remise de la chose convoitée, poursuivent un autre but, celui de faciliter la remise de la chose. Il découle de l'article 98 du Code pénal, Livre II, que les manœuvres frauduleuses s'assignent quelques buts. Il s'agit de persuader de l'existence de fausses entreprises ; persuader d'un pouvoir ou d'un crédit imaginaire ; faire naître l'espérance ou la crainte d'un succès, d'un accident ou de tout autre événement chimérique ; abuser autrement de la confiance ou de la crédulité.

2.1. Persuader de l'existence de fausses entreprises

Par entreprise, on entend évidemment la société qui exerce une activité industrielle ou commerciale. Mais pour la jurisprudence, écrit Véron (1999 : 219-220), constitue aussi une « entreprise » tout ce qui est entrepris, organisé et monté de façon fallacieuse sans prendre la forme d'une société : concours reposant sur un règlement trompeur (Crim., 1er février 1968, *D.*, 1968. 451), fausse organisation charitable recueillant des dons « au profit des handicapés » (Crim., 10 octobre 1977, *Bull.*, n° 298, note de Véron).

Pour Véron (1999 : 220), qui fait appel à la jurisprudence, est fausse l'entreprise totalement fictive ou de pure façade, qui n'a aucune activité réelle (Crim., 25 juillet 1978, *Bull.*, n° 243) : entreprise en état de cessation de paiement. Mais, est également jugée fausse l'entreprise qui a une activité réelle limitée et dont le volume d'affaires est artificiellement et démesurément grossi par de fausses commandes (Crim., 20 février 1974, *Bull.*, n° 76) dont le but est d'obtenir des acomptes, du crédit ou un découvert bancaire (Crim., 3 novembre 1965, *Gaz. Pal.*, 1965, 1, 107).

Les fausses entreprises ne sont pas seulement celles qui sont entièrement chimériques, mais encore celles qui, ayant un fonds réel, présentent dans certaines parties qui les composent des circonstances entièrement fausses (Cass., 23 mai 1870, *Pas.*, I, 415, note de Mineur, 1953 : 240). Il a été jugé que constituent les manœuvres frauduleuses ayant pour but de persuader de l'existence d'une fausse entreprise « des annonces insérées dans les journaux ayant pour objet de persuader de l'existence de fausses entreprises, et qui ont été suivies de négociations et de remises de fonds, ne constituent pas de simples mensonges par écrit, mais l'organisation d'une véritable mise en scène, résultant de la publicité qui leur est donnée par la voie de la presse, elles sont donc des manœuvres frauduleuses » (Cass. fr., 19 mars 1934, *Gaz. Pal.*, 1er juin, note de Mineur, 1953 : 240).

2.2. Persuader d'un pouvoir ou d'un credit imaginaire

Pouvoir imaginaire. C'est le pouvoir dont on ne dispose pas. Ainsi, la rémunération illicite d'un pouvoir réel ne constitue pas une escroquerie, mais peut tomber sous le coup d'une autre incrimination : concussion, corruption, trafic d'influence. L'escroc cherche à obtenir une remise en faisant miroiter aux yeux des victimes un pouvoir dont il ne dispose pas (Crim., 22 avril 1977, *Bull.*, n° 132, note de Véron, 1999 : 220), comme attaché de direction d'une agence bancaire suscitant la confiance des prêteurs en leur faisant croire à un remboursement garanti par la banque.

Véron (1999 : 220) illustre par plusieurs cas qui constituent le pouvoir imaginaire. On évoquera entre autres l'immense domaine d'exploitation de la crédulité publique : mages, devins, cartomanciens ou radiesthésistes, marabouts, ainsi que, sous une forme plus contemporaine, ceux qui proposent des recettes infaillibles pour le gain aux divers jeux de hasard ou de pronostic. Les poursuites pour escroquerie supposent qu'on tienne pour imaginaire le pouvoir invoqué, alors que les dupes croient fermement en réalité à des dons de guérison, de transmission de pensée ou des pouvoirs miraculeux (amour, santé, argent).

Crédit imaginaire. Le mot « crédit », selon le *Larousse de poche* (2002), signifie « autorité, confiance dont bénéficie quelqu'un ». Le crédit imaginaire est alors la confiance que l'escroc fait inspirer à la victime alors qu'il n'en dispose pas. Pour ce type des manœuvres, le but est de tromper les victimes sur la surface financière ou la solvabilité d'un individu ou d'une entreprise, écrit Véron (1999). Elle est réalisée par établissement de fausses factures ou de traites de complaisance tirées sur des tiers insolvables (Crim., 28 janvier 1959, *Bull.*, n° 72, note de Véron, 1999 : 220), voire sur des personnes imaginaires (Véron, 1999 : 220).

Les manœuvres frauduleuses peuvent au même moment ou non viser à persuader du pouvoir imaginaire ou du crédit imaginaire. C'est dire qu'il n'est pas nécessaire que les manœuvres frauduleuses persuadent des deux pouvoirs au même moment. L'escroc peut persuader soit en faisant miroiter le pouvoir imaginaire, soit en mettant en exergue le crédit imaginaire. L'un d'eux suffit pour que les manœuvres frauduleuses soient retenues comme procédé frauduleux de l'escroquerie.

Toutefois, la Cour suprême de justice, dans un cas d'espèce, les a combinés pour constituer le but des manœuvres. Elle a eu à décider en ces termes : « Est établie à charge du prévenu l'infraction d'escroquerie dont les dénégations sont contredites par la réalité et la logique des faits notamment l'usage des manœuvres frauduleuses qui ont pour but de persuader de l'existence d'un pouvoir ou d'un crédit imaginaire telles de fabuleuses sommes d'argent contenues dans des malles qu'on n'ouvrait jamais » (CSJ, RPA 94, 31 août 1984, *B.A.C.S.J.*, 2001 : 509).

Même Georges Mineur (1953 : 240) explique ces expressions sans les dissocier. Pour lui, persuader de l'existence d'un pouvoir ou d'un crédit imaginaire, c'est faire croire que l'on possède une situation, une autorité, des influences, titres, relations que l'on ne possède pas. Tel est le fait, pour un individu, de persuader par des manœuvres frauduleuses qu'il est à la tête d'une importante maison de commerce, alors qu'il n'a ni cette maison ni qualité de commerçant ou de s'attribuer le pouvoir imaginaire d'influencer les décisions des tribunaux, d'arrêter le cours de la justice.

Si la personne a réellement le pouvoir ou le crédit qu'elle fait miroiter à la victime, elle peut se rendre coupable de corruption, de concussion ou de trafic d'influence selon le cas.

2.3. Faire naitre l'esperance ou la crainte d'un succes, d'un accident ou de tout autre evenement chimerique

Cette formule plus large, écrit Véron (1999 : 221), englobe nécessairement les hypothèses précédentes : ce qui est « faux » ou « imaginaire » est également « chimérique ». Mais cette formule va plus loin en permettant d'incriminer des duperies qui ne portent ni sur une entreprise ni sur un crédit ou un pouvoir : réussite à un examen, maladie, décès, catastrophe naturelle... Le même auteur ajoute que relève aussi de ce type d'escroquerie la recherche du financement pour conduire un procès tendant au partage d'une succession, fort importante, mais imaginaire ou pour mener des recherches en vue de la découverte d'un trésor, d'une épave.

Georges Mineur (1953 : 241) explicite les trois expressions de manière à les distinguer. Faire naître l'espérance d'un succès, c'est donner l'espérance d'un événement heureux quelconque. Faire craindre un accident, c'est faire craindre à une personne que tel événement malheureux se réalise. Le mot « accident » doit être, précise Mineur, pris *lato sensu* comme synonyme d'événement. Faire naître l'espérance ou la crainte de tout autre événement chimérique, c'est bercer d'illusions une personne en lui faisant croire que tel fait heureux arrivera, tandis qu'il ne doit pas se réaliser, ou en lui faisant croire qu'un événement malheureux se présentera, tandis qu'il n'en est rien, ou encore c'est lui faire croire qu'un droit, une obligation, une situation existe pour elle tandis qu'il n'en est rien.

« Faire naître l'espérance d'un succès » est le fait de « l'escroc qui dépouille un vieillard en lui faisant croire qu'il assurera son entretien et son logement jusqu'à sa mort » (Crim., 7 mai 1974, *Bull.*, n° 160, note de Véron, 1999 : 221) ; de celui qui promet l'accès à un logement en vendant des listes d'appartements à louer ou à acheter mais déjà occupés et dont les adresses ont été relevées dans d'autres publications (Veron, 1999 : 221).

L'appréciation du caractère chimérique de l'événement est une question de fait qui relève du pouvoir souverain des juges de fond (Crim., 16 avril 1975, *Bull.*, n° 95, note de Véron, 1999 : 221). Toutefois, l'auteur considère qu'est chimérique l'événement inexistant et non celui qui n'a pas pu se réaliser par suite d'échec ou d'insuffisance dans les moyens mis en œuvre pour y parvenir. Pour apprécier le caractère chimérique, il faut donc se placer au moment des manœuvres et de la remise sans tenir compte de l'incidence d'éléments postérieurs : l'échec d'une opération réalisable n'est pas une escroquerie (Véron, 1999 : 221). Pour Georges Mineur (1953 : 240), l'espérance devient celle d'un succès chimérique lorsque l'événement annoncé ne doit pas se réaliser.

2.4. Abuser autrement de la confiance ou de la credulite

La doctrine ne donne pas plus de précision sur ce but des manœuvres frauduleuses qui visent à abuser autrement de la confiance. Elle se limite à dire « abuser autrement de la confiance ou de la crédulité », étend le pouvoir d'appréciation du juge quant au caractère des manœuvres et lui laisse le droit de sévir ou de punir contre celles qui ne rentrent pas dans les catégories prévues par les premières lignes de l'article (Mineur, 1953 : 241 ; Likulia Bolongo, 1985 : 414).

Nous pensons que l'emploi des manœuvres frauduleuses pour abuser autrement de la confiance ou de la crédulité de la victime répond plus ou moins bien à l'hypothèse de l'abus de la vraie qualité par l'escroc. C'est le cas de l'agent qui obtient un avantage illicite en raison de la confiance qu'il inspirait du fait de sa qualité de banquier. Constitue une manœuvre frauduleuse, pour abuser autrement de la confiance, l'apparence de la sincérité dans des déclarations mensongères qui commande la confiance de la victime et tend à la persuader de remettre l'objet, du fait de la qualité de l'agent. C'est aussi le cas d'un assistant social qui, en cette qualité, se fait remettre le fond de l'enfant par le parent de l'enfant grâce à la confiance qu'il inspire.

Les manœuvres frauduleuses pour abuser autrement de la confiance sont de nature à imprimer l'apparence de la sincérité. L'escroc utilise une qualité qu'il possède réellement pour donner force et crédit à ses mensonges grâce à la confiance qu'il inspire. C'est la personne devant laquelle les manœuvres frauduleuses ont été employées qui doit avoir confiance ou crédulité dans la personne de l'escroc. Cette confiance ou crédulité est inspirée par l'escroc. Au cas où la personne n'a pas la qualité qui fait naître la confiance ou la crédulité, ce sera l'escroquerie par fausse qualité.

Les trois procédés frauduleux (usage des faux noms, fausse qualité et emploi des manœuvres frauduleuses) que nous venons d'examiner ont pour finalité de persuader la personne devant laquelle ils ont été employés de remettre ou de délivrer la chose convoitée par l'escroc.

2. La remise ou délivrance de la chose

C'est par la remise que l'escroquerie se distingue matériellement du vol. L'escroc n'appréhende pas directement la chose qu'il convoite ; elle lui est remise par la victime, soit directement, soit par une personne agissant pour son compte (Crim. 6 janvier 1962, *Bull.*, n° 11, note de Véron, 1999 : 221). C'est ainsi que le juge ne peut condamner sans préciser le lien de causalité entre procédé frauduleux et remise, précise Véron (1999 : 221).

La jurisprudence distingue la remise de la délivrance. La remise suppose que la tradition se fait directement du détenteur à l'escroc, tandis que pour la délivrance l'agent obtient indirectement la chose soit par la poste, soit par le transporteur (1re inst. app. Kiv., 26 juin 1957, note de Likulia Bolongo, 1985 : 414).

Pour Georges Mineur (1953 : 233), le mot « remise » implique l'idée d'une tradition réelle. Le mot « délivrance » a un sens plus large. L'auteur poursuit qu'il faut admettre que l'escroquerie est consommée lorsqu'un individu, faisant usage de manœuvres frauduleuses, a commandé à un négociant étranger des marchandises qui ont été arrêtées en cours de route, parce que la fraude a été découverte.

La remise ou la délivrance de la chose n'intervient qu'après que l'escroc a persuadé le détenteur de la chose par des procédés frauduleux. C'est dans ce sens que Pradel et Danti-Juan (2010 : 527) déterminent que le moment de la remise est forcement postérieur à l'emploi des moyens frauduleux. Si l'emploi des moyens était postérieur à la remise, par exemple pour la dissimuler, il n'y aurait pas escroquerie.

Il y a lieu de relever que les choses faisant objet de l'escroquerie ne doivent pas être remises à l'auteur des manœuvres frauduleuses, il suffit qu'il y ait eu remise entre les mains d'un tiers (Cass. fr., 7 mars 1936, *Dr. pénal*, 1193, note de Mineur, 1953 : 234) pour conclure à la tradition de la chose. Likulia Bolongo (1985 : 414) abonde dans le même sens lorsqu'il écrit qu'il n'est pas nécessaire que ce soit entre les mains de l'escroc que la tradition ait eu lieu. L'agent a pu se faire remettre la chose par l'intervention ou l'intermédiaire d'une tierce personne.

La remise ou la délivrance de la chose peut ne pas être effective indépendamment de la volonté de l'escroc. Ainsi, pour poursuivre l'agent dans le cas d'espèce, il faut examiner les éléments ci-après : la résolution de commettre une infraction ; les actes extérieurs qui tendent à la réaliser ; la suspension ou le manque d'effet que par suite d'une circonstance extérieure. Une fois ces éléments réunis, l'auteur devra être poursuivi sur pied de l'article 4 du Code pénal, Livre II, qui réprime la tentative d'une infraction.

Le tribunal de grande instance de Bukavu (RP. 12 040, 27 septembre 2008, Rejusco, 2010 : 252-255) a eu à considérer que constitue une tentative d'escroquerie dans le but d'obtenir de leur victime une somme d'argent, le fait pour les deux prévenus d'avoir fait croire à la victime qu'ils avaient le mercure rouge d'une valeur de 800 000 USD ; et que le fait d'avoir procédé au test de ce produit chez elle à la maison pour la déterminer à l'acheter constitue des manœuvres frauduleuses. Malheureusement pour eux, leur entreprise a été vite découverte par la victime qui déjà s'était fait escroquer une somme d'argent par le même procédé, telle est la circonstance qui a empêché les prévenus d'atteindre leur objectif.

La remise ou la délivrance de la chose est un élément important pour la constitution de l'infraction d'escroquerie. À défaut de la remise, l'infraction d'escroquerie ne peut être retenue (CSJ, RP. 130, 15 avril 1975, *B.A.C.S.J.*, 1976 : 119, note de Katwala Kaba Kashala, 1995 : 63), sauf dans l'hypothèse de tentative punissable.

3. La chose, objet de la remise ou délivrance

Il s'agit de déterminer la nature et l'appartenance de la chose objet de la remise ou de la délivrance. S'agissant de la nature de la chose, objet de l'escroquerie, l'article 98 du Code pénal, Livre II, énumère les choses qui sont susceptibles de la remise ou délivrance. Il s'agit de fonds, meubles, obligations, quittances, décharges.

Les *fonds* sont constitués de toute somme d'argent, qu'il s'agisse d'espèces, de chèque, d'ordre de virement, etc.

Par *meuble*, il faut entendre toute chose mobilière susceptible d'appropriation individuelle (Likulia Bolongo, 1985 : 415). Il s'agit ainsi de tous les meubles corporels tels que le mobilier, les bijoux, les tableaux, les livres, les marchandises, voire un bulletin de vote, un billet de chemin de fer, un billet de spectacle, une lettre missive, un fichier de clientèle, une information, voire une idée qui inspirera un roman ou un film (Pradel et Danti-Juan, 2010 : 525). Les immeubles sont ainsi exclus des choses susceptibles d'escroquerie.

Les *obligations, décharges* : il s'agit de « tous les actes qui forment un lien de droit et à l'aide desquels on peut préjudicier à la fortune d'autrui » (Crim, 1er avril 1963, *B.C.*, n° 140, note de Pradel et Danti-Juan, 2010 : 526). Ces mêmes auteurs précisent qu'il est admis que « l'obligation ou la décharge peut découler d'un contrat de prêt, d'un contrat de publicité, d'une quittance pour solde de dette, d'une reconnaissance de dette ou d'un droit de location ».

Les *quittances* sont les actes écrits et remis au débiteur par lesquels le créancier reconnaît avoir reçu le montant de sa créance (Guichard *et al.*, 2015 : 814). Ce sont ainsi les titres ayant une valeur financière qui ne sont pas des objets de valeur qui sont les meubles. La quittance constitue donc un acte constatant la décharge d'une créance.

Il n'est pas requis que la remise ou la délivrance porte sur la chose elle-même, il suffit que l'auteur se soit fait remettre le titre ou le document qui lui permettront de se la faire remettre (Marchal et Jaspar, n° 1301, note de Mineur, 1953 : 234).

Une controverse doctrinale résulte de la liste des choses susceptibles d'escroquerie. Pour Georges Mineur (1953 : 234), qui se fonde sur Pand et Répert, « il est admis communément que cette énumération est exemplative et non limitative et qu'elle s'étend à toutes choses dont la remise ou la délivrance peut avoir pour résultat de porter atteinte à la fortune d'autrui ». Par contre, Likulia Bolongo (1985 : 415) soutient que l'article 98 du Code pénal énumère limitativement ces objets. Il nous paraît que l'aspect « énumération exemplative » se trouve dans le mot « meuble » étant donné que celui-ci est toute chose mobilière susceptible d'appropriation individuelle. Les meubles n'étant pas limitativement cités ou détaillés, ceci nous laisse penser à l'énumération exemplative, car tout meuble est susceptible d'escroquerie. Toutefois, l'aspect limitatif réside dans le fait d'avoir cité les objets susceptibles d'escroquerie.

S'agissant de l'appartenance de la chose objet de l'escroquerie, selon l'esprit de l'article 167 de la loi portant protection de l'enfant, elle doit appartenir à un enfant. Il n'est donc pas nécessaire que les procédés frauduleux soient employés devant l'enfant. Même employés devant l'adulte pour se faire remettre ou délivrer la chose d'un enfant, ils constituent l'escroquerie au préjudice d'un enfant.

4. Le préjudice

L'article 98 du Code pénal, Livre II, ne prévoit pas le préjudice qui résulterait de la remise comme un élément essentiel pour la constitution de l'escroquerie. La seule remise de la chose suffit à constituer l'infraction. Aussi, pour Pradel et Danti-Juan (2010 : 527), le préjudice se présume dès lors que la remise avait été viciée par l'emploi de moyens frauduleux. Se référant à la jurisprudence, les auteurs soutiennent que le préjudice, élément constitutif du délit, est établi dès lors que les remises ou versements n'ont pas été librement consentis, mais ont été extorqués par des moyens frauduleux (Crim., 19 novembre 1979, *B.C.*, n° 369, note de Pradel et Danti-Juan, 2010 : 528).

L'article 167 de la loi portant protection de l'enfant parle de « l'escroquerie au préjudice d'un enfant ». Cet article précise que l'escroquerie doit causer un préjudice à un enfant. Un préjudice est donc indispensable à l'existence de l'infraction. Le préjudice ne peut pas exister dans le chef de l'enfant si la chose qui a été remise ou délivrée ne lui appartient pas. La dépossession de la chose de l'enfant par les procédés frauduleux suffit pour établir le préjudice. Le préjudice peut être chiffrable ou moral.

B. Élément moral

L'élément psychologique est absolument nécessaire à la constitution de l'infraction d'escroquerie au préjudice d'un enfant. Il s'agit d'une intention coupable dans le chef de l'escroc. Cette intention est, selon Pradel et Danti-Juan (2010 : 528), la conscience de réaliser un acte défendu par la loi. Elle est d'abord la connaissance du caractère frauduleux des moyens employés. C'est dans ce sens que Likulia Bolongo (1985 : 416) estime que l'usage d'un faux nom, d'une fausse qualité ou l'emploi des procédés frauduleux destinés à commander la remise de l'objet convoité suppose nécessairement que l'agent a agi avec intention coupable. Cette intention se caractérise par la volonté, la conscience de s'approprier une chose appartenant à un enfant par les trois moyens frauduleux. Il s'ensuit, comme le dit Veron (1999 : 223), que l'escroquerie sanctionne à l'évidence un délit intentionnel commis par celui qui fait sciemment usage d'un faux nom ou d'une fausse qualité ou qui met en œuvre des manœuvres frauduleuses avec l'intention de tromper sa victime.

L'intention est ensuite, poursuivent Pradel et Danti-Juan (2010 : 529), la conscience d'un préjudice pour la victime des moyens frauduleux ou pour un tiers : par conséquent, le plaisantin ou mystificateur qui a toujours eu l'intention de restituer ce qu'il venait de se faire remettre n'est pas un escroc.

Il ne suffit pas d'alléguer l'existence de l'intention coupable, mais il faut la prouver. Pour Véron (1999 : 223), la preuve de cette intention découlera la plupart du temps de la seule constatation des moyens matériels mis en œuvre. Celui qui réalise une mise en scène très élaborée – création de sociétés fictives, fausses factures, intervention de tiers – peut difficilement prétendre être de bonne foi.

Pradel et Danti-Juan (2010 : 529) consolident ce point de vue sur la preuve de l'intention coupable de l'escroc. Le plus souvent, la preuve est aisée car l'intention résulte des moyens employés de façon éclatante. Celui qui fait un montage très élaboré, qui crée des sociétés fictives ou qui fait appel à des tiers peut difficilement affirmer qu'il n'a pas eu l'intention de commettre une escroquerie.

Outre ces éléments, il faut que l'auteur ait connaissance que les choses par lui escroquées sont une propriété de l'enfant. La preuve de la connaissance par l'auteur que la chose appartient à l'enfant dépendra de la mise en œuvre des procédés par l'auteur aussi bien que de la nature de la chose escroquée.

§ 3. Régime répressif

L'escroquerie au préjudice d'un enfant est punie de deux à cinq ans de servitude pénale principale et d'une amende de cent mille à deux cent cinquante mille francs congolais. La peine prévue par l'article 167 de la loi portant protection de l'enfant est plus forte que celle prévue par l'article 98 du Code pénal, Livre II, dont le minimum de la servitude pénale est de trois mois.

En vertu de la loi portant protection de l'enfant, le tribunal devra prononcer la peine de servitude pénale principale cumulée avec la peine d'amende, contrairement au Code pénal, Livre II, qui permet au juge de prononcer l'une de ces peines seulement.

La commission de l'infraction d'escroquerie peut s'accompagner d'autres préventions. Il y a ainsi lieu de tenir compte du fait que ces infractions ont été réalisées soit en concours idéal ou matériel, soit qu'il s'agit de l'infraction-moyen ou de l'infraction-fin. Dans un cas d'espèce, la Cour suprême de justice a eu à se prononcer en ces termes : « les faits constitutifs des infractions distinctes d'escroquerie étant en concours matériel et une peine de servitude pénale principale sera prononcée pour chaque infraction » (CSJ, RPA 94, 31 août 1984, *B.A.C.S.J.*, 2001 : 509).

Par ailleurs, Georges Mineur (1953 : 241) écrit qu'il est fréquent que l'escroquerie se commette au moyen d'un faux en écritures. Dans ce cas, la jurisprudence, poursuit-il, décide que si, par le moyen d'une pièce constituant un faux, l'agent commet une escroquerie, il poursuit une seule et même intention criminelle et n'est coupable que de l'infraction de faux, parce qu'en ce cas l'escroquerie n'est qu'une modalité de l'usage de faux (Élis., 18 avril 1922, *Jur. Kat.*, I, 296 ; Stan., 1re inst. app., 22 septembre 1930, RPA, 5142 ; Luluabourg, 24 mai 1950, RPA, n° 1299 ; 1re inst. app. Léo., 21 mai 1952, *Rev. jur.*, p. 144 [...]).

Mais, cette position nous paraît discutable. Le faux peut paraître dans une certaine mesure comme un moyen frauduleux pour persuader de la remise ou la délivrance de la chose convoitée par l'escroc. Dans ce cas, le faux en écriture devra être considéré comme une manœuvre frauduleuse. Le faux peut être aussi commis dans le but de chercher à certifier le faux nom ou la fausse qualité et persuader la personne de remettre ou de délivrer la chose. Le faux est ainsi une infraction-moyen et l'escroquerie, l'infraction-fin. Dans cette hypothèse, c'est l'infraction d'escroquerie qui sera réprimée étant donné que le faux en écriture et son usage sont un moyen de perpétration de la première. Dans un cas d'espèce encore, la Cour suprême de justice avait arrêté que l'escroquerie réalisée par un faux document sera seule retenue et non le faux et usage de faux qui ne constitue qu'un moyen frauduleux (CSJ, 16 juin 1973, *B.I.P.G.R.*, 1973, p. 153, note de Likulia Bolongo, 1985 : 25). Ce raisonnement répond bien avec le « principe de la finalité d'une infraction qui découle de la théorie de l'incompatibilité de qualifications ». On parlera de qualifications incompatibles lorsqu'une infraction objectivement imputable à l'agent est la conséquence logique et en quelque sorte naturelle d'une première infraction avec laquelle elle se confond intimement (Pradel, 1977, n° 235, note de Nyabirungu Mwene Songa, 1989 : 115).

Dans un autre cas d'espèce enfin, la Cour suprême de justice, saisie en cassation, a eu à confirmer la motivation du tribunal de grande instance de Kinshasa-Gombe (RPA 16 775, 27 septembre 2002) qui, dans sa décision, a eu à motiver que l'infraction de faux en écritures et celle d'usage de faux viennent en concours avec l'infraction d'escroquerie car l'escroc, en commettant l'infraction de faux en écritures et usage de faux, poursuit une seule et même intention criminelle et ne se rend coupable que d'une seule infraction (CSJ, RP. 2434, 29 juillet 2009, *B.A.C.S.J.*, T. II, 2010 : 227).

Une autre question juridique qui se pose, dans la répression de l'escroquerie, est celle de la compétence territoriale dans l'hypothèse où l'escroquerie a été commise dans plusieurs ressorts, soit que l'auteur se livre à certaines manœuvres dans une région, et à d'autres dans une autre, soit que la remise de la chose se produit dans un autre ressort, alors que les moyens frauduleux ont été mis en œuvre dans un autre. Georges Mineur (1953 : 242) résout la question en ces termes : « on admet actuellement que l'infraction est commise, tant au lieu où ont eu lieu les manœuvres, qu'à celui où a eu lieu la remise des fonds ».

§ 4. La prescription de l'action publique résultant de l'escroquerie

L'escroquerie est une infraction instantanée consommée par la remise effectuée par la victime entre les mains de l'escroc. C'est donc à la date de la remise qu'il faut se placer pour fixer le point de départ du délai de trois ans et celui-ci ne peut être avancé à la date des manœuvres ou retardé à la date de la découverte de son infortune par la victime (Crim. 16 févr. 1965, *Bull.*, n° 279 ; 27 mai 1991, *Bull.*, n° 223, note de Véron, 1999 : 210). C'est la remise qui consomme l'infraction et qui marque le point de départ du délai de prescription.

Toutefois, lorsque la tromperie initiale détermine des remises successives ou la délivrance d'un titre permettant d'obtenir des remises répétées – escroquerie aux prestations sociales ou aux allocations de chômage –, la Cour de cassation (française) juge que l'ensemble des manœuvres et des remises forme un « tout indivisible » et que la prescription ne commence à courir qu'à compter du dernier versement (Crim. 18 juillet 1968, *Bull.*, n° 234, 1er février 1993, *Dr. pénal*, 1993, comm. 158, 20 juin 1994, *Dr. pénal*, 1994 ; *Dr. pénal*, 1996, comm. 61, note de Véron, 1999 : 210). La solution, écrivent Pradel et Danti-Juan (2010 : 514), permet d'éviter la prescription quand les faits sont découverts plus de trois ans après remise du titre.

Section 6. Abus de confiance au préjudice d'un enfant

Vue générale. La loi portant protection de l'enfant ne nomme pas la prévention prévue à l'article 168 d'abus de confiance au préjudice d'un enfant. Nous avons souhaité la nommer ainsi du fait que cet article est libellé en termes identiques à ceux de l'article 95 du Code pénal, Livre II, qui réprime l'abus de confiance. Certains praticiens la nomment « détournement des biens d'un enfant » et d'autres « abus des biens d'un enfant » (Cizungu Nyangezi, 2011 : 475). À ce jour, nous n'avons toutefois pas trouvé une décision de justice qui nomme la prévention prévue à l'article 168 de la loi portant protection de l'enfant. Tout au long de l'analyse, nous allons utiliser l'expression « abus de confiance au préjudice d'un enfant ».

En droit pénal, l'abus de confiance est le fait par une personne de détourner, au préjudice d'autrui, des fonds, des valeurs ou un bien quelconque qui lui ont été remis et qu'elle a acceptés à charge de les rendre, de les représenter ou d'en faire un usage déterminé (Guinchard *et al.*, 2015 : 5). Il est aussi entendu comme « la violation frauduleuse d'un contrat translatif de la détention ou de la possession d'une chose, en vertu duquel l'agent transforme la possession précaire qu'il avait de la chose, en une possession *animo domini*, en détournant ou dissipant un objet reçu à charge de le rendre ou d'en faire un emploi déterminé (Mineur, 1953 : 222).

Aux termes de l'article 168 de la loi portant protection de l'enfant, l'abus de confiance au préjudice d'un enfant est le fait pour une personne de détourner frauduleusement ou de dissiper au préjudice d'un enfant des effets, propriétés, deniers, marchandises, billets, quittances, écrits de toute nature contenant ou opérant obligations ou décharges, qui ne lui avaient été remis qu'à la condition de les rendre ou d'en faire un usage ou un emploi déterminé.

À partir de cette définition tirée de la disposition légale, il y a lieu de le distinguer d'autres préventions voisines précédemment analysées. L'abus de confiance, qui est la violation de la foi contractuelle, s'oppose à la fois au vol et à l'escroquerie, enseignent Pradel et Danti-Juan (2010 : 531). L'auteur de l'abus de confiance ne soustrait pas la chose contrairement au voleur, puisque cette chose lui est remise par la victime. Et l'auteur de l'abus de confiance, à l'inverse de l'escroc, n'obtient pas la remise de la chose par l'emploi de procédés frauduleux. L'abus de confiance suppose deux sortes de conditions : des conditions préalables (la remise de la chose en vertu d'un contrat de détention précaire) et des éléments constitutifs (le détournement ou la dissipation volontaire et au préjudice du propriétaire). Les conditions préalables appartiennent au droit civil (ou commercial) alors que les éléments constitutifs ont un caractère pénal.

§ 1. Base légale

C'est l'article 168 de la loi portant protection de l'enfant qui constitue la base légale de la prévention d'abus de confiance au préjudice d'un enfant ou du détournement d'un bien d'un enfant.

Cet article dispose : « Est puni de deux à cinq ans de servitude pénale principale et d'une amende de cent mille à deux cent cinquante mille francs congolais, quiconque détourne frauduleusement ou dissipe au préjudice d'un enfant des effets, propriétés, deniers, marchandises, billets, quittances, écrits de toute nature contenant ou opérant obligations ou décharges qui lui avaient été remis à la condition de les rendre ou d'en faire un usage ou un emploi déterminé ».

De cette disposition, il y a lieu d'examiner les conditions préalables et les éléments constitutifs de l'abus de confiance ainsi que son régime répressif.

§ 2. Conditions préalables de la prévention

L'abus de confiance au préjudice d'un enfant suppose, à titre de conditions préalables, l'existence d'un contrat par lequel une chose a été remise à une personne, à charge de cette dernière de la rendre ou d'en faire usage ou emploi déterminé. Il découle ainsi de ceci trois conditions préalables qu'il faut réunir : un contrat, une chose et la remise de la chose.

A. Le contrat préalable

Le contrat est une première condition préalable pour l'établissement de la prévention étant donné qu'elle se commet dans le cadre contractuel sur une chose remise à titre précaire. C'est ainsi qu'il a été jugé que « tout abus de confiance implique la violation d'un contrat translatif de la détention ou de la possession d'une chose ; la première question à résoudre est donc celle de savoir si ce contrat a été formé. C'est une question de droit civil pour la solution de laquelle les tribunaux répressifs sont compétents en vertu du principe que le juge de l'action est aussi le juge de l'exception » (Boma, 25 octobre 1904, note de Strouvens et Piron, 1948 : 121). Le contrat en soi, écrivent Guinchard *et al.* (2015 : 262), est une convention de deux ou plusieurs personnes en vue de faire naître une ou plusieurs obligations.

Avant d'examiner la nature du contrat qui peut constituer la base de la remise de la chose, il importe d'analyser la question de la conclusion du contrat par l'enfant, une situation qui entraîne une irrégularité du contrat.

1. La validité du contrat, une question inopérante

Au regard du droit civil, un enfant ne peut conclure un contrat valide du fait de son incapacité. Cependant, le droit pénal manifeste son autonomie par rapport au droit civil car la nullité du contrat violé ne supprime pas l'infraction de l'abus de confiance, c'est-à-dire qu'elle n'a aucune influence sur la culpabilité de l'agent (Likulia Bolongo, 1985 : 425). C'est dans ce sens que Pradel et Danti-Juan (2010 : 532) considèrent que l'irrégularité du contrat ne saurait être invoquée par le prévenu pour plaider sa relaxe. Cette règle intéresse à la fois la nullité du contrat et son illicéité. Il y a là une manifestation de l'autonomie du droit pénal.

La preuve de l'existence du contrat violé a donné lieu à des difficultés. Pour Georges Mineur (1953 : 223), en matière d'abus de confiance, la preuve du contrat violé ne peut être faite par témoins, lorsque l'objet du contrat est supérieur à 150 francs. Il en est autrement s'il existe un commencement de preuve par écrit, ou si le créancier n'a pu se procurer une preuve littérale de l'obligation. Tandis que Véron (1999 : 233), s'appuyant sur certaines positions jurisprudentielles, écrit que la preuve ne saurait être libre comme en matière pénale et reste soumise aux règles du droit civil ou commercial. En matière civile, poursuit-il, « les contrats qui portent sur des sommes supérieures [...] doivent être prouvés par écrit » (Crim., 1er juillet 1992, *Bull.*, n° 263 ; *Droit pénal*, 1992, comm. 283). Cette exigence n'est pas trop gênante car « [...] d'importantes exceptions au principe de la nécessité de l'écrit redonnent tout son intérêt à la preuve testimoniale ou indiciaire » (Pradel et Danti-Juan, 2010 : 532-533). L'exception résulte de l'impossibilité matérielle ou morale de se procurer un écrit. L'impossibilité peut résulter de circonstances les plus diverses comme les liens de confiance et de subordination (Crim., 5 novembre 1980, *B.C.*, n° 289), les transactions clandestines des fonds (Crim., 21 janvier 1976, *J.C.P.*, 1976, II, 18 473), les usages propres à certaines professions, la maladie de la victime (Pradel et Danti-Juan, 2010 : 533).

Toutefois, Likulia Bolongo enseigne qu'en vertu du principe « le juge de l'action est aussi juge de l'exception », toutes les contestations sur l'existence et les conditions du contrat sont de la compétence de la juridiction répressive saisie de la poursuite et qui les examine souverainement (Kinshasa, 13 mars 1977, *R.J.Z.*, 1979 : 108, note Likulia Bolongo, 1985 : 425). L'auteur poursuit en disant que le juge qualifie librement le contrat qui lui est soumis, sans être lié par la qualification que les parties lui ont donnée mais à condition de ne pas dénaturer leur volonté.

2. La nature du contrat source de l'obligation violée

Ce ne sont pas tous les contrats qui constituent une source d'abus de confiance une fois violés. En effet, pour certains contrats, l'inexécution de ses obligations par un débiteur n'engage normalement que sa responsabilité contractuelle, civile ou commerciale, pour aboutir à sa condamnation au versement de dommages-intérêts en réparation du préjudice subi par le créancier (Véron, 1999 : 230). Le Code pénal, poursuit l'auteur, incrimine sous le nom d'abus de confiance le détournement des choses remises dans un cadre contractuel à charge de les représenter ou d'en faire un emploi ou un usage déterminé. Cette infraction sanctionne donc pénalement l'inexécution frauduleuse de certaines obligations contractuelles.

La preuve du contrat en vertu duquel l'auteur de l'abus de confiance était tenu de restituer la chose détournée ou dissipée, ou d'en faire un usage ou un emploi déterminé, doit, si ce contrat est contesté, être faite conformément aux règles du droit civil, ainsi éventuellement par serment litisdécisoire (Strouvens et Piron, 1948 : 121).

Le législateur n'a pas énuméré les contrats générateurs d'obligation dont la violation pouvait engendrer la poursuite de son auteur. La doctrine ainsi que la jurisprudence énumèrent un certain nombre de contrats. Il s'agit de contrats de louage, dépôt, mandat, nantissement, prêt à usage et prêt pour un travail salarié ou non salarié, transport.

a) Le contrat de louage de chose

Le louage est un contrat qui « emporte obligation de rendre » (Pradel et Danti-Juan, 2010 : 534). Aux termes du Code civil, le louage est le contrat par lequel l'une des parties s'oblige à faire jouir l'autre partie d'une chose pendant un certain temps et moyennant un certain prix que celle-ci s'oblige de lui payer (article 371 du Code civil, Livre III). Le même Code civil précise à son article 374 que le louage n'est soumis à aucune condition de forme. Il est parfait entre les parties dès qu'elles se sont convenues de la chose et du prix.

Dans le cadre de ce contrat, l'abus de confiance au préjudice d'un enfant ne peut se constituer que lorsque l'agent ne restitue pas la chose qui lui a été remise par l'enfant en vertu de ce contrat. Ainsi, commet un abus de confiance, enseigne Likulia Bolongo (1985 : 422), un citoyen qui se met dans l'impossibilité de rendre la bicyclette louée par lui, ou qui détourne la voiture louée.

b) Le contrat de dépôt et de séquestre

Aux termes de l'article 482 du Code civil, Livre III, l**e** *dépôt*, en général, est un acte par lequel on reçoit la chose d'autrui, à charge de la garder et de la restituer en nature. Ce contrat impose au dépositaire de rendre identiquement la chose même qu'il a reçue (article 498 du Code civil, Livre III). Ainsi, l'abus de confiance au préjudice d'un enfant est consommé lorsque l'agent détourne ou dissipe la chose de l'enfant qui lui a été remise pour le dépôt et qui cherche à restituer une autre chose que celle qui lui a été remise pour la garde.

Pradel et Danti-Juan (2010 : 534-535) distinguent deux sortes de dépôt qui produisent les effets juridiques différents. Il y a le dépôt régulier et le dépôt irrégulier. Ainsi, s'il y a *dépôt régulier*, c'est-à-dire dépôt imposant l'obligation de restituer la chose même (articles 482 et 498 du Code civil, Livre III), il y a abus de confiance en cas de détournement. Il y a dépôt régulier dans le cas du gérant d'une société qui détient des marchandises en stock, remises par une autre société, et qu'il est chargé de vendre. Il en est de même du commerçant qui a vendu un objet à un tiers, mais dont il a encore la possession en vertu d'un contrat de dépôt en sorte que si ce commerçant détourne cet objet avant que l'acheteur en ait pris livraison, il est coupable d'abus de confiance (Crim., 3 août 1933, *B.C.*, n° 176, note de Pradel et Danti-Juan, 2010 : 534-535).

S'il y a *dépôt irrégulier*, imposant seulement une restitution en valeur, il n'y a pas d'abus de confiance en cas de non-restitution. Tel est le cas du compte bancaire à terme, qui permet au banquier de disposer librement des fonds remis, à charge pour lui de les restituer à l'échéance (Crim., 28 janvier 1991, *B.C.*, n° 42, note de Pradel et Danti-Juan, 2010 : 534-535).

L'article 483 du Code civil, Livre III, distingue deux espèces de dépôt. Aux termes de cette disposition, il y a deux espèces de dépôts : le dépôt proprement dit et le séquestre.

Le séquestre désigne à la fois la personne ou le contrat. Le séquestre est une personne désignée par des particuliers pour assurer la conservation d'un bien qui est l'objet d'un procès ou d'une voie d'exécution (Guinchard *et al.*, 2015 : 916). Le séquestre, comme contrat, dit conventionnel, est le dépôt fait par une ou plusieurs personnes, d'une chose contentieuse, entre les mains d'un tiers, qui s'oblige de la rendre, après la contestation terminée, à la personne qui sera jugée devoir l'obtenir (article 519 du Code civil, Livre III). Par cette définition du séquestre, ce contrat est générateur de l'abus de confiance au préjudice d'un enfant. Ainsi, le séquestre qui détourne ou dissipe la chose qui lui a été remise en vertu de ce contrat commet l'abus de confiance au préjudice de l'enfant qui sera reconnu propriétaire de la chose après la contestation. Cependant, si le détournement ou la dissipation a lieu avant que la contestation soit vidée, il se rend coupable d'abus de confiance au préjudice de déposants.

c) Le contrat de mandat

Le mandat est une autre forme de contrat préalable retenu parmi ceux qui peuvent fonder la poursuite en cas de violation des obligations. Il est prévu par les articles 526 à 551 du Code civil, Livre III. Aux termes de l'article 526, le mandat est un acte par lequel une personne donne à une autre le pouvoir de faire quelque chose pour le mandant et en son nom. Le mandat peut être donné, ou par un acte authentique, ou par écrit sous seing privé, même par lettre. Il peut aussi être donné verbalement (article 527 du CCL III). C'est dans ce sens que Pradel et Danti-Juan (2010 : 535) disent qu'il importe peu qu'il soit exprès ou tacite, écrit ou verbal, légal ou conventionnel. Mais s'il est tacite, écrit Likulia Bolongo (1985 : 420), l'intention du créancier seul ne suffit pas à le constituer, il doit résulter de l'intention présumée des deux parties ou d'actes qui font nécessairement présumer l'existence d'un accord. Tandis que le mandat est conventionnel lorsqu'il résulte d'un contrat conclu entre le représenté (ou mandant) et le représentant (ou mandataire). Il peut aussi résulter de la loi ou d'un jugement (Guinchard *et al.*, 2015 : 623). Le mandat est un contrat qui survit même au décès du mandant en ce sens où, dans l'hypothèse où le mandataire ignorait le décès du mandant, ce qu'il a fait dans cette ignorance est valide (article 549 du CCL III).

Ainsi, commet l'abus de confiance, le prévenu qui avait reçu une somme d'argent pour la faire fructifier dans un commerce et en verser le produit à la victime, mais qui a dissipé frauduleusement ce produit à son propre profit (TGI Bukavu, RP 11 742/08, 18 juillet 2008, Rejusco, *Recueil de jurisprudence en matière pénale*, 2010 : 29). Il en est de même, illustre Likulia Bolongo (1985 : 420), de celui qui, chargé de percevoir ou de verser pour le compte d'un tiers une certaine somme d'argent, dissipe ou détourne cette somme ; de celui qui, chargé de gérer une entreprise, détourne à son profit tout ou partie des bénéfices ; ou de celui qui détourne de l'argent qui n'était entre ses mains que pour le remettre au propriétaire.

Étant donné que le mandat peut résulter aussi d'un jugement, commet ainsi un abus de confiance au préjudice d'un enfant le liquidateur qui dissiperait le prix de loyer de la maison des enfants du *de cujus* dont il a l'administration. Il s'est approprié frauduleusement ce qu'il a reçu à titre de mandat.

Le mandat est entendu de manière large. C'est ainsi que la jurisprudence, précisent Pradel et Danti-Juan (2010 : 535), entend largement le concept de mandataire qui peut être un dirigeant d'entreprise, d'une société civile, d'une association, un agent d'affaires, un commissionnaire en matière commerciale, un agent immobilier par opposition à un marchand de biens qui, lui, achète les biens, le mandataire d'une agence de voyages.

d) Le contrat de nantissement ou de gage

Le contrat de gage était prévu par les articles 598 à 612 du Code civil, Livre III. Ces dispositions ont été abrogées par la loi n° 73-021 du 20 juillet 1973, dite loi foncière, qui le prévoit et l'organise à ses articles 322 à 336.

Le gage, aux termes de l'article 322 de la loi dite foncière confère au créancier le droit de se faire payer sur la chose qui en est l'objet par privilège et préférence aux autres créanciers. Mais, dans son sens primitif au regard du Code civil, Livre III, le gage est un contrat par lequel un débiteur remet une chose à son créancier pour sûreté de sa dette.

Le créancier gagiste qui détourne l'objet commet un abus de confiance. Il en est ainsi d'une femme à qui des bijoux ont été remis en gage, qui se rend coupable d'abus de confiance en vendant ces bijoux, mais elle ne commet aucune infraction en les portant, parce que l'usage abusif d'une chose n'implique aucune volonté de se l'approprier, mais elle en commettrait si elle dénaturait l'objet (Mineur, 1953 : 225).

La prévention ne sera toutefois pas constituée lorsque le créancier gagiste vend la chose suivant le prescrit de l'article 329 de la loi dite foncière. Aux termes de cet article, à défaut de paiement à l'échéance de la créance garantie par le gage, le créancier peut, après une mise en demeure signifiée au débiteur et au tiers bailleur de gage, s'il en a un, et en s'adressant par requête au juge, obtenir l'autorisation de faire vendre le gage soit publiquement, soit de gré à gré, au choix du juge, et par personne qu'il désigne. Il ne sera statué sur cette requête que deux jours francs après qu'elle aura été signifiée au débiteur et au bailleur de gage s'il y en a un, avec invitation à faire dans l'intervalle parvenir au juge leurs observations, s'il échet.

e) Le contrat de prêt à usage

Le Code civil, Livre III, distingue le prêt à usage du prêt à consommation. Le prêt à usage ou commodat est un contrat par lequel l'une des parties livre une chose à l'autre pour s'en servir, à charge pour le preneur de la rendre après s'en être servi (article 448 du Code civil, Livre III). Tandis que le prêt de consommation est un contrat par lequel l'une des parties livre à l'autre une certaine quantité de choses qui se consomment par l'usage, à la charge par cette dernière de lui en rendre autant de mêmes espèce et qualité (article 465 du Code civil, Livre III).

La jurisprudence n'a retenu que le prêt à usage comme contrat préalable qui, s'il est violé, constitue un abus de confiance. Ceci se justifie, à notre avis, du fait que le preneur a l'obligation de rendre la chose même prêtée après s'en être servie. Et aux termes de la loi, il n'y a abus de confiance que lorsque l'agent détourne ou dissipe la chose qui ne lui a été remise qu'à la condition de la rendre ou d'en faire un usage ou un emploi déterminé. Le prêt à usage, étant un contrat, « a pour objet une chose non consomptible qui doit être restituée en nature par l'emprunteur » contrairement au prêt de consommation qui « porte sur une certaine quantité de choses qui se consomment par l'usage, obligeant l'emprunteur à rendre autant de choses de même espèce et qualité » (Guichard *et al.*, 2015 : 771).

Ainsi, constitue l'abus de confiance, « le fait de retenir de mauvaise foi un véhicule de fonction après l'expiration du contrat de travail en vertu duquel il est détenu à titre de prêt à usage » (Paris, 8 octobre 1974, *Rev. Jurisp. Com.*, 1975, 295, note de Pradel et Danti-Juan, 2010 : 536) ; « le fait de remettre en gage un objet prêté » (1re inst. appel Coq., 20 septembre 1934, *R.J.C.B.*, 1938 : 149, note de Strouvens et Piron, 1948 : 121) par un enfant ; « le fait de détourner des effets mobiliers, de poste de radio et d'habillement reçus à titre de prêt à usage » (Likulia Bolongo, 1985 : 422) de l'enfant.

f) La remise d'une chose en vue d'un travail salarié ou non salarié

Le travail est une activité d'un homme ou d'un groupe d'hommes accomplie en vue d'un résultat utile. Il est aussi une activité professionnelle. L'abus de confiance à l'occasion du travail se réalise lorsque, « par exemple, le cordonnier qui est chargé de réparer des chaussures, les détourne au lieu de les réparer et de les restituer au propriétaire » (Pradel et Danti-Juan, 2010 : 536). Plusieurs cas de travail sont retenus par la jurisprudence comme contrat source d'abus de confiance. Pradel et Danti-Juan (2010 : 536) énumèrent diverses professions, notamment : l'expert qui reçoit des dossiers pour procéder à une évaluation de dommages de guerre ; l'expert-comptable auquel sont confiés des documents pour l'accomplissement de son travail ; le restaurateur d'objets d'art moyennant rémunération qui en détourne. Il y a ainsi abus de confiance dans le détournement de la chose remise en vue d'un certain travail (Likulia Bolongo, 1985 : 423). L'auteur poursuit en affirmant que « peu importe que ce travail soit salarié, rémunéré ou gratuit. Ainsi est poursuivi pour abus de confiance, un couturier qui détourne le tissu qui lui était remis pour confection. Il en est de même du bijoutier qui revend la montre à lui remise pour réparation ». Il en va de même du maçon qui détourne les sacs de ciment qui lui ont été remis pour la construction d'une maison.

Georges Mineur (1953 : 229) attire l'attention sur le fait que l'existence d'un contrat de louage de service entre patron et employé n'exclut pas qu'entre les mêmes personnes naisse un autre contrat sortant des limites du premier. Si l'un ou l'autre des contractants en détourne l'objet, il sera coupable d'abus de confiance.

g) Le transport

Le transport est l'action de porter une chose d'un lieu à un autre. Le Code de commerce ne définit pas le contrat de transport. Mais, celui-ci est une convention conclue par la personne qui fait déplacer les choses mobilières ou qui veut voyager avec celui qui se charge d'exécuter lui-même son déplacement ou de le faire par son délégué moyennant paiement de prix. Le contrat de transport des marchandises se caractérise par trois éléments : le déplacement de la chose remise ; la rémunération (cela peut-être aussi à titre gratuit) ; la maîtrise du transport chez le transporteur.

La prévention d'abus de confiance est ainsi constituée lorsque « le transporteur s'approprie au préjudice du destinataire une partie de la chose transportée » (Likulia Bolongo, 1985 : 422). Il en est de même « du fait pour un transporteur qui détient à titre précaire les bagages d'un voyageur, de les jeter par méchanceté en brousse au milieu de la nuit » (Mineur, 1953 : 225) ; le fait pour « le transporteur auquel est confié du mobilier pour un déménagement » de le détourner (Pradel et Danti-Juan, 2010 : 536).

h) Les autres contrats

Il y a d'autres contrats dont la violation n'entraîne pas nécessairement la constitution de la prévention d'abus de confiance. Plusieurs doctrinaires qui font appel à la jurisprudence en citent quelques-uns. C'est le cas des contrats qui n'entraînent pas l'obligation de restituer. C'est par exemple « le prêt de consommation où le prêteur n'est plus qu'un créancier, l'emprunteur étant devenu propriétaire et pouvant disposer à sa guise et ne devant rendre que des choses équivalentes » ; le cas « de la vente qui opère transfert de propriété et non remise précaire » ; il en est aussi « des contrats de collaboration, d'échange et de société » (Pradel et Danti-Juan, 2010 : 536-537). Mais, dans le contrat de société, il peut résulter un autre contrat de mandat qui peut être générateur de l'obligation de restituer.

B. La chose

Outre ce contrat, il faut, mais il suffit, que le détournement porte sur une chose remise à titre précaire dans un cadre contractuel (Véron, 1999 : 231). La chose, objet de la remise, dont il est question, est énumérée par l'article 168 de la loi portant protection de l'enfant. Il s'agit des effets, propriétés, deniers, marchandises, billets, quittances, écrits de toute nature contenant ou opérant obligations ou décharges. Le législateur a exclu les immeubles ainsi que les services. Il convient de donner le sens précis de chaque chose énumérée qui peut faire objet de détournement ou de dissipation.

1. Les effets

Par effets, écrit Likulia Bolongo (1985 : 427), il faut entendre tout objet mobilier commercialisable, tel qu'un véhicule, le meuble meublant, tout effet de commerce, tout titre à ordre (lettre de change, traite, warrant, etc.), toute valeur mobilière. En outre, les « effets » est un terme « visant sans aucun doute les meubles corporels tels que bijoux, bandes magnétiques ou fichiers de clientèles ainsi que le matériel, les meubles confiés ou mis à la disposition d'un salarié ou d'un locataire » (Véron, 1999 : 232).

2. Les propriétés

La propriété n'est pas prévue par l'article 95 du Code pénal, Livre II, parmi les choses susceptibles de détournement ou de dissipation. C'est un ajout de la loi portant protection de l'enfant. En droit civil, la propriété est le droit de disposer d'une chose d'une manière absolue et exclusive. Mais, en rapport avec la prévention d'abus de confiance au préjudice d'un enfant, nous pensons qu'il s'agit de la propriété industrielle, intellectuelle, littéraire et artistique visant la protection des œuvres de l'esprit.

En droit commercial, la propriété industrielle est constituée par l'ensemble des droits protégeant, par la reconnaissance d'un monopole temporaire d'exploitation, certaines créations nouvelles et certains signes distinctifs. Les créations de caractère technique peuvent faire l'objet d'un brevet d'invention (titre délivré par les pouvoirs publics, conférant un monopole temporaire d'exploitation sur une invention à celui qui la révèle) ; les créations de caractère ornemental font l'objet du dépôt d'un dessin ou d'un modèle (Guinchard *et al.*, 2015 : 799). Ainsi, l'abus de confiance peut porter sur le brevet ou sur les objets de la création.

La propriété intellectuelle est un ensemble composé, d'une part, de droits de propriété industrielle et, d'autre part, de propriété littéraire et artistique. En droit civil, la propriété littéraire et artistique est un ensemble de droits pécuniaires et moraux dont est titulaire un écrivain ou un artiste sur son œuvre (Guinchard *et al.*, 2015 : 799). Il s'agit de droits d'auteur sur les œuvres de l'esprit. Ces œuvres sont de manière illustrative énumérées à l'article 4 de l'ordonnance-loi n° 86/033 portant protection des droits d'auteur et des droits voisins. Ce sont notamment les livres, brochures et autres écrits littéraires, artistiques et scientifiques. Il peut s'agir en outre de certaines applications ou de certains logiciels connus par un enfant.

La notion de la propriété vient immatérialiser la chose susceptible d'abus de confiance. L'agent qui vendrait ou appliquerait un logiciel ou une application lui remis par l'enfant à titre de le garder commet un abus de confiance au préjudice d'un enfant.

Sans toutefois être trop restrictif par rapport à la première acception de la propriété, celle-ci englobe en outre d'autres choses mobilières qui ne sont pas reprises à la disposition.

3. Les deniers

Les deniers sont un concept qui désigne de manière générique les fonds. Cette conception n'est pas différente de celle de Likulia Bolongo (1985 : 427). Pour lui, les deniers désignent des sommes d'argent, des espèces monnayées, des numéraires.

4. Les marchandises

Le Code de commerce utilise indistinctement les termes chose et marchandise. Les marchandises sont les choses qui se rapportent au commerce et pouvant faire l'objet de spéculation par les commerçants. C'est dans ce sens que Likulia Bolongo entend les marchandises comme « tout produit faisant objet d'un commerce ». Le point de savoir si la chose détournée est une marchandise, écrit Georges Mineur (1953 : 227), relève de l'appréciation souveraine du juge du fond, pourvu que son appréciation ne soit pas contraire à la notion qu'implique ce terme.

5. Les billets

Par billets, le législateur a entendu assurer la protection de tout écrit constatant un droit ou une convention, représentant une valeur appréciable en argent, écrit Likulia Bolongo (1985 : 427). Les billets peuvent être à « ordre » ou au « porteur ». En droit commercial, le *billet à ordre* est un titre négociable par lequel une personne, le souscripteur, s'engage à payer à une époque déterminée une somme d'argent à un bénéficiaire ou à son ordre. Tandis que le *billet au porteur* est un titre de créance ne comportant pas le nom du bénéficiaire et qui se transmet par tradition (remise de main à main) (Guinchard *et al*, 2015 : 128-129).

6. Les quittances

Les quittances comprennent tout écrit déchargeant un débiteur de ses obligations, notamment de sa dette. Il est, en outre, un acte écrit et remis au débiteur par lequel le créancier reconnaît avoir reçu le montant de sa créance (Guinchard *et al.*, 2015 : 814).

7. Les écrits

Il ne s'agit pas de n'importe quel écrit dont le détournement constituerait un abus de confiance. C'est un écrit, par contre, de toute nature contenant ou opérant obligations ou décharges. Cet écrit désigne « tous les écrits constatant, créant ou éteignant des droits » (Véron, 1999 : 231). Il s'agit par exemple d'un écrit constatant la promesse de vente.

Comme pour les billets et les quittances, nous pouvons penser que les écrits doivent avoir une valeur juridique. Ainsi, leur détournement constituera un abus de confiance. C'est dans ce sens que Pradel et Danti-Juan (2010 : 539) enseignent qu'« il faut tout de même que la chose ait une valeur juridique ou économique ».

C. La remise de la chose

La remise est l'une des conditions préalables de l'abus de confiance. Mais cette remise est conditionnelle et est essentiellement faite à titre précaire ; si la chose a été remise par un contrat translatif de la propriété, il ne peut y avoir abus de confiance, puisque le droit de propriété emporte celui non seulement d'user de la chose, mais aussi celui d'en altérer la substance (Mineur, 1953 : 228). Pour Pradel et Danti-Juan (2010 : 539), la remise présente trois caractères. Elle est nécessaire, volontaire et précaire.

Elle est *nécessaire* du fait que, sans remise, il n'y a pas d'abus de confiance. Sans remise, il peut en revanche y avoir vol. Il importe peu que la chose ait été remise à l'agent lui-même ou à un tiers qui la remet à l'agent. Il en est ainsi, illustre Likulia Bolongo (1985 : 426), de celui qui va chercher l'argent à la banque pour le compte du mandant et qui détourne cette somme d'argent. Ici l'objet n'a pas été remis par le propriétaire à l'agent mais par une personne agissant au nom du propriétaire.

Elle est ensuite *volontaire*, car sinon il pourrait y avoir escroquerie, mais pas abus de confiance. Dans cette dernière prévention, la remise est purement volontaire alors que, dans l'escroquerie, elle n'est qu'apparemment volontaire puisqu'elle a été viciée par la mise en œuvre de moyens frauduleux.

Elle est, enfin, *précaire* car les objets ont été remis à la personne « à charge de les rendre, de les représenter ou d'en faire un usage déterminé ». Si la remise a été faite en propriété, il ne saurait y avoir abus de confiance : ainsi en est-il lorsque l'intéressé, au lieu d'effectuer le travail convenu, a dissipé le salaire qui lui avait été versé d'avance ; il est de même des fonds versés à un avocat à titre d'honoraires, ces fonds lui étant remis à titre définitifs (Pradel et Danti-Juan, 2010 : 539). Il en est ainsi également de la vente ou du prêt de consommation ; le fait pour le domestique de s'approprier une somme que le maître lui avait remise pour les dépenses du ménage ou pour remettre au bénéficiaire, constitue un vol et non un détournement (Likulia Bolongo, 1985 : 426).

Le bénéficiaire de la remise, écrit Michel Véron (1999 : 232-233), n'a pas la libre disposition des choses car le contrat n'a entendu ne lui en transférer ni la propriété ni la possession. La remise est faite à titre précaire. *A contrario*, il n'y a pas abus de confiance lorsque la remise opère transfert de propriété. Dans certains cas, une mauvaise affectation de la chose remise dans le cadre du contrat, par exemple dans le cas du contrat de travail, constitue un abus de confiance lorsque l'agent détourne les choses remises à titre de travail.

§ 3. Éléments constitutifs

Au regard de l'article 168 de la loi portant protection de l'enfant, l'infraction d'abus de confiance prévue à la disposition comporte un acte matériel de détournement ou de dissipation (A) qui cause un préjudice à un enfant (B), propriétaire ou possesseur de la chose détournée ou dissipée. À cet acte, il faut ajouter l'élément intentionnel (C). Ainsi, l'abus de confiance au préjudice d'un enfant comporte trois éléments constitutifs qu'il convient d'examiner.

A. Les actes matériels

L'article 168 sous examen parle de « quiconque détourne frauduleusement ou dissipe ». C'est l'un de ces deux actes, le « détournement » ou la « dissipation », qui matérialise l'infraction. Ces deux concepts n'ont pas la même portée sémantique et cela mérite d'être présenté. Toutefois, ils conservent la même réalité « dès lors que le propriétaire de la chose confiée ne peut plus exercer ses droits sur elle, par suite des agissements frauduleux de celui qui la détenait [...] » (Pradel et Danti-Juan, 2010 : 540). Ainsi, « l'abus de confiance est caractérisé par tout acte frauduleux qui empêchera la victime d'exercer ses droits sur la chose » (Crim., 15 mai 1968, *D.*, 1968, 594, note de Véron, 1999 : 234). C'est ce que Garçon appelait « interversion du titre », le détenteur n'ayant de par la volonté des parties qu'une détention précaire qu'il transformait unilatéralement en une possession véritable, changeant ainsi l'esprit et privant alors de tout droit le propriétaire (Véron, 1999 : 234 ; Pradel et Danti-Juan, 2010 : 540).

L'élément matériel est donc un fait positif, c'est le fait d'avoir détourné ou dissipé. Ces deux termes correspondent d'ailleurs à une dualité de situations quant à la nature de la chose confiée : une chose individualisée, on la détourne ; des biens fongibles que l'on ne remplace pas, on les dissipe.

1. Le détournement

Le détournement peut être entendu comme une appropriation en abusant de la confiance donnée par l'enfant. C'est dans ce sens que Pradel et Danti-Juan (2010 : 541) enseignent que « l'acte de détournement résulte d'une utilisation de la chose à des fins étrangères à celles qui avaient été stipulées ». Ces auteurs précisent que le détournement, matériellement, peut consister en une omission aussi bien qu'en une action. Techniquement, par contre, le détournement se réalise de trois manières principales : par usage abusif et détournement d'affectation, par retard dans la restitution et par non-restitution.

a) L'usage abusif et le détournement d'affectation. D'une manière générale, écrit Véron (1999 : 235), l'usage abusif de la chose remise dans le cadre du contrat préalable ne constitue que l'inexécution des obligations contractuelles souscrites et ne donne droit qu'à des réparations civiles. Cependant, si l'abus est caractérisé, s'il est directement contraire au contrat, si l'agent connaît bien celui-ci et s'il entend le transgresser, il peut y avoir abus de confiance (Pradel et Danti-Juan, 2010 : 542). C'est « par exemple un entrepreneur de construction qui utilise pour les besoins d'un client, pour les besoins généraux de son entreprise, les fonds remis par un autre client en vue d'une transaction déterminée ou le fait pour un délégué général d'affecter aux besoins de la trésorerie de l'entreprise, notamment l'achat d'un véhicule, les subsides reçus pour le paiement des travailleurs » (Likulia Bolongo, 1985 : 430). Il en est de même des « actes accomplis par les mandataires qui affectent à leurs dépenses personnelles les fonds remis par leurs mandants en vue d'un emploi déterminé ou les fonds qu'ils sont chargés d'encaisser ou de recouvrer pour leur compte (Crim.,15 février 1972, *Bull.*, n° 57 : cohéritier détournant les biens de la succession qu'il était chargé d'administrer dans l'intérêt commun – 1er avril 1968, *J.C.P.*, 1969 II. 15 930 : utilisation de fonds sociaux dans son intérêt personnel par un mandataire social, note de Véron, 1999 : 235). Il en est de même encore pour un préposé « qui se sert du fichier de clientèle de sa société pour en aider une autre, concurrente, et pour un préposé qui communique des bandes magnétiques à un tiers pour lui permettre d'en prendre connaissance avant restitution » (Pradel et Danti-Juan, 2010 : 542) ; le fait pour l'agent, qui avait en vertu d'un contrat d'entreprise la détention précaire de bois et de l'argent en vue d'un usage bien déterminé les a utilisés à ses propres fins (CSJ, RP 124, 1er décembre 1976, *B.A.C.S.J. année 1976*, 1977 : 194). L'usage abusif se matérialise ainsi par le fait pour l'agent de faire de la chose un usage autre que celui dans le but duquel elle lui a été confiée. Il en est ainsi d'un agent qui, à la suite d'un mandat des produits pétroliers qui lui ont été effectivement remis à condition de les vendre et de verser le produit de la vente dans le compte de la société Pétraf à la Citibank New York, reconnaît avoir utilisé 424 665 USD provenant de la vente desdits produits pétroliers à des fins personnelles (Tribunal de paix Kinshasa Gombe, R.P.17.489/IX, 29 août 2003, *Journal officiel de la République démocratique du Congo*, Première partie n° 18, 15 septembre 2003 : 23-24).

b) Le retard dans la restitution. Le principe est celui de l'exclusion de l'abus de confiance en cas de retard dans la restitution de la chose. Échappent ainsi aux rigueurs pénales le syndic qui remet en retard les sommes par lui encaissées pour le compte de la copropriété, tout comme l'individu qui restitue le véhicule loué au-delà du délai stipulé au contrat (Crim., 22 novembre 1973 ; *B.C.*, n° 432 ; Crim., 21 mars 1971, *B.C.*, n° 99, notes de Véron, 1999 : 234 ; Pradel et Danti-Juan, 2010 : 542). Le retard dans la restitution ne suffit pas à caractériser le détournement.

Cependant, ce principe comporte des exceptions. Le retard peut devenir délictueux si l'agent a l'intention coupable de priver le propriétaire de son bien (Pradel et Danti-Juan, 2010 : 542). C'est-à-dire, lorsqu'il apparaît que le prévenu est animé par une intention coupable, le retard devient frauduleux. Ainsi, certains retards injustifiés ou abusifs sont susceptibles de tomber sous le coup de la loi pénale (Crim., 23 mars 1987, *Gaz. Pal.*, 1988, 1, note de Véron, 1999 : 236). C'est les cas qu'évoquent Pradel et Danti-Juan (2010 : 542-543) de l'emprunteur d'une motocyclette qui la détériore, l'abandonne chez un tiers et contraint le propriétaire à assurer lui-même le paiement des réparations (Crim., 26 décembre 1934, *B.C.*, n° 217) ; le cas de l'organisateur d'une exposition qui, malgré une mise en demeure, ne restitue pas immédiatement les tableaux invendus confiés à lui par un peintre (Crim., 23 mars 1987, *Gaz. Pal.*, 1988).

Mais, « ne viole pas l'article 95 du Code pénal, Livre II, [qui réprime l'abus de confiance] et doit être acquitté, le prévenu à qui les fonds ont été remis pour le compte d'un tiers et qui les a restitués à la première réquisition lorsqu'il n'a pas été apporté la preuve de l'intention frauduleuse ni celle de l'existence du contrat translatif de base » (CSJ, RPA 66, 5 décembre 1980, *B.A.C.S.J.*, 2001 : 125).

c) La non-restitution. La non-restitution se présente sous deux hypothèses ; elle peut être le *refus de restituer* ou *l'impossibilité de restituer.* Le *refus de restituer* apparaît d'abord avec *l'appropriation injuste*, l'agent se déclarant carrément propriétaire de sommes, objets ou valeurs qu'il ne détenait que précairement et en disposant (Pradel et Danti-Juan, 2010 : 543). Il y a en outre appropriation injuste lorsqu'un agent qui, en vertu d'un contrat d'entreprise, avait la détention précaire de bois et de l'argent en vue d'un usage bien déterminé, les a utilisés à ses propres fins (CSJ, RP 124, 1er décembre 1976, *B.A.C.S.J. année 1976*, 1977 : 197).

Le refus de restituer apparaît ensuite sous la forme de *la rétention injuste.* Dans cette hypothèse, « l'agent n'entend pas s'approprier l'objet, mais le conserver aussi longtemps qu'il n'aura pas obtenu de son contractant un avantage déterminé » (Pradel et Danti-Juan, 2010 : 543). La rétention injuste existe aussi quand « l'agent retient la chose, sans motif légitime. Il en est ainsi d'un dépositaire qui conserve l'objet reçu du déposant à l'expiration du dépôt » (Likulia Bolongo, 1985 : 430). Tel est le cas de « l'agent d'affaires qui retient de mauvaise foi et contre la volonté du mandant des pièces qui lui avaient été remises à titre de mandat » (Crim., 30 décembre 1943, *J.C.P.*, 1944.II. 2621, note de Pradel et Danti-Juan, 2010 : 543).

Il y a lieu de relever que la rétention de la chose peut être justifiée par l'agent comme la compensation. Lorsque le mandataire invoque la compensation, écrit Véron (1999 : 236), « elle [la cour] vérifie s'il justifie d'une créance certaine, liquide et exigible à l'égard de son mandant qui demande restitution ». Ainsi, la rétention ne constitue pas un détournement lorsqu'elle ne traduit aucune intention frauduleuse. En revanche, la rétention devient condamnable lorsqu'elle est opérée sans raison valable, dans le seul but d'exercer une contrainte morale.

La seconde hypothèse de la non-restitution se présente sous la forme de l'impossibilité de restituer. Cette forme constitue à tout le moins l'acte de dissipation, une autre forme de l'acte matériel d'abus de confiance.

2. La dissipation

La dissipation consiste dans un acte de disposition mettant l'agent dans l'impossibilité de rendre ou restituer la chose reçue (Likulia Bolongo, 1985 : 428). Cet acte de dissipation peut se réaliser par un acte matériel (consommation, destruction, détérioration, abandon) ou juridique (vente, donation, gage) qui met l'agent dans l'impossibilité de rendre la chose. C'est dire que l'impossibilité découle soit de circonstances matérielles (dégradation ou destruction), soit d'une opération juridique (donation, vente), voire d'une appropriation par l'intéressé. Cependant, enseignent Pradel et Danti-Juan (2010 : 543), ces cas d'impossibilité ont une portée variable. S'il s'agit de corps certains ou non fongibles (déterminés dans leur matérialité, comme un bijou), la restitution doit avoir lieu en nature de sorte qu'en cas d'impossibilité, il y a détournement (dissipation). S'il s'agit, au contraire, de choses de genre ou fongibles (déterminées seulement par leur nombre, comme une somme d'argent), tout dépend de l'économie du contrat : si celui-ci prévoit une libre disposition de la chose, l'impossibilité de restituer n'est pas une dissipation au sens pénal ; si le contrat dispose en revanche que l'accipiens ne peut disposer librement de la chose, l'impossibilité de la représenter est un détournement [une dissipation].

L'impossibilité de restituer la chose n'entraîne pas nécessairement dans tous les cas la responsabilité pénale de l'agent. C'est ainsi que, si l'impossibilité de restituer provient de détériorations ou de pertes, elle ne donnera lieu qu'à la mise en jeu d'une responsabilité contractuelle en cas de faute du débiteur, et sera exclusive de toute responsabilité s'il y a eu force majeure. Ainsi, le seul constat de la disparition des choses et de l'impossibilité de les restituer ne suffit pas à établir qu'elles ont été détournées. Il en va tout autrement si l'impossibilité de restituer est la conséquence d'un acte accompli volontairement et qui entraîne la disparition des choses : destruction matérielle ou disposition juridique par vente ou donation, voire même simple appropriation par le prévenu (Véron, 1999 : 237).

3. La preuve du détournement ou de la dissipation

La preuve judiciaire vise les moyens qui permettent d'affirmer ou non l'existence d'un fait, enseignent Michiels et Falque (2013-2014 : 318). Ainsi, l'acte matériel de l'abus de confiance ne se présume pas à partir de la simple constatation de la non-remise de la chose à son propriétaire. C'est dans ce sens que Véron (1999 : 237) écrit que « le délit suppose que soit rapportée la preuve d'un acte positif de détournement et cet acte ne saurait être présumé ou découler de la seule constatation de l'absence de tout ou partie des choses remises ». Pour Pradel et Danti-Juan (2010 : 544), cette preuve est plus ou moins aisée à rapporter. Elle est facile à faire en cas de destruction matérielle ou de cession de la chose. Elle l'est moins en cas d'usage abusif, de retard dans la restitution ou même de refus de restituer. Alors, la preuve résulte de présomptions de fait souverainement appréciées par les juges de fond.

B. Le préjudice à l'égard d'un enfant

Aux termes de l'article 168 de la loi portant protection de l'enfant, l'abus de confiance consiste en un détournement ou une dissipation d'une chose par quiconque « au préjudice d'un enfant ». Ainsi, sur pied de cette disposition, la seule victime, c'est l'enfant. Ce dernier peut être propriétaire, possesseur ou détenteur de la chose. Il est donc important d'élucider si l'enfant est propriétaire ou simple détenteur ou possesseur, car la seule victime est un enfant. Il importe peu de faire le *distinguo* entre propriétaire, détenteur et possesseur. L'abus de confiance « peut préjudicier non seulement le propriétaire, mais aussi les détenteurs et possesseurs des effets ou deniers détournés » (Crim., 6 mars 1997, *B.C.*, n° 90, note de Pradel et Danti-Juan, 2010 : 545). Il est ainsi important de prouver que le détournement ou la dissipation de la chose a causé préjudice à un enfant. Il importe peu que l'enfant victime soit ou non partie au contrat (exemple de victime extérieure au contrat : acheteur dont le bien est détourné par le livreur mandaté par le vendeur). C'est ainsi que Mineur (1953 : 227), se référant à la jurisprudence, fait remarquer qu'« il n'est pas nécessaire que ce soit le préjudicié qui remette à l'auteur du fait les fonds détournés », bien entendu la chose objet de la remise.

En outre, cette formulation laisse penser que le préjudice subi par l'enfant constitue un élément essentiel du délit et que la prévention suppose nécessairement qu'un tel résultat soit atteint. Ainsi, « peu importe la nature du préjudice. Il peut être matériel ou moral. Il est ordinairement actuel, mais la répression est également possible s'il est simplement éventuel » (Pradel et Danti-Juan, 2010 : 544), mais doit être direct.

Le préjudice peut être aussi financier. C'est dans ce sens qu'il a été jugé que la privation du montant de 424 665 USD a causé un préjudice financier considérable à la société Pétraf, étant donné qu'elle est une société commerciale (Tribunal de paix Kinshasa Gombe, RP 17 489/IX, 29 août 2003, *Journal officiel de la République démocratique du Congo*, Première partie, n° 18, 15 septembre 2003 : 23-24).

Le préjudice résulte suffisamment du seul fait que le bien détourné n'était pas la propriété de l'auteur du détournement. Il peut résulter d'une privation temporaire pour la victime de la possibilité d'exercer ses droits sur le bien, même si elle a recouvré cette possibilité par la suite (ex. : la restitution du bien après maintes mises en demeure peut laisser subsister l'infraction). C'est dans ce sens que Georges Mineur (1953 : 227) soutient que la réparation du préjudice est sans influence sur l'existence de l'infraction.

C. L'élément moral

L'abus de confiance est une infraction intentionnelle qui exige la démonstration de la mauvaise foi ou l'intention frauduleuse de l'auteur car la simple négligence ne suffit pas. L'auteur de l'infraction devait avoir conscience que ses agissements sur le bien étaient en contravention avec les obligations ayant assorti la remise, ce qui suppose qu'il avait connaissance de ces obligations. C'est dans ce sens que Pradel et Danti-Juan (2010 : 545) font observer que « l'intention consiste dans la double conscience de la précarité de la détention (découlant de l'obligation de restituer) et d'un comportement en contravention de cette précarité, ce comportement allant de pair avec la conscience de l'éventualité d'un préjudice ». Ainsi, l'intention frauduleuse « consiste dans la connaissance qu'a l'agent de violer le contrat par lequel il détenait la chose d'une manière précaire en ayant conscience qu'il cause un préjudice au propriétaire » (Likulia Bolongo, 1985 : 431-432). L'intention frauduleuse peut en outre être définie « comme la connaissance par le prévenu de la précarité de la remise marquée par l'obligation de restituer ou par un emploi déterminé du bien remis et par la conscience d'agir en violation de ces éléments » (Véron, 1999 : 239).

L'intention frauduleuse « est réalisée lorsque l'auteur agit dans l'intention de se procurer à lui-même ou à autrui un bénéfice illicite quelconque. Elle n'exige pas l'existence de manœuvres frauduleuses », écrit Georges Mineur (1953 : 226). Elle doit être nécessairement prouvée. C'est pourquoi il a été jugé que « ne viole pas l'article 95 du Code pénal, Livre II [équivalent de l'article 168 de la loi portant protection de l'enfant], et doit être acquitté le prévenu à qui les fonds ont été remis pour le compte d'un tiers et qui les a restitués à la première réquisition lorsqu'il n'a pas été apporté la preuve de l'intention frauduleuse ni celle de l'existence du contrat translatif de base » (CSJ, RPA 66, 5 décembre 1980, *B.A.C.S.J. années 1980-1984*, 2001 : 125).

Ainsi, l'intention frauduleuse doit être établie, elle ne peut être supposée (Mineur, 1953 : 226). Toutefois, « il suffit qu'elle puisse se déduire des circonstances indiquées par les juges car l'affirmation de la mauvaise foi est nécessairement incluse dans la constatation du détournement » (Crim., 3 mai 1989, *Dr. pén.*, 1989, comm. 16, note de Pradel et Danti-Juan, 2010 : 545). Elle peut en outre se déduire de l'impossibilité de restituer la chose ou de l'affecter à un usage ou un emploi non convenu. C'est pourquoi la Cour suprême de justice, répondant au grief formulé contre un jugement « d'avoir violé l'article 95 du Code pénal, Livre II, en ne faisant pas ressortir l'intention frauduleuse, condition essentielle à l'existence de l'infraction d'abus de confiance », avait estimé que « le juge du fond a fondé sa motivation sur le fait que le demandeur (prévenu) qui, en vertu d'un contrat d'entreprise, avait la détention précaire de bois et de l'argent en vue d'un usage bien déterminé, les a utilisés à ses propres fins. Ainsi il a suffisamment démontré l'existence de l'intention frauduleuse » (CSJ, RP 124, 1er décembre 1976, *B.A.C.S.J. année 1976*, 1977 : 197). L'intention frauduleuse se déduit ainsi par l'intention de s'enrichir injustement ou encore de nuire à autrui. C'est ainsi qu'un Tribunal l'avait constaté dans le fait d'utiliser à des fins personnelles des fonds qui lui ont été remis aux fins de les verser dans le compte de la société Pétraf sans en avoir informé cette dernière, le prévenu a agi dans l'intention frauduleuse de s'enrichir injustement (Tribunal de paix Kinshasa Gombe, RP 17 489/IX, 29 août 2003, *Journal officiel de la République démocratique du Congo*, Première partie n° 18, 15 septembre 2003 : 23-24).

Cependant, il faut être prudent en recherchant les causes de la non-restitution afin d'y dégager l'intention frauduleuse. Le seul fait de ne pas restituer au jour où on devait le faire ne suffit pas à démontrer qu'il y a eu abus de confiance, et ne dispense pas de démontrer que c'est par la faute intentionnelle de l'individu que le contrat n'est pas exécuté ; le retard en lui-même ne suffit pas. De même, enseigne Levasseur (1967-1968), quand il y a non seulement retard, mais impossibilité certaine d'exécution, cette impossibilité non plus ne suffit pas à démontrer que l'infraction est réalisée, parce qu'elle ne démontre pas la présence de l'élément moral. Si l'objet confié en dépôt a été volé ou si le dépositaire l'a perdu, s'il est donc dans l'impossibilité de le rendre, on ne peut évidemment pas le poursuivre pour abus de confiance, car cette perte ou ce vol est exclusif de l'élément moral de l'infraction. Il restera bien entendu responsable, sur le plan civil, du préjudice que sa faute a pu causer au propriétaire de la chose, mais sur le plan pénal, on ne peut pas le poursuivre pour abus de confiance.

Cette manière de penser n'exclut tout de même pas, comme l'expose Véron (1999 : 239) sur base de la jurisprudence, « qu'à défaut de preuve directe, elle peut découler des faits de la cause : il n'est pas nécessaire pour établir l'abus de confiance que l'intention frauduleuse soit constatée en termes particuliers ; il suffit qu'elle se déduise des circonstances retenues par les juges (Crim., 3 mai 1989, *Dr. pénal*, 1989, comm. 16). Il suffit donc au juge répressif de décrire les éléments de fait retenus à la charge du prévenu pour en déduire que l'intention coupable en découle implicitement mais nécessairement (Crim., 11 février 1981, *Bull.*, n° 53), voire même d'affirmer l'existence de l'intention coupable pour que sa décision soit à l'abri de toute censure (Crim., 17 mai 1976, *Bull.*, n° 159), puisqu'il dispose en principe du pouvoir souverain d'apprécier et de qualifier les faits qu'il expose (Crim., 5 mars 1980, *Bull.*, n° 81) ».

L'intention frauduleuse du prévenu peut disparaître à la suite d'un cas de force majeure (pourvu que le préjudice ait été imprévisible), l'exercice légitime d'un droit de rétention justifié, la nécessité de prendre des précautions pour dégager sa responsabilité (ex. : dépositaire exigeant la présence d'un officier ministériel lors de la restitution parce que le déposant, très âgé ou très jeune, semble subir des influences suspectes) ou l'autorisation du propriétaire, l'erreur de droit (prétendre avoir le droit sur la chose alors il n'en est pas ainsi). Mais, il ne peut pas invoquer, pour justifier son comportement, la nullité ou l'illicéité du contrat préalable, l'origine délictueuse de la chose détournée ou dissipée, ou le lien de parenté en invoquant l'immunité parentale (étant donné que l'article 168 sous examen parle de « quiconque » sans faire de distinction).

L'intention frauduleuse ne nécessite pas la connaissance par l'auteur que la chose qu'il détourne ou dissipe appartienne à l'enfant comme dans d'autres infractions relatives aux atteintes à la propriété ou au patrimoine de l'enfant qui nécessite la connaissance par l'auteur que le bien appartient à l'enfant. Ceci découle de l'article 168 sous examen qui dispose seulement que « [...] quiconque détourne frauduleusement ou dissipe au préjudice d'un enfant [...] » ; contrairement aux articles 163 et 166 de la loi portant protection de l'enfant qui emploient l'expression « [...] qu'il sait appartenir à un enfant [...] ».

§ 4. La répression

Une fois que tous les éléments constitutifs sont réunis à charge du prévenu, la loi portant protection de l'enfant prévoit la peine de servitude pénale ainsi que l'amende. Il peut arriver que cette infraction soit commise en participation criminelle. Comme cette prévention se commet dans la clandestinité, il faut examiner le point de départ de la prescription.

A. La peine

L'article 168 de la loi portant protection de l'enfant ne prévoit que la peine principale qui est de deux ans à cinq ans de servitude pénale principale et d'une amende de cent mille à deux cent cinquante mille francs congolais. La servitude pénale et l'amende sont cumulatives et le juge ne peut prononcer une seule d'entre elles.

Il peut arriver que l'auteur de l'abus de confiance au préjudice d'un enfant commette un faux ultérieurement pour chercher à justifier ou à dissimuler son acte. Dans ce cas, il a été jugé que « le faux en écriture commis ultérieurement pour justifier l'infraction d'abus de confiance ne peut être considéré comme étant en concours idéal avec l'abus de confiance, et doit être poursuivi en concours matériel avec ledit abus de confiance » (Léo. 1re inst. app., RPA 6752, 20 juin 1952, inédit, note de Likulia Bolongo, 1985 : 436 ; Mineur, 1953 : 230).

B. La participation criminelle

Il n'y a pas d'observations particulières à faire sur la participation criminelle en matière d'abus de confiance au préjudice d'un enfant. Il faut que le participant ait commis un acte légalement constitutif de la participation criminelle dans les conditions prévues par le droit commun aux articles 21 et 22 du Code pénal, Livre II. Il faut qu'il y ait eu de sa part une intervention positive et surtout une intervention faite en connaissance de cause pour faciliter cet abus de confiance au préjudice d'un enfant. La preuve peut en être parfois délicate ; les difficultés peuvent se révéler encore plus grandes pour arriver à démontrer que le participant savait qu'il s'associait à une infraction.

C. La prescription de l'abus de confiance au préjudice d'un enfant

La prescription de l'action publique résultant de l'abus de confiance au préjudice d'un enfant obéit aux règles de droit commun (article 24 du CPL II). En principe, l'abus de confiance est une infraction instantanée, consommée par l'acte matériel de détournement dont la date marque le point de départ du délai de prescription (Chambre criminelle de la Cour de cassation, 31 mai 1951, *J.C.P.*, 1951. II. 6417, note de Véron, 1999 : 241). Il se réalise au moment même où l'agent, c'est-à-dire *l'accipiens*, intervertit la possession par un acte de disposition ou d'appropriation. Sa prescription court donc en principe à partir du jour où cet acte de disposition ou d'appropriation constituant un détournement ou une dissipation est consommé (1re inst. app. Eq. 1er mars 1956, *R.J.C.B.*, 1958, p. 411, note de Likulia Bolongo, 1985 : 435). Mais à travers une série d'arrêts constituant une jurisprudence désormais ancienne et constante, la Cour de cassation admet, écrit Véron (1999 : 241), que ce point de départ puisse être retardé au jour où la victime a été en mesure de découvrir l'infraction (Crim. 16 mars 1970, *D.*, 1971, 497), notamment à la suite d'expertises ou contrôles comptables ou fiscaux (Crim. 26 févr. 1990, *Dr. pénal*, 1990, comm. 191 – 10 mai 1990, *Dr. pénal*, 1990, comm. 257 – 13 mai 1991, *Dr. pénal*, 1991, comm. 258). C'est pourquoi on admet généralement que le point de départ de la prescription sera fixé à la date de la mise en demeure. Celle-ci permet de faire apparaître l'impossibilité de rendre ou de restituer la chose, acte consommant la dissipation ou le détournement caractéristique d'abus de confiance (1re inst. app. Eq. 1er mars 1956, *R.J.C.B.*, 1958, p. 411, note de Likulia Bolongo, 1985 : 435).

Le retardement de la date n'est qu'en raison des relations de confiance qui ont pu exister entre les contractants, notamment en cas de mandat. L'auteur du délit pourrait, par des manœuvres dilatoires, retarder la découverte du détournement au-delà du délai de prescription de l'action publique. Toutefois, pour éviter les excès, écrit Véron (1999 : 241), la chambre criminelle précise que la prescription court, non pas du jour où le détournement a été effectivement découvert par la victime, mais du jour où elle disposait des éléments nécessaires à sa découverte. Le retard du point de départ du délai de prescription ne se justifie pas au profit d'une victime négligente.

Ainsi, le point de départ de la prescription de l'abus de confiance, lorsque l'acte n'est découvert que tardivement, doit être fixé au jour où le délit est apparu et a pu être constaté dans des conditions permettant l'exercice de l'action publique. D'où l'obligation pour le juge du fond de rechercher à quelle époque ont pu être constatés les faits. Cette solution répressive du recul du point de départ s'explique par l'existence des relations de confiance existant le plus souvent entre les personnes impliquées dans cette infraction en sorte que, par des manœuvres dilatoires, la découverte des faits peut être retardée du fait d'une dissimulation (Pradel et Danti-Juan, 2010 : 530-531).

L'abus de confiance existe dès le moment où l'agent s'est mis dans une situation de ne pouvoir ni restituer ce qui lui a été remis ni en faire usage ou emploi convenu (Cass., 18 mars 1940, *Pas.*, 1940, I. 94, note de Mineur, 1953 : 230). Il peut être parfois malaisé de déterminer le moment où le possesseur qui détenait la chose à titre précaire a agi comme s'il en était le propriétaire. Le seul moyen possible pour établir l'appropriation sera la mise en demeure. Elle n'est pas une des conditions du délit, mais l'impossibilité où se trouvera l'agent de restituer, suite à la sommation, sera souvent la seule preuve de son appropriation et partant, qu'il est dans l'impossibilité de restituer ou de faire de la chose l'usage ou l'emploi convenu. Elle fixera la date à laquelle la prescription commencera à courir. La mise en demeure n'est soumise à aucune forme spéciale (Mineur, 1953 : 230).

Au sujet de la prescription de l'abus de confiance, dans une affaire où la Cour suprême a été saisie en pourvoi de cassation dont le grief formulé contre le jugement était la violation de l'article 24 du Code pénal, Livre I, en soutenant qu'au moment où le premier juge avait été saisi, l'action publique était déjà prescrite. Dès lors, pour se prononcer valablement sur l'action civile, le tribunal aurait dû constater d'abord que la prescription de l'action publique était intervenue en cours d'instance, ce qui n'a pas été le cas. La cour avait considéré que le moyen était fondé. En effet, selon la cour, les faits mis à la charge du prévenu remontant au 16 avril 1973, ne pouvaient plus donner lieu aux poursuites judiciaires à partir du 17 avril 1976, date de la saisine du premier juge par citation directe, alors qu'auparavant aucun acte judiciaire n'a interrompu la prescription de l'action publique ; le premier juge aurait dû déclarer l'action publique irrecevable ; le juge d'appel aurait dû annuler le premier jugement et se déclarer incompétent pour statuer sur les intérêts civils ; ne l'ayant pas fait, il a commis la violation légale visée au moyen. Dès lors, le jugement prononcé par le tribunal d'appel doit être cassé et ce sans renvoi (CSJ, RP 429, 9 septembre 1980, *B.A.C.S.J. années 1980 à 1984*, 2001 : 79-80).

CHAPITRE IV

LES AGRESSIONS SEXUELLES

En introduisant la section relative aux agressions sexuelles, le législateur a tout simplement défini les actes de pédophilie qui « s'entendent de toute attirance sexuelle d'un adulte ou d'un adolescent envers un enfant, notamment l'attentat à la pudeur, la relation sexuelle, l'érotisme, la pornographie, l'abus sexuel et le viol » (article 169). Ainsi, au sens de la loi portant protection de l'enfant, la pédophilie n'est pas une infraction à part entière, ce sont par contre les actes qui constituent la pédophilie qui sont infractionnels. C'est dire que, dans la loi portant protection de l'enfant, il n'y a pas une infraction dénommée pédophilie, mais ce sont les agressions sexuelles d'un adulte ou d'un adolescent à l'égard des enfants qui constituent la pédophilie.

Ce sont ces infractions qui vont constituer l'ossature de ce chapitre. Il s'agit de : viol d'enfant ; attentat à la pudeur commis sur un enfant ; incitation d'un enfant à la débauche ; incitation d'un enfant à des relations sexuelles avec un animal ; détention d'enfant à des fins sexuelles ; privation d'un enfant de sa capacité biologique de procréer ; contamination délibérée d'un enfant d'une infection sexuellement transmissible incurable ; exposition d'un enfant à l'exhibition sexuelle ; pornographie mettant en scène les enfants ; exposition de l'enfant à la pornographie ; harcèlement sexuel sur l'enfant ; proxénétisme à l'égard d'un enfant ; esclavage sexuel d'un enfant.

Il convient de relever que l'introduction de l'article 169 qui définit la pédophilie, dans la loi portant protection de l'enfant, n'est pas fortuite. Il s'agit en fait de déterminer la tranche d'âge des personnes qui peuvent se rendre pénalement responsables de faits qualifiés d'agressions sexuelles et de celles qui peuvent en être victimes. En effet, aux termes de l'article 169 de la loi portant protection de l'enfant, la personne qui peut se rendre coupable de l'une des formes d'agressions sexuelles est un *adulte* ou un *adolescent*. Par contre, la victime est un enfant, personne âgée de moins de 18 ans.

Dans son sens le plus général, un adulte est un individu biologiquement stable qui, ayant acquis sa maturité sexuelle, est susceptible de reproduire. L'âge adulte est ainsi l'une des périodes de la vie. Cette conception biologique ne rend pas aisée la compréhension de cette notion. Il faut peut-être la saisir sur le plan juridique, qui n'est d'ailleurs pas stable, et sa considération dépend de chaque pays qui définit l'âge de la maturité sexuelle. En droit congolais, l'âge adulte est, aujourd'hui, fixé à dix-huit ans.

Quant à l'adolescence, il est difficile d'en trouver une définition nette. Cloutier (1982) note que les définitions varient selon que l'on se situe dans une perspective psychologique, sociologique ou biologique. Sur le plan psychologique, l'adolescence est « un état d'esprit, une manière d'être qui débute à peu près à la puberté et se termine lorsque l'individu a acquis son indépendance d'action. C'est-à-dire lorsqu'il est socialement et émotionnellement mûr et qu'il possède l'expérience et la motivation nécessaire à la réalisation du rôle adulte » (Store et Church, 1973 : 21, note de Jimmy Calixte, 2007). Dans une perspective sociologique, par contre, l'adolescence est « une période de marginalisation et de subordination imposée à un groupe d'âge qui possède toutes les caractéristiques pour être vu comme adulte » (Lutte, 1988, note de Calixte, 2007). Ainsi, l'adolescence reste une « période de transition durant laquelle, l'enfant change physiquement, mentalement et cognitivement pour devenir adulte ». Cette période de transition constitue « un intervalle de temps évoluant généralement entre 12 et 17 ans » (Jeff, *Journal des femmes*).

Le législateur de la loi portant protection de l'enfant n'explicite pas le concept d'« adolescence ». Toutefois, la lecture minutieuse des articles 95 et 96 nous amène à noter que la période de l'adolescence commence, en République démocratique du Congo, à partir de 14 ans. Ainsi, n'a pas encore atteint la période de l'adolescence l'enfant âgé de moins de 14 ans. Dès lors, un acte d'agression sexuelle commis par une personne qui n'a pas encore atteint la période de l'adolescence ne doit pas être considéré comme un fait infractionnel du fait que l'article 95 de la loi portant protection de l'enfant consacre la *présomption irréfragable d'irresponsabilité*. Cependant, cet acte laisse subsister la responsabilité civile dans le chef de la personne civilement responsable, et ce, selon l'esprit de l'article 96 de la loi portant protection de l'enfant.

L'article 95 de la loi portant protection de l'enfant constitue une disposition dérogatoire à l'article 20*ter* introduit dans le Code pénal suivant la loi n° 15/022 du 31 décembre 2015 modifiant et complétant le décret du 30 janvier 1940 portant Code pénal. Aux termes de l'article 20*ter*, « sans préjudice d'autres dispositions légales en la matière, la majorité pénale est fixée à dix-huit ans révolus au moment des faits ».

S'agissant de l'enquête sur les agressions sexuelles, l'officier de police judiciaire ou le ministère public ne doit pas perdre de vue le lien entre l'enfant et l'auteur de l'acte incriminé. Au regard de la loi portant protection de l'enfant, le lien de parenté et de subordination ou d'autorité notamment entre la victime et l'auteur de l'acte incriminé aggrave la peine à l'égard de ce dernier. C'est ainsi que, pour les infractions d'agressions sexuelles commises par le père, la mère, le parâtre, la marâtre ou toute personne exerçant l'autorité parentale sur l'enfant, elles sont non seulement aggravées, mais l'article 184 donne aussi la faculté au juge de prononcer la déchéance de l'autorité parentale.

Toutes les fois où le magistrat instructeur se trouve devant le cas où la personne poursuivie est le père, la mère, le parâtre, la marâtre ou toute personne exerçant l'autorité parentale sur l'enfant, il devra évoquer l'une des dispositions réprimant l'agression sexuelle ainsi que l'article 184 de la loi n° 09/001 du 10 janvier 2009 portant protection de l'enfant.

Le législateur congolais, en réprimant les violences sexuelles contre l'enfant, a voulu se conformer notamment aux prescrits des articles 19 et 34 de la Convention internationale relative aux droits de l'enfant de 1989 qui imposent aux États de prendre toutes les mesures législatives appropriées pour protéger l'enfant contre toute forme de violence, y compris la violence sexuelle.

Section 1. Viol d'enfant

Vue générale. La loi portant protection de l'enfant n'a pas défini le viol d'enfant, elle se limite à en donner les actes constitutifs. Au regard de l'article 171 de la loi susdite, le viol d'enfant est le fait pour tout homme d'introduire son organe sexuel, même superficiellement dans celui d'une enfant, ou pour toute femme qui oblige un enfant à introduire même superficiellement son organe sexuel dans le sien ; pour tout homme qui pénètre, même superficiellement, l'anus, la bouche ou tout autre orifice du corps d'un enfant par un organe sexuel, par toute autre partie du corps ou par un objet quelconque, ou pour toute femme qui oblige un enfant à exposer son organe sexuel à des attouchements par une partie de son corps ou par un objet quelconque ; pour toute personne qui introduit, même superficiellement, toute autre partie du corps ou un objet quelconque dans le vagin d'une enfant ; pour toute personne qui oblige un enfant à pénétrer, même superficiellement, son anus, sa bouche ou tout orifice de son corps par un organe sexuel, par toute autre partie du corps ou par un objet quelconque. Le viol d'enfant se définit ainsi à travers les actes matériels qui le constituent.

Cependant, pour Pradel et Danti-Juan (2010 : 447), le viol est « tout acte de pénétration sexuelle, de quelque nature qu'il soit, commis sur la personne d'autrui par violence, contrainte, menace ou surprise ». Cette définition peut apparaître restrictive au regard de l'article 171 de la loi portant protection de l'enfant. Aux termes de cette disposition, le viol n'est plus un acte de pénétration sexuelle ; il est en outre tout acte à caractère sexuel. Il s'agit non seulement des actes de conjonction des sexes, mais aussi de la sodomie, de la fellation ou même encore de l'introduction d'un objet ou une partie du corps dans l'organe génital ou tout autre orifice de la victime.

§ 1. Base légale

L'infraction de viol d'enfant est prévue par l'article 171 et réprimée par contre par l'article 170. La logique a été inversée dans la présentation de ces deux dispositions par le législateur étant donné qu'il a commencé par la répression pour terminer avec l'énumération des actes constitutifs de viol d'enfant. L'article 171 dispose : « Commet un viol d'enfant, soit à l'aide de violences ou menaces graves ou par contrainte à l'encontre d'un enfant, directement ou par l'intermédiaire d'un tiers, soit par surprise, pression psychologique, soit à l'occasion d'un environnement coercitif, soit en abusant d'un enfant qui, par le fait d'une maladie, par l'altération de ses facultés ou par toute autre cause accidentelle a perdu l'usage de ses sens ou en a été privé par quelques artifices :

a) tout homme qui introduit son organe sexuel, même superficiellement dans celui d'une enfant ou toute femme qui oblige un enfant à introduire même superficiellement son organe sexuel dans le sien ;
b) tout homme qui pénètre, même superficiellement l'anus, la bouche ou tout autre orifice du corps d'un enfant par un organe sexuel, par toute autre partie du corps ou par un objet quelconque ou toute femme qui oblige un enfant à exposer son organe sexuel à des attouchements par une partie de son corps ou par un objet quelconque ;
c) toute personne qui introduit, même superficiellement, toute autre partie du corps ou un objet quelconque dans le vagin d'une enfant ;
d) toute personne qui oblige un enfant à pénétrer, même superficiellement son anus, sa bouche ou tout orifice de son corps par un organe sexuel, par toute autre partie du corps ou par un objet quelconque ».

Tandis que l'article 170 qui réprime dispose que « le viol d'enfant est puni de sept à vingt ans de servitude pénale principale et d'une amende de huit cent mille à un million de francs congolais.
Le minimum de la peine est doublé si le viol est le fait :
1. des ascendants de l'enfant sur lequel ou avec l'aide duquel le viol a été commis ;
2. des personnes qui ont autorité sur l'enfant ;
3. de ses enseignants ou de ses serviteurs à gage ou les serviteurs des personnes ci-dessus ;
4. des agents publics, des ministres de culte qui ont abusé de leur position pour le commettre, du personnel médical, para médical ou des assistants sociaux, des tradipraticiens envers les enfants confiés à leurs soins ;
5. des gardiens sur les enfants placés sous leur surveillance ;
Le minimum de la peine est également doublé :
1. s'il est commis avec l'aide d'une ou plusieurs personnes ;
2. s'il est commis en public ;
3. s'il a causé à la victime une altération grave de sa santé et/ou laissé de séquelles physiques et/ou psychologiques graves ;
4. s'il est commis sur un enfant vivant avec handicap ;
5. s'il a été commis avec usage ou menace d'une arme. »

C'est au regard de la base légale que les éléments constitutifs du viol d'enfant se dégagent et qu'il convient d'en faire un examen.

§ 2. Les éléments constitutifs

Pour son établissement, il faut que l'auteur ait commis l'un des actes matériels prévus par la loi portant protection de l'enfant (article 171), que cet acte matériel soit commis sur la personne d'un enfant (bien entendu qui est une personne dépourvue de la capacité de consentir) et cela avec une intention de le commettre.

A. Les éléments matériels

Au regard de l'article 171 de la loi portant protection de l'enfant, les actes matériels, dans l'infraction de viol d'enfant, sont de divers ordres. Il y a les actes de pénétration sexuelle et autres actes à caractère sexuel.

1. Acte de pénétration sexuelle

L'acte de pénétration proprement dit peut consister non seulement en une conjonction des sexes, mais aussi dans la sodomie, ou la fellation, ou même encore de l'introduction d'un objet dans le vagin ou l'anus de la victime (Pradel et Danti-Juan, 2010 : 449). Ainsi, la loi admet aujourd'hui qu'elle peut recevoir application non seulement à propos d'acte de pénétration dans le sexe ou par le sexe, mais aussi à propos de tout acte de pénétration à connotation sexuelle. Ces dernières précisions rendent évidemment tout à fait concevable le viol d'un garçon par une fille, scénario parfaitement inimaginable avant l'adoption de la loi n° 06/018 du 20 juillet 2006.

Ainsi, les actes de pénétrations sexuelles au regard de l'article 171 de la loi portant protection de l'enfant sont :

– Le fait de tout homme qui introduit son organe sexuel, même superficiellement dans celui d'une enfant ou toute femme qui oblige un enfant à introduire même superficiellement son organe sexuel dans le sien. La conjonction sexuelle n'est plus nécessairement une condition *sine qua non* pour que le viol d'enfant soit établi. Une introduction superficielle suffit pour que le viol soit retenu. Donc, le rapprochement charnel prévu à l'article 170, alinéa 3, du Code pénal, Livre II, paraît, à notre avis, dépassé car cette expression « suppose des rapports consommés » (Mineur, 1953 : 360). Il y a aussi viol d'enfant au cas où une femme a eu des relations sexuelles « normales » avec un enfant.

– Le fait de tout homme qui pénètre, même superficiellement, l'anus (sodomie), la bouche (fellation) ou tout autre orifice du corps d'un enfant par un organe sexuel, par toute autre partie du corps ou par un objet quelconque. Les orifices du corps sont, en dehors de la bouche, l'anus et le vagin, les narines et la cavité de l'oreille. Le fait pour un homme de pénétrer par son organe sexuel, son doigt ou par un bâton l'un des orifices de l'enfant constitue le viol d'enfant.

Cette disposition est critiquée par la considération de la pénétration de tout orifice du corps par toute autre partie du corps ou par un objet quelconque comme viol. S'agit-il d'un viol d'enfant lorsqu'est introduit un coton-tige ou un doigt dans la cavité de l'oreille de l'enfant ? Dans chaque cas, le juge examinera l'intention de l'auteur de pouvoir poser cet acte, c'est-à-dire qu'il décryptera le mobile ayant inspiré l'auteur, s'il était d'attenter à l'intimité sexuelle de la victime.

Autrefois, l'usage d'un objet quelconque pouvait constituer un attentat à la pudeur ou des coups et blessures volontaires. En outre, le fait d'introduire un bâton dans l'anus d'autrui ne répondait pas au viol et constituait plutôt des tortures ou des actes de barbarie (Véron, 1999 : 49). Lors des conflits armés dans le pays, les hommes armés introduisaient même les couteaux ou tout autre instrument dans les organes génitaux des femmes et des jeunes filles. Ces actes, aussi ignobles soient-ils, ne pouvaient être que moins sévèrement réprimés comme coups et blessures volontaires aggravés. Ainsi le législateur a-t-il voulu classer ces actes en viol :

– Le fait de toute personne qui introduit, même superficiellement, toute autre partie du corps ou un objet quelconque dans le vagin d'une enfant. Ici il ne s'agit pas de l'introduction par l'auteur de son membre viril dans le vagin de la fille. C'est au contraire introduire dans le vagin de l'enfant les doigts, un bâton ou tout autre objet (même le couteau).

– Le fait de toute personne qui oblige un enfant à pénétrer, même superficiellement, son anus, sa bouche ou tout orifice de son corps par un organe sexuel, par toute autre partie du corps ou par un objet quelconque. Ainsi, une femme qui oblige un enfant à introduire son organe sexuel ou son doigt ou sa langue dans sa bouche commet le viol d'enfant.

Ainsi, « tout acte de fellation constitue un viol [...] dès lors qu'il est imposé par violence, contrainte, menace ou surprise, à celui qui le subit ou à celui qui le pratique » (Véron, 1999 : 49). Autrement dit, le viol d'enfant pourrait se traduire par un acte que l'enfant subit d'une personne ou pratique sur une personne.

2. Autres actes à caractère sexuel

Ce sont les actes qui n'entrent pas dans le registre des actes de pénétration sexuelle. Peuvent être alignés dans ce registre :

– Le fait de toute femme qui oblige un enfant à exposer son organe sexuel à des attouchements par une partie de son corps ou par un objet quelconque. Ainsi, le fait pour une femme de caresser ou de se frotter les seins ou entre ses cuisses avec l'organe sexuel de l'enfant est constitutif de l'acte de viol d'enfant.

– Tout acte, autre que le coït, de quelque nature que ce soit, qui n'était constitutif que d'attentat à la pudeur est à partir de la loi n° 06/018 du 20 juillet 2006 constitutif de viol. La loi portant protection de l'enfant a aussi repris les mêmes actes matériels en restant dans leur diversité pour être constitutifs d'actes matériels de viol d'enfant.

B. Le défaut absolu de consentement

Au regard de l'article 171 de la loi portant protection de l'enfant, le défaut de consentement résulte soit de moyens utilisés par l'agresseur sexuel, soit de circonstances de lieu, soit encore de l'état de la victime, ainsi que de l'âge de la victime. Ce dernier élément prime sur les autres. En effet, les moyens utilisés, tels que la violence physique, la menace, la contrainte morale ou la surprise sont exclusifs de tout consentement libre et révélateurs de l'absence de consentement, il importe peu si la victime est un enfant. Pour le viol d'enfant, il importe peu de prouver le défaut de consentement résultant de l'âge de la victime, en prouvant seulement la minorité d'âge.

1. Défaut de consentement résultant de moyens employés par l'agresseur

Par rapport au moyen, le défaut de consentement résulte de l'usage de violences, de menaces graves, de la contrainte à l'encontre d'un enfant, de la surprise et de la pression psychologique.

La violence, la contrainte, la menace, la surprise et la pression psychologique font partie des éléments constitutifs de l'infraction et sont révélatrices de l'absence de consentement de la victime (Pradel et Danti-Juan, 2010 : 447). La loi veut que *les violences* physiques ou morales soient exercées directement sur la personne de l'enfant même dont on veut abuser. Constitue ainsi la violence, l'emploi de la force musculaire pour parvenir à commettre l'acte sexuel sur l'enfant. Tandis que *la contrainte* physique ou morale doit être telle que son consentement d'après les règles du droit civil ne soit pas valable (Mineur, 1953 : 359). La contrainte peut résulter par exemple du caractère tyrannique (Pradel et Danti-Juan, 2010 : 447) de l'auteur du viol. Il y a contrainte morale exclusive de tout consentement, écrit Véron (1999 : 50), dans le fait de menacer « d'abandonner une personne en pleine nuit, dans un froid vif, par temps de brouillard, loin de toute habitation », si elle ne cédait pas aux avances (Crim., 11 février 1992, *Dr. pénal*, 1992, comm. 174).

L'expression *menaces graves* désigne les menaces qui sont de nature à inspirer à la victime la crainte sérieuse d'exposer sa personne, ou celle de ses proches, à un mal considérable et présent. Tel serait le fait de menacer une jeune fille de faire perdre l'emploi à son père, de la faire incarcérer. La menace existe même si sa réalisation est impossible, pour autant que le développement intellectuel de la victime, ses connaissances générales ne lui permettent pas de discerner son caractère impossible.

La *surprise*, un nouveau concept introduit dans le Code pénal aussi bien que dans la loi portant protection de l'enfant, implique l'action d'attaquer à l'improviste. La surprise remplace le concept « ruse » qui explique les manœuvres qui paralysent la volonté de la victime. La jurisprudence française considère que la surprise consiste à surprendre le consentement de la victime et ne saurait être confondue avec la surprise exprimée par cette dernière, laquelle a déclaré être « tombée des nues » (Cass. fr. Crim., 25 avril 2001, B. 99, note de Lukoo Musubao, 201 : 32). L'accusé ne saurait invoquer trop facilement l'état de passivité de la victime. Loin de traduire son consentement à l'acte, il s'explique bien souvent par l'anxiété ou la surprise frappant celle-ci d'inhibition et lui interdisant toute défense (Crim., 25 octobre 1994, *Dr. pénal*, 1995, comm. 63 ; 8 février et 1er mars 1995, *Dr. pénal*, 1995, comm. 171, note de Véron, 1999 : 50).

La *pression psychologique* est assimilée aux manœuvres qui tendent à paralyser la volonté de l'enfant pour qu'il puisse consentir au rapport charnel. Tel est le fait d'affirmer faussement à un enfant que le rapprochement charnel de sexes, auquel il consentirait, donnerait la guérison à lui-même ou à son proche malade.

2. Défaut de consentement résultant de circonstances de lieu du viol

Par rapport aux circonstances de lieu, le défaut de consentement résulte à la faveur d'un climat ou à l'occasion d'un environnement coercitif. À *l'occasion d'un environnement coercitif*, cette expression désigne notamment les lieux de détention, comme les amigos et les prisons, ainsi que les zones de troubles ou de guerres. Les instruments internationaux, comme le statut de Rome et les éléments des crimes, utilisent l'expression « à la faveur d'un climat ou environnement coercitif ». Ainsi commet un viol à l'occasion d'un environnement coercitif le policier commis à la garde d'un établissement de garde qui obtient un rapport sexuel avec un enfant, soit le militaire qui aura obtenu le rapport charnel avec un enfant dans une zone de guerre.

3. Défaut de consentement résultant de l'état de l'enfant

Au regard de l'état de la victime, le défaut de consentement repose sur le fait d'abuser d'un enfant qui, par le fait d'une maladie, de l'altération de ses facultés ou par toute autre cause accidentelle, a perdu l'usage de ses sens ou a été privé par quelques artifices. C'est donc l'enfant vivant avec handicap ou mis dans un état qui le prive d'user de ses sens.

Commentant l'article 170 du Code pénal congolais, Georges Mineur (1953 : 360) enseigne que la loi vise le viol d'une personne qui aurait perdu l'usage de ses sens par suite d'une maladie, d'aliénation mentale, d'une cause accidentelle comme l'ivresse ou par quelque artifice, c'est-à-dire notamment un breuvage narcotique (somnifère). Le législateur suppose que l'enfant que l'auteur a abusé est incapable de donner n'importe quel consentement.

Tel est le cas de celui qui profite du fait qu'un enfant est plongé dans un sommeil accidentel, résultant de libations (beuveries) ou d'autres somnifères, pour réaliser avec lui et à son insu, l'acte charnel ou tout autre acte à caractère sexuel.

Les mots « par quelques artifices », enseigne Garraud, visent l'hypothèse où l'auteur du crime a lui-même, pour pouvoir consommer l'attentat, mis la femme dans un état qui l'a privée de l'usage de ses sens. Tel est le cas du coupable qui enivre complètement sa victime, qui l'a plongée dans un sommeil léthargique, en lui administrant un breuvage narcotique ou encore en l'hypnotisant par les procédés en usage. Cependant, Georges Mineur (1953 : 360) complète cet avis en considérant que « le texte [...] vise tout autant celui qui abuse d'une femme (bien entendu l'enfant aussi) qu'il a plongée dans un sommeil léthargique, que celui qui abuse de celle qui a été plongée par un tiers dans ce sommeil, même s'il n'y a entre l'auteur du sommeil et l'auteur du viol aucun concert préalable, et même si le viol est commis à l'insu de celui qui a provoqué la léthargie ».

4. Défaut de consentement résultant de l'âge de la victime

Le législateur de la loi n° 06/018 du 20 juillet 2006 modifiant et complétant le Code pénal congolais consacre le défaut de consentement résultant de l'âge de la victime. Les articles 170, alinéa 3, et 167, alinéa 2, du Code pénal, Livre II, disposent qu'est réputé viol à l'aide de violences le seul fait de rapprochement charnel de sexes commis sur la personne d'un enfant âgé de moins de dix-huit ans.

On estime qu'un enfant âgé de moins de dix-huit ans est incapable de donner un consentement libre et volontaire à un rapport charnel. Ce qui importe est d'assurer la protection des enfants, même au-delà de la puberté. Lorsqu'il l'atteint, l'enfant n'acquiert pas du même coup le discernement indispensable pour donner à ces actes un consentement libre et éclairé (Likulia Bolongo, 1985 : 335). Autrement dit, en dessous de dix-huit ans, le consentement ne peut exister suivant la volonté du législateur. C'est dans ce sens qu'il a été jugé que, « quant au consentement de celle-ci [la victime], il est vrai qu'elle n'a manifesté aucune résistance pour cohabiter avec le prévenu mais vu son âge de 14 ans, donc mineure d'âge, ce consentement ne peut être pris en compte étant donné qu'il est vicié » (TGI Goma, RP 19 217, 5 novembre 2008, Rejusco, *Recueil de jurisprudence en matière pénale*, 2010 : 241). Ainsi, le viol sera chaque fois retenu à l'égard de tout qui aura commis un rapprochement charnel des sexes avec une personne âgée de moins de dix-huit ans, étant entendu qu'à cet âge le consentement est non valable et non éclairé et que les violences sont irréfragablement présumées avoir été exercées ou commises (TGI Kinshasa-Kalamu, RP 9 308, 29 janvier 2008, note de Luzolo Bambi Lessa, 2011 : 584).

La minorité d'âge est un élément essentiel pour que le viol d'enfant soit établi. Même si l'auteur n'a pas fait usage de la violence, de la menace grave, de la contrainte, de la surprise, etc., le viol d'enfant sera constitué lorsque l'un des actes matériels constituant le viol a été commis sur la personne d'un enfant. Ainsi, le consentement de l'enfant victime est inopérant et ne peut dédouaner son auteur de sa responsabilité pénale. La minorité d'âge est ici une présomption légale du défaut de consentement.

Les *Éléments des crimes* au statut de Rome précisent aussi qu'il est entendu qu'une personne peut être incapable de donner un libre consentement si elle souffre d'une incapacité innée, acquise ou liée à l'âge.

Aussi la jurisprudence admet-elle que les violences exercées sur la victime mineure sont absolument présumées. Il est de jurisprudence que, pour l'établissement du viol, la loi n'exige ou ne considère pas la provocation de la victime ; ainsi « sont coupablement établies les relations charnelles avec une fille de moins de 14 ans [aujourd'hui moins 18 ans], même s'il est prouvé que celle-ci s'est offerte elle-même ou a séduit l'agent ou a provoqué elle-même ces relations ; qu'il n'est pas nécessaire que l'agent exerce une violence ou que la fille oppose une résistance » (Kin., 14 août 1974, *R.J.Z.*, 1974, p. 85).

Le *défaut de consentement résultant de la minorité d'âge* ne peut s'appliquer aux adolescents qui sont poursuivis comme auteurs de manquement de viol d'enfant. C'est dire que, lorsqu'il s'agit d'actes sexuels ou à caractère sexuel entre enfants, il faudra rechercher le défaut de consentement résultant des moyens utilisés, de la circonstance du lieu de l'acte sexuel ainsi que de l'état de l'enfant. Ainsi, à défaut de l'usage des violences, de menaces graves, de la contrainte, de la surprise, de la pression psychologique ou en l'absence d'un environnement coercitif ou de tout autre élément prévu à l'article 171 de la LPPE, le viol d'enfant ne peut être retenu dans le chef d'un adolescent. On peut ainsi noter que, pour que le viol d'enfant entre enfants soit établi, il faudra que l'acte sexuel ou celui à caractère sexuel soit obtenu conformément aux modalités prévues à l'article 171.

Le *défaut de consentement résultant de la minorité d'âge de la victime* ne peut être pris en compte que lorsque l'auteur du viol d'enfant est un adulte, et ce, en application des articles 170, alinéa 3, et 167, alinéa 2, du CPL II qui disposent qu'est réputé viol à l'aide de violences le seul fait de rapprochement charnel de sexes commis sur la personne d'un enfant âgé de moins de dix-huit ans. Cependant, cette position n'est pas celle du tribunal pour enfants de Goma qui dit établi le manquement de viol d'enfant à l'égard d'un enfant en conflit avec la loi âgé de 17 ans qui a eu des rapports sexuels à deux reprises avec une fille âgée aussi de 17 ans qui était consentante. Malgré le fait que le tribunal ait écarté la ruse, au motif que les deux enfants avaient le même âge et se considéraient fiancés, pour établir le défaut de consentement dans le chef de la victime, il avait tout de même motivé que « le Tribunal tout en soutenant le manquement mis en charge de l'enfant en conflit avec la loi, note que la violence et la ruse n'ont pas concouru à la réalisation du viol, les deux enfants ont commis leurs actes ensemble » (Tribunal pour enfants de Goma, RECL 506, 22 avril 2013, in *Recueil de jurisprudence annotée 2014. Justice pour enfants*, pp. 124-126). Le tribunal pour enfants de Goma avait établi le défaut de consentement sur base des articles 170, alinéa 3, et 167, alinéa 2, du Code pénal, Livre II, dispositions qui ne peuvent pas s'appliquer à l'égard d'un enfant en conflit avec la loi. C'est une position qui semble discutable.

La *preuve de la minorité d'âge* peut paraître difficile à établir dans un pays où l'enregistrement des enfants à l'état civil est encore méconnu par la plupart de nos concitoyens. Toutefois, le législateur, connaissant ce problème de défaut d'acte d'état civil, a prévu une possibilité palliative au Code pénal, Livre II, à son article 167, alinéa 2 *in fine*. Aux termes de cette disposition, l'âge de l'enfant pourra être déterminé par examen médical, à défaut d'état civil. C'est dans ce sens qu'il a été jugé que « seul l'âge donné par le rapport d'expertise médico-légale, comme le prévoit l'article 167 du Code pénal, Livre II, tel que modifié et complété à ce jour, c'est-à-dire celui de 17 ans, sera pris en considération » (TGI de la Mongala à Lisala, RP. 034, 28 novembre 2007, note de Luzolo Bambi Lessa, 2011 : 603).

Nous pensons que cette disposition ne méconnaît toutefois pas le principe général de droit relatif à la *liberté de preuve* en matière pénale du fait qu'elle-même est facultative. Il est souhaitable de recourir aussi aux registres de maternité ou aux palmarès des écoles qui peuvent renseigner sur la date de naissance de l'enfant.

Dans un cas d'espèce, le tribunal de grande instance d'Uvira, siège secondaire de Kamitunga, a eu, faute de l'acte de l'état civil, à exiger la comparution personnelle de la fille afin de vérifier son âge (TGI Uvira, siège secondaire de Kamitunga, RP 1072, 22 janvier 2009, Rejusco, *Recueil de jurisprudence en matière pénale*, 2010 : 516). Dans le même sens, le tribunal de grande instance d'Uvira, siège secondaire de Kavumu, sous RP 10 193, avait conclu à la minorité d'âge de la victime lors de sa comparution personnelle.

Ceci montre qu'en l'absence d'acte de l'état civil ou de certificat de naissance, les juridictions déploient des efforts pour vérifier l'âge de la victime. Le tribunal militaire de garnison (TMG) de Kindu a eu à procéder à une descente dans la commune pour vérifier le registre de l'état civil et a constaté que la victime était effectivement majeure (TMG Kindu, RP 005/07, 6 novembre 2011, note de ASF, mai 2012 : 40). Le tribunal de grande instance de Bukavu avait ordonné à la commission électorale indépendante de dire si la victime était inscrite sur la liste des électeurs, mais en l'absence de réponse, a fini par constater que, de par sa constitution physique, la fille est visiblement majeure (TGI Bukavu, RP 11 642, 23 juillet 2008, note de ASF, mai 2012 : 40).

La production de la carte d'électeur ne doit pas d'office lier le juge. Il doit pouvoir requérir l'expertise de la Commission électorale nationale indépendante (CENI) pour bien vérifier l'authenticité de la pièce. Dans une affaire inscrite sous RP 10 397 devant le tribunal de grande instance d'Uvira, siège secondaire de Kavumu, le prévenu avait produit, lors de la plaidoirie, la carte d'électeur de la victime afin de prouver sa majorité du fait que celle-ci était consentante. Par la diligence du ministère public – nous-même –, toutes les antennes du Secrétariat exécutif provincial du Sud-Kivu de la CENI ont été requises pour qu'elles puissent se prononcer sur l'authenticité de la carte d'électeur. Celle-ci n'a pas été retrouvée dans tous les fichiers des électeurs inscrits dans les antennes de la CENI. La conséquence est connue – la pièce fabriquée pour le besoin de la cause.

Par ailleurs, l'étude faite par Avocats sans frontières (2012 : 40) montre que certaines juridictions acceptent aussi d'autres moyens de preuve de la minorité de la victime, tels que la fiche de vaccination (TMG Mbandaka, RP 136/2007, 17 avril 2008), un bulletin de l'école (TGI Kindu, RP 7044, 24 novembre 2006), les déclarations de la famille (TGI Kindu, RP 7259, 22 novembre 2007) ou de la victime (Cour d'appel de Mbandaka, RPA 1012, 1er juillet 2008), lesquelles sont parfois contredites par la famille (TGI Uvira, RP 1808, 25 mars 2009).

Il y a ainsi lieu de relever que le juge déploie des efforts pour asseoir sa conviction sur la minorité d'âge de la présumée victime. Le tribunal de grande instance de l'Ituri avait jugé que son intime conviction n'était pas édifiée et ne saurait retenir l'élément « âge », soit moins de dix-huit ans, tel que repris dans le procès-verbal de l'officier de police judiciaire (OPJ) ; se fondant sur son intime conviction, il a rejeté des pièces revêtues du caractère authentique (TGI Ituri, RP 14 227, 2 juillet 2007, Rejusco, 2010 : 484-486). Ainsi n'est établie l'infraction de viol réputé commis à l'aide de violences sur une fille âgée de moins de dix-huit ans que lorsqu'il ressort des pièces du dossier que la victime ne s'en est plainte que deux semaines après l'acte et qu'il n'y a au dossier aucun acte pour attester de la réalité de son âge, le procès-verbal de l'OPJ ne pouvant en l'espèce, remplacer le certificat de naissance (Rejusco, 2010 : 486). Il ressort aussi de la décision du tribunal de grande instance de Goma que n'est pas établie l'infraction de viol reprochée à un prévenu qui reconnaît avoir vécu en concubinage avec la victime consentante, âgée à l'époque des faits de 19 ans lorsque le ministère public, qui le poursuit en prétextant que cette dernière était âgée à l'époque des faits de moins de 18 ans, n'a apporté aucune preuve sur la minorité de la victime (TGI Goma, RP 19 064, 5 novembre 2008, Rejusco, 2010 : 487-490).

Par ailleurs, il a été aussi jugé qu'« à défaut d'état civil de la victime, l'âge de celle-ci peut également être déterminé en se basant notamment sur le niveau de ses études au moment des faits, en prenant le critère de la moyenne de tranche d'âge ordinaire des enfants de sa classe » (TGI Mbujimayi, RP 1915, 28 octobre 2006, aff. MP et partie civile *Tshikala c/ Mutombo*, note de Lukoo Musubao, 2013 : 408). Le tribunal a fondé sa conviction, pour déterminer la minorité d'âge de la victime qui n'est pas sujette au doute, non seulement sur son niveau d'études (parce qu'en 1re année de cycle d'orientation), mais aussi de la constance qui s'est dégagée dans les déclarations de toutes les parties, voire même du prévenu, les dernières dénégations de celui-ci étant le fruit d'une longue cogitation de nature à retarder la procédure.

Toutefois, il y a lieu de relever que les éléments de preuve qui sont retenus dans la plupart des cas de violences sexuelles ne répondent pas au principe d'une *preuve objective* et *scientifique* que la criminalistique prône à l'heure actuelle. En effet, le grand apport de la criminalistique, indiquent Yamarellos et Kellens, est de rendre la preuve pénale plus objective et plus scientifique, à l'abri des dangers inhérents au témoignage. D'où, en cas de défaut d'acte d'état civil, l'expertise médicale s'avère importante dans la mesure du possible afin d'éviter de produire la preuve de la minorité d'âge qui n'a aucun fondement scientifique et qui conduit au « pire judiciaire ».

C. Élément intellectuel

C'est la volonté consciente de consommer des relations sexuelles avec un enfant. Ainsi, le crime de viol suppose évidemment une intention coupable qui consiste dans la conscience de l'agent d'imposer à la victime un acte de pénétration ou de caractère sexuel auquel elle consent ou non.

La preuve de cette intention coupable n'est pas difficile à établir lorsque l'accusé a utilisé la violence ou lorsqu'il a exercé des menaces bien caractérisées pour parvenir à ses fins. La preuve est évidemment moins facile à apporter si le viol a été accompli par surprise, surtout si l'attitude de la victime a pu laisser croire qu'elle était consentante, ou encore si la résistance qu'elle a opposée au violeur n'était pas sérieuse (Pradel et Danti-Juan, 2010 : 450-451).

La preuve de l'intention peut paraître difficile à apporter lorsque le défaut de consentement résulte de la minorité d'âge de la victime et que cette dernière était consentante. L'intention coupable dans le cas de la minorité d'âge résulte de la connaissance par l'auteur que la personne avec laquelle il entretient le rapport sexuel ou les actes à caractère sexuel est âgée de moins de dix-huit ans. À ce sujet, il a été jugé que l'auteur du viol d'enfant impubère ou protégé, qui excipe de l'ignorance de l'âge de la victime, ne se dissipe pas, s'il n'a pas pris toutes les précautions pour s'en assurer (Élis., 24 avril 1945, *Rev. jur.*, p. 181 ; Kin., 13 mars 1972, *R.J.Z.*, 1973 : 174, note de Likulia Bolongo, 1985 : 336). Aucun revirement jurisprudentiel n'est observable. Jugé que le prévenu qui, parfois reconnaît l'âge de minorité de la victime, parfois feint de l'ignorer et ne peut ainsi échapper aux poursuites dès lors qu'il n'a pas pris le soin de vérifier si la victime qu'il invitait chez lui n'était pas une personne mineure protégée par la loi ou une personne impubère (TGI Kin/Kalamu, RP 9 308, 29 janvier 2008, note de Luzolo Bambi Lesa, 2011 : 585). En plus, « le concubinage ne peut emporter consentement de la victime, car à cause de sa minorité, celle-ci est incapable de donner un consentement libre et volontaire. Cette minorité renvoyant au défaut de consentement est assimilée par la loi à la violence. En outre, le prévenu n'était pas sans savoir que la loi proscrit toute relation sexuelle avec les mineurs dont la jeunesse est protégée » (TGI de la Mongala à Lisala, RP 04, 7 novembre 2007, note de Luzolo Bambi Lessa, 2011 : 613).

La jurisprudence se montre en général assez protectrice des victimes. Il a été jugé toutefois que l'intention coupable n'était pas démontrée lorsque deux individus pris de boisson ont pu se méprendre sur l'attitude d'une femme épuisée qui avait déjà été violée par deux autres personnes (Cour d'assises, Haut-Rhin, 21 avril 1959, *D.*, 1960, 369, note Aberkane).

§ 3. Poursuites

Dans la poursuite des infractions relatives aux violences sexuelles, d'une manière générale, le législateur a prévu une procédure accélérée dans la répression, en vue de sauvegarder la dignité de la victime et de garantir à celle-ci une assistance judiciaire. L'article 7*bis* du Code procédure pénale veut que l'enquête préliminaire se fasse dans un délai d'un mois maximum à partir de la saisine de l'autorité judiciaire. L'instruction et le prononcé du jugement se font dans un délai de trois mois maximum à partir de la saisine de l'autorité judiciaire.

Bien plus, toujours dans le souci de renforcer la répression, la possibilité de paiement d'une amende transactionnelle prévue pour faire éteindre l'action publique a été supprimée en matière de violences sexuelles en privilégiant la peine de servitude pénale principale. S'agissant, par ailleurs, de la dignité de la victime, la loi la protège en entourant son procès de beaucoup de discrétion. Aussi, désormais, les infractions relatives aux violences sexuelles sont-elles ajoutées aux infractions flagrantes pour lesquelles la formalité d'informer l'autorité hiérarchique n'est pas requise avant toute arrestation du présumé coupable (cadre public, l'exposé de motif de la loi n° 06/019 du 20 juillet 2006).

§ 4. Sanctions

Le viol est en principe passible de sept ans à vingt ans de réclusion criminelle d'une part, et d'autre part d'une amende de huit cent mille à un million de francs congolais en vertu de l'article 170, alinéa 1er, de la loi portant protection de l'enfant. La peine prévue est cumulative ; le juge doit ainsi prononcer en même temps la peine de servitude pénale principale à temps et la peine d'amende. La loi n'a donc pas donné au juge la faculté de prononcer l'une ou l'autre peine.

Cependant, dans certains cas, la loi double le minimum de la peine, c'est-à-dire que le minimum devient quatorze ans de servitude pénale principale. Il s'agit des hypothèses suivantes qui doivent être considérées comme les *circonstances aggravantes* :

A. Circonstances aggravantes liées à la qualité de l'auteur par rapport à la victime

1. Ascendance et autorité sur la victime, lien avec celle-ci

L'article 170, alinéa 2, points 1 et 2, vise le cas de viol commis par un ascendant ou avec l'aide duquel le viol a été commis ou par toute personne ayant sur la victime une autorité de droit ou de fait. Par ascendants, il faut entendre les parents légitimes, les parents dits « naturels », les parents adultérins et incestueux. L'ascendant est donc le parent dont quelqu'un est issu. On estime, dit Likulia Bolongo (1985 : 338), que les parents adoptifs doivent être exclus de cette énumération, car l'adoption, au sens de l'article 230 du Code civil, n'établit que des rapports fictifs ou purement civils sans faire sortir l'adopté de sa famille naturelle.

Pour que cet élément soit établi, il faut établir ce lien d'ascendance entre l'auteur et l'enfant victime. La victime doit être ainsi une descendante de l'auteur du viol d'enfant. Par rapport à la victime, les ascendants sont les père, mère, grand-père, grand-mère.

Tandis que l'autorité sera entendue comme le droit de commander, pouvoir (reconnu ou non) d'imposer l'obéissance sur la personne de l'enfant. L'autorité sur l'enfant est une question de droit ou de fait. En ce qui concerne l'expression « personnes qui ont autorité », il s'agit, explique Likulia Bolongo (1985 : 338), qui utilise d'ailleurs l'expression « ceux qui ont l'autorité », non seulement de l'autorité de droit, qui prend sa source dans la loi elle-même, c'est-à-dire résultant d'une qualité qu'il suffit de constater, mais aussi de l'autorité de fait qui dérive de circonstances et de la position des personnes. C'est ainsi que seront sanctionnés les parents adoptifs, le tuteur de l'enfant, le concubin de la mère de l'enfant, le second mari par rapport aux enfants mineurs non émancipés que sa femme a eus d'un précédent mariage.

Ainsi, constituent notamment les personnes ayant l'autorité sur l'enfant : les parâtre, marâtre, tuteur, parents adoptifs, l'un ou l'autre membre du couple de bonne moralité (articles 106, point 3, et 113, point 2).

Qu'en est-il de l'agression sexuelle commise par un grand frère sur sa jeune sœur, relation sexuelle qualifiée d'incestueuse ? Y a-t-il un lien d'ascendance ou d'autorité ? Ils sont tous des descendants et par conséquent il n'y a pas un rapport d'ascendance entre eux. Il peut y avoir une relation d'autorité sur la victime, si cette dernière habite, par exemple, chez l'auteur du viol d'enfant. Il faut ainsi, dans chaque cas d'espèce, analyser s'il y a l'existence d'un rapport de commandement et d'obéissance.

2. Enseignant, serviteur à gage ou serviteur des ascendants ou de la personne ayant l'autorité sur l'enfant

Au regard de l'article 170, alinéa 2, point 3, le minimum est doublé lorsque le viol est le fait de l'enseignant ou du serviteur à gage ou du serviteur des personnes ci-dessus (il faut comprendre qu'il s'agit d'ascendants ou de personnes qui ont l'autorité sur l'enfant victime).

À la lumière de l'article 91 de la loi-cadre 86-005 du 22 septembre 1986 sur l'enseignement national, le personnel enseignant comprend : le maître, l'instituteur, le moniteur de travaux, le chef d'atelier et le professeur. Ce sont ainsi ces personnes qui sont visées par la loi, y compris le personnel administratif et technique qui comprend l'ensemble des agents de commandement, de collaboration et d'exécution affectés aux établissements d'enseignement (article 90 de la loi-cadre) et qui sont appelés dans le langage scolaire les « enseignants assis ». La qualité d'enseignant n'est pas d'office pour que la peine soit aggravée ; il faut cependant que la victime soit l'élève de l'auteur ou bien entendu que ce viol soit commis dans le contexte « enseignant-élève ».

Par *serviteur à gage*, il faut entendre une personne qui est employée au service de l'enfant, mais payée par l'ascendant ou la personne qui exerce l'autorité sur ce dernier. Cependant, il a été jugé qu'il importe peu de savoir si les gages des serviteurs sont payés par le maître de la maison lui-même ou par l'organisme qui les emploie (District d'Uélé, 8 novembre 1945, *Rev. jur.*, 1946, p. 150 cité par Likulia Bolongo, 1985 : 338).

Au sens usuel du terme, *le serviteur* désigne une personne qui est au service de quelqu'un, un domestique. Pour lui, le minimum de la peine est doublé au cas où il est auteur du viol sur la personne de l'enfant ascendant ou qui est sous l'autorité de la personne qui l'emploie (son « patron » ou maître).

3. Agent public, ministère de culte, personnel médical, paramédical ou assistant social, des tradipraticiens

Le viol est aggravé si ce sont les agents publics, des ministres de culte qui ont abusé de leur position pour le commettre ; du personnel médical, para médical ou des assistants sociaux, des tradipraticiens envers les enfants confiés à leurs soins. Il y a ainsi deux cas de figure : d'une part, ceux qui abusent de leur position pour commettre le viol, qui sont les agents publics et les ministères de culte ; et d'autre part, ceux qui commettent les viols sur les enfants qui leur ont été confiés pour un objectif bien déterminé (prendre soin d'eux). Il s'agit, ici, du personnel médical et paramédical, des assistants sociaux et des tradipraticiens.

Qui sont ces agents publics ? Par *agent public*, il faut entendre au sens de l'article 1er du décret-loi 017-2002 du 3 octobre 2002 portant code de conduite de l'agent public de l'État, toute personne qui exerce une activité publique de l'État et/ou rémunérée par ce dernier.

Au sens du même décret-loi sont agents publics de l'État notamment : le président de la République, chef de l'État ; les membres du Parlement ; les membres du gouvernement ; les magistrats des cours et tribunaux ; les ambassadeurs et envoyés extraordinaires ; les autorités chargées de l'administration des circonscriptions territoriales et les membres des assemblées des entités administratives décentralisées ; le personnel politique et administratif des services de la Présidence de la République ; le personnel politique et administratif de l'administration du Parlement ; le personnel politique et administratif des cabinets des ministères ; les agents de l'administration de tous les ministères ; les magistrats et le personnel administratif de la Cour des comptes ; le personnel de l'administration des services de sécurité ; le personnel civil et militaire œuvrant au sein des forces armées congolaises ; les agents de la police nationale congolaise ; les mandataires actifs et non actifs dans les institutions de droit public, les entreprises et organismes publics ainsi que les entreprises d'économie mixte ; le personnel des institutions de droit public, des entreprises publiques et des organismes publics personnalisés ; les employés des entreprises privées ou d'économie mixte exerçant une activité publique pour le compte de l'État. La liste n'est pas limitative.

Par *ministère de culte*, il faut entendre les prêtres, abbés, pasteurs, imams (chef de prière dans une mosquée ou celui qui dirige une communauté musulmane), donc le responsable d'une confession religieuse. Rappelons que le viol d'enfant est aggravé si l'auteur le commet en raison de sa position vis-à-vis de l'enfant.

Personnel médical : ici il s'agit du médecin de toute spécialité, de l'infirmier. Cette qualité joue si l'auteur commet le viol d'enfant à l'occasion où l'enfant lui est confié pour les soins.

Paramédical : c'est la fille de chambre ou le garçon de chambre. Cette qualité est prise en compte dans le même cadre que le personnel médical.

Par *assistant social*, il faut entendre, au terme de l'article 2, point 8, de la loi portant protection de l'enfant, un agent de l'État ou d'un organisme agréé, spécialisé dans la résolution des problèmes liés aux relations humaines afin d'améliorer le bien-être général. Il œuvre à la promotion de bonnes mœurs. Dans le cas de viol d'enfant, les assistants sociaux sont impliqués quand ils le commettent sur les enfants qui leur ont été confiés pour la garde dans le cadre de l'application d'une mesure décidée par le juge d'enfant. Il est donc important de prouver la décision de placement de l'enfant. Cependant, il n'est pas exclu que cette qualité soit retenue pour les assistants sociaux des organismes privés quand ils commettent les actes d'abus sexuels sur les enfants mis à leur disposition conformément à la loi portant protection de l'enfant.

Faut-il condamner l'organisme ou l'État qui emploie le personnel médical, le paramédical ou l'assistant social comme civilement responsable ? Nous n'avons pas la prétention de donner ici la réponse à cette question. Réponde qui pourra. Cependant, il convient de signaler que la jurisprudence militaire va dans le sens de condamner le prévenu militaire, en cas de viol notamment, *in solidum* avec la RDC (TMG de Kinshasa-Ngaliema, RP 206/05, 1er novembre 2005). Le médecin peut, à l'occasion de l'exercice de l'art médical, être porté à commettre des infractions de caractère pénal comme le viol d'enfant. Ce sont alors les règles de la responsabilité civile qui s'appliquent. En cas de soins dispensés dans un hôpital public, ce dernier est en toute hypothèse responsable. La faute du médecin, conséquence d'un acte médical, est toujours une faute du service, ou une faute personnelle non détachable des fonctions, et relève du régime de la responsabilité de l'État.

Les tradipraticiens sont des guérisseurs, personnes qui font profession de guérir sans avoir la qualité officielle de médecin et par des moyens non reconnus de la médecine. Même le féticheur-guérisseur sera assimilé aux tradipraticiens et la peine lui sera aggravée lorsqu'il commet le viol sur la personne de l'enfant qui lui a été confié pour les soins.

4. Gardien

Cette qualité n'est retenue que lorsque l'enfant victime a été placé sous la surveillance de l'auteur. Entrent dans cette catégorie les filles-crèches (qui s'occupent de la garde des enfants à la maison) et le personnel des crèches qui commettent le viol sur les enfants placés sous leur surveillance.

Toutes ces circonstances aggravantes du minimum de la peine sont liées à la qualité de l'auteur par rapport à la victime. Cependant, le minimum est aussi doublé compte tenu de circonstances qui ont entouré la commission du viol d'enfant (article 170, alinéa 3, points 1, 2 et 5 de la LPPE).

B. Circonstances aggravantes liées au mode opératoire du viol d'enfant

1. Viol en réunion ou en concours avec une ou plusieurs personnes

Il s'agit du viol d'enfant commis avec l'aide d'une ou de plusieurs personnes. La loi aggrave la répression du viol lorsque celui-ci est commis par plusieurs personnes agissant en qualité d'auteurs ou de complices. Ce viol est « constitué même à supposer que l'un des deux auteurs soit demeuré inconnu » (Pradel et Danti-Juan, 2010 : 454). Cette circonstance s'applique si l'agent a été aidé dans l'exécution de l'infraction du viol d'enfant par une ou plusieurs personnes. Le complice doit avoir directement et matériellement coopéré à la consommation du viol d'enfant. Cette aggravation s'applique aussi bien à l'auteur du viol qu'à ceux qui l'ont aidé à obtenir la consommation des rapports sexuels avec l'enfant. Ces derniers seront considérés comme coauteurs ou complices en vertu des articles 21, 22 et 23 du Code pénal, Livre II.

Toutefois, le ministère public, comme le juge, devra prouver l'intention de celui qui a concouru à la commission. D'ailleurs, il a été jugé que, pour être punissable, il faut que celui qui concourt à la commission d'une infraction le fasse librement et sciemment. Il faut que celui qui agit soit animé de l'élément psychologique de volonté consciente de s'associer à une infraction (Lubumbashi, 28 juillet 1968, *R.J.C.*, 1968, n° 1 : 50).

2. Viol commis en public

La loi double le minimum de la peine, c'est-à-dire elle ramène à quatorze ans au minimum de servitude pénale principale au cas où le viol d'enfant est commis en public. La loi n'a pas précisé la portée du mot « public » qu'il emploie au point 3 de l'alinéa 3 de l'article 170 de la loi portant protection de l'enfant. Pour ce terme *public*, Georges Mineur (1953 : 177) note qu'il est logique de le comprendre dans un sens grammatical et usuel, c'est-à-dire en présence de plusieurs personnes, de manière à avoir une publicité réelle, effective, immédiate. Nous pensons que sera ainsi considéré commis en public le viol réalisé en pleine rue ou sur la place publique à la vue des passants, dans une salle en présence des personnes qui assistent à un spectacle.

3. Usage ou menace d'une arme

L'aggravation de la peine, c'est-à-dire le minimum ramené à quatorze ans, s'applique en vertu de l'article 170, alinéa 3, point 5, de la loi, lorsque le viol est commis avec usage ou menace d'une arme. On entend par arme un instrument qui sert à attaquer ou à défendre, ou toutes machines, tous instruments, tous ustensiles ou autres objets tranchants, perçants ou contondants (Mineur, 1953 : 200). Constituent donc des armes, poursuit Georges Mineur, les fusils, revolvers, lances, bâton, couteaux, machettes, etc. Cependant, nous ne pouvons pas perdre de vue que cette loi a été élaborée pendant la période où les groupes armés étaient encore actifs dans le pays. Aussi, il ne suffit pas que l'auteur soit porteur d'une arme, selon l'esprit de la loi, il faut en plus qu'il en fasse usage. Sinon tout homme porteur d'arme tomberait sous cet empire.

C. Circonstances aggravantes liées aux conséquences causées par le viol d'enfant et à l'état de la victime

Un autre aspect qui peut conduire à l'aggravation du minimum de la peine réside dans les conséquences qui peuvent résulter de l'acte de viol. Il s'agit de ce que nous nommons « circonstances aggravantes liées aux conséquences causées par le viol d'enfant ». Et dans ce cas, il s'agit de :

1. Altération grave de la santé de la victime

La loi double le minimum de la servitude pénale lorsque le viol a causé à la victime une altération grave de sa santé et/ou laissé de séquelles physiques et/ou psychologiques graves (article 170, alinéa 3, point 3). Ces altérations ne sont prouvées que par un examen médical et psychologique. C'est au regard du rapport médico-légal du médecin ou celui du psychologue que le juge pourra ainsi conclure à l'existence de l'altération grave de la santé de la victime. Un lien de causalité entre le viol et l'altération de la santé est exigé pour que l'auteur puisse se voir appliquer cette disposition. D'où l'importance d'inclure l'article 14*bis* dans le Code de procédure pénale qui prévoit que « [...] l'officier du ministère public ou le juge requiert d'office un médecin et un psychologue, afin d'apprécier l'état de la victime de violences sexuelles et de déterminer les soins appropriés ainsi que d'évaluer l'importance du préjudice subi par celle-ci et son aggravation ultérieure ».

Une doctrine abondante considère qu'il y a altération de la santé lorsqu'à la suite du viol la victime devient enceinte, a contracté une maladie longue, pénible ou susceptible de porter atteinte à sa réputation comme une maladie vénérienne (Mineur, 1953 : 363 ; Likulia Bolongo, 1985 : 337). Cependant, il ne faut pas perdre de vue que l'article 177 de la loi portant protection de l'enfant réprime la contamination délibérée d'une infection sexuellement transmissible incurable.

2. Victime vivant avec handicap

Enfin, il y a une *autre circonstance aggravante liée à l'état de la victime.* Il s'agit de la victime vivant avec handicap. Le minimum de la peine est doublé si le viol est commis sur un enfant vivant avec handicap. Cet état est préexistant aux faits qui sont l'objet de la poursuite et non la conséquence de ces faits eux-mêmes. Ainsi, par enfant vivant avec handicap physique ou mental, au regard de l'article 2, point 6, il faut entendre l'enfant se trouvant dans une situation qui peut constituer un obstacle ou une difficulté à l'expression normale de toutes ses facultés physiques ou mentales, notamment les fonctions intellectuelles et cognitives, le langage, la motricité et les performances sociales.

Une nécessité de recourir à la loi générale. Signalons que le législateur de la loi portant protection de l'enfant n'a pas prévu l'hypothèse où le viol commis sur la personne d'un enfant a entraîné la mort de ce dernier. Ne l'ayant pas prévu dans cette loi n° 09/001 du 10 janvier 2009, quand on se trouve devant un tel cas, il faut se référer à l'article 171 du Code pénal, Livre II. Cet article stipule : « Si le viol ou l'attentat à la pudeur a causé la mort de la personne sur laquelle il a été commis, le coupable sera puni de la servitude pénale à perpétuité ».

La peine complémentaire. L'article 184 de la loi portant protection de l'enfant donne la faculté au juge de prononcer la déchéance de l'autorité parentale. La condamnation du père, de la mère, du parâtre, de la marâtre ou de toute personne exerçant l'autorité parentale sur l'enfant, pour une infraction prévue à la présente section, peut être accompagnée de la déchéance de l'autorité parentale, en application des dispositions de la loi.

§ 5. *Quid* du cas de la mort de l'enfant ?

Il peut arriver que l'enfant victime décède à la suite du viol commis sur lui, ou bien le viol s'accompagne du meurtre. Quelle disposition faut-il appliquer ? On rappellera que, lorsque le viol est suivi du meurtre de la victime, il devient une sorte de circonstance aggravante de ce crime. Cependant, rappelons-le, parmi les circonstances aggravantes prévues dans la loi portant protection de l'enfant, le législateur n'a pas prévu cet aspect lié à la mort de l'enfant due au viol. Ne l'ayant pas prévu à cette loi spéciale portant protection de l'enfant, le juge devra recourir à l'article 171 du Code pénal, Livre II, qui prévoit cette hypothèse de la mort due au viol en ces termes : « Si le viol ou l'attentat à la pudeur a causé la mort de la personne sur laquelle il a été commis, le coupable sera puni de la servitude pénale à perpétuité ».

On ne peut pas prétendre que, comme la loi portant protection de l'enfant n'a pas prévu cette hypothèse de la mort et que la victime est mineure, seule cette loi sera d'application. Il faut recourir à la disposition légale qui prévoit cette situation juridique.

Section 2. Attentat à la pudeur commis sur un enfant

Vue générale. Au regard de l'article 172, l'attentat à la pudeur est tout acte contraire aux mœurs exercé intentionnellement sur un enfant. Le législateur semble s'être inspiré de la doctrine qui définit l'attentat à la pudeur comme tout acte contraire aux mœurs commis intentionnellement sur une personne ou à l'aide d'une personne déterminée, et sans le consentement valable de celle-ci, soit que cet acte n'atteigne que cette personne, soit qu'il offense en même temps la moralité publique (Mineur,

153 : 352). Par ailleurs, Lesueur (1974 : 124) définit l'attentat à la pudeur comme étant un acte impudique exercé intentionnellement sur une personne de l'un ou l'autre sexe, contre la volonté manifeste ou présumée de celle-ci. D'autres le définissent comme « tout acte contraire aux mœurs et d'une certaine gravité, commis de manière intentionnelle sur une personne ou à l'aide d'une personne déterminée sans le consentement valable de celle-ci » (Bastyns, 2003 : 11, note de Noémie, 2009 : 20). La Cour de cassation a également précisé qu'« il est requis qu'il s'agisse d'actes d'une certaine gravité, portant atteinte à l'intégrité sexuelle d'une personne telle qu'elle est perçue par la conscience collective d'une société déterminée à une époque déterminée ».

Chez l'enfant, il y a déjà la présomption du défaut de consentement et qu'il est incapable de donner une volonté libre et éclairée. Dans le but de protéger l'enfant, la loi considère que l'acquiescement d'un enfant de moins de dix-huit ans à des actes immoraux ne peut être donné en connaissance de cause. Le défaut de volonté de la victime est donc présumé par le Code pénal et tout acte impudique sur un enfant, passif ou consentant, est punissable même s'il n'y a pas l'emploi de la violence ni de la menace.

Cependant, il convient de signaler que l'attentat à la pudeur peut être aussi commis sur l'enfant avec violence, ruse ou menace. Celui-ci consiste à commettre un acte impudique, par violence, ruse ou menace, sur la personne d'un enfant de l'un ou l'autre sexe. Il suppose un attouchement, un contact physique de nature sexuelle soit de l'auteur sur la victime, soit d'une victime contrainte et forcée.

§ 1. Base légale

C'est l'article 172 qui prévoit et réprime l'attentat à la pudeur commis sur un enfant. Cet article dispose : « L'attentat à la pudeur sans violence, ruse, ou menace commis sur un enfant est puni de six mois à cinq ans de servitude pénale principale.
L'attentat à la pudeur avec violence, ruse, ou menace commis sur un enfant est puni de cinq à quinze ans de servitude pénale principale.
Si l'attentat est commis sur un enfant, à l'aide d'un ou de plusieurs enfants âgés de moins de dix ans, l'auteur est passible de cinq à vingt ans de servitude pénale principale.
Les peines encourues sont portées de cinq à quinze ans de servitude pénale principale et à une amende de quatre cent mille francs congolais si l'attentat à la pudeur a été commis par des personnes ou dans les circonstances prévues à l'alinéa 2 de l'article 170.
L'attentat à la pudeur est tout acte contraire aux mœurs exercé intentionnellement sur un enfant ».

Cette disposition comporte donc deux infractions d'attentat à la pudeur : l'attentat à la pudeur sans violence, ruse ou menace, et l'attentat à la pudeur avec violence, ruse ou menace. L'un ou l'autre attentat à la pudeur peut être aggravé s'il est, d'une part, commis à l'aide d'un ou plusieurs enfants âgés de moins de dix ans et, d'autre part, par des personnes ou dans les circonstances prévues à l'article 170 de la loi portant protection de l'enfant.

§ 2. Attentat à la pudeur sans violence, ruse ou menace

L'expression « sans violences, ruse ou menace » indique que l'infraction existe alors que l'enfant est consentant, son consentement étant présumé obtenu par violence morale. L'enfant victime ne doit pas avoir su décider librement compte tenu de son âge. En l'absence de consentement, il s'agirait d'un attentat à la pudeur avec violence. En réprimant l'attentat à la pudeur sans violence, ruse ou menace, la *ratio legis* demeure celle de l'innocence du jeune âge qui doit être protégé ; il n'est pas admissible que l'enfant, avant un certain âge, puisse donner un consentement libre, éclairé, aux actes d'impudicité qu'on réclame de lui. La violence, ou tout au moins la séduction, se présume jusqu'à ce que l'enfant soit arrivé en âge de comprendre l'immoralité des actions déshonnêtes (Noémie, 2009 : 21).

A. Composantes de l'infraction

Outre une victime enfant âgée de moins de 18 ans et qui correspond à une sorte de condition préalable de l'infraction, on relèvera que l'atteinte sexuelle même sans violence ne se conçoit plus désormais, avec la diversification d'actes constitutifs de viol, comme l'attentat à la pudeur. Cela étant, la prévention prévue à l'article 172, alinéa 1er, requiert l'accomplissement d'un acte impudique accompagné d'une intention coupable.

1. Acte impudique

Matériellement, l'attentat à la pudeur se caractérise par tout acte impudique, exercé sur la personne d'un enfant âgé de moins de dix-huit ans de l'un ou l'autre sexe. L'acte impudique est celui qui est de nature à offenser la pudeur, autrement dit l'acte qui est réellement immoral. Il est constitué par toute action physique et immédiate contraire aux mœurs, exercée sur une personne (Likulia Bolongo, 1985 : 340). Cependant, avec la diversification des actes constitutifs de viol d'enfant, l'élément matériel de l'infraction suscite plusieurs remarques particulières.

En premier lieu, le comportement incriminé doit être commis sur la personne de l'enfant, autrement dit sur son corps. En effet, enseignent Pradel et Danti-Juan (2010 : 427), aucun attentat à la pudeur ne peut se concevoir en dehors d'un contact physique avec la victime. Faute d'un tel contact, il conviendrait de rechercher le fondement légal de la répression ailleurs ; on peut retenir l'outrage public à la pudeur, ou l'excitation d'un enfant à la débauche, ou encore l'exposition de l'enfant à l'exhibition sexuelle. C'est dire que le premier élément constitutif est l'existence d'un acte et non de simples paroles (Rigaux et Trousse, 1968 : 291, note de Noémie, 2009 : 20). Ces actes physiques doivent atteindre la victime dans sa pudeur (sans qu'il n'y ait nécessairement de contact physique avec l'auteur, par ex. être forcé de se déshabiller) (De Nauw, 2008 : 198).

En deuxième lieu, il importe que l'atteinte impudique ne se soit pas matérialisée par un acte de pénétration sexuelle, faute de quoi c'est la qualification de viol telle qu'elle résulte de l'article 171 de la loi portant protection de l'enfant qui pourrait être seule retenue.

Enfin, précisent Pradel et Danti-Juan (2010 : 428), l'âge de la victime au moment des faits est ici une condition préalable de l'infraction qu'il incombe à la juridiction de jugement de relever expressément.

Ainsi constitue l'attentat à la pudeur sur l'enfant le fait de relever la jupe d'un enfant, de lui mettre les cuisses à nu et de lui caresser à plusieurs reprises les parties sexuelles ; mouiller les cuisses de l'enfant par les spermes ; pétrir ou masser les seins de l'enfant. Ces actes se conçoivent quand l'auteur est un homme. Les attouchements ou les caresses faites par la femme sur les parties génitales d'un enfant garçon constituent le viol d'enfant (prévu à l'article 171, litera b). Mais, les faits d'effectuer des caresses sur les parties sexuelles d'une fillette, de toucher les seins ou les fesses (Conte, 2013 : 156) d'un enfant constituent des attouchements impudiques.

Quand la femme amène un enfant à procéder à des attouchements sur elle, ceci constitue l'attentat à la pudeur dans son chef. À titre illustratif, constitue l'attentat à la pudeur le fait pour une femme de se faire masser les seins par un enfant ; de laisser ses cuisses à nu et se faire caresser par un enfant.

Une doctrine abondante enseigne qu'il importe peu que cet acte impudique soit commis en public ou en secret, qu'il ait été commis sur une victime de sexe masculin ou féminin et que l'infraction n'ait apparemment produit aucun effet sur l'esprit et les sens de l'enfant (Lesueur, 1974 : 124 ; Pradel et Danti-Juan, 2010 : 428 ; Likulia Bolongo, 1985 : 341).

2. Une intention coupable

L'atteinte sexuelle définie par l'article 172 est une infraction intentionnelle. C'est dire que l'attentat à la pudeur est une infraction intentionnelle ; c'est donc le dol général (et non spécial) qu'il faut établir dans le chef de l'auteur des faits (*id est* connaissance de l'illégalité de l'acte et volonté ou à tout le moins acceptation de le commettre) (Noémie, 2008 : 20). Pour être plus précis, l'élément moral de cette prévention consiste à la fois dans la conscience chez l'auteur qu'il commet un acte objectivement immoral ou obscène et dans sa connaissance de ce que la victime de cet acte est âgée de moins de 18 ans.

Likulia Bolongo (1985 : 342) précise que l'intention coupable est inséparable de l'acte impudique incriminé. Car on ne peut comprendre qu'une personne puisse exercer un acte obscène et immoral sur la personne d'un jeune enfant, ou employer la violence, supercherie, ruse ou menaces pour le commettre sans connaissance de son caractère criminel. Dès que l'acte impudique est réalisé intentionnellement, le comportement de l'agent est coupablement établi.

Par ailleurs, Pradel et Danti-Juan (2010 : 429) renchérissent aussi en disant qu'il n'est pas nécessaire que le prévenu ait été mû par le désir de satisfaire ses propres passions. « Ce qui importe, c'est qu'il ait eu conscience que l'acte commis pouvait objectivement blesser la pudeur de la victime. Aussi, la personne poursuivie peut toujours arguer de sa bonne foi en cas d'erreur sur l'âge de la victime. L'argument doit évidemment être examiné [...] ». La jurisprudence considère toutefois que pour obtenir sa relaxe, le prévenu devra apporter la preuve de son erreur et que cette dernière paraisse suffisamment plausible. De Nauw (2008 : 208-209) précise à cet égard qu'« il ne suffit pas de prétendre avoir été induit en erreur par l'apparence, la mentalité ou le comportement de la victime. Les déclarations mensongères de la victime concernant son âge ne sont pas non plus suffisantes pour que l'auteur bénéficie de l'erreur invincible »

C'est ainsi que la jurisprudence congolaise admet que l'auteur doit avoir pris toutes les précautions sur l'âge de la victime. C'est pourquoi il a été jugé que l'auteur du viol sur un enfant impubère ou mineur, qui excipe de l'ignorance de l'âge de la victime, ne se disculpe pas s'il n'a pas pris toutes les précautions pour s'en assurer (Élis., 24 avril 1945, *Rev. jur.*, 1946, p. 181 ; Kin., 13 mars 1972, *R.J.Z.*, 1973 : 174, note de Likulia Bolongo, 1985 : 336). Il en est ainsi du cas du prévenu qui, reconnaissant l'âge de minorité de la victime, feint de l'ignorer et ne peut ainsi échapper aux poursuites dès lors qu'il n'a pas pris les soins de vérifier si la victime qu'il invitait chez lui n'était pas une personne mineure protégée par la loi ou une personne impubère (TGI Kinshasa/Kalamu, RP 9. 308 du 29 janvier 2008, note de Luzolo Bambi Lesa, 2011 : 585).

On peut toutefois parfaitement concevoir que des gestes puissent être ressentis comme blessants ou humiliants pour la pudeur de celui qui les subit, alors même qu'ils seraient justifiés par la coutume ou exigés par une nécessité impérieuse. C'est le cas du médecin qui se livre aux gestes requis pour un traitement ou un examen médical.

L'élément moral n'est toutefois pas rempli si l'acte a lieu pendant le sommeil ; pendant une bagarre ; pendant un examen pour les besoins du diagnostic ou des soins.

§ 3. Attentat à la pudeur avec violence, ruse ou menace

Outre l'acte impudique commis avec une intention coupable, ci-haut analysé, cette prévention se caractérise par la violence, ruse ou menace qui l'accompagne lors de sa réalisation. Toutefois, les violences, ruses ou menaces peuvent précéder les faits, être concomitantes, ne pas être consécutives.

Ces termes méritent d'être précisés. Ainsi il faut entendre, selon Likulua Bolongo (1985 : 343), par :

1. *Violence*, les actes de contrainte physique et les moyens de contrainte morale exercés contre l'enfant victime d'attentat. Cela peut être des coups ou des voies de fait.

2. *Menace*, tout moyen de coercition irrésistible tendant à paralyser la volonté. Autrement dit, la menace consiste dans l'annonce d'un mal que l'on veut faire. Elle constitue à l'égard de la victime une violence morale.

3. *Ruse*, tout artifice, tout acte ou toute manœuvre empêchant le libre consentement.

Constituent généralement un attentat à la pudeur avec violences ou menaces : obliger quelqu'un à se déshabiller ; dévêtir par surprise, même superficiellement, un enfant ; imposer une caresse sur les genoux d'un enfant.

§ 4. Circonstances aggravantes communes à tous les deux attentats à la pudeur

L'un ou l'autre attentat à la pudeur peut être aggravé s'il est, d'une part, commis à l'aide d'un ou plusieurs enfants âgés de moins de dix ans et, d'autre part, par des personnes ou dans les circonstances prévues à l'article 170 de la loi portant protection de l'enfant.

1. *L'attentat à la pudeur commis sur un enfant à l'aide d'un ou de plusieurs enfants âgés de moins de dix ans.* L'attentat à la pudeur commis « sur un enfant » consiste à poser directement, par l'auteur lui-même, un acte impudique sur l'enfant victime. Tandis que l'attentat à la pudeur « à l'aide d'un enfant » consiste pour l'auteur à contraindre la victime à accomplir des actes impudiques sur elle-même. Autrement dit, les enfants âgés de moins de dix ans ont concouru à la réalisation de l'acte impudique sur un enfant âgé de moins de dix-huit ans. L'âge de la personne qui a concouru à la réalisation de l'acte impudique, celui de moins de dix ans, constitue une circonstance aggravante. L'enfant doit avoir participé comme coauteur ou complice dans les cas prévus par les articles 21 et 22 du Code pénal, Livre II.

2. *La qualité de l'auteur de l'attentat à la pudeur.* L'article 170, alinéa 2, auquel l'article 172 fait référence, énumère les ascendants, les personnes qui ont autorité sur la victime, les enseignants, les serviteurs à gage ou serviteur des ascendants ou de la personne ayant l'autorité sur l'enfant, les agents publics, ministres de culte, personnel médical, paramédical ou assistant social, les tradipraticiens et les gardiens sur les enfants placés sous leur surveillance.

Ces qualités ne sont pas, pour certains, automatiques pour qu'elles soient une circonstance aggravante. Il faut que l'acte impudique soit commis en raison de leur position ou envers les enfants confiés à leurs soins ou encore sur les enfants placés sous leur surveillance.

Pour plus de précision sur la qualité des personnes susvisées, lire l'infraction de viol d'enfant.

§ 5. La répression de l'attentat à la pudeur commis sur l'enfant

La répression n'est pas la même pour tout attentat à la pudeur. Le législateur a pu diversifier le taux de la peine selon qu'il s'agit de l'attentat à la pudeur avec ou sans violence, ruse ou menace ; selon qu'il s'agit de l'attentat à la pudeur commis avec le concours d'un ou plusieurs enfants âgés de moins de dix ans ou par certaines personnes revêtues d'une quelconque qualité.

L'attentat à la pudeur sans violence, ruse, ou menace commis sur un enfant est puni de six mois à cinq ans de servitude pénale principale. Tandis que l'attentat à la pudeur avec violence, ruse, ou menace commis sur un enfant est puni de cinq à quinze ans de servitude pénale principale. L'usage de la violence, ruse ou menace lors de la commission de l'acte impudique sur l'enfant constitue une circonstance aggravante.

Tous les deux types d'attentat à la pudeur ne sont pas punis d'une peine d'amende. Cependant, ils sont en outre punis d'une peine d'amende dans les hypothèses prévues à l'article 172, alinéa 3. Ils sont aussi aggravés dans l'hypothèse prévue à l'alinéa 2 du même article.

Pour l'attentat à la pudeur commis sur un enfant à l'aide d'un ou de plusieurs enfants âgés de moins de dix ans, l'auteur est passible de cinq à vingt ans de servitude pénale principale. Tandis que l'attentat à la pudeur commis par une personne ayant la qualité de celle énumérée à l'article 170, alinéa 2, est puni de cinq à quinze ans de servitude pénale principale et d'une amende de quatre cent mille francs congolais.

Section 3. Incitation d'un enfant à la débauche

Vue générale. L'article 173, alinéa 5, de la loi portant protection de l'enfant définit l'incitation à la débauche comme le fait de faciliter, d'exciter ou de favoriser la débauche d'un enfant. Il s'agit ainsi du fait d'agir sur des mineurs en vue de satisfaire les passions d'autrui ou en tout cas comme agent intermédiaire de corruption et de la débauche. Cette disposition vise la protection de l'enfant en ce sens qu'elle punit tous ceux qui attentent aux mœurs, en excitant, facilitant ou favorisant, pour satisfaire les passions d'autrui, la débauche, la corruption ou la prostitution d'un enfant de l'un ou l'autre sexe.

L'incitation d'un enfant à la débauche est une infraction d'occasion, c'est-à-dire qu'il n'est pas nécessaire que l'auteur ait commis plusieurs actes pour qu'elle soit caractérisée. Elle n'est donc pas une infraction d'habitude. Cependant, le législateur fait seulement la distinction sur l'âge de la victime pour que la répression soit aggravée. Nous y reviendrons dans les lignes qui suivent.

Cette prévention se conçoit aussi si les actes constitutifs sont le fait d'un autre enfant, contrairement au droit français où l'auteur est un majeur. Le législateur français a décriminalisé l'excitation à la débauche commise entre mineurs (Pradel et Danti-Juan, 2010 : 479). Cependant, le législateur congolais a prévu à l'article 95 de la loi portant protection de l'enfant que l'enfant âgé de moins de quatorze ans bénéficie, en matière pénale, d'une présomption irréfragable d'irresponsabilité. Malgré le fait qu'il utilise le terme « quiconque », que nous estimons globalisant et sans exception, l'enfant âgé de moins de 14 ans échappe aux poursuites pénales.

§ 1. Base légale

L'incitation d'un enfant à la débauche a aussi son siège de la matière dans le Code pénal, Livre II, à ses articles 172 à 174a. Dans cette loi particulière, elle est prévue à l'article 173 qui dispose : « Quiconque attente aux mœurs en incitant, facilitant ou favorisant, pour satisfaire les passions d'autrui, la débauche ou la corruption des enfants est puni d'une servitude pénale principale de trois à cinq ans et d'une amende de cinq cent mille à un million de francs congolais.
Le fait énoncé à l'alinéa précédent est puni d'une servitude pénale principale de dix à vingt ans et d'une amende de deux cent mille à quatre cent mille francs congolais, s'il est commis envers un enfant âgé de moins de dix ans accomplis.
Si l'infraction a été commise par le père, la mère, le parâtre, la marâtre, le tuteur ou toute personne exerçant en droit ou en fait l'autorité sur l'enfant, l'auteur est en outre déchu de l'autorité parentale ou tutélaire.
Les peines encourues sont portées à une servitude pénale principale de cinq à dix ans et à une amende d'un million à deux millions de francs congolais si l'incitation à la débauche est le fait du père, de la mère, du parâtre, de la marâtre, du tuteur ou de toute personne exerçant en droit ou en fait l'autorité sur l'enfant.
L'incitation à la débauche est le fait de faciliter, d'exciter ou de favoriser la débauche d'un enfant ».

§ 2. Les éléments constitutifs

Au regard de l'article 173 de la loi portant protection de l'enfant, cette infraction exige un acte matériel incitant, facilitant ou favorisant la débauche d'une personne âgée de moins de dix-huit ans afin de satisfaire les passions d'autrui. Cela doit être commis dans une intention coupable par l'auteur.

A. Éléments matériels

Le point de savoir si des actes constituent des attentats aux mœurs, c'est-à-dire s'ils facilitent ou favorisent la débauche, est de fait (Mineur, 1953 : 365). Et les actes matériels qui constituent l'incitation à la débauche sont des actes destinés à inciter, faciliter ou favoriser la débauche ou la corruption de l'enfant.

Par *inciter* à la débauche, il faut entendre le fait de pousser, exciter, stimuler, encourager ou provoquer l'enfant aux actes sexuels.

Ainsi tombent sous le coup de la loi : le fait de pousser une jeune fille de moins de dix-huit ans au rapport charnel (Likulia Bolongo, 1985 : 358). Dire par exemple à un enfant : « Il faut découvrir le rapport charnel avec un homme, c'est super ». Likulia Bolongo cite aussi le fait d'accomplir, en présence des mineurs, soit l'acte sexuel, soit un quelconque acte obscène. Mais, ces actes ne seront plus considérés comme de l'incitation à la débauche, avec la loi portant protection de l'enfant, ils peuvent constituer l'exhibition sexuelle.

Constituent ensuite les actes d'incitation, la participation visuelle d'un enfant à un spectacle de débauche qui présente en lui-même un caractère incitatif. Le fait pour un individu d'avoir accompli sur lui-même des actes de lubricité, en présence d'enfants qu'il ne faisait pas concourir à ces actes, et qui n'en étaient ainsi témoins que dans un but d'initiation à la débauche, ou enfin le fait de réunir des jeunes filles mineures pour les rendre témoins d'actes de débauche, en faisant de celles sur lesquelles le prévenu satisfait sa passion des agents de corruption vis-à-vis des autres (Pradel et Danti-Juan, 2010 : 480-481).

Par *faciliter*, il faut entendre le fait de rendre facile l'accomplissement de cet acte. Il s'agit donc de toutes les facilités données aux jeunes gens mineurs, bien entendu des enfants, pour satisfaire leurs désirs à l'égard des autres.

Constituent ainsi les actes de facilitation le fait de procurer à des jeunes gens de moins de dix-huit ans le moyen de satisfaire leurs passions, le fait de fournir sciemment un lieu de rencontre à un enfant (une jeune fille de moins de dix-huit ans) et à une personne majeure, ou à deux mineures en vue de leur permettre de se livrer à des actes impudiques ; le fait pour des parents, alors que leur fille mineure était devenue la maîtresse d'un homme marié, d'avoir donné un logement aux amants et de les avoir logés ensemble dans leur propre lit (Mineur, 1953 : 364).

Par *favoriser*, il faut entendre le fait de contribuer à la réalisation de la satisfaction des passions d'autrui. C'est le fait de permettre à une jeune fille mineure de devenir maîtresse ou de vivre en concubinage avec quelqu'un ; le fait d'admettre les mineurs dans les maisons de débauche (Likulia Bolongo, 1985 : 358). C'est par exemple un hôtelier qui met à la disposition d'un enfant une chambre pour lui permettre de faire des actes à caractère sexuel. Il ne pourra pas se justifier que son travail est de servir le logement. En servant le logement, il doit le faire sans qu'il attente aux mœurs. Constitue aussi un acte d'incitation à la débauche le fait d'utiliser les enfants dans les bars et restaurants afin qu'ils servent aux rapports sexuels.

L'entremetteur qui procure à des jeunes gens mineurs le moyen de satisfaire leur passion favorise et facilite leur débauche (Mineur, 1953 : 364).

Likulia Bolongo (1985 : 358) enseigne que l'acte matériel doit avoir pour résultat la débauche ou la corruption des victimes, c'est-à-dire le dérèglement dans les mœurs, la dépravation des mœurs. Et il importe peu que l'enfant ait été déjà corrompu ou livré même à la prostitution, lors des faits reprochés.

La corruption dont parle le législateur a une connotation essentiellement sexuelle. Elle concerne les mœurs et doit être entendue comme synonyme de dépravation. Ainsi, il y a corruption ou acte tendant à favoriser la corruption d'un mineur lorsqu'un individu loue habituellement une chambre à des mineurs qui s'y livrent à la débauche, ou lorsque le prévenu a envoyé des correspondances érotiques ou des dessins pornographiques à un mineur. On peut d'ailleurs penser que, la tentative étant spécialement incriminée, il importe peu que les correspondances en question soient parvenues à leurs destinataires, pourvu qu'elles leur aient été adressées (Pradel et Danti-Juan, 2010 : 480).

Avec l'évolution de la technologie, les actes constitutifs d'incitation à la débauche peuvent être réalisés aux moyens de communication électronique, c'est-à-dire par l'usage d'appareils de télécommunication. Par exemple les textos ou les e-mails où sont jointes des images pornographiques. Ceci est une manière d'inciter l'enfant à la débauche ou à la corruption.

Ainsi, les actes doivent être commis soit en incitant, soit en facilitant, soit encore en favorisant la débauche des enfants, dans le but de satisfaire les passions d'autrui.

B. Satisfaire les passions d'autrui

L'infraction d'incitation d'un enfant à la débauche ne sera retenue que si le prévenu poursuivait la satisfaction des passions d'autrui.

Ainsi, note Georges Mineur (1953 : 365), celui qui agit pour satisfaire ses propres passions n'est pas punissable sur base de l'article 172 du Code pénal (article 173 de la loi portant protection de l'enfant), mais il pourra éventuellement, suivant les circonstances, être poursuivi du chef de viol, d'attentat à la pudeur ou d'outrages publics aux bonnes mœurs. Constitue la satisfaction de la passion d'autrui, la fille qui appelle des mineures, les incite à avoir des relations intimes et se livre à eux à prix d'argent ; qui facilite la débauche, l'entremetteuse qui procure à un jeune homme mineur dont elle connaît l'état de minorité, le moyen de satisfaire ses passions dans une chambre qu'elle lui loue.

Georges Mineur (1953 : 365) précise que la loi n'exige pas que la corruption ait été suivie d'effet, il suffit que les faits aient été de nature à la provoquer.

C. La victime de l'infraction : l'enfant

Cette prévention ne peut avoir pour victime qu'un enfant, que ce soit à l'article 172 du Code pénal, Livre II ou à l'article 173 de la loi portant protection de l'enfant. Il convient de préciser qu'aux termes de l'article 2, point 2, de la loi portant protection de l'enfant, est enfant toute personne âgée de moins de dix-huit ans.

Cependant, le législateur a catégorisé en deux les enfants qui peuvent être victimes d'incitation à la débauche. D'une manière générale, la victime est tout enfant âgé de moins de dix ans dont la tranche d'âge varie de dix à moins de dix-huit ans (article 173, alinéa 1) et de manière particulière, c'est l'enfant âgé de moins de dix ans accomplis (alinéa 2). L'intérêt de la distinction d'âge n'est pas explicite. Il convient toutefois d'observer que l'enfant âgé de moins de dix ans est naïf, très émotif... commettre les actes d'incitation à la débauche à son encontre corrompt plus sa conscience.

La détermination de l'âge de l'enfant est une question primordiale. Malgré le fait que le législateur a institué de manière obligatoire l'enregistrement des enfants à travers la déclaration de naissance, la question continue à se poser pour la détermination de l'âge en RD Congo. Dans la première hypothèse, l'agent sera poursuivi sur base de l'article 173, alinéa 1, le cas contraire ce sera l'alinéa 2 du même article. L'âge de l'enfant, aux termes de l'article 167 *in fine* du Code pénal, Livre II, pourra être déterminé par examen médical, à défaut d'acte d'état civil. On rappellera simplement que, d'après la jurisprudence française que nous estimons transposable aussi ici en RD Congo, l'état de minorité peut, à défaut de production de l'acte de naissance, être déclaré par le juge à l'aide de toute preuve fournie par l'instruction et les débats et qu'une telle déclaration étant irréfragable, elle ne saurait tomber sous le contrôle de la Cour de cassation (Crim., 5 mars 1863, *D.P.*, 1867. V. 30, note de Pradel et Danti-Juan, 2010 : 479).

L'âge de la victime protégée a évolué dans notre législation. Avant la loi n° 06/018 du 20 juillet 2008 modifiant et complétant le Code pénal, la personne qui était protégée était celle âgée ou apparemment âgée de moins de vingt et un ans. Lors de la mise sur pied de cette loi et de la loi portant protection de l'enfant, le législateur a ramené à moins de dix-huit ans.

Il est important d'être attentif sur l'âge. Celui qui facilite les passions d'autrui (par exemple en louant une chambre d'hôtel à un couple) doit s'assurer de l'âge des personnes intéressées. Si l'auteur prétend qu'il croyait avoir affaire à une personne majeure, il doit apporter la preuve qu'il a été trompé sur l'âge de cette personne : par exemple un hôtelier à qui l'on aurait présenté une carte d'identité falsifiée (Lessueur, 1974 : 130).

D. Élément moral

L'élément moral dans la prévention d'incitation d'enfant à la débauche est l'intention coupable de l'auteur. Celle-ci consiste en la conscience qu'a eue l'agent de servir d'intermédiaire pour la débauche ou la corruption d'un enfant (Likulia Bolongo, 1985 : 359). L'auteur doit avoir agi en connaissance de cause dans le but de provoquer ou de faciliter la débauche d'un ou d'une mineure. S'il n'y a pas cette connaissance, il ne peut y avoir infraction. C'est ainsi que ne tombe pas sous le coup d'incitation d'enfant à la débauche celui qui présente un ami à une jeune fille si, ultérieurement, cet ami et la jeune fille ont des relations sexuelles (Lesueur, 1974 : 130).

Ainsi, la prévention n'est réalisée que lorsqu'il est démontré que le prévenu a eu l'intention de corrompre un mineur, notamment en le rendant témoin d'exhibition ou de relations sexuelles ou en l'y associant. Il suffit qu'il ait eu la volonté de provoquer la débauche et, par là, la dépravation des mineurs. Les faits parlant le plus souvent d'eux-mêmes, la seule réelle difficulté pourra résulter d'une erreur sur l'âge ayant pu laisser croire à l'agent qu'il conviait à la débauche un individu de plus de dix-huit ans. Mais seule une erreur plausible pourra éventuellement entraîner une exonération de responsabilité (Pradel et Danti-Juan, 2010 : 482).

L'élément intentionnel de cette infraction est donc le dol ordinaire, c'est-à-dire la volonté consciente de commettre le fait réprimé. Le mobile de l'auteur est indifférent pour la réalisation de l'infraction. Le fait que les auteurs n'ont perçu aucune rémunération ou profité d'une façon quelconque de leur complaisance est sans pertinence (Mineur, 1953 : 366).

§ 3. La répression de l'incitation d'enfant à la débauche

Dans la répression de cette prévention, le législateur a, d'une part, fixé une peine principale et, d'autre part, une peine complémentaire en raison de la qualité de l'auteur. Cependant, dans certains cas le législateur a aggravé la peine. Mais cette aggravation, liée à l'âge de la victime et à la qualité de l'agent est, nous l'estimons, trop ambiguë. Nous y revenons dans les lignes qui suivent.

A. Les peines principales

La prévention d'incitation d'enfant à la débauche prévue à l'alinéa 1er de l'article 173 est punie d'une servitude principale de trois à cinq ans et d'une amende de cinq cent mille à un million de francs congolais. Cette même prévention est prévue à l'article 172 du Code pénal, Livre II. Elle y est punie de trois mois au minimum. Cette disposition du Code pénal doit être considérée comme abrogée par l'article 201 de la loi portant protection de l'enfant qui abroge toutes les dispositions antérieures contraires à cette loi.

La peine est portée à la servitude pénale principale de dix à vingt ans et d'une amende de deux cent mille à quatre cent mille francs congolais, si l'incitation à la débauche est commise envers un enfant âgé de moins de dix ans. La peine est aggravée en raison de l'âge de la victime, âgée de moins de dix ans. L'âge de l'enfant doit être démontré, comme nous l'avons précédemment dit. Le législateur a juste aggravé la peine de servitude pénale principale et a réduit sensiblement la peine d'amende contrairement à d'autres préventions où il aggrave toutes les deux peines à la fois. Ne serait-ce pas encore une erreur ou une des lacunes que renferme cette loi ? Aucune raison ne peut le justifier.

La peine est ensuite portée à une servitude pénale principale de cinq à dix ans et une amende d'un million à deux millions de francs congolais si l'incitation à la débauche est le fait du père, de la mère, du parâtre, de la marâtre, du tuteur ou de toute personne exerçant en droit ou en fait l'autorité sur l'enfant (alinéa 4 de l'article 173). Le législateur a juste aggravé la peine d'amende, par contre la peine de servitude pénale principale demeure moins sévère par rapport à la peine prévue à l'alinéa 2 qui réprime de dix à vingt ans de servitude pénale et d'une amende de deux cent mille à quatre cent mille francs congolais.

Si c'est l'une des personnes citées à l'alinéa 3 de l'article 173 qui commet cette infraction, quel que soit l'âge de l'enfant victime, seules les peines prévues aux alinéas 3 et 4 sont applicables.

Les peines de servitude pénale principale et d'amende prévues à cette disposition sont cumulatives. Le juge est donc tenu de prononcer obligatoirement les deux peines prévues.

B. La peine complémentaire : la déchéance de l'autorité parentale

L'alinéa 3 de l'article 173 prévoit, outre la peine de servitude pénale principale et l'amende prévues aux autres alinéas, une peine complémentaire de déchéance de l'autorité parentale. Cet alinéa rend obligatoire de prononcer cette peine complémentaire étant donné que le législateur ne laisse pas la faculté au juge de la prononcer quand il dit : « Si l'infraction a été commise par le père, la mère, le parâtre, la marâtre, le tuteur ou toute personne exerçant en droit ou en fait l'autorité sur l'enfant, l'auteur est en outre déchu de l'autorité parentale ». Cependant, l'article 184 de la loi portant protection de l'enfant, qui clôt la section relative aux agressions sexuelles à laquelle est classée l'incitation à la débauche, laisse entrevoir une possibilité laissée au juge de prononcer cette peine. Il ressort de cette disposition que la condamnation du père, de la mère, du parâtre, de la marâtre ou de toute personne exerçant l'autorité parentale sur l'enfant, pour une infraction prévue à la présente section (agressions sexuelles), *peut être* accompagnée de la déchéance de l'autorité parentale, en application des dispositions de la loi.

Cet article 184 doit être considéré comme une disposition qui s'applique à certaines infractions relatives aux agressions sexuelles où le législateur n'a pas expressément prévu la peine complémentaire de la déchéance de l'autorité parentale. Et dans ce cas, elle devient une peine facultative pour le juge.

En cas de condamnation de l'auteur à la déchéance de l'autorité parentale, l'article 245 du Code de la famille prévoit que « doit être déférée à l'État la tutelle les mineurs dont le ou les auteurs sont déchus de l'autorité parentale si personne n'est jugée apte à assumer la tutelle [...]. Le tribunal de paix défère la tutelle à l'État au moment où il prononce la déchéance de l'autorité parentale ou postérieurement à cette décision, à la demande de tout intéressé ».

Section 4. Incitation d'un enfant à des relations sexuelles avec un animal

Vue générale. L'incitation renferme non seulement l'idée de la provocation, mais aussi l'excitation, la facilitation ou la favorisation d'un enfant à la réalisation des relations sexuelles avec un animal. À la différence de l'incitation à la débauche où les relations sexuelles sont nécessairement réalisées avec un homme, cette prévention est constituée si l'incitation vise la réalisation des relations sexuelles avec un animal.

Le législateur a ainsi érigé certains comportements qui constituaient en quelque sorte une forme de complicité ou de corréité, en infraction à part entière. C'est pourquoi, dans certains secteurs de la criminalité, le législateur a adopté des dispositions particulières visant à incriminer certaines incitations ou provocations, en principe indépendamment de tout fait principal consommé ou simplement tenté. Existe ainsi la prévention d'incitation d'un enfant à des relations sexuelles avec un animal. Cette prévention est une forme de la zoophilie prévue et punie par l'article 174 h du Code pénal, Livre II.

§ 1. Base légale

Cette prévention est prévue à l'article 174, qui dispose que « l'incitation d'un enfant à des relations sexuelles avec un animal est punie de sept à quinze ans de servitude pénale principale et d'une amende de cinq cent mille à un million de francs congolais ».

§ 2. Les éléments constitutifs

Outre l'intention coupable, l'agent doit avoir commis les actes matériels d'incitation ayant pour finalité d'entraîner l'enfant à réaliser les relations sexuelles avec un animal.

A. Actes matériels d'incitation

C'est le fait pour toute personne d'inciter un enfant à avoir des relations sexuelles avec un animal. Les actes matériels d'incitation à des relations sexuelles avec un animal peuvent non seulement se réaliser avec l'acte d'inciter, mais aussi de faciliter ou de favoriser l'enfant à avoir les relations sexuelles avec un animal.

Par *inciter*, il faut entendre le fait de pousser, exciter, stimuler, encourager ou provoquer l'enfant aux actes sexuels avec un animal. Il n'est pas nécessaire que l'enfant donne son approbation au projet criminel de réaliser les relations sexuelles avec l'animal.

Par *faciliter*, il faut entendre le fait de rendre facile l'accomplissement de cet acte sexuel avec un animal. Il s'agit donc de toutes les facilités données aux jeunes gens mineurs, bien entendu les enfants, pour satisfaire leurs désirs sexuels avec un animal.

Par *favoriser*, il faut entendre le fait de contribuer à la réalisation de relations sexuelles avec un animal par un enfant. C'est le fait de mettre à la disposition de l'enfant un animal pour qu'il réalise les relations sexuelles.

Cette prévention peut prendre une autre forme qu'une provocation, tel le fait d'expliquer à un enfant le plaisir exceptionnel qu'il ressentira quand il effectuera les relations sexuelles avec une gazelle, une vache, une truie, une chèvre, etc.

Même si l'enfant réalise ou non le rapport sexuel avec l'animal, l'infraction est établie par le seul fait d'avoir incité, facilité ou favorisé. Cependant, nous estimons que l'incitation implique évidemment une invitation à commettre les actes précis et non une simple allusion aux actes en question.

Par ailleurs, les actes matériels peuvent s'accompagner ou non de la contrainte de l'agent. Au regard de l'article 174 h du Code pénal, Livre II, le prévenu peut avoir, par ruse, violences, menaces ou par toute forme de coercition ou artifice, contraint une personne à avoir des relations sexuelles avec un animal.

B. Incitation à des fins sexuelles avec un animal

Les actes matériels ayant été évoqués ci-dessus, l'un d'eux doit être réalisé à des fins sexuelles avec un animal et non avec un homme. Cette prévention ne vise pas la protection de l'animal contre les atteintes à son intégrité ou à sa vie, au contraire, elle vise la protection de l'enfant contre les actes sexuels contre nature et qui l'exposeraient à une maladie avec un animal.

Par animal, il faut entendre un être vivant, doué de la faculté de sentir et de mouvoir tout ou partie de son corps, contrairement à l'homme qui est un animal raisonnable (*Dictionnaire Le Littré*, 2008). Le législateur vise ainsi la bête, un concept qui renferme tous les animaux, excepté l'homme. L'animal peut être domestique ou apprivoisé, sauvage ou tenu en captivité. Peu importe qu'il soit vivant ou mort.

Par ailleurs, les relations sexuelles visées par le législateur sont celles de pénétration sexuelle ou à caractère sexuel. Ainsi constituent les actes sexuels ceux prévus à l'article 171 de la loi portant protection de l'enfant.

C. Intention coupable

La prévention d'incitation d'un enfant aux relations sexuelles avec un animal suppose évidemment une intention coupable qui consiste dans la conscience chez l'agent de provoquer, faciliter, inciter ou favoriser l'acte sexuel avec un animal. Ainsi, le seul fait pour l'agent de commettre un acte matériel dont la finalité est d'inciter l'enfant aux relations sexuelles avec un animal suffit pour démontrer cette intention coupable.

La prévention est ainsi réalisée lorsqu'il est démontré que le prévenu a eu l'intention d'inciter un enfant.

§ 2. Sanctions pénales

À titre principal, l'incitation d'un enfant à des relations sexuelles avec un animal est punie de sept à quinze ans de servitude pénale principale et d'une amende de cinq cent mille à un million de francs congolais.

À titre complémentaire, et en vertu de l'article 184 de la loi portant protection de l'enfant, si le prévenu est le père, la mère, le parâtre, la marâtre ou toute personne exerçant l'autorité parentale sur l'enfant, le juge peut prononcer la déchéance de l'autorité parentale.

§ 3. Différence avec la zoophilie

La zoophilie est, d'une part, le fait d'avoir par ruse, violence, menaces ou par toute forme de coercition ou artifice, contraint une personne à avoir des relations sexuelles avec un animal et, d'autre part, le fait d'une personne qui, volontairement, aura eu des rapports sexuels avec un animal.

La première hypothèse concerne le fait pour une personne de contraindre une autre à avoir des relations sexuelles avec un animal. La seconde est le fait d'une personne ayant volontairement, c'est-à-dire sans contrainte, des rapports sexuels avec un animal. La première hypothèse est assimilable à l'incitation de l'enfant aux relations sexuelles avec un animal. Ainsi, la prévention d'incitation d'un enfant aux relations sexuelles avec un animal est une forme de la zoophilie.

Section 5. Détention d'un enfant aux fins d'abus sexuel

Vue générale. Cette prévention implique le fait de détenir un ou plusieurs enfants de l'un ou l'autre sexe dans le but d'en abuser sexuellement ou de réaliser les actes de rapprochement charnel, même superficiels.

La raison de réprimer ce comportement vise à lutter notamment contre les pratiques de concubinages auxquelles se livrent les garçons avec les filles âgées de moins de dix-huit ans ; pratiques communément appelées *kuredeza* en swahili (le fait de prendre une fille sans au préalable verser la dot et à l'insu de sa famille) d'une part, et d'autre part, le fait pour les jeunes femmes de prendre pour mari les jeunes garçons âgés de moins de dix-huit ans.

§ 1. Base légale

C'est l'article 175 qui constitue le siège de la matière de la prévention de détention d'un enfant aux fins d'abus sexuel. Cet article dispose : « Le fait de détenir un ou plusieurs enfants dans le but d'abuser d'eux sexuellement est puni de dix à vingt ans de servitude pénale principale.
Si grossesse s'ensuit, la servitude pénale principale est de quinze à vingt ans ».

§ 2. Éléments constitutifs

Outre la personnalité de la victime qui est un enfant et l'intention coupable dans le chef de l'agent, pour son établissement l'auteur doit avoir commis les actes matériels d'enlèvement ou d'arrestation, de détention ou de séquestration d'un enfant de l'un ou l'autre sexe dans le but d'en abuser sexuellement.

A. Éléments matériels

Les éléments matériels se concrétisent par l'acte de détention de l'enfant qui s'accompagne par les actes sexuels ou à caractère sexuel.

1. Acte de détention ou de séquestration de l'enfant

La détention et la séquestration impliquent une situation continue où l'auteur place l'enfant dans un état d'enlèvement ou d'arrestation sur une certaine durée. C'est donc la suite logique d'un enlèvement et elle peut être accomplie par le même auteur (Pradel et Danti-Juan, 2010 : 238). L'enlèvement paraît correspondre au fait de soustraire une personne (un enfant) à l'autorité qui en exerçait la garde. Constitue ainsi l'acte d'enlèvement le fait pour un homme de prendre une fille de sa famille en lui promettant le mariage et de la soustraire à l'autorité de ses parents. L'enlèvement d'enfant consiste à l'entraînement, au déplacement et au détournement de l'enfant du lieu où il était.

La détention est le fait, après enlèvement, de garder l'enfant chez soi ou le fait de retenir un enfant qui passe ou qu'on a trouvé dans un endroit isolé. Elle se conçoit aussi dans le fait de retenir un enfant dans un lieu, milieu ou endroit quelconque, même pas contre son gré.

La question de durée se pose. Combien de temps faut-il qu'il s'écoule pour parler de la détention aux fins d'abus sexuel ? La détention ou la séquestration implique une situation continue d'enlèvement. Cependant, dans certains cas, on peut tomber dans l'hypothèse de la détention ou séquestration, même si elle vient de se réaliser, « lorsque les auteurs n'ont pas volontairement rendu la liberté à leur victime. Il importe peu en particulier qu'ils aient perdu la maîtrise de la situation en raison de circonstances indépendantes de leur volonté » (Pradel et Danti-Juan, 2010 : 238).

Constitue un acte de détention d'un enfant aux fins d'abus sexuel le fait de rester en concubinage avec un enfant âgé de moins de dix-huit ans. Souvent, l'auteur d'un tel acte est poursuivi pour viol d'enfant. Cette manière de qualifier les faits nous paraît ne pas être adéquate par rapport à la nature même des faits.

2. La finalité de la détention : acte d'abus sexuel sur l'enfant

L'acte de détention ou de séquestration doit être accompagné de la perpétration d'un acte sexuel sur la victime pour que l'infraction de détention d'un enfant aux fins d'abus sexuel soit réalisée. Sinon l'agent pourra être poursuivi pour enlèvement et détention d'enfant prévu à l'article 161 précédemment analysé.

Quelle est la nature d'actes sexuels qui doivent être considérés comme tombant sous le coup de l'article 175 qui réprime la détention d'un enfant aux fins d'abus sexuel ? Faut-il prendre en compte tous les actes matériels de viol d'enfant prévus à l'article 171 ?

Nous estimons qu'il faut nuancer le sens du terme utilisé par le législateur. Ce dernier utilise l'expression « abuser d'eux sexuellement ». Le terme sexuellement, dans son sens usuel, renvoie au sexe. On peut ainsi oser conclure que l'acte d'abus sexuel pris en compte est le rapprochement charnel des sexes, même superficiel.

Cependant, quand nous nous situons dans l'ensemble de la loi portant protection de l'enfant, cette prévention est catégorisée parmi les infractions d'agression sexuelle au même titre que le viol d'enfant. Le viol d'enfant, quelle que soit la nature de l'acte matériel commis par l'agent, constitue un acte d'abus sexuel. Ainsi le terme « abuser d'eux sexuellement » employé par le législateur à cet article 175 renferme aussi les actes prévus à l'article 171 de la loi portant protection de l'enfant.

B. Élément moral

C'est la volonté consciente de détenir l'enfant et de consommer des relations sexuelles avec lui. Ainsi, la prévention de détention d'enfant aux fins d'abus sexuel suppose évidemment une intention coupable qui consiste dans la conscience chez l'agent, d'enlever et de détenir l'enfant afin de lui imposer un acte de pénétration sexuelle. La preuve de cette intention coupable de détenir dans le but sexuel n'est pas difficile à établir lorsque l'accusé a utilisé la violence ou lorsqu'il a exercé des menaces bien caractérisées pour parvenir à ses fins. La preuve est évidemment moins facile à rapporter du fait de la minorité d'âge de la victime.

Quid du consentement de la victime ? Le consentement de la victime est inopérant, étant donné que le législateur a consacré la présomption irréfragable du défaut de consentement pour le cas des victimes âgées de moins de dix-huit ans en cette matière de violence sexuelle.

C. Circonstance aggravante : la grossesse

La conséquence liée à la *grossesse* constitue une circonstance aggravante de la détention d'enfant aux fins d'abus sexuel. La grossesse ne se présumera pas, il faut qu'elle soit médicalement prouvée étant donné que le législateur exige qu'en cas de violences sexuelles le magistrat puisse requérir d'office un médecin et un psychologue. Mais cela ne met pas en cause le principe de la liberté de preuve consacrée en matière pénale avec toutes ses limites.

Qu'adviendra-t-il lorsque l'enfant victime de détention aux fins d'abus sexuel vient d'avorter ou d'accoucher avant le déclenchement de la poursuite judiciaire ? Nous estimons que l'infraction est cristallisée avec cette circonstance aggravante au moment où l'enfant tombe enceinte. En effet, même si elle vient d'avorter ou d'accoucher avant la poursuite judiciaire, son état de délivrance ne nie en rien cet état de grossesse. L'enfant issu de ce rapport charnel est d'ailleurs, par excellence, une preuve de la circonstance aggravante.

§ 3. Sanctions pénales

La détention d'enfant aux fins d'abus sexuel est en principe passible de dix à vingt ans de réclusion criminelle ou servitude pénale principale. La loi ne prévoit pas la peine d'amende pour cette prévention et le juge qui la prononcera violera le principe de la légalité des peines.

S'agit-il d'un oubli du législateur qui n'aurait pas prévu la peine d'amende ? Nous estimons que le législateur a oublié de la prévoir pour cette prévention étant donné que même pour certaines préventions où il est plus sévère, dont la peine est la servitude pénale à perpétuité, il l'a cumulée avec la peine d'amende. C'est un oubli qui profite au prévenu.

L'alinéa 2 de l'article 175 prévoit une peine de servitude pénale principale aggravée si l'enfant victime de la détention aux fins d'abus sexuel tombe enceinte. Si la grossesse s'ensuit, la servitude pénale principale minimale est de quinze ans.

§ 4. Quelles particularités ?

A. Quid de la détention d'enfant aux fins d'abus sexuel réalisée par une femme ?

L'infraction est aussi constituée lorsqu'une femme réalise dans l'intention coupable les actes matériels pour la matérialisation de cette prévention. Cependant, seul l'alinéa 1er de l'article 175 lui est applicable ; même si elle devient enceinte à la suite de rapports charnels réalisée par un enfant.

B. Quelle est la différence qui existe entre le viol d'enfant et la détention d'enfant aux fins d'abus sexuel ?

Outre le taux de la peine qui les distingue, les deux préventions se constituent (ou se matérialisent) par les mêmes actes matériels de pénétration sexuelle. Cependant, le viol est une infraction instantanée, tandis que la détention d'enfant aux fins d'abus sexuel est une infraction continue qui se particularise par la détention ou la séquestration de l'enfant. La durée est une question qui doit être ainsi examinée. Mais elle se manifeste par la détention de l'enfant chez soi ou à un autre endroit dans le but d'abuser de lui sexuellement.

C. Quid de la prescription de l'action publique ?

Quand la détention aux fins d'abus sexuel commence-t-elle à se prescrire ? Cette prévention est une infraction continue et, par conséquent, elle se prescrit à partir du moment où la détention cesse.

Section 6. Privation d'un enfant de sa capacité biologique de procréer

Vue générale. La privation d'un enfant de sa capacité biologique de reproduction est le fait de priver un enfant de la capacité biologique de procréer sans qu'un tel fait ne soit justifié médicalement. Ainsi, la privation de la capacité biologique de reproduction justifiée par des raisons médicales n'est pas infractionnelle. Cependant, le consentement des parents ou de ceux qui exercent l'autorité est requis, lorsqu'elle est médicalement justifiée.

Il peut arriver qu'il y ait conflit entre la justification médicale et le consentement des parents, c'est-à-dire les parents peuvent s'y opposer. Dans ce cas, la loi veut que ce soit l'intérêt[6] supérieur de l'enfant qui prime. Cette position de la loi laisse entrevoir la justification médicale comme la seule nécessité qui peut justifier la privation de la capacité de reproduction.

Cette prévention étant catégorisée parmi les agressions sexuelles, elle n'a cependant pas pour finalité de satisfaire le désir sexuel, mais d'attenter à l'intimité sexuelle de

---

[6] Par intérêt supérieur de l'enfant, il faut entendre le souci de sauvegarder et de privilégier à tout prix ses droits (article 6, alinéa 2, LPPE).

la santé de reproduction. La santé de reproduction est un état de bien-être général, tant physique que mental et social, de la personne humaine pour tout ce qui concerne l'appareil génital, ses fonctions et son fonctionnement et non pas seulement l'absence de maladies ou d'infirmités. Cela suppose qu'une personne peut mener une vie sexuelle satisfaisante en toute sécurité, qu'elle est capable de procréer et qu'elle est libre de le faire aussi souvent ou aussi peu souvent qu'elle le désire (Le Programme d'action de la Conférence internationale sur la population et le développement [CIPD] des Nations unies en 1994).

§ 1. Base légale

C'est l'article 176 qui constitue le siège de la matière de la prévention de la privation d'un enfant de la capacité de reproduction. Cet article dispose : « Le fait de priver un enfant de la capacité biologique de reproduction sans qu'un tel fait ne soit justifié médicalement est puni de cinq à quinze ans de servitude pénale principale. Lorsque le fait est médicalement justifié, le consentement des parents ou de ceux qui exercent l'autorité parentale est requis.
En cas de conflit entre la justification médicale et le consentement des parents, l'intérêt supérieur de l'enfant prime ».

Cette disposition est une innovation, sous cette dénomination, dans l'ensemble du Code pénal congolais. Toutefois, elle est assimilée à l'article 174, l, du Code pénal, Livre II, qui dispose que « sera puni de cinq à quinze ans de servitude pénale, quiconque aura commis sur une personne un acte à la priver de la capacité biologique et organique de reproduction sans qu'un tel acte ait préalablement fait l'objet d'une décision médicale justifiée et d'un libre consentement de la victime ».

Ces deux dispositions se situent dans le sens de lutter contre le trafic des organes vitaux de reproduction des enfants comme des adultes.

§ 2. Éléments constitutifs

Pour son établissement, cette prévention exige l'accomplissement dans le chef de l'auteur d'un acte matériel de privation de la capacité de reproduction non justifié médicalement commis dans une intention de nuire à la santé de reproduction de l'enfant.

A. Acte matériel de privation de la capacité de reproduction

Au regard de l'article 176, l'infraction est constituée lorsque l'auteur pose sur un enfant un acte matériel consistant à lui priver la capacité biologique de reproduction ou de procréation. Il s'agit en outre du fait de commettre ou de faire commettre sur un enfant, sans une décision médicale justifiée, un acte de nature à le priver de sa capacité biologique et organique de reproduction. La capacité de reproduction doit être entendue comme la capacité de rendre une femme enceinte ou de mettre au monde.

En se référant au *Guide sur la santé sexuelle et reproductive* (2011 : 5), il se révèle que, dans le système de reproduction de la femme, certains organes sont importants. Il s'agit : des **ovaires** qui sont une paire de petits organes qui produisent des ovules. Les ovules sont libérés dans les **trompes de Fallope** qui relient l'ovaire à l'**utérus**. Quand un ovule fécondé s'implante dans la paroi de l'utérus, la grossesse se produit. Tandis que, chez l'homme, les organes importants dans le système de reproduction sont : le **pénis** qui est l'organe masculin qui sert à la fois à uriner et à avoir des rapports sexuels. Il contient ensuite un certain nombre de terminaisons nerveuses sensibles. Outre le pénis, il y a les **testicules** (également appelés bourses), qui sont responsables de la production de testostérone, la principale hormone sexuelle masculine, et de sperme.

Au regard de ces organes de reproduction qu'une personne de l'un ou de l'autre sexe doit avoir, constitue un acte matériel de privation de la capacité de reproduction, le fait de castrer ou de couper le pénis d'un enfant, de couper ou ligaturer les trompes d'une jeune fille, d'enlever les ovaires ou l'utérus (hystérectomie). Les modalités d'accomplissement de l'acte matériel importent peu. C'est ainsi que Mutata Luaba (2008 : 253) note que « peu importe les moyens de leur matérialisation ». Et il considère parmi les actes matériels « les infections sexuelles dues à ces agressions barbares des femmes et mal soignées [qui] peuvent être à l'origine d'une stérilisation tant chez les victimes directes que chez leurs partenaires mâles dont les spermatozoïdes peuvent subir une destruction quasi totale ».

Sans préjudice du principe de la liberté de preuve en matière pénale, la preuve médicale est nécessaire pour apprécier le caractère de la privation de la capacité de reproduction. Il est ainsi important de recourir à l'expertise médicale pour déterminer que l'acte accompli sur l'enfant le prive de la capacité de reproduction.

B. Acte non justifié médicalement

Ces actes ne constitueraient un fait infractionnel que lorsqu'ils ont été accomplis en dehors du cas prévu par la loi. L'article 176 veut que la privation de la capacité de reproduction ne soit admise que lorsqu'elle est justifiée médicalement. Et nous estimons que doit être pris en considération l'état de santé de l'enfant.

C'est dans ce sens qu'écrit Mutata Luaba (2008 : 253) : « Le défaut de toute justification sanitaire en faveur des victimes s'avère requis » (pour que la prévention soit constituée). En d'autres termes, poursuit l'auteur, « la stérilisation des victimes ne peut être fondée que sur les impératifs sanitaires, tels que la sauvegarde de la vie [...] » pour que l'acte de l'auteur soit justifié.

La justification médicale devra aussi s'apprécier sur base de la qualification de l'agent. Ne peut évoquer une justification médicale la personne qui n'est pas qualifiée en art de guérir.

Ainsi, l'acte matériel qui sera considéré est celui qui prive de la capacité biologique et organique de reproduction de l'enfant sans justification médicale comme la stérilisation. Partant, un lien devra être établi entre l'acte posé (de privation de la capacité de reproduction) sur l'enfant et la conséquence (qui est l'effectivité de l'incapacité de reproduction) qui en découle.

C. Défaut de consentement des personnes qualifiées

Le consentement est l'autorisation ou l'approbation donnée par la personne qualifiée à un acte concernant une autre personne (Guinchard *et al.*, 2015 : 254), bien entendu l'acte visant l'enfant. Il s'agit, pour cette prévention, d'obtenir l'autorisation ou l'approbation des parents ou de la personne qui exerce l'autorité parentale sur l'enfant (article 176) avant d'accomplir sur lui l'acte médical. Cependant, la même disposition précise qu'en cas de conflit entre la justification médicale et le consentement des parents, c'est l'intérêt supérieur de l'enfant qui prime.

La notion d'intérêt supérieur de l'enfant est le fondement du droit à la protection de l'enfant. Aux termes de l'article 6, alinéa 2, de la loi portant protection de l'enfant, « par intérêt supérieur de l'enfant, il faut entendre le souci de sauvegarder et de privilégier à tout prix ses droits ». Toutefois, l'article 7 de la même loi prévoit que « tout enfant capable de discernement a le droit d'exprimer son opinion sur toute question l'intéressant, ses opinions étant dûment prises en considération, eu égard à son âge et à son degré de maturité ».

Ainsi s'exposera aux poursuites judiciaires le médecin qui, sans avoir obtenu le consentement des parents de l'enfant, aura commis un acte de privation de la capacité de reproduction d'un enfant en se fondant sur la justification médicale. Celle-ci n'est opératoire que lorsqu'elle est accompagnée du consentement des parents ou de la personne exerçant l'autorité parentale sur l'enfant. Cependant, la loi n'ouvre une brèche que lorsqu'il y a conflit entre la justification médicale et le consentement des parents. Dans ce cas, le médecin pourra évoquer l'intérêt supérieur de l'enfant et procéder aux actes qui privent l'enfant de sa capacité de procréer.

Quid du médecin qui accomplit l'acte de privation de la capacité de reproduction justifiée médicalement sans avoir obtenu au préalable le consentement des parents ? Si son action est justifiée par l'intérêt supérieur de l'enfant, c'est-à-dire attendre le consentement des parents mettrait en péril la vie ou la santé de l'enfant, dans ce cas, il ne sera pas justifié sur pied de cette disposition. Son acte sera considéré commis sous l'état de nécessité.

Il sied toutefois d'être attentif lors de l'instruction. Les parents ou la personne qui exerce l'autorité parentale sur l'enfant peuvent être les coauteurs pour avoir donné l'instruction à commettre l'acte. C'est ainsi qu'il conviendra dans chaque cas d'espèce de recourir à l'expertise médicale pour voir si l'acte de privation de la capacité biologique de reproduction, pour lequel le médecin avait obtenu l'autorisation ou l'approbation des parents, était justifié médicalement.

D. Intention coupable

C'est la volonté pour l'auteur de commettre l'acte de privation de la capacité de reproduction sur un enfant dans une intention de nuire. Cette intention de nuire se révèle lorsque l'acte a été posé sans qu'il soit justifié médicalement.

La qualité de l'auteur peut aussi amener à déduire son intention coupable. N'ayant pas la qualité d'une personne qualifiée en art de guérir et ayant accompli un acte de privation de la capacité de reproduction, l'auteur sera présumé avoir commis son acte dans une intention coupable.

§ 3. La répression

La privation d'un enfant de la capacité biologique de reproduction est punie de cinq à quinze ans de servitude pénale principale. Pour cette prévention, la loi ne prévoit pas la peine d'amende.

La privation d'un enfant de la capacité biologique de reproduction étant une infraction relative aux agressions sexuelles, si l'auteur est un père, une mère, un parâtre, une marâtre ou toute personne exerçant l'autorité sur l'enfant, elle peut être condamnée, outre la peine de servitude pénale, à la déchéance de l'autorité parentale (article 184 de la loi portant protection de l'enfant). Ainsi, pour cette prévention l'auteur peut être condamné à une peine complémentaire de déchéance s'il est dans la catégorie énumérée à l'article 184.

Au regard du taux de la peine applicable, la privation d'un enfant de la capacité biologique de reproduction est une infraction de la compétence matérielle du tribunal de grande instance.

Section 7. Contamination délibérée d'un enfant d'une infection sexuellement transmissible incurable

Vue générale. La contamination délibérée d'une infection sexuellement transmissible incurable est une nouvelle prévention introduite au Code pénal par la loi n° 06/018 du 20 juillet 2006 (articles 174, i) que la loi portant protection de l'enfant a aussi reprise parmi les infractions relatives aux agressions sexuelles à son article 177. Cette prévention suppose une personne vivant avec le SIDA, c'est-à-dire une personne déjà malade ou personne asymptomatique atteinte du VIH ou d'une autre maladie incurable, la transmet volontairement à une personne saine par quelque moyen que ce soit autre que l'acte purement sexuel. Autrement dit, une personne contamine une autre personne saine d'une maladie incurable, notamment le VIH/SIDA.

Cette prévention s'inscrit ainsi dans la logique de lutter contre l'expansion des maladies sexuellement transmissibles incurables notamment de la pandémie du VIH/SIDA. Pour Angelesi Bayenga (2010), dans notre pays, le VIH/SIDA a connu une courbe ascendante telle qu'il fallait imaginer une législation spécifique, susceptible de répondre aux impératifs et aux interrogations de l'heure. Par contre, Lukoo Musubao (2013 : 101) pense que le législateur, en édictant cette prévention, avait peut être cru protéger la population contre la maladresse, la négligence ou l'incurie de certains médecins et autres personnels médical ou soignant, ou des prostituées avec des méchants « clients » de « passe » malintentionnés et véreux. L'auteur, en motivant ainsi la *ratio legis* de cette infraction, a oublié que cette prévention ne veut pas réprimer la négligence ou la maladresse, mais au contraire ceux qui contaminent délibérément, comme il ressort de la base légale de cette prévention. La seule logique de la criminalisation demeure punitive. Cela ressort en outre du document de l'ONU SIDA (2008 : 2) : « Une personne qui se sait séropositive, qui agit avec l'intention de transmettre le VIH, et qui le transmet effectivement, doit être sanctionnée, parce que son état d'esprit, son comportement, et le fait d'avoir mis en péril la vie d'autrui méritent punition ».

§ 1. Base légale

Cette prévention est non seulement prévue à la loi portant protection de l'enfant, mais aussi au Code pénal, Livre II. À la loi portant protection de l'enfant, elle est prévue et punie par l'article 177 qui dispose : « Quiconque contamine délibérément un enfant d'une infection sexuellement transmissible incurable, notamment le VIH/SIDA, est puni d'une servitude pénale à perpétuité et d'une amende de cinq cent mille à un million de francs congolais ».

Tandis qu'au Code pénal, elle est prévue et punie à l'article 174, i, qui dispose : « Sera puni d'une peine de servitude pénale à perpétuité et d'une amende de deux cent mille francs congolais constants, quiconque aura délibérément contaminé une personne d'une infection sexuellement transmissible incurable ».

La différence de ces deux textes réside seulement sur le champ d'application. Le premier s'applique uniquement si la victime est un enfant de l'un ou de l'autre sexe ; tandis que le second s'applique non seulement aux adultes mais aussi aux enfants. Mais comme il y a déjà un texte spécial qui protège les enfants, il n'est plus important de recourir à la loi générale. Il s'ensuit que l'âge de la victime est un élément important qu'il faut prouver pour une bonne application des textes, malgré le fait que la peine applicable soit la même.

§ 2. Les éléments constitutifs

Il ressort de la compréhension de cette prévention prévue à l'article 177 de la loi portant protection de l'enfant les éléments suivants : l'acte matériel de contamination d'une infection, ce qui suppose un examen médical ou un dépistage prouvant cette transmission afin d'établir le lien de cause à effet, ainsi que la connaissance par l'agent que son acte conduit à la transmission d'une infection incurable ainsi que la connaissance de son statut sérologique.

A. L'acte matériel de contamination

L'acte matériel de contamination suppose un contact physique entre l'agent et l'enfant victime. Cette transmission peut prendre diverses formes, c'est-à-dire le prévenu peut contaminer la victime d'une infection sexuellement transmissible incurable par un acte de pénétration sexuelle ou par tout autre moyen. L'infection doit être ainsi médicalement prouvée, c'est-à-dire attestée par un rapport médical.

1. Infection sexuellement transmissible incurable

Dans l'esprit de la loi, il ne s'agit pas de n'importe quelle infection, mais il s'agit de l'infection sexuellement transmissible incurable, notamment le VIH/SIDA. Par infection sexuellement transmissible incurable, il faut entendre inguérissable.

Tandis que le VIH/SIDA est un mot composé des sigles, le VIH signifie Virus de l'Immunodéficience Humaine. Alors que le SIDA est le Syndrome de l'Immunodéficience Acquise, correspondant au stade « maladie » de l'infection à VIH. Ainsi, une infection à VIH est une infection causée par le virus de l'immunodéficience humaine (loi n° 08/011 du 14 juillet 2008 portant protection des droits des personnes vivant avec le VIH/SIDA et des personnes affectées).

Ainsi, l'acte de contamination qui sera incriminé est celui qui porte sur une infection incurable, notamment le VIH/SIDA. Seuls les résultats du laboratoire attesteront du caractère incurable de l'infection sexuellement transmissible. Le juge ne peut en lui-même en déduire le caractère, vu l'aspect scientifique que renferme l'expression incurable. Les autres infections sexuellement transmissibles curables, comme les maladies vénériennes, ne sont pas concernées par cette disposition, et partant, à ce stade de la législation pénale, ne sont pas constitutives d'un fait infractionnel.

Ces maladies sont la syphilis ou vérole, la blennorragie et la trichomonase. C'est le tréponème, un germe visible seulement à l'ultramicroscope, qui est responsable de la syphilis. La maladie se propage par transmission du spirochète d'un individu à l'autre ; en général, par le rapport sexuel avec un partenaire syphillitique. Le gonocoque est l'agent responsable de la blennorragie ; tandis que le trichomonas est l'agent responsable de la trichomonase (Brock, 1981).

2. Modes de contamination

D'abord, il convient de rappeler que le législateur utilise l'expression « infection sexuellement transmissible ». À première vue, on peut estimer que le mode de contamination ne peut être que l'usage du sexe. Tout autre mode de contamination est possible du fait que le législateur utilise l'expression « quiconque contamine » sans déterminer le mode précis de contamination, contrairement à l'article 45 de la loi n° 08/011 du 14 juillet 2008 portant protection des droits des personnes vivant avec le VIH/SIDA et les personnes affectées, qui ne pose aucun problème de compréhension sur le mode de contamination. Cet article dispose que « [...] quiconque transmet délibérément le VIH/SIDA ». Ceci laisse bien croire que tous les modes de contamination sont retenus dans ce verbe *transmettre*. Par contre, l'article 177 de la loi portant protection de l'enfant ne précise que la nature de l'infection qu'il faut prendre en compte. Elle doit être une infection sexuellement transmissible incurable.

Certains pensent que les lois du 20 juillet 2006 (modifiant et complétant le Code pénal par rapport aux violences sexuelles) et du 10 janvier 2009 (loi portant protection de l'enfant) font du mode de transmission du VIH par voie sexuelle un élément matériel sans lequel l'infraction n'est pas établie (Tshimalanga Mwanta, 2013 : 36). Celle-ci serait une conclusion hâtive et parfois erronée. Le législateur parle à l'article 177 de la loi portant protection de l'enfant de « quiconque contamine délibérément » et précise ensuite la nature de la maladie qui est « une infection sexuellement transmissible incurable, notamment le VIH/SIDA ». C'est la nature de la maladie qui est précisée, mais le mode de transmission reste la « contamination », c'est-à-dire par un moyen quelconque.

Dans le cas du VIH/SIDA, l'usage du sexe n'est plus le seul mode de contamination mais il peut se transmettre[7] par le sang et les sécrétions sexuelles. La sueur, la salive, l'urine et les selles ne sont pas contaminantes, le virus y étant présent en trop faibles quantités. Le VIH ne peut par ailleurs pas survivre longtemps en dehors de l'organisme. Les contacts de la vie quotidienne, le partage des verres et couverts, les postillons, les poignées de porte, le linge, les téléphones publics ou les sièges de toilette sont sans risque. Les animaux domestiques ne transmettent pas le sida, pas plus que les piqûres de moustiques. En ces jours, les modes de contaminations connus sont les suivants :

1) *Voie sanguine*. Ce sont par exemple les échanges de seringues usagées chez les consommateurs de drogues injectables. Ils représentent un mode majeur de transmission du sida (les virus présents dans une goutte peuvent survivre longtemps, et donc infecter tout nouvel utilisateur de la seringue).

En ce qui concerne les transfusions sanguines, la transfusion de sang total non chauffé constitue un vecteur de transmission du virus. En France, si des contaminations ont eu lieu par ce biais avant 1985, notamment chez les hémophiles, ce risque est depuis éliminé : depuis août 1985, le dépistage systématique du VIH est effectué sur chaque don de sang ; de plus, un entretien préalable du donneur avec un médecin précède tout don de sang, de façon à exclure d'emblée les sujets potentiellement contaminés. Enfin, l'inactivation virale des dérivés du plasma est

---

7 Pour ces éléments, nous allons nous référer à l'article « Syndrome immunodéficitaire acquis [sida] », Microsoft Encarta 2009 [DVD]. Microsoft Corporation, 2008.

systématique. Le don de sang ne présente quant à lui aucun risque, le matériel de prélèvement utilisé étant stérile et à usage unique.

Un autre risque de contamination par voie sanguine est l'accident chez les professionnels de santé, notamment par piqûre ou coupure avec du matériel contaminé (aiguille, scalpel...). La prise immédiate de traitements antirétroviraux après un tel accident fait chuter le risque de contamination de plus de 80 %.

Enfin, l'utilisation des brosses à dents, coupe-ongles, ciseaux, rasoirs de personnes contaminées comporte un risque, certes minime, mais qui impose la prudence. Il en est de même pour les aiguilles utilisées pour le tatouage.

De façon générale, l'utilisation de tout matériel d'incision ou d'injection (instruments de chirurgie dentaire, aiguilles d'acupuncture, seringues) doit faire l'objet de précautions particulières : la stérilisation systématique après chaque utilisation ou l'emploi de matériel à usage unique supprime tout risque de contamination.

2) *Voie sexuelle.* Chez les personnes séropositives, le virus du sida est présent dans toutes les sécrétions sexuelles : sperme, liquide séminal et sécrétions vaginales. Toute relation sexuelle non protégée avec un partenaire séropositif ou de sérologie inconnue représente un risque de contamination. Les périodes de menstruation de la femme augmentent le risque de transmission au partenaire, le virus étant présent dans le sang menstruel.

3) *Transmission transplacentaire et allaitement.* Le VIH peut se transmettre de la femme enceinte à son enfant, durant le troisième trimestre de la grossesse ou lors de l'accouchement. Ce risque de transmission varie de 15 % à 30 % si la mère ne suit aucun traitement, et est d'autant plus élevé que son état général est faible ou si son taux de CD4 est inférieur à 200 par mm^3. Il est en revanche considérablement diminué si la mère suit un traitement antirétroviral pendant sa grossesse, pouvant chuter au-dessous de 5 %.

Un nouveau-né de mère séropositive est nécessairement positif au test de dépistage du VIH pendant les premiers mois de sa vie, car les anticorps de la mère passent dans le sang du fœtus pendant la grossesse. Cependant, s'il n'a pas été contaminé par le VIH, il est seulement séropositif apparent : les anticorps maternels disparaissent définitivement après une période de neuf à dix-huit mois, et l'enfant devient alors séronégatif. En revanche, s'il a été contaminé, il perd les anticorps maternels, mais développe ses propres anticorps anti-VIH et reste séropositif.

La transmission du VIH est également possible par le lait maternel (allaitement par une mère séropositive ou par le biais de dons de lait). L'allaitement est donc contre-indiqué si la mère est séropositive. Les dons directs de lait d'une mère à un enfant qui n'est pas le sien sont interdits en France. Le lait maternel doit être distribué exclusivement par les lactariums, pour lesquels les donneuses de lait sont sélectionnées (entretien et tests de dépistage obligatoires vis-à-vis du VIH). Le lait est ensuite chauffé avant d'être distribué.

La question est celle de savoir, si une mère qui sait être atteinte du VIH qui accouche volontairement en dehors d'une formation hospitalière évitant ainsi la prise en charge de son enfant à l'accouchement et à l'occasion lui contamine, peut engager sa responsabilité pénale. La question demeure posée, la jurisprudence ou la doctrine pourra nous répondre à l'avenir.

La loi n° 08/011 du 14 juillet 2008 portant protection des droits des personnes vivant avec le VIH/SIDA et des personnes affectées ne vise pas un mode de transmission spécifique, avec cette implication que la transfusion sanguine, l'injection intraveineuse, l'allaitement maternel, l'utilisation d'un objet tranchant ou tout autre mode de transmission du VIH scientifiquement prouvé sont autant punissables.

B. Le lien entre l'acte matériel et l'infection

L'acte matériel commis par le prévenu doit avoir conduit à la contamination effective d'une infection sexuellement transmissible incurable. En effet, cette infraction est matérielle, elle n'est effectivement consommée que lorsque le résultat du dépistage atteste la présence d'une infection et qui est le résultat de l'acte matériel du prévenu. Il faut ainsi établir une relation de cause à effet.

Le problème qui se pose est celui de savoir le statut sérologique antérieur de chacun de partenaire sexuel dans le cas de la contamination par l'acte de pénétration sexuelle. Faut-il que celui qui prétend être victime de la contamination produise le résultat antérieur de son statut sérologique avant l'acte incriminé de contamination ? La seule connaissance par l'agent de son statut positif déterminé par le test du dépistage du VIH suffit pour qu'il soit incriminé.

Toutefois, il a été jugé que la sérologie positive du prévenu, la pénétration par lui faite à sa propre fille et la contamination de la fille mineure n'ayant point connu un autre partenaire en dehors du prévenu constituent une présomption suffisante de la responsabilité pénale du prévenu au regard de l'article 177 sous examen (TGI Goma, RP 19488, 17 mars 2009, note de Lukoo Musubao, 2013 : 90-91).

Il est donc important pour le ministère public de prouver le statut sérologique[8] du prévenu et de la victime à travers le dépistage[9] pour éviter le doute qui peut

---

[8] Statut sérologique au VIH : état de celui qui a ou non des anticorps ou des antigènes du VIH dans son sang. Ce statut, positif ou négatif, est déterminé par le test du dépistage du VIH (loi n° 08/011 du 14 juillet 2008).

[9] Dépistage du VIH : examen qui consiste à détecter dans le sang et dans d'autres milieux biologiques la présence des anticorps et/ou des antigènes qui traduisent la présence du VIH dans l'organisme d'un individu apparemment sain ou infecté (loi n° 08/011 du 14 juillet 2008).

conduire le juge à acquitter le prévenu. Ainsi, la transmission doit être prouvée dans le strict respect de la loi pénale en matière d'administration de la preuve. La présence d'experts est nécessaire pour s'assurer que les résultats sont exacts et interprétés de façon appropriée. Plusieurs expertises médico-légales (contre-expertise) s'avèrent importantes pour répondre au besoin de la sécurité publique.

C. L'Élément moral : contamination délibérée

L'élément moral est double dans le chef de l'agent. En effet, il doit avoir connaissance de son statut sérologique positif et vouloir délibérément transmettre l'infection sexuellement transmissible. En ayant employé l'adverbe « délibérément », le législateur a voulu rendre cette prévention une infraction intentionnelle. L'intention peut se prouver par la connaissance de l'agent de son état sérologique positif.

D'ailleurs, il a été jugé que s'agissant de la connaissance que par son acte l'on transmet l'infection, le prévenu, à la question de savoir quand il avait su qu'il était porteur du VIH/SIDA, devant l'OPJ et le magistrat instructeur, avait répondu : « depuis une année » et qu'« il avait fait les examens au DOCS et à l'Hôpital général ; que donc ses relations sexuelles postérieures à cette connaissance suppose la volonté délibérée de contaminer la victime » (TGI Goma, RP 19488, 17 mars 2009, note de Lukoo Musubao, 2013 : 99).

Le document de l'ONU SIDA (mai 2013 : 31-34) sur la criminalisation du sida relève quelques éléments importants pour établir la preuve de la connaissance. Il faudra prouver, « au-delà de tout doute raisonnable », que la personne vivant avec VIH incriminée avait connaissance de son statut sérologique au moment des faits.

§ 3. Répression de la contamination délibérée d'une infection

La contamination délibérée d'un enfant d'une infection sexuellement transmissible incurable, notamment le VIH/SIDA, est punie d'une servitude pénale à perpétuité et d'une amende de cinq cent mille à un million de francs congolais, à titre principal.

L'article 184 de la loi portant protection de l'enfant ajoute une peine complémentaire. La condamnation du père, de la mère, du parâtre, de la marâtre ou de toute personne exerçant l'autorité parentale sur l'enfant, pour les infractions relatives aux agressions sexuelles, peut être accompagnée de la déchéance de l'autorité parentale.

Les rédacteurs de la *Revue du cadre juridique congolais de la riposte au vih/sida* (2013 : 66) ont reproché au juge du tribunal de grande instance de Goma (RP 19 488, 7 avril 2009) d'avoir prononcé la sanction de déchéance de l'autorité parentale sans aucun fondement légal. Ils ont considéré cette sanction comme un traitement qui discrimine et stigmatise à la fois le prévenu. Cette position, « droit de l'homme », ne peut tenir du fait que l'article 184 accorde au juge la faculté de prononcer cette peine complémentaire. Mais le péché pour le juge est de n'avoir pas dans sa motivation évoqué la disposition légale.

§ 4. Constitution de la partie civile

Comme toute prévention, la contamination délibérée d'un enfant d'une infection sexuellement transmissible incurable cause préjudice à la victime. Dans le cas des préventions prévues à la loi portant protection de l'enfant, la victime est un enfant mineur d'âge. Partant, il ne peut pas agir seul devant la juridiction ; il ne peut agir que par représentation.

Dans l'affaire Djuma Mosi, l'enfant victime était contaminé par son père, le prévenu, et sa mère étant déjà décédé, l'enfant s'était fait représenter par sa tante maternelle. Mais, le prévenu lors de l'audience avait réfuté cette constitution de la partie civile au motif que la précitée n'est ni père ni mère de la victime. Le tribunal avait rejeté cet argument aux motifs que « l'article 318 du Code de la famille détermine les cas pour lesquels les parents peuvent perdre ou être provisoirement privé de l'exercice de l'autorité parentale ; dans le cas d'espèce, la mère étant absente et le père poursuivi comme auteur de l'infraction, la nommée Kaj, parenté de la victime qu'elle a accueillie en assume l'autorité de plein droit pour le grand intérêt de la victime, sa constitution sera recevable » (TGI Goma, RP 19 488, 7 avril 2009, note de Lukoo Musabao, 2013 : 99).

Il ressort de la motivation du jugement que la personne poursuivie, étant en détention pour les faits qu'elle a commis sur son enfant, perd définitivement ou provisoirement l'autorité parentale. Cette situation n'est pas énumérée expressément à l'article 318 du Code de la famille, mais ressort de la même disposition qui dispose que « perd l'exercice de l'autorité parentale ou en est provisoirement privé celui des père et mère [...] s'il est hors d'état de manifester sa volonté en raison de [...] toute autre cause ». Ainsi, « toute autre cause » est une expression extensive des causes qui peuvent conduire à la privation même temporaire de l'autorité parentale.

§ 5. Mesures en faveur du prévenu

Pour le prévenu incarcéré au statut sérologique positif, aux termes de l'article 30 de la loi n° 08/011 du 14 juillet 2008 portant protection des personnes vivant avec le VIH/SIDA et des personnes affectées, il bénéficie des droits aux soins de santé, de prévention et de prise en charge. Ainsi, toute juridiction qui condamne le prévenu à la peine de servitude pénale devra tenir compte de cette disposition. C'est dans ce sens que, en application de la déclaration universelle des droits de l'homme en rapport avec les personnes vivant avec le VIH/SIDA qui doivent recevoir protection et traitement humain, le tribunal avait ordonné que « le prévenu a droit aux soins appropriés pour sa santé » (TGI/Goma, RP 19488, 7 avril 2009).

La juridiction devra, en application de l'article 11 de la loi n° 08/011 du 14 juillet 2008 portant protection des personnes vivant avec le VIH/SIDA et des personnes affectées, ordonner que l'État assure au prévenu l'accès aux soins et à la prise en charge. Cet article dispose que « l'État assure gratuitement l'accès aux soins [...], aux traitements et à la prise en charge des personnes vivant avec le VIH/SIDA dans les établissements sanitaires publics et privés intégrés dans la stratégie de soins de santé primaires ».

Section 8. Exposition d'un enfant à l'exhibition sexuelle

Vue générale. Au regard de l'article 178 de la loi portant protection de l'enfant, l'exhibition sexuelle désigne le fait de montrer certaines parties intimes du corps et/ou de faire en public des gestes à caractère sexuel.

Cette définition légale semble être laconique du fait qu'elle renferme des concepts imprécis : « certaines parties intimes du corps » et « à qui » ces parties intimes du corps sont-elles montrées ? Faut-il considérer les seins, les fesses comme parties intimes du corps ? Le concept « sexe » que le législateur a évité d'employer est-il réducteur ? La non-désignation du public cible, auquel l'agent montre certaines parties intimes du corps ou devant lequel il fait les gestes à caractère sexuel, peut-elle rendre l'infraction constituée si ces actes sont accomplis devant les personnes majeures ? Ces questions trouveront les réponses au point de l'analyse des éléments spécifiques de cette prévention.

Guinchard *et al.* (2015 : 448), se fondant sur le Code pénal français, définissent l'exhibition sexuelle comme le « fait de montrer certaines parties du corps se rattachant à l'acte sexuel ou d'effectuer devant d'autres personnes des gestes sexuels ».

Par ailleurs, pour Pradel et Danti-Juan (2010 : 408), l'exhibition sexuelle peut être définie comme l'attitude ou le comportement infligé à la vue du public et qui heurte gravement le sens moral et la pudeur de ce dernier. Il s'agit donc de faits ou gestes dont l'impudeur est particulièrement choquante et qui ne peuvent guère échapper à la vue (de l'enfant).

Il ressort de ces deux dernières définitions que les victimes de l'exhibition sexuelle forment un public large englobant les mineurs et majeurs, contrairement à la législation congolaise (précisément l'article 178 de la loi portant protection de l'enfant) qui réprime l'exposition de l'enfant à l'exhibition sexuelle.

L'exhibition sexuelle peut être ainsi définie comme le fait de montrer à un enfant certaines parties intimes du corps et/ou de faire en public, devant un enfant, des gestes à caractère sexuel.

Cette incrimination est formulée de manière à écarter la poursuite, sous cette dénomination, à l'encontre d'un enfant qui exhibe de lui-même certaines parties intimes de son corps ou fait des gestes à caractère sexuel en public ou de l'adulte qui les fait devant des personnes majeures. Il s'agira par contre de l'outrage public à la pudeur prévu et puni par l'article 176 du Code pénal, Livre II. L'article 178 de la loi portant protection de l'enfant réprime au contraire la personne qui exhibe les parties intimes du corps ou fait des gestes à caractère sexuel devant un enfant. Ainsi, l'exhibition sexuelle devant avoir été imposée à la vue de l'enfant. L'exhibition sexuelle est donc une des formes de l'outrage public à la pudeur dont les victimes sont les enfants.

§ 1. Base légale

C'est l'article 178 de la loi portant protection de l'enfant qui constitue le siège de la matière de la prévention. Cet article dispose que : « l'exposition d'un enfant à l'exhibition sexuelle est punie de cinq à dix ans de servitude pénale principale et d'une amende de deux cent mille à six cent mille francs congolais. Les peines encourues sont portées de cinq à quinze ans de servitude pénale principale et l'amende de deux cent mille à un million de francs congolais, si l'exhibition sexuelle est le fait du père, de la mère, du parâtre, de la marâtre, du tuteur ou de toute personne exerçant en droit ou en fait l'autorité sur l'enfant [...] ».

§ 2. Distinctions avec d'autres préventions relatives aux agressions sexuelles

L'exhibition sexuelle consiste d'abord en un comportement ou une attitude dont la simple vision est outrageante pour la pudeur de l'enfant. C'est-à-dire qu'il n'est pas nécessaire que l'auteur de l'infraction ait eu un contact physique avec l'enfant victime. Celle-ci n'est qu'un spectateur. Il ne s'agit pas en effet, ici, de punir des actes impudiques commis envers une personne déterminée, mais le scandale causé par de tels actes à raison de l'émotion qu'ils ont pu provoquer sur leurs témoins oculaires involontaires. De ce point de vue, et bien que le législateur la fasse figurer parmi les agressions sexuelles, l'exhibition se distingue très nettement de l'attentat à la pudeur, lequel requiert un contact physique impudique avec une victime déterminée (Pradel et Danti-Juan, 2010 : 409). L'exhibition prévue à l'article 178 suppose en outre un acte matériel consistant en une exhibition de nature sexuelle. Toutefois, il faut bien comprendre que cet acte déshonnête ou obscène ne devra se matérialiser qu'à travers une simple attitude ou un comportement. Le plus souvent, il s'agira de gestes grossiers, malséants ou simplement suggestifs (Pradel et Danti-Juan, 2010 : 409).

L'exhibition sexuelle ne produit, comme l'enseigne Conte (2013 : 160), ni atteinte ni agression sexuelles véritables. Cette infraction se distingue des autres formes d'agression sexuelle, dans la mesure où elle suppose un simple spectacle impudique, sans contact physique avec le corps de la victime. Pour cette prévention d'exhibition sexuelle, l'impudicité s'extériorise par l'intermédiaire du corps de l'auteur à travers un geste ou une attitude et non à travers un support.

§ 3. Les éléments constitutifs

L'exposition d'un enfant à l'exhibition sexuelle suppose un acte matériel d'exhibition sexuelle, acte manifestement impudique accessible aux regards de l'enfant commis volontairement.

A. Éléments matériels

Matériellement, disent Pradel et Danti-Juan (2010 : 409), l'exhibition sexuelle suppose qu'un acte impudique ait été publiquement commis et qu'il ait ainsi porté atteinte objectivement à la moralité et à la pudeur de ceux qui en ont été les spectateurs. Le juge ne saurait entrer en condamnation sans avoir pris soin de spécifier, dans les motivations du jugement, les faits propres à matérialiser le délit en question. Il convient d'expliquer en quoi ont consisté les faits et en quoi ils ont pu outrager la pudeur de ceux qui les ont vus. Cela dit, la prévention se caractérise par une exposition de l'enfant à la vue des parties intimes du corps ou aux gestes à caractère sexuel.

1. Acte matériel d'exhibition sexuelle

Les actes d'exhibition sexuelle ne suscitent pas d'interrogations étant donné que le législateur a pris soin de les déterminer. Aux termes de l'article 178, alinéa 3, de la loi sous examen, les actes matériels consistent à montrer certaines parties intimes du corps ou de faire en public des gestes à caractère sexuel. Cependant, ces expressions ne sont pas neutres. C'est dire que leur sens sémantique n'est pas facile à appréhender et pourquoi le législateur a voulu les utiliser. Il convient alors de préciser la sémantique des expressions « parties intimes du corps » et « gestes à caractère sexuel ».

Le législateur n'a pas défini ce qu'il entend par « parties intimes du corps ». Cependant, l'encyclopédie Wikipédia en donne un sens qui peut rendre compréhensible cette expression. Les parties intimes désignent « les parties sexuelles ou plus largement les endroits du corps humain habituellement gardés couverts par des vêtements en présence d'autrui pour une question de pudeur » (Définition de l'encyclopédie Wikipédia). Nous estimons que cette définition paraît répondre au souci qui a animé le législateur à l'employer. Les parties intimes du corps ne sont pas seulement les sexes. S'il s'agissait du sexe, il allait l'employer dans le texte. D'ailleurs, pour les autres formes de préventions d'agressions sexuelles, là où il s'agit de citer l'organe sexuel, il l'emploie sans ambages.

Constituent ainsi les parties intimes du corps les fesses, l'anus, le périnée, le pénis, le scrotum, la vulve (y compris la fente pudendale) et les seins. En les prenant comme parties intimes du corps, c'est dans ce sens que le rédacteur de l'encyclopédie Wikipédia considère que « les parties intimes sont peut-être interprétées comme les parties externes du corps qui sont visibles lorsque nous sommes nus, plutôt que sur les parties du corps plus communément appelées ». Ainsi, quand une femme est nue, c'est la fente vulvaire qui est principalement visible plutôt que le vagin et, pour l'homme, c'est le scrotum qui est visible plutôt que les testicules qui sont contenus à l'intérieur.

La question de l'intimité est une question complexe, comme l'écrit Potel Baranes (2008 : 106). L'intimité corporelle est elle-même liée à des modes culturelles, à des traditions sociales, à des systèmes éducatifs en évolution selon les sociétés et leurs rituels, à des temps historiques.

Pourra ainsi être considéré comme l'acte de montrer les parties intimes le fait pour une personne de dévoiler l'organe génital. Un grand-père a été sanctionné à ce titre. Il a été jugé que se rend coupable du délit d'exhibition sexuelle le prévenu qui, à plusieurs reprises, montre soudainement son sexe à ses petits-enfants, en accompagnant son geste de commentaires obscènes (Crim., 12 mai 2004, pourvoi n° 03-84592, note de Haddad, 2012 : 3). Il s'agit ici de « l'exhibition des organes sexuels » (Conte, 2013 : 164), par exemple dans le fait d'uriner en direction des enfants. Selon Haddad (2012), évoquant la jurisprudence ancienne (Crim., 22 décembre 1965, pourvoi n° 65-91.997), pouvait constituer une exhibition sexuelle le fait pour une femme qui exhibe ses seins entièrement découverts, à la vue du public, sur une plage où elle se livre à l'exercice du ping-pong. Le fait d'organiser des réunions comportant des exhibitions ou des relations sexuelles auxquelles un enfant assiste. Cependant, ne constituera pas une exposition, écrit Véron (1999 : 185), le fait pour le majeur qui invite des jeunes filles à venir poser nues chez un photographe contre rémunération (Crim., 11 décembre 1952, *Bull.*, n° 300), dans la mesure où cette activité ne comporte pas de relation sexuelle. Mais l'auteur n'échappera pas aux poursuites sur pied de l'attentat à la pudeur avec ruse (article 172 de la loi portant protection de l'enfant). Ainsi, l'acte matériel de montrer les parties intimes du corps nécessite que la partie soit exposée réellement. C'est dans ce sens qu'il a été jugé, et ce, en application du principe selon lequel la loi pénale est d'interprétation stricte, que le délit d'exhibition « exige que le corps ou la partie du corps volontairement exposé à la vue d'autrui soit ou paraisse dénudée » (Cass. crim., 4 janvier 2006, *Bull. crim.*, 2006, n° 3 ; *Dr. pén.*, 2006, n° 33, notes de Conte, 2013 : 164). Est donc punissable le fait de consommer le rapport sexuel en présence d'un enfant.

S'agissant des « gestes à caractère sexuel », il faut entendre une simple attitude ou un comportement qui reflète les actes à caractère sexuel prévus à l'article 171 de la loi portant protection de l'enfant. Même si le mot n'apparaît pas dans le texte, la pudeur s'y dessine tout de même en filigrane. Ainsi, les gestes à caractère sexuel doivent avoir une connotation d'outrage à la pudeur. Il s'agit ainsi des gestes de nature sexuelle, obscènes ou anormaux qui sont commis devant l'enfant. C'est par exemple des caresses et des attouchements indécents ; le fait de se masturber devant un enfant ; le geste obscène en direction de l'enfant en prenant ses parties génitales entre ses mains à travers son short.

Ainsi, les actes à caractère sexuel supposent la situation impudique qui « passe par des gestes ou attitudes corporelles offrant à la vue d'autrui le spectacle de l'impudicité » (Conte, 2013 : 163).

L'impudeur de l'acte accompli se trouve quelquefois renforcée par les paroles proférées à l'adresse de tel ou tel témoin. Tel est le cas pour l'individu qui porte la main à hauteur de ses parties sexuelles et qui, s'adressant à une femme (un enfant), lui dit : « Tiens, voilà pour toi ! » (Pradel et Danti-Juan, 2010 : 410). On soulignera toutefois que de tels propos ne sont nullement indispensables pour que l'infraction d'exhibition sexuelle soit constituée. Cependant, ces propos rendent compréhensible le geste sexuel réalisé devant l'enfant. C'est par exemple certains chants qui illustrent le geste de certaines danses à caractère sexuel.

Il y a cependant lieu de rappeler le principe de droit selon lequel « à chaque temps correspondent les mœurs ». Ce qui veut dire que l'appréciation de l'acte matériel incriminé « dépend naturellement des mœurs et de leur évolution », comme l'enseigne Conte (2013 : 164). Ainsi, poursuit l'auteur, la nudité est de plus en plus admise, en certains lieux (nudisme ou seins nus sur la plage) ou à certains moments (carnaval). Bref, il y a ici influence naturelle des usages, par les biais de l'appréciation des mœurs (et non en tant que fait justificatif).

Il ne suffit pas que l'un des deux actes matériels soit commis pour que l'exhibition sexuelle soit consommée. Il faut en outre que cela soit imposé au vu de l'enfant.

2. L'exposition de l'enfant à l'exhibition

L'exposition est l'action d'exposer aux regards ; état de la chose exposée, mise en vue (*Dictionnaire Le Littré*). L'exposition consiste ainsi à mettre à la vue de l'enfant sans intermédiaire d'un support quelconque (vidéo ou images) les parties intimes du corps ou des gestes à caractère sexuel. C'est dire que l'exposition doit être concrète et physique ; elle ne doit pas être faite à travers des images ou vidéos, sinon la qualification s'avérera inadéquate. C'est dans ce sens que Conte (2013 : 164) enseigne que « [...] l'infraction ne saurait résulter de simples paroles, d'écrits ou de l'exhibition d'objets obscènes [...] ». Ces actes peuvent au contraire constituer d'autres préventions à la loi portant protection de l'enfant, comme la pornographie mettant en scène les enfants (article 179 de la LPPE) ou l'exposition de l'enfant à la pornographie (article 180 de la LPPE).

Il peut arriver que le public, devant lequel la partie intime du corps a été montrée ou devant lequel le geste à caractère sexuel a été fait, soit hétérogène. La question à laquelle il faut répondre est la suivante : quelle est la prévention qu'il faut retenir entre l'exposition d'un enfant à l'exhibition sexuelle et l'outrage public à la pudeur ? Nous pensons qu'il faut en ce cas mobiliser le principe du *cumul formel* ou *idéal de qualification.* Ce principe découle de la théorie du concours de qualifications. Celle-ci est envisagée, écrit Likulia Bolongo (1985 : 26-28), lorsque l'autorité judiciaire se trouve en présence de diverses qualifications qui s'adaptent, toutes, exactement aux faits dont elle est saisie. Ce principe veut que, lorsque l'autorité judiciaire se trouve en présence de diverses qualifications procédant d'une intention ou conception unique et poursuivant un même but, la sanction prévue pour la qualification la plus grave absorbe toutes les peines réprimant les autres qualifications. Ainsi, sur pied de ce principe, les deux préventions seront retenues à charge du prévenu, mais c'est la peine la plus forte de l'exposition de l'enfant à l'exhibition sexuelle qui sera prononcée.

3. La publicité de l'exhibition sexuelle : résultant de la présence d'un enfant

L'exhibition sexuelle désigne le fait de montrer certaines parties intimes du corps et/ou de faire en public des gestes à caractère sexuel. La formule ainsi utilisée montre que l'objet essentiel de l'article 178 est d'incriminer des attitudes ou des comportements obscènes non dissimulés à la vue des enfants. Ainsi, les gestes obscènes ou lascifs accomplis en privé en l'absence d'un enfant ou d'un regard relèvent de l'intimité. Ils ne constituent pas l'infraction d'exposition d'un enfant à l'exhibition sexuelle.

Il faut cependant préciser que l'exposition d'un enfant à l'exhibition sexuelle n'exige pas nécessairement que l'acte soit commis dans un lieu public (par nature, par destination ou par accident). Il suffit que l'acte soit accompli en présence d'un enfant « témoin » pour que l'exposition d'un enfant à l'exhibition sexuelle soit consommée. Cette publicité est celle que Likulia Bolongo (1985 : 349) nomme « la publicité de l'acte obscène commis dans un lieu privé ». La nature du lieu est inopérante étant donné que « la présence de plusieurs témoins, voire d'un seul, aurait rendu publics les lieux » (Cass. crim., 13 juillet 1954, n° 259, note de Conte, 2013 : 163). Likulia Bolongo (1985 : 349) révèle à travers la jurisprudence que la publicité d'un acte obscène commis dans un lieu privé peut résulter d'abord de la disposition même des lieux (Boma, 12 décembre 1905, *Jur. État*, II : 75) ; ensuite du défaut de précautions pour le tenir secret et enfin de la présence de témoins. Ainsi, « un lieu privé se "publicise" lorsqu'il est accessible aux regards venant de l'extérieur [...], sans qu'il y ait à distinguer selon l'acte impudique commis qu'il peut être vu depuis un lieu public ou privé » (Conte, 2013 : 162).

Il y a alors publicité pour « l'acte commis dans les herbes, à 30 mètres du chemin, c'est-à-dire à un endroit accessible au public » (Mineur, 1953 : 371) ; « dès l'instant où l'agent a prévu ou a pu prévoir qu'il serait épié ou surpris » par une ou plusieurs personnes même fortuitement (Élis., 9 novembre 1937, *Rev jur.*, 1938 : 45, notes de Mineur, 1953 : 371 ; Strouvens et Piron, 1948 : 126) ; « les faits immoraux ont été vus ou ont pu être vus, par un seul témoin, si celui-ci [...] a modifié l'état des lieux a pu apercevoir l'acte impudique. Cette publicité existe, précise Georges Mineur (1953 : 371), si les actes blessant la pudeur ont été accomplis dans une voiture à conduite intérieure, dans les conditions telles que des tiers auraient pu les apercevoir. Véron (1999 : 56) reconnaît de manière adoucie qu'« on doit admettre que l'infraction est également commise si l'exhibition a lieu dans un lieu privé, mais est visible depuis un lieu public : fenêtre dont les volets ou les rideaux ne sont pas fermés, voiture en stationnement ».

En dehors de la publicité dans un milieu privé résultant de la présence de l'enfant, il faut relever que la publicité peut résulter soit par le lieu où il est commis, soit par d'autres circonstances dont l'acte est accompagné. En public, il peut s'agir d'un lieu public. Ce dernier s'entendant non seulement du lieu qui est ouvert en permanence au public (par exemple une rue), mais aussi de celui qui n'est ouvert au public que par intermittence ou à un public déterminé (par exemple le dortoir d'un pensionnat) (Pradel et Danti-Juan, 2010 : 412).

L'exhibition sexuelle doit être exposée à la vue d'un enfant. L'article 178 de la loi portant protection de l'enfant sanctionne ainsi une forme d'agression sexuelle dont sont victimes les enfants, témoins volontaires ou involontaires de l'exhibition. Mais, si l'enfant a brisé l'obstacle pour s'apercevoir de l'acte, la publicité pourra poser problème. C'est dans ce sens que nous pouvons saisir la position de Georges Mineur (1953 : 371), tirée de la jurisprudence selon laquelle « la publicité existe si c'est volontairement que l'action a été vue par des tiers ».

Une question de Georges Mineur mérite d'être reprise ici : qu'en est-il si, en raison de l'obscurité, les témoins sans avoir vu les actes obscènes, ont pu cependant s'en rendre compte. Dans le cadre de l'exposition de l'enfant à l'exhibition sexuelle, pour sa matérialité la prévention exige les actes de montrer les parties intimes du corps ainsi que de faire des gestes à caractère sexuel à la vue d'un enfant. Cependant, la Cour de cassation de France que Georges Mineur (1953 : 372) évoque, dans le cas de l'outrage public à la pudeur, considère que cela suffit pour constituer la publicité qui n'est pas limitée à la perception oculaire. Cette position corrobore avec celle du tribunal d'Élisabethville qui avait jugé : « en exposant quiconque à être le témoin involontaire d'acte offensant la pudeur, le prévenu a affiché dans un lieu réputé public au sens de l'article, ce mépris ou cet oubli de soi-même qui sont la caractéristique de l'infraction » (Strouvens et Piron, 1948 : 126).

B. Élément psychologique

L'exposition de l'enfant à l'exhibition sexuelle suppose un certain volontarisme, c'est-à-dire une volonté dans le chef de l'agent d'exposer un enfant à la vue de ses parties intimes du corps ou de ses gestes à caractère sexuel. Il s'agit ainsi d'une volonté délibérée d'offenser, de blesser ou de froisser la morale sexuelle de l'enfant.

Il faut s'interroger sur l'élément intellectuel d'une femme qui montre à plusieurs reprises, dans la salle de bains, en utilisant son propre corps comme matériel didactique, à ses enfants filles comment une femme fait un bain intime. Au lieu de leur expliquer comment une femme procède à un bain intime, elle se met nue devant ses filles et elle commence à faire un bain intime. Cette perversité peut conduire à l'établissement de l'intention d'exposer les enfants à exhibition. On ne peut prétendre à un acte éducatif étant donné que la loi aggrave d'ailleurs la peine à l'égard des parents.

Conte (2013 : 165) enseigne que le délit d'exhibition sexuelle est, semblablement, intentionnel. « Toutefois, [...] il faudra établir que l'agent a été conscient de sa présence et l'a su non consentante ».

Cependant, au regard des modes de publicité que nous avons évoqués précédemment, l'élément moral peut consister dans la négligence apportée pour cacher l'acte obscène. Au regard de cette position, Conte (2013 : 166) n'hésite pas à soutenir celle de la cour d'appel de Paris (13 décembre 1994, *Dr. pén.*, 1995 : 89) qui avait jugé qu'il n'y a « pas infraction de la part d'un couple à l'intérieur d'une voiture sur un parking et portes fermées, qui, en raison de sa position, ne pouvait être normalement vu ». Ainsi, dans le cas de celui qui ne prend pas toutes les précautions nécessaires pour éviter la publicité de l'acte, cette exigence devrait conduire à la relaxe chaque fois que le ou les intéressés ont pensé être inaccessibles au regard : la volonté d'imposer l'acte à la vue d'un enfant est absente. Nous estimons qu'il est important d'examiner le défaut de précaution ou la négligence de l'agent en raison du lieu où l'acte a été commis pour en dégager la volonté d'exhibition sexuelle à la vue d'un enfant. C'est dire que l'intention peut être déduite des circonstances mêmes de la commission des faits.

Le consentement de l'enfant à l'exposition d'exhibition sexuelle est inopérant étant donné que le législateur a consacré le défaut de consentement dans le chef de l'enfant âgé de moins de dix-huit ans. Il y a la présomption irréfragable du défaut de consentement. Ainsi, le prévenu ne peut évoquer que l'enfant avait consenti qu'il soit exposé à l'exhibition des parties intimes du corps ou aux gestes à caractère sexuel.

C. Circonstance aggravante liée à la qualité de l'auteur

L'exposition d'un enfant à l'exhibition sexuelle est le fait d'une personne qui montre à un enfant ses parties intimes du corps ou fait des gestes de nature sexuelle devant un enfant. Cela dit, l'auteur de cet acte d'exhibition peut être quiconque. Mais la peine est aggravée en raison de la qualité ou du statut de l'auteur au regard de l'enfant victime. L'alinéa 3 de l'article 178 de la loi portant protection de l'enfant cite le père, la mère, le parâtre, la marâtre, le tuteur ou toute personne exerçant de droit ou de fait l'autorité sur l'enfant.

L'autorité parentale est de droit, au cas où elle est exercée sur l'enfant en vertu d'un texte légal ou d'une décision de justice (article 224 du Code de la famille). Tandis qu'elle est de fait, lorsqu'elle est exercée sur base d'aucun texte ou décision de justice qui la confère. C'est notamment le cas des enfants que l'on garde chez soi pour telle ou telle autre raison sociale.

§ 4. La sanction pénale

L'exposition d'un enfant à l'exhibition sexuelle, pour le prévenu qui n'a aucun lien avec la victime, est punie de cinq à dix ans de servitude pénale principale et d'une amende de deux cent mille à six cent mille francs congolais. Les peines sont cumulatives et non facultatives. Les juges sont donc tenus de prononcer une peine de servitude pénale principale et une amende.

Cependant, ces peines encourues sont portées de cinq à quinze ans de servitude pénale principale et l'amende de deux cent mille à un million de francs congolais, si l'exhibition sexuelle est le fait du père, de la mère, du parâtre, de la marâtre, du tuteur ou de toute personne exerçant en droit ou en fait l'autorité sur l'enfant.

Ces peines principales sont accompagnées d'une peine complémentaire qui est facultative prévue à l'article 184 de la loi portant protection de l'enfant. La condamnation du père, de la mère, du parâtre, de la marâtre ou de toute personne exerçant l'autorité parentale sur l'enfant, pour une infraction relative aux agressions sexuelles, peut être accompagnée de la déchéance de l'autorité parentale, en application des dispositions de la loi.

Section 9. Pornographie mettant en scène les enfants

Vue générale. À la lecture de l'article 179 de loi portant protection de l'enfant, on entend par pornographie mettant en scène les enfants toute représentation, par quelque moyen que ce soit, d'un enfant s'adonnant à des activités sexuelles explicites, réelles ou simulées, ou toute représentation des organes sexuels d'un enfant, à des fins principalement sexuelles.

Cette définition que donne le législateur congolais est empruntée de l'article 2 du Protocole facultatif à la Convention relative aux droits de l'enfant, concernant la vente d'enfants, la prostitution des enfants et la pornographie mettant en scène des enfants entré en vigueur le 18 janvier 2002 et ratifiée, bien avant, par la République démocratique du Congo par le décret-loi n° 003/01 du 28 mars 2001. L'incrimination de la pornographie mettant en scène des enfants par le législateur congolais ne répond qu'au souci non seulement de se conformer aux instruments internationaux de la protection de l'enfant, mais aussi de protéger les enfants contre la pédopornographie.

La pornographie mettant en scène les enfants ne se matérialise qu'à travers des écrits, des objets, des images pornographiques mettant en scène un enfant ; contrairement à l'exposition d'un enfant à l'exhibition sexuelle qui exige une action de montrer les parties intimes du corps ou une gestuelle ou une attitude de nature sexuelle directe à la vue d'un enfant. La pornographie mettant en scène les enfants est similaire à l'exploitation de l'image pornographique d'un mineur délit prévu par le Code pénal français (article 227-23).

Cette disposition sous examen s'inscrit dans la logique de la protection de l'enfant contre l'exploitation sexuelle à des fins pornographiques, c'est-à-dire la lutte contre la pornographie enfantine. Le législateur a donc voulu mettre sur pied un moyen légal de lutter contre les réseaux d'exploitation sexuelle des enfants. Ainsi, à travers cette prévention, comme toutes les autres atteintes sexuelles, le législateur témoigne de la volonté de « lutter contre toutes les formes d'organisation de la pédophilie » (Véron, 1999 : 185).

§ 1. Base légale

La pornographie mettant en scène les enfants a son siège à l'article 179 de la loi portant protection de l'enfant. Elle est aussi prévue à l'article 174, m, du Code pénal, Livre II. Vu que le taux de la peine est moins sévère par rapport à celui prévu à la loi portant protection de l'enfant, l'article 174, m, du Code pénal est censé être abrogé par l'article 201 de la loi portant protection de l'enfant abrogeant toutes les dispositions qui lui sont contraires.

L'article 179 dispose que : « le fait de produire, de distribuer, de diffuser, d'importer, d'exporter, d'offrir, de rendre disponible, de vendre, de se procurer ou procurer à autrui, de posséder tout matériel pornographique mettant en scène un enfant est puni de cinq à quinze ans de servitude pénale principale et d'une amende de deux cent mille à un million de francs congolais.
Le juge prononce en outre la confiscation du matériel pornographique concerné.
On entend par pornographie mettant en scène les enfants toute représentation, par quelque moyen que ce soit, d'un enfant s'adonnant à des activités sexuelles explicites, réelles ou simulées, ou toute représentation des organes sexuels d'un enfant, à des fins principalement sexuelles ».

L'examen de cet article invite à distinguer les comportements incriminés (les éléments constitutifs) des sanctions encourues par le prévenu.

§ 2. Éléments constitutifs

Pour son établissement, la pornographie mettant en scène les enfants requiert l'accomplissement de certains comportements incriminés et un élément psychologique dans le chef de l'agent.

A. Actes matériels incriminés

L'article 179 incrimine l'exploitation de l'image ou la représentation pornographique d'un enfant. Ainsi, l'infraction se matérialise par le fait de fixer, d'enregistrer ou de transmettre une telle image ou représentation en vue de sa diffusion (Pradel et Danti-Juan, 2010 : 422). Mais aussi, elle peut consister, sur pied de l'article 179, dans le fait de produire, de distribuer, de diffuser, d'importer, d'exporter, d'offrir, de rendre disponibles, de vendre ou procurer à autrui les images pornographiques mettant en scène les enfants.

Il convient d'ajouter que l'article 179 a étendu la répression aux consommateurs de telles images puisqu'il réprime spécifiquement aussi le simple fait de détenir une telle image ou représentation. Ceci découle de l'expression utilisée par le législateur lui-même quand il parle du « fait [...] de se procurer, de posséder tout matériel pornographique mettant en scène un enfant ».

Il importe de préciser les verbes employés par le législateur qui constituent les actes matériels de la pornographie mettant en scène les enfants. Par *produire*, en parlant des ouvrages de l'esprit et de l'art, il faut entendre le fait de faire, de créer ou d'assurer la réalisation. Tombe ainsi sous le coup de l'article 179, la personne qui assure la réalisation matérielle d'un film ou des images par le financement et l'organisation.

Par *distribuer*, il faut entendre le fait de donner à qui que ce soit l'image pornographique mettant en scène les enfants. Tandis qu'*offrir*, c'est donner en cadeau ou mettre à la portée de quelqu'un les images pornographiques mettant en scène les enfants. Ces deux verbes se confondent en pratique. La distribution a une large diffusion tandis que le fait d'offrir ne l'est pas. Même *procurer* à autrui renferme le sens d'offrir ou de fournir à quelqu'un les images pornographiques mettant en scène les enfants. Ainsi constitue le fait de procurer celui qui transmet à quelqu'un par e-mail ou *Bluetooth* ces images.

Par *diffuser*, il faut entendre le fait de répandre un dessin, imprimé ou animé, ou même une image virtuelle sur les écrans de télévision ou d'ordinateur. La diffusion suffit à la réalisation de l'infraction, cette dernière ne requérant donc pas forcément des scènes s'étant effectivement déroulées avec des personnes existant ou ayant existé (Chambre criminelle, 12 septembre 2007, note de Pradel et Danti-Juan, 2010 : 423). La diffusion de l'image peut se faire par quelque moyen que ce soit : « photos, revues, magazines, cassettes vidéo » (Véron, 1999 : 185).

Importer est le fait d'introduire dans le pays les images pornographiques mettant en scène les enfants en provenance de pays étrangers. Tandis qu'*exporter* se dit du fait de transporter ces images vers un autre pays. Ce sont alors les services de sécurité qui sont à la frontière qui doivent jouer un rôle important dans la lutte contre cette forme d'infraction.

Constitue l'acte matériel de *rendre disponible* le fait de publier sur un site internet les images pornographiques mettant en scène les enfants ; le fait d'exposer dans une vidéothèque, dans une librairie ou kiosque les images mêmes numériques ou virtuelles pornographiques mettant en scène des enfants.

Les consommateurs sont visés par le fait de *se procurer* ou de *posséder*. Constitue ainsi l'acte de se procurer le fait de télécharger sur l'internet ou d'acheter ces images. Tandis que posséder peut se matérialiser par le fait d'un internaute de stocker sur le disque dur de son ordinateur ou sur la carte mémoire de son téléphone les images virtuelles pornographiques mettant en scène les enfants. Ainsi que la possession d'un dessin ou d'une image imprimée constitue une infraction.

Outre ces actes matériels, l'infraction n'est établie qu'aux images mettant en scène un enfant (personne âgée de moins de dix-huit ans) et non les images pornographiques des adultes. Au sujet de l'âge pour l'établissement de l'infraction, Pradel et Danti-Juan (2010 : 423) précisent que « elle est consommée dès lors que son aspect physique est celui d'un mineur, sauf s'il est établi que cette personne était âgée de dix-huit ans au jour de la fixation ou de l'enregistrement de son image ». La charge de la preuve, poursuivent Pradel et Danti-Juan (2010 : 423), se trouve pour partie transférée sur le prévenu. Ainsi, l'infraction s'applique, comme l'enseigne Véron (1999 : 185), aux « images pornographiques d'une personne dont l'aspect physique est celui d'un mineur ».

Au regard de l'article 179, « l'infraction suppose évidemment que l'image ou la présentation de l'enfant présente un caractère pornographique ». Ainsi, l'image ou la présentation qui ne l'est pas n'entraîne pas la sanction étant donné que « l'infraction vise à protéger le sens moral des mineurs ou leur intégrité physique » (Conte, 2013 : 248). Il convient alors de préciser le concept de « pornographique ». La pornographie doit être entendue comme une représentation plastique, graphique ou cinématographique de la nudité lascive des enfants, ainsi que la représentation minutieuse de perversions sexuelles par les images mêmes virtuelles. Il ressort, en outre, de l'article 179, alinéa 3, qu'il s'agit de toute représentation, par quelque moyen que ce soit, d'un enfant s'adonnant à des activités sexuelles explicites, réelles ou simulées, ou de toute représentation des organes sexuels d'un enfant, à des fins principalement sexuelles.

Il importe peu que l'image pornographique soit vue ou perçue par un enfant, hypothèse qui constituerait une autre forme d'infraction : l'exposition d'un enfant à la pornographie. La prévention est « constituée même si l'image ou la représentation n'est adressée qu'à des majeurs » (Conte, 2013 : 247).

B. Élément moral

La non-connaissance dans le chef de l'agent que les faits de produire, de distribuer, de diffuser, d'importer, d'exporter, d'offrir, de rendre disponible, de vendre, de procurer à autrui, de se procurer ou de posséder tout matériel pornographique mettant en scène les enfants est constitutif d'une infraction ne peut le dédouaner de sa responsabilité pénale.

Ainsi, cette prévention entre dans le registre des infractions matérielles ; le seul fait d'accomplir l'un des actes matériels suffit pour la matérialiser, c'est-à-dire l'intention criminelle se déduit au seul acte matériel de l'auteur.

Donc, réaliser des photos pornographiques de mineur(e)s de moins de 18 ans est interdit, même pour un usage privé. Diffuser des photos ou des vidéos pornographiques représentant un(e) mineur(e) est interdit (y compris dans les médias destinés aux adultes) (Larmurier et Nau, 2012 : 30).

§ 3. Sanctions de la pornographie mettant en scène les enfants

La pornographie mettant en scène les enfants est punie de cinq à quinze ans de servitude pénale principale et d'une amende de deux cent mille à un million de francs congolais. Celles-ci constituent des peines principales.

À titre des mesures de sécurité publique, l'alinéa 2 de l'article 179 de la loi portant protection de l'enfant prévoit que le juge prononce en outre la confiscation du matériel pornographique concerné. La destination du matériel n'est pas précisée et nous estimons que le juge devra ordonner sa destruction.

La position jurisprudentielle abondante selon laquelle « la confiscation ne peut être prononcée lorsque le prévenu est acquitté » (Katwala Kaba Kashala, 1995 : 9) ne peut être mobilisée dans le cadre de la pornographie mettant en scène les enfants. Il ne s'agit pas de la confiscation prononcée à titre d'une peine. Le souci pour le législateur de prévoir la confiscation spéciale du matériel pornographique est d'éviter l'expansion des images. Elle est ainsi une mesure de sécurité publique. Le juge devra alors mobiliser la jurisprudence qui veut que « la confiscation peut être prononcée en cas d'acquittement, [...] si la circulation de ces biens est dangereuse » (Mineur, G., 1953 : 48 ; Katwala Kaba Kashala, 1995 : 9).

Comme cette prévention peut aussi se réaliser par la diffusion des images, c'est-à-dire par voie de presse écrite ou audiovisuelle, le législateur n'a cependant pas prévu la sanction qu'il faut appliquer quand il s'agit d'un organe de presse qui les diffuse sur sa chaîne de télévision ou sur son site internet. C'est la seule personne physique qui a posé l'acte de diffusion qui sera poursuivie pénalement. Toutefois, nous pensons que l'organe de presse pourra être poursuivi administrativement par le Conseil supérieur de l'audiovisuel (CSAC). Au lieu que la sanction reste administrative, le législateur pouvait prévoir la peine d'amende pour un organe de presse.

Section 10. Exposition de l'enfant à la pornographie

Vue générale. Contrairement à la précédente infraction, l'exposition de l'enfant à la pornographie se réalise par le seul fait que l'image ou la représentation pornographique (des enfants ou des adultes) soit montrée (à la vue) ou exposée à la perception d'un enfant. Par conséquent, les revues, films ou vidéos pornographiques ne doivent pas être accessibles aux enfants âgés de moins de dix-huit ans. L'exposition de l'enfant à la pornographie est une agression sexuelle sans pénétration sexuelle ou geste sexuel sur un enfant.

La pornographie doit être entendue comme une représentation cinématographique de la nudité lascive, ainsi que la représentation minutieuse de perversions sexuelles par les images, même virtuelles. Il s'agit aussi de toute représentation, par quelque moyen que ce soit, des personnes s'adonnant à des activités sexuelles explicites, réelles ou simulées, ou toute représentation des organes sexuels, à des fins principalement sexuelles.

La législation congolaise consacre la majorité sexuelle à dix-huit ans. Avant cet âge, il n'est pas permis à un enfant de regarder un film pornographique. Cette prohibition est protectrice à l'égard de l'enfant. En effet, la pornographie risque de donner à l'enfant une fausse vision de la sexualité. Il est difficile pour un enfant qui n'a pas d'expérience sexuelle de faire la part des choses entre réalité et fiction. Ainsi, cette prévention a pour objet de sauvegarder la moralité sexuelle des enfants, les adultes sont considérés libres de choisir de regarder ou non.

L'infraction de l'exposition de l'enfant à la pornographie ne se conçoit qu'à travers le support pornographique. L'assistance de l'enfant à des séances de pornographie expose par contre les auteurs aux poursuites sous le coup de l'exposition de l'enfant à l'exhibition sexuelle. Sa participation aux actes sexuels ou à caractère sexuel peut conduire soit au viol d'enfant, soit encore au proxénétisme.

L'exposition de l'enfant à la pornographie était une forme du « souteneur ou proxénétisme » prévue à l'article 174b, alinéa 2, du Code pénal, Livre II. Aux termes de cette disposition, sera puni d'une servitude pénale de trois mois à cinq ans et d'une amende de cinquante mille à cent mille francs congolais constants quiconque aura diffusé publiquement un document ou film pornographique aux enfants de moins de 18 ans. Mais, avant la loi n° 06/018 du 20 juillet 2006 modifiant et complétant le décret du 30 janvier 1940 portant Code pénal congolais qui intègre l'article 174b, alinéa 2, dans le Code pénal, la projection cinématographique était réprimée. C'est l'ordonnance n° 23/216 du 4 mai 1959, relative à la protection de l'enfance en matière de projections cinématographiques publiques qui était le siège de la matière. Aux termes de l'article 1er de l'ordonnance sus-évoquée, « il est interdit aux mineurs âgés de moins de dix-huit ans accomplis d'assister aux spectacles cinématographiques ouverts au public ». L'article précise que « les représentations cinématographiques doivent être annoncées au public ; la mention "enfants admis" ou "enfants non admis" est obligatoirement inscrite de manière très apparente à l'entrée de l'établissement cinématographique et sur toute affiche, annonce et programme ». L'exposition de l'enfant à la pornographie est ainsi une préoccupation de la nation soucieuse de protéger l'enfant contre les images exhibant la sexualité.

§ 1. Siège de la matière

L'exposition de l'enfant à la pornographie est prévue à l'article 180 de la loi portant protection de l'enfant qui dispose que « l'exposition de l'enfant à la pornographie sous toutes ses formes est punie de cinq à vingt ans de servitude pénale principale et d'une amende de un million de francs congolais ».

Cette prévention n'est pas prévue sous cette dénomination par le Code pénal. La loi n° 06/018 du 20 juillet 2006 modifiant et complétant le Code pénal, relative aux infractions de violences sexuelles n'a prévu que la diffusion publique d'un document ou film pornographique aux enfants de moins de dix-huit ans. C'est la loi portant protection de l'enfant qui réprime cette forme de prévention dans le but de protéger les enfants contre les actes sexuels qui jouent sur leur moral sexuel. L'étude de cette infraction mérite que l'on examine ses éléments constitutifs.

§ 2. Éléments constitutifs

L'exposition de l'enfant à la pornographie se constitue par l'accomplissement d'un acte matériel d'exposition, dont il convient d'examiner le contenu, ainsi que par l'établissement de l'élément moral.

A. Acte matériel

L'article 180 sous examen ne parle que de l'acte d'exposition. Cet acte matériel doit être bien distingué de la nature de l'image pornographique.

1. L'image pornographique

Aux termes de l'article 180 de la loi portant protection de l'enfant, c'est l'exposition de l'enfant à la pornographie « sous toutes ses formes » qui est considérée. Ainsi, l'expression « sous toutes ses formes », employée par le législateur veut dire que les images ou les représentations pornographiques peuvent prendre des formes de support variées. Ça peut être les affiches, revues, films, cassettes ou vidéos pornographiques qui peuvent être même gardés en version électronique.

Toutefois, il convient de préciser le sens du concept « pornographie ». Celui-ci désigne la « représentation complaisante de scènes obscènes, dans une œuvre littéraire, artistique ou cinématographique » (*Le Larousse de poche*, 2002 : 607). La représentation de scènes obscènes doit être entendue comme « des activités sexuelles explicites, réelles ou simulées, ou toute représentation des organes sexuels [...], à des fins principalement sexuelles » (article 2 du Protocole facultatif à la Convention relative aux droits de l'enfant, concernant la vente d'enfants, la prostitution des enfants et la pornographie mettant en scène des enfants). Dans le but de protéger les mœurs des enfants, la pornographie est aussi la représentation plastique, graphique ou cinématographique de la nudité lascive.

Entre dans la catégorie de la pornographie, selon les illustrations données par Pradel et Danti-Juan (2010 : 418), la représentation cinématographique de femmes enceintes ayant des rapports sexuels et dont les positions impudiques sont accentuées par les déformations de la grossesse. Il en va de même du contenu de prospectus ornés de photographies montrant une femme nue dans diverses attitudes suggestives (séduisantes).

Ainsi, pour expliciter l'image pornographique, il est important de préciser la nature de l'image ou de la représentation pornographique qui a été exposée à la vue de l'enfant et la manière dont l'exposition a été faite.

2. L'acte d'exposition

L'exposition est l'action d'exposer aux regards ; l'état de la chose mise en vue (*Dictionnaire Le Littré*). L'exposition d'un enfant consiste alors à exposer au regard ou à mettre en vue les images ou les représentations pornographiques à un enfant. L'exposition peut se réaliser par quelque moyen que ce soit, quel qu'en soit le support, sous toutes les formes de la pornographie.

Ainsi constitue l'acte d'exposition d'un enfant à la pornographie le fait d'une personne de montrer des vidéos pornographiques à un mineur ; de faire assister un enfant, dans la salle, à la projection d'un film pornographique ; d'envoyer à un enfant par voie électronique des images pornographiques ; de publier sur un site internet accessible aux enfants sans protection des films ou autres images pornographiques. La condition de la publicité n'est pas requise. Il suffit que l'image pornographique soit offerte aux regards de l'enfant.

L'exposition peut se réaliser non seulement par les actes positifs. Il peut arriver qu'elle se matérialise par l'omission. C'est par exemple : le fait pour une personne de s'abstenir et laisser entrer un enfant dans la salle où elle projette le film pornographique. D'ailleurs, aux termes de l'article 3 de l'ordonnance n° 23/216 du 4 mai 1959 relative à la protection de l'enfance en matière de projections cinématographiques publiques, les représentations cinématographiques doivent être annoncées au public ; la mention « enfants admis » ou « enfants non admis » est obligatoirement inscrite de manière très apparente à l'entrée de l'établissement cinématographique et sur toute affiche, annonce et programme. L'agent ne peut se cacher derrière les annonces pour justifier l'entrée d'un enfant dans la salle. Il est tenu de se rassurer de l'âge de la personne qu'il fait entrer dans la salle de projection cinématographique.

L'exposition des films ou images pornographiques doit être faite devant un enfant pour que l'infraction se matérialise. L'absence d'un enfant dans la salle ou le lieu où sont projetées les images ou les représentations pornographiques ne constitue pas l'infraction. C'est dire que l'exposition de la pornographie devant les adultes ne constitue pas une infraction, surtout s'ils ont été consentants.

B. Élément moral

L'exposition de l'enfant à la pornographie sanctionne à la fois les actes accomplis sciemment par l'auteur mais aussi par imprudence, négligence, défaut de précaution ayant permis la perception d'une telle image ou représentation pornographique par un enfant. En effet, pour que l'infraction d'exposition de l'enfant à la pornographie soit retenue, il n'est pas requis que l'auteur ait été mû par le désir ou la volonté d'exposer l'enfant à la pornographie, il suffit qu'il sache le caractère pornographique de l'image qu'il expose à la vue d'un enfant. Il ne s'agira pas de dégager l'intention d'inciter l'enfant à la perversion sexuelle.

Étant une infraction matérielle, le seul fait d'exposer l'enfant au regard des images ou des représentations pornographiques suffit pour établir l'élément moral de l'auteur. Et l'existence de l'élément psychologique n'est en rien affectée par la volonté ou la nécessité d'informer le public dès lors que ce but n'enlève rien au caractère pornographique des informations incriminées (Pradel et Danti-Juan, 2010 : 420). Il en est ainsi d'une publicité sur l'efficacité érotique d'un produit pharmaceutique au cours de laquelle on présente les images ou des représentations pornographiques.

§ 3. La peine applicable

Au regard de l'article 180 de la loi portant protection de l'enfant, l'exposition de l'enfant à la pornographie sous toutes ses formes est punie de cinq à vingt ans de servitude pénale principale et d'une amende d'un million de francs congolais. Le législateur réprime cette prévention à la fois à une peine de servitude pénale principale et à une peine d'amende. Pour cette prévention, on ne peut pas transiger et le juge prononce toutes les peines à l'égard de l'auteur.

L'exposition de l'enfant à la pornographie n'est pas aggravée, quelles que soient les circonstances de sa commission car, la loi n'a pas prévu certaines circonstances qui peuvent aggraver la peine. Ensuite, le législateur n'a pas prévu la mesure de la confiscation des matériels pornographiques. Nous estimons que le juge en vertu de l'article 14 du Code pénal, Livre I (CPL I), peut après condamnation ordonner que soient confisqués les matériels pornographiques. Aux termes de l'article 14 CPL I, « la confiscation spéciale s'applique uniquement : 1° aux choses formant l'objet de l'infraction et à celles qui ont servi ou qui ont été destinées à la commettre quand la propriété en appartient au condamné [...] ».

Il peut arriver que l'agent soit poursuivi pour l'exposition de l'enfant à la pornographie, alors que le support pornographique ayant été projeté à la vue de l'enfant constitue une pornographie mettant en scène les enfants. L'agent sera-t-il poursuivi et pour quelle prévention ? Dans ce cas, nous pensons qu'il y a deux infractions distinctes qu'il faut réprimer. Mais il convient d'examiner si ces préventions sont commises en concours matériel ou idéal.

Par ailleurs, le législateur a prévu à l'article 184 de la loi portant protection de l'enfant la déchéance de l'autorité parentale au cas où la personne condamnée est le père, la mère, le parâtre, la marâtre ou toute personne exerçant l'autorité parentale sur l'enfant victime. Le juge n'est pas obligé de prononcer la déchéance de l'autorité parentale. C'est une mesure facultative qui peut être prononcée par le juge.

Section 11. Harcèlement sexuel sur l'enfant

Vue générale. L'adoption de la loi n° 06/018 du 20 juillet 2006 modifiant et complétant le Code pénal a été l'occasion pour le législateur congolais d'introduire dans le droit positif congolais l'incrimination d'une nouvelle forme d'infraction de violences sexuelles : le harcèlement sexuel (article 174 d Code pénal, Livre II). Le phénomène n'est certainement pas nouveau, mais son développement sur les lieux de travail et l'action des associations de protection des femmes contre les violences sexuelles ont abouti à ce que la rédaction d'un texte répressif spécifique soit ressentie comme une nécessité.

Dans le même souci protectionniste, lors de l'adoption de la loi n° 09/001 du 10 janvier 2009 portant protection de l'enfant, le législateur a en outre introduit cette incrimination en vue de protéger l'enfant contre ce phénomène sexuel contraire aux mœurs parfois observé notamment dans le milieu scolaire et autres endroits de rencontre des jeunes : le harcèlement sexuel sur l'enfant.

Le harcèlement sexuel sur l'enfant est le fait pour une personne d'abuser de l'autorité que lui confère sa position sociale ou professionnelle en exerçant des pressions afin d'obtenir de lui des faveurs de nature sexuelle (article 181, alinéa 2, de la LPPE).

Le harcèlement sexuel sur l'enfant est une prévention qui limite les initiatives amoureuses sur l'enfant. Il n'est pas une infraction de pénétration sexuelle. Cette prévention lutte contre les avances sexuelles sur l'enfant.

§ 1. Base légale

Le harcèlement sexuel sur l'enfant est prévu et puni par l'article 181 de la loi portant protection de l'enfant qui dispose « le harcèlement sexuel sur l'enfant est puni de trois à douze ans de servitude pénale principale et d'une amende de deux cent mille à quatre cent mille francs congolais. Le harcèlement sexuel sur l'enfant est le fait pour une personne d'abuser de l'autorité que lui confère sa position sociale ou professionnelle en exerçant sur l'enfant des pressions afin d'obtenir de lui des faveurs de nature sexuelle ».

Cette même infraction est prévue à l'article 174, d), du Code pénal, Livre II, qui explicite même le comportement pouvant constituer le harcèlement sexuel. Cet article du « droit pénal spécial » commun prévoit que « quiconque aura adopté un comportement persistant envers autrui, se traduisant par des paroles, des gestes soit en lui donnant des ordres ou en proférant des menaces, ou en imposant des contraintes, soit en exerçant des pressions graves, soit en abusant de l'autorité que lui confère ses fonctions en vue d'obtenir de lui des faveurs de nature sexuelle, sera puni de servitude pénale de un à douze ans et d'une amende de cinquante mille à cent mille francs congolais ou d'une de ces peines seulement. Les poursuites seront subordonnées à la plainte de la victime ».

L'étude du harcèlement sexuel sur l'enfant mérite la présentation de ses éléments constitutifs.

§ 2. Éléments constitutifs du harcèlement sexuel sur l'enfant

Cette prévention suppose une condition préalable dans la mesure où il ne se conçoit que dans le cadre d'un rapport d'autorité, même de fait, existant entre l'auteur de l'infraction et sa victime. Ensuite, l'auteur doit avoir commis un acte matériel dans une intention d'obtenir des faveurs de nature sexuelle.

A. Condition préalable : la qualité de l'auteur et le statut de la victime

Au regard de l'article 181 de la loi portant protection de l'enfant, l'agent qui veut obtenir des faveurs de nature sexuelle auprès de l'enfant est une personne de l'un ou de l'autre sexe, car le législateur utilise l'expression « le fait pour une personne ». Celle-ci doit être revêtue d'une autorité que lui confère sa position sociale ou professionnelle à l'égard de l'enfant. Ainsi, l'enfant victime, qui est aussi de l'un ou de l'autre sexe, doit avoir une position soit de subordination, soit d'infériorité à l'égard de l'auteur.

Aux termes du même article, le prévenu est une personne abusant de l'autorité que lui confère sa position sociale ou professionnelle.

Que faut-il entendre par l'autorité que lui confère sa position sociale ? Il s'agit ici d'une autorité de fait qu'a l'agent envers l'enfant. La position sociale résulte soit de la profession, soit de l'activité personnelle qu'on exerce dans le milieu de l'enfant. Par autorité que lui confère sa position sociale, faut-il entendre une autorité de non-subordination directe avec l'enfant ? C'est-à-dire qu'il n'y a nul besoin d'un rapport hiérarchique entre l'auteur et l'enfant victime du harcèlement sexuel ? C'est par exemple un magistrat, un commerçant, un pasteur, un prêtre, etc., qui par sa position sociale a une autorité et qui, par ses paroles ou gestes, veut obtenir des faveurs de nature sexuelle d'un enfant du quartier. L'autorité que confère la position sociale résulte aussi d'un rang autre que professionnel mais du rang social de l'auteur dans son milieu. C'est ainsi le fait pour une personne considérée par l'enfant comme un « papa », une « maman », un « grand frère » ou une « grande sœur » dans le quartier, et qui par l'autorité que lui confère cette position sociale, par ses paroles ou gestes, veut obtenir des faveurs de nature sexuelle.

Tandis que « l'autorité que lui confère sa position professionnelle » renvoie à l'idée de subordination de l'enfant envers l'auteur du harcèlement sexuel. C'est-à-dire qu'il doit y avoir un rapport entre l'auteur et l'enfant victime du harcèlement sexuel dû à la profession du premier et au statut de la dernière. Le harceleur peut être un enseignant et le harcelé un élève. Ainsi, rentrent dans cette catégorie les enseignants d'écoles qui posent des gestes ou formulent certaines paroles envers leurs élèves dans le but d'obtenir d'eux des faveurs de nature sexuelle. Et aussi l'assistant social, le personnel médical qui adoptent cette attitude envers les enfants qui leur sont confiés.

L'agent doit profiter de cette qualité pour en abuser. Nous rentrons dans l'idée d'abus de pouvoir, et même de fait. Le harcèlement « est visé en tant qu'abus d'autorité et sanctionné comme tel » (Aeberhard-Hodges, 1996 : 549).

B. Éléments matériels

L'auteur doit avoir cherché à obtenir, par pression, des faveurs de nature sexuelle par un abus d'autorité que lui confère sa position sociale ou professionnelle. La pression peut se matérialiser par des paroles ou des gestes qui s'accompagnent d'ordres ou de menaces pour bien traduire cette pression que subit l'enfant. C'est ainsi que Conte (2013 : 167) enseigne que « la loi vise des propos ou comportements à connotation sexuelle imposée à la victime [...] ce qui suppose implicitement des propos ou comportements agressifs, menaçants ou qui heurtent la victime » afin d'obtenir d'elle des faveurs de nature sexuelle. Toutefois, « l'existence d'un caractère sexuel doit être appréciée à la lumière des circonstances du cas d'espèce » (Tribunal du travail de Zurich, 30 septembre 1998, [n° 8], 283, note de Lempen, 2006 : 1405).

Lempen (2006 : 1405) illustre cela par certaines décisions de justice que nous estimons utile de reprendre pour rendre compréhensifs l'expression ou le comportement à finalité sexuelle. Un commentaire sur la cuisse d'une femme comporte en règle générale un aspect sexuel, il en va différemment, selon le tribunal du travail de Zurich, lorsque ce commentaire émane d'un homme pratiquant le bodybuilding lorsqu'il s'adresse à sa camarade de sport. De même, alors que l'interrogation « avez-vous passé un bon week-end ? » est en soi dépourvue de caractère sexuel, il n'en va pas de même lorsque celle-ci s'accompagne d'un clin d'œil séducteur. Dans le même sens, le tribunal du travail de Unterrheintal a jugé que des remarques isolées sur la coiffure ou l'habillement ne sont pas constitutives de harcèlement sexuel, mais qu'il en va différemment lorsque ces remarques s'accompagnent de caresses dans les cheveux ou de pincements. Si la proposition d'essayer ensemble une nouvelle literie a un caractère sexuel évident, une remarque concernant le fait que la demanderesse ne porte jamais de mini-jupe est en revanche, selon le tribunal du district d'Arlesheim, dépourvue de connotation sexuelle et ne peut dès lors être constitutive de harcèlement sexuel.

Est ainsi constitutif de harcèlement sexuel sur l'enfant le fait de dire à son élève : « tu dois avoir avec moi un rapport charnel, sinon tu vas échouer dans mon cours ». Cependant, le geste d'effleurer un enfant ne peut constituer un harcèlement sexuel sur celui-ci si cela ne s'accompagne pas d'une quelconque pression. Le geste d'effleurer un enfant peut toutefois constituer un attentat à la pudeur s'il s'agit d'acte impudique.

Néanmoins, la preuve de la parole (qui n'est pas enregistrée) ou du comportement n'est pas facile à rapporter. Cependant, les propos ou les comportements doivent s'accompagner d'une pression sur l'enfant.

La pression constitue un élément important qui doit être prouvé pour que soit constitué le harcèlement sexuel sur l'enfant. C'est dire que les actes matériels doivent être accompagnés d'une pression visant à obtenir les faveurs de nature sexuelle. Les simples actes matériels non accompagnés d'une pression ne tombent pas sous le coup du harcèlement sexuel sur l'enfant. C'est dans ce sens qu'il a été jugé qu'au-delà du comportement persistant, il faut des ordres, des menaces, des contraintes, des pressions graves ou un abus d'autorité pour obtenir des faveurs sexuelles. Par ailleurs, le tribunal a écarté les promesses d'aider la partie civile à réussir aux examens d'État si elle acceptait de répondre à ses rendez-vous, comme constituant les ordres et les contraintes (TGI Kinshasa-Gombe, RP 18 473, 23 juin 2008, note de Lukoo Musambao, 2013 : 221).

Enfin, les propos ou les comportements faits sous pression doivent avoir pour finalité « des faveurs de nature sexuelle ». La notion des faveurs de nature sexuelle renvoie-t-elle aux seuls actes de pénétration sexuelle ? Les faveurs de nature sexuelle concernent tous les cas de figure prévus à l'article 171 de la loi portant protection de l'enfant.

Ainsi, « l'acte matériel se concrétise par un fait qui peut être un propos ou un comportement, exercer par pression sur l'enfant de l'un ou de l'autre sexe, afin d'obtenir de lui des faveurs de nature sexuelle ». Il y a ainsi un fait, une pression et un but de nature sexuelle.

L'inopportunité du caractère persistant. Faut-il que l'auteur adopte un comportement persistant envers l'enfant comme requis à l'article 174, d, du Code pénal, Livre II ? Il semble qu'en dépit de l'emploi du verbe « harceler », qui, jusqu'aujourd'hui, avait pu être interprété comme impliquant la répétition, voire l'habitude, le législateur de la loi portant protection de l'enfant incrimine un acte unique. Un acte unique suffit pour que le harcèlement sexuel sur l'enfant soit constitué. Ainsi, la loi portant protection de l'enfant rend le harcèlement sexuel sur l'enfant une infraction instantanée contrairement au Code pénal qui la rend une infraction d'habitude. Par le fait « d'user de toute forme de pression grave dans le but réel ou apparent d'obtenir un acte de nature sexuelle – la menace de refuser une embauche ou un logement [une inscription à l'école] – le délit existe, que cet acte profite à l'auteur des pressions ou à un tiers » (Conte, 2013 : 167). Ainsi, « est assimilé au harcèlement sexuel le fait, même non répété, d'user de toute forme de pression grave dans le but réel ou apparent d'obtenir un acte de nature sexuelle, que celui-ci soit recherché au profit de l'auteur des faits ou au profit d'un tiers » (Guichard *et al.*, 2015 : 506).

C. Élément moral

L'élément moral du harcèlement sexuel sur l'enfant se caractérise par l'intention ou la conscience de l'auteur de commettre les actes matériels qui le constituent. La constatation objective du comportement visé par l'élément matériel de l'incrimination suffit à caractériser l'élément intentionnel, peu importe que l'auteur des faits délictueux ait eu ou non conscience de commettre l'infraction. L'élément subjectif est réduit à l'adoption consciente par le prévenu d'un comportement, sans que l'appréciation de la portée de ce comportement par le prévenu ne soit prise en considération.

C'est pourquoi la chambre criminelle de la Cour de cassation française avait décidé que le prévenu a « en connaissance de cause, même s'il a mésestimé la portée de ses agissements, imposé aux parties civiles, de façon répétée, des propos ou comportements à connotation sexuelle les ayant placées dans une situation intimidante, hostile ou offensante objectivement constatée » (Cass. crim., 18 novembre 2015, pourvoi n° 14-85591, www.legifrance.gouv.fr).

La solution dégagée par cet arrêt se comprend car il serait trop aisé pour les prévenus de systématiquement prétendre avoir mal évalué la portée de leur comportement pour échapper aux sanctions. Cependant, la chambre criminelle indique ici de manière presque transparente que l'élément intentionnel est présumé ou à tout le moins déduit de l'élément matériel objectivement constaté.

En posant les actes matériels, le prévenu doit avoir cherché à obtenir des faveurs de nature sexuelle par un abus d'autorité que lui confère sa position sociale ou professionnelle. La modalité de pression par lui exercée permet de prouver cette intention.

Haddad (2006) estime sur base de la jurisprudence de la chambre criminelle de la Cour de cassation que « le Tribunal appréciera souverainement la situation et le comportement de l'auteur. La notion d'actes répétés à l'égard d'une personne unique ou de plusieurs personnes seront tant de critères analysés » (Cass. crim., 20 novembre 2002 ; Cass. crim., 18 février 2004 ; Cass crim., 27 janvier 2007) pour permettre d'établir l'élément moral.

§ 3. Répression du harcèlement sexuel sur l'enfant

A. Poursuite

La poursuite est-elle subordonnée à la plainte préalable de la victime comme prévu à l'article 174, d), du Code pénal, Livre II ? Le silence du législateur de la loi portant protection de l'enfant doit être entendu comme une dérogation à cette procédure. Il n'est pas nécessaire que l'enfant victime vienne se plaindre. Le ministère public, tout comme l'officier de police judiciaire, peut se saisir d'office. Ceci rentre dans la logique législative de protéger l'enfant contre les avances sexuelles de « papa copain ».

Cependant, l'indélicatesse peut résider dans le fait que l'enfant considéré comme victime peut ne pas se rendre compte de ce statut. Il peut arriver qu'il commence à raconter qu'il s'agissait d'une simple blague et qu'il n'a jamais subi la pression de l'agent. Ainsi, avant de se saisir d'office, le ministère public, tout comme l'officier de police judiciaire, doit d'abord entendre l'enfant afin de tirer les éléments de preuve relatifs aux faits (propos ou comportements), à la pression ainsi que le but qui n'est autre que les faveurs de nature sexuelle.

Après qu'il a déclenché la poursuite, le ministère public ne peut classer le dossier par l'amende transactionnelle, étant donné que le législateur ne lui a pas laissé cette possibilité de transiger.

Juste une parenthèse : même pour le harcèlement prévu à l'article 174, d), du Code pénal, Livre II, le ministère public ne peut pas transiger afin de mettre fin aux poursuites, malgré que le législateur utilise l'expression « sera puni de servitude pénale de un à douze ans et d'une amende de cinquante mille à cent mille francs congolais ou *d'une de ces peines seulement* ». Quoi qu'il soit dit « ou d'une de ces peines seulement », le ministère public ne peut pas transiger, car l'article 9*bis* du Code de procédure pénale prévoit que l'amende transactionnelle prévue à l'article 9 du même code ne s'applique pas aux infractions des violences sexuelles. Le harcèlement sexuel étant une infraction relative aux violences sexuelles, le ministère public ne peut transiger. Seul le juge peut condamner aux deux peines ou à l'une de ces peines seulement. C'est ainsi le tribunal qui peut condamner à la seule peine d'amende.

B. Sanction du harcèlement sur l'enfant

Le harcèlement sexuel sur l'enfant est puni de trois à douze ans de servitude pénale principale et d'une amende de deux cent mille à quatre cent mille francs congolais. Le juge prononce les deux peines à charge du prévenu. Si le harcèlement sexuel est le fait du père, de la mère, du parâtre, de la marâtre ou de toute personne exerçant l'autorité parentale sur l'enfant, la peine de servitude pénale peut être accompagnée de la déchéance de l'autorité parentale, en application des dispositions de la loi (article 184 LPPE).

Vu le taux du maximum de la peine, le harcèlement sexuel sur l'enfant est une infraction qui relève de la compétence du tribunal de grande instance.

Section 12. Proxénétisme à l'égard d'un enfant

Vue générale. Le proxénétisme consiste à exploiter la prostitution d'autrui contre rémunération ou tout autre profit. Ainsi, le proxénétisme à l'égard d'un enfant est, aux termes de l'article 182, alinéa 3, de la loi portant protection de l'enfant le fait d'offrir, d'obtenir, de fournir, de se procurer ou d'utiliser un enfant à des fins sexuelles contre rémunération ou toute autre forme d'avantages.

Le proxénétisme est ainsi une « activité délictueuse de celui ou de celle qui, de quelque manière que ce soit, contraint une personne à se prostituer, favorise ou tire profit de la prostitution d'autrui » (Guinchard *et al.*, 2015 : 804).

Le proxénétisme n'est pas une nouvelle infraction dans la législation congolaise. Il est introduit dans l'arsenal pénal du pays par l'ordonnance-loi du 11 août 1959 qui le prévoyait à son article 6. Cette disposition a été ensuite modifiée par l'article 6 du décret du 27 juin 1960 et occupe dans le Code pénal l'article 174*bis*. Par la loi n° 06/018 du 20 juillet 2006 modifiant et complétant le décret du 30 janvier 1940 portant Code pénal congolais, et ce, dans le but de renforcer la répression, le législateur a modifié la disposition en majorant la peine, « lorsque la victime est un enfant âgé de moins de 18 ans », de cinq à vingt ans de servitude pénale principale. Mais, en gardant le seuil de la peine si la victime est une personne majeure. Avec la loi n° 09/001 du 10 janvier 2009, le législateur a repris la même infraction dans cette loi portant protection de l'enfant tout en apportant certaines particularités dans sa matérialisation ainsi que sa répression.

L'objectif est de protéger l'enfant contre la prostitution étant donné qu'il est immature, vulnérable et partant considéré comme une victime. Ensuite, cette prévention permet de « lutter contre la prostitution [des enfants] en sanctionnant sévèrement tous ceux qui la favorisent ou l'exploitent ». Un autre objectif est enfin de réprimer le proxénétisme, qui « est conçu comme un état dangereux propice à la commission de toutes sortes d'infractions » (Conte, 2013 : 312).

Au regard des modes opératoires du proxénétisme, celui-ci peut être du souteneur ou du logeur. Le souteneur est celui qui tire le plus directement profit de la prostitution d'autrui, moyennant sa protection et son entremise. Tandis que le logeur est largement entendu. Il s'agit de celui qui abrite d'une façon ou d'une autre l'activité des personnes se livrant habituellement à la prostitution. Ainsi, le logeur apparaît comme une sorte de complice par fourniture de moyen (Pradel et Danti-Juan, 2010 : 459 et 467).

§ 1. Base légale

Le proxénétisme à l'égard de l'enfant est non seulement prévu par la loi portant protection de l'enfant (article 182), mais aussi par le Code pénal, Livre II (articles 174 b), alinéa 3, et 174, n).

L'article 182 dispose que « le proxénétisme à l'égard d'un enfant est puni de cinq à vingt ans de servitude pénale principale.

La peine encourue est portée de dix à vingt-cinq ans si le proxénétisme à l'égard d'un enfant est le fait du père, de la mère, du parâtre, de la marâtre, du tuteur ou de toute personne exerçant l'autorité parentale.
Le proxénétisme à l'égard d'un enfant est le fait d'offrir, d'obtenir, de fournir, de se procurer ou d'utiliser un enfant à des fins sexuelles contre rémunération ou toute autre forme d'avantages ».

Tandis qu'à l'article 174 b du Code pénal, Livre II, le proxénétisme à l'égard de l'enfant est prévu comme une circonstance aggravante en ce sens que « lorsque la victime [du proxénétisme] est un enfant âgé de moins de dix-huit ans, la peine est de cinq à vingt ans » [de servitude pénale principale]. Cependant, l'article 174 n du Code pénal, Livre II, prévoit cette prévention comme une infraction à part entière. Cet article du Code pénal dispose que « [...] quiconque aura utilisé un enfant de moins de dix-huit ans aux fins des activités sexuelles contre rémunération ou toute autre forme d'avantage ».

La compréhension du proxénétisme à l'égard d'un enfant nécessite l'étude des éléments constitutifs ainsi que son régime répressif.

§ 2. Éléments constitutifs

Il résulte des dispositions légales que la prévention de proxénétisme suppose un acte matériel commis consciemment par l'agent souteneur ou logeur à des fins sexuelles contre rémunération ou toute autre forme d'avantages. Les actes matériels sont non seulement prévus à la loi portant protection de l'enfant mais aussi à l'article 174 b du Code pénal, Livre II.

A. Acte matériel

De nombreux faits pouvant directement ou indirectement faciliter la prostitution de l'enfant sont énumérés par la loi. Au regard de l'article 182 de la loi portant protection de l'enfant, l'acte matériel est constitué par le fait d'offrir, d'obtenir, de fournir, de se procurer ou d'utiliser un enfant. Dans le cadre de la protection de l'enfant, il n'est pas nécessaire que l'un de ces actes soit répété pour qu'il soit constitué ; un seul acte suffit pour que l'agent se rende coupable du proxénétisme. Et malgré la diversité des actes matériels, le proxénétisme présente le même caractère d'être une infraction de conséquence (Conte, 2013 : 313).

1. *Offrir*, c'est donner en cadeau un enfant, mettre à la disposition de quelqu'un un enfant, mettre à la portée de quelqu'un un enfant, faire offrande de l'enfant à quelqu'un, proposer l'enfant en contrepartie de quelque chose. Ces divers aspects d'offrir doivent être réalisés dans le but sexuel, c'est-à-dire offrir l'enfant à des fins sexuelles.

2. *Obtenir*, c'est parvenir à se faire accorder, à se faire donner un enfant. Il y a alors celui qui offre l'enfant et celui qui l'obtient pour le garder afin de le fournir à des fins sexuelles.

3. *Fournir*, procurer un enfant à quelqu'un à des fins sexuelles en échange d'une somme d'argent ou toute autre forme d'avantages.

4. *Se procurer* un enfant veut dire obtenir ou acquérir en recrutant et en gardant un enfant à des fins sexuelles. Celui qui se procure, il est en quelque sorte le logeur de l'enfant pour qu'il le livre aux activités sexuelles ou de nature sexuelle.

5. *Utiliser* est un verbe translatif qui peut signifier selon son usage « recourir pour un usage précis à ; tirer profit ou parti de » (*Dictionnaire Maxipoche, Larousse* 2012). Ainsi dans le cadre du proxénétisme « utiliser un enfant », c'est employer l'enfant à des fins sexuelles. L'enfant est à la disposition du proxénète qui le livre à ceux qui veulent accomplir les actes de nature ou à caractère sexuel.

En application de l'article 174 b du Code pénal, Livre II, l'acte matériel est constitué par l'embauchage, l'entraînement, le détournement, la tenue de la maison de débauche ou de prostitution ou l'exploitation habituelle de la débauche ou de la prostitution de l'enfant.

6. *L'embauchage* est le recrutement des enfants pour faire d'eux des professionnels, soit des clients pour la prostitution. Il en est ainsi de celui qui recrute les jeunes filles pour servir apparemment dans son bar ou restaurant dans le but de se faire une clientèle d'hommes et de les livrer à la prostitution. Cet acte d'embauchage s'apparente au fait d'utiliser un enfant pour un travail apparemment sain, mais dont le mobile est de tirer avantage d'une clientèle.

7. *L'entraînement* s'entend de tout fait ou de tout acte destiné à éloigner la victime, par des conseils ou instructions, de sa famille, de sa résidence ou de ses occupations habituelles en vue de la prostitution (Likulia Bolongo, 1985 : 362). Constitue ainsi un acte d'entraînement celui qui conseille à un enfant d'abandonner ses études pour se livrer à la prostitution, étant donné qu'il s'agit d'une activité rémunératrice.

8. *Le détournement*, c'est l'enlèvement, le déplacement, le rapt d'une personne en vue de la prostitution. L'agent peut agir soit par fraude, soit par ruse. Il en est ainsi évidemment du séducteur (Likulia Bolongo, 1985 : 362).

9. *La tenue de la maison de débauche ou de prostitution*. L'acte matériel est constitué par le fait de tenir une maison destinée à la débauche ou à la prostitution. Tenir une maison de débauche, dit Likulia Bolongo (1985 : 363), c'est en avoir la direction, la propriété ou la gérance. Par maison de débauche, il faut entendre tout établissement aménagé pour la prostitution ou la débauche, c'est-à-dire tout établissement destiné à recevoir des personnes qui font métier de livrer leurs corps aux plaisirs sexuels

pour de l'argent ; peu importe d'ailleurs la nature des actes auxquels elles se livrent. Il en est ainsi notamment des boîtes de nuit, des maisons de passe ou de tolérance.

Cependant, Pradel et Danti-Juan (2010 : 468) enseignent qu'il n'est pas nécessaire que ce soit là la destination exclusive de l'établissement, il suffit qu'il soit connu du public et accessible à ce dernier qui sait pouvoir y rencontrer des prostituées (bien entendu aussi les enfants). La détention, la gestion, l'exploitation ou la direction d'un tel établissement ne requiert pas nécessairement que le prévenu agisse personnellement.

10. *L'exploitation habituelle de la débauche ou de la prostitution de l'enfant* : cet acte matériel peut prendre la forme du souteneur ou de l'exploitation habituelle de la prostitution de l'enfant. Le souteneur est celui qui aide, assiste ou protège sciemment la prostitution d'autrui (Likulia Bolongo, 1985 : 364) ou celle de l'enfant. L'infraction sera constituée le plus souvent par le fait d'exercer une surveillance sur sa protégée pour lui prêter assistance en cas de difficultés. Il en est ainsi de celui qui protège ou surveille un enfant en quête des partenaires sexuels aux éventuelles attaques et résistances au paiement du prix du commerce charnel.

L'aide, l'assistance et la protection sont conçues assez largement par les juges. Il a été jugé, par exemple, que le fait d'avoir accueilli sciemment et habituellement, dans un bar, la présence des prostituées, y compris si elles ne se livraient pas à la prostitution dans l'établissement même, constituait le proxénétisme du souteneur (Chambre criminelle, 13 juillet 1955, *B.C.*, n° 353, note de Pradel et Danti-Juan, 2010 : 460).

Les actes d'exploitation de la prostitution ne sont pas prévus par le législateur du Code pénal, Livre II. Ainsi entrent dans le cadre d'exploitation de la prostitution les cinq premiers actes matériels prévus à la loi portant protection de l'enfant. Dans tous les cas, « le législateur s'est efforcé de réprimer tous les comportements qui gravitent autour de la prostitution [de l'enfant], soit qu'ils la favorisent soit qu'ils consistent à en tirer profit » (Conte, 2013 : 3014). L'un comme l'autre acte prévu à la loi portant protection de l'enfant favorise et permet de tirer profit de la prostitution de l'enfant.

B. Finalité de l'acte matériel : à des fins sexuelles au profit d'autrui

Pour que l'infraction soit retenue, l'acte matériel doit être accompli à des fins sexuelles. C'est-à-dire que l'agent doit avoir commis un des actes matériels examinés ci-dessus dans une finalité sexuelle au profit d'une autre personne. Au cas où il se livre lui-même à la finalité sexuelle, l'auteur peut tomber sous le coup du viol d'enfant ou de la détention d'enfant à des fins sexuelles.

Cependant, « il n'est donc pas nécessaire que la "provocation" [offrir, obtenir, se procurer et utiliser] ait été suivie d'effet ("en vue de la prostitution", "pour qu'elle se prostitue", [à des fins sexuelles]) : sous ce rapport, l'infraction est formelle » (Conte, 2013 : 315).

La finalité sexuelle revêt l'aspect de la prostitution. Et la prostitution est le fait, « moyennant une rémunération, d'employer son corps à la satisfaction des plaisirs du public, quelle que soit la nature des actes de lubricité accomplis ou de se prêter à des contacts physiques, de quelque nature qu'ils soient, afin de satisfaire les besoins sexuels d'autrui » (Conte, 2013 : 313). Il découle ainsi de cette position jurisprudentielle que l'auteur a évoquée que la prostitution « n'implique pas forcément la pratique de rapports sexuels » (Pradel et Danti-Juan, 2010 : 458) dans son sens usuel. Elle implique aussi le fait de livrer son corps aux plaisirs sexuels d'autrui pour l'argent, c'est-à-dire de se livrer au commerce charnel, quels que soient d'ailleurs le sexe de l'individu et la nature des actes sexuels auxquels il se livre (Likulia Bolongo, 1985 : 362).

C. Personnalité de la victime

La personne qui s'adonne à la prostitution peut être, semblablement, une fille ou un garçon. Celle-ci doit être âgée de moins de dix-huit ans. La preuve de l'âge répond à celle que nous avons précédemment évoquée au sujet du viol. L'enfant qui s'adonne à la prostitution peut être consentant ou non. Sa volonté de s'adonner à la prostitution est inopérante pour justifier le comportement de celui qui le loge ou le soutient dans ses activités charnelles.

D. Profit tiré de l'acte

En accomplissant l'un des actes matériels examinés ci-dessus, l'agent doit le réaliser « contre rémunération ou toute autre forme d'avantages » (alinéa 4 de l'article 182 LPPE). Il doit donc tirer profit des actes sexuels de l'enfant. Le profit est soit la rémunération, soit toute autre forme d'avantages.

La rémunération est ici l'argent reçu pour prix du service de l'acte sexuel fourni par l'enfant au bénéficiaire. C'est donc le produit financier de la prostitution de l'enfant. Le prévenu peut l'obtenir directement de l'enfant qu'il exploite ou qu'il a offert à l'acte sexuel ou de la personne qui a bénéficié du service sexuel. C'est-à-dire, le proxénète se partage avec l'enfant les subsides fruits de la prostitution, ou l'enfant lui verse directement de l'argent ou acquitte certaines dépenses à son avantage.

Par contre, « toute autre forme d'avantage » exclut les récompenses numéraires. Toute autre forme d'avantage peut être le fait d'utiliser les enfants afin de se faire une clientèle dans une boîte de nuit, dans un bar ou le fait d'être nourri par l'enfant de l'argent issu de la prostitution après l'avoir utilisé ou offert à la prostitution. Cela peut être aussi la promesse d'un emploi. Ces profits doivent être envisagés au moment où le prévenu offre ou utilise l'enfant à des fins sexuelles.

D. Élément moral

L'intention coupable est requise. Elle consiste dans la volonté d'offrir, d'obtenir, de fournir, de se procurer ou d'utiliser un enfant à des fins sexuelles en vue de tirer profit, c'est-à-dire une rémunération ou toute autre forme d'avantage. L'intention est ainsi inhérente à l'acte matériel du prévenu, c'est-à-dire qu'elle est inséparable de l'acte matériel de l'agent.

Ainsi, il n'est pas important que l'enfant ait consenti à être offert, fourni ou utilisé à des fins sexuelles. Le consentement de l'enfant est inopérant étant donné que le législateur a consacré un défaut de consentement libre.

E. Circonstance aggravante

La circonstance aggravante du proxénétisme est liée au statut ou à la qualité de l'auteur par rapport à l'enfant. L'article 182 de la loi portant protection de l'enfant énumère ces personnes. Il s'agit du père, de la mère, du parâtre, de la marâtre, du tuteur ou de toute personne exerçant l'autorité parentale.

§ 3. Répression

Le proxénétisme à l'égard d'un enfant est puni de cinq à vingt ans de servitude pénale principale. Le législateur n'a pas prévu la peine d'amende pour cette prévention, alors que cette peine est concevable pour ce genre d'infraction car le prévenu y tire profit numéraire. Ne serait-ce pas un oubli de la part du législateur ? Cependant, le juge ne peut pas prononcer cette peine.

Toutefois, la peine encourue est portée de dix à *vingt-cinq* ans si le proxénétisme à l'égard d'un enfant est le fait du père, de la mère, du parâtre, de la marâtre, du tuteur ou de toute personne exerçant l'autorité parentale (article 182, alinéa 2).

Le législateur a aggravé le maximum de la servitude pénale à temps jusqu'à vingt-cinq ans. Le taux de la servitude pénale à temps est plus fort comparativement au taux des autres infractions prévues dans l'ensemble du Code pénal et ses dispositions complémentaires. La servitude pénale à temps, enseignait Nyabirungu Mwene Songa (1989 : 309), peut varier entre 1 jour et 20 ans. Elle ne peut en aucun cas dépasser ce seuil, même en cas de concours matériel d'infractions. Cependant, la loi portant protection de l'enfant a ramené, juste pour cette prévention de proxénétisme à l'égard de l'enfant, à vingt-cinq ans de servitude pénale principale.

Section 13. Esclavage sexuel d'un enfant

Vue générale. Au registre des agressions sexuelles, le législateur a aussi prévu en infraction le fait pour une personne d'exercer un ou l'ensemble des pouvoirs assimilés au droit de propriété sur un enfant notamment en détenant ou en imposant une privation de liberté ou en achetant, vendant, prêtant, troquant l'enfant pour des fins sexuelles, et de le contraindre à accomplir un ou plusieurs actes de nature sexuelle. Ces faits sont constitutifs de l'esclavage sexuel d'un enfant.

Cette prévention entre dans la logique de la protection de l'enfant contre la délinquance des adultes en luttant contre les pratiques sexuelles inhumaines.

§ 1. Base légale

Cette prévention est prévue et punie à l'article 183 de la loi portant protection de l'enfant. Elle est, en outre, prévue à l'article 174 e) du Code pénal, Livre II. Cependant, cette disposition ne s'applique que si la victime d'esclavage sexuel est un majeur. Dans le cadre de notre analyse, nous ne nous intéressons qu'à l'article 183 de la loi portant protection de l'enfant qui dispose : « l'esclavage sexuel d'un enfant est puni de dix à vingt ans de servitude pénale principale et d'une amende de huit cent mille à un million de francs congolais.
L'esclavage sexuel est le fait pour une personne d'exercer un ou l'ensemble des pouvoirs assimilés au droit de propriété sur un enfant notamment en détenant ou en imposant une privation de liberté ou en achetant, vendant, prêtant, troquant l'enfant pour des fins sexuelles, et de le contraindre à accomplir un ou plusieurs actes de nature sexuelle ».

Toutefois, il convient de signaler qu'il n'y a pas une différence quant aux éléments constitutifs de l'infraction outre la personne de la victime et le taux de la peine.

§ 2. Éléments constitutifs

Il ressort de l'article 183, pour son établissement, que l'esclavage sexuel d'un enfant requiert l'accomplissement d'un acte matériel d'exercer les pouvoirs assimilés au droit de propriété sur un enfant, qui se traduit par certains actes, pour des fins sexuelles et l'élément moral qui se traduit par l'intention de l'agent d'accomplir ces actes.

A. Acte matériel d'exercer l'un ou l'autre acte assimilé au droit de propriété sur l'enfant

L'acte matériel se traduit par le fait d'exercer un ensemble des pouvoirs assimilés au droit de propriété sur un enfant. Le droit de propriété dans son sens usuel traduit le droit d'user, de jouir et de disposer d'une chose d'une manière exclusive et absolue sous les restrictions établies par la loi. La propriété est un droit réel et perpétuel sur les biens corporels tangibles (*Le Petit Robert* 2002). Exercer les pouvoirs assimilés au droit de propriété sur l'enfant est le fait de le chosifier et de le traiter comme un bien.

Au regard des *Éléments des crimes* de la Cour pénale internationale, l'auteur doit avoir exercé l'un ou l'ensemble des pouvoirs associés au droit de propriété sur une ou plusieurs personnes, par exemple en achetant, vendant, prêtant ou troquant ladite ou lesdites personnes concernées, ou en leur imposant une privation similaire de liberté[10].

Les pouvoirs assimilés au droit de propriété sur l'enfant, au regard de l'article 183, ne se matérialisent notamment que par la détention, la privation de liberté, l'achat, la vente, le prêt, le troque d'un enfant. Les actes matériels, traduisant l'exercice des pouvoirs assimilés au droit de propriété sur l'enfant, ainsi énumérés ne sont pas limitatifs, étant donné que le législateur utilise l'adverbe « notamment ». Il convient toutefois de préciser le sens de chacun des actes matériels :

1. *La détention* consiste dans le fait de retenir l'enfant victime dans un lieu quelconque où il se trouve enfermé ou gardé pour le contraindre aux actes de nature sexuelle. Il s'agit ainsi de la condition d'un enfant privé de liberté individuelle et placé en un lieu quelconque. Cependant, elle ne doit pas être confondue avec la simple surveillance qu'il convient d'exercer sur un enfant par celui qui exerce sur lui l'autorité parentale.

2. *L'imposition d'une privation de liberté* se conçoit comme une atteinte à la liberté d'aller et venir de l'enfant ; c'est l'attentat à la liberté de l'enfant. C'est donc l'acte qui consiste à se saisir de l'enfant d'une manière quelconque et qui aboutit à le priver de sa liberté d'aller et venir pour des fins sexuelles. Cet acte n'est pas différent du premier étant donné que tous consistent à appréhender ou à retenir « prisonnier » un enfant qui était libre.

3. *En achetant*, se conçoit comme l'acquisition d'un enfant contre un prix. C'est aussi donner à quelqu'un de l'argent pour qu'il fournisse l'enfant. Étant donné qu'on n'achète qu'une chose ou un bien, cet acte rend visiblement le pouvoir assimilé au droit de propriété sur l'enfant.

4. *En vendant* : vendre, c'est d'abord céder à quelqu'un en échange d'une somme d'argent (*Le Petit Robert*). C'est aussi aliéner une chose, céder à quelqu'un la propriété d'une chose pour un certain prix (*Dictionnaire Le Littré*). Dans le cadre de cette prévention, il s'agit d'accorder ou céder un enfant en faisant payer, ou contre un avantage matériel ou un prix pour des fins sexuelles et le contraindre aux actes de nature sexuelle.

5. *En prêtant* : prêter, c'est mettre quelque chose à la disposition de quelqu'un pour un temps déterminé ; fournir une chose à la condition qu'elle sera rendue (*Dictionnaire Le Petit Robert*). C'est donc fournir ou mettre un enfant à la disposition de quelqu'un pour un temps à des fins sexuelles, c'est-à-dire que pour le temps pour lequel l'enfant est fourni, à condition qu'il soit rendu, il est abusé sexuellement.

---

[10] Il est entendu qu'une telle privation de liberté peut, dans certaines circonstances, inclure des travaux forcés ou d'autres moyens de réduire une personne à l'état de servitude, tel qu'il est défini dans la Convention supplémentaire de 1956 relative à l'abolition de l'esclavage, de la traite des esclaves et des institutions et pratiques analogues à l'esclavage.

6. En troquant : troquer, c'est donner en troc, en échange. C'est donc donner l'enfant en échange pour qu'il soit contraint aux actes de nature sexuelle.

Il ressort de ces actes matériels que « l'esclavage sexuel se concrétise par l'assujettissement d'un [enfant] à l'accomplissement d'un ou plusieurs actes de nature sexuelle » (Mutata Luaba, 2008 : 248). Ces actes sont en soi constitutifs d'autres infractions s'ils ne sont pas réalisés comme un ensemble de pouvoirs assimilés au droit de propriété sur un enfant. La réalisation de l'un ou l'autre acte matériel doit être perpétrée aussi pour des fins sexuelles ou pour contraindre l'enfant à accomplir un ou plusieurs actes de nature sexuelle.

B. L'acte matériel doit être réalisé pour des fins sexuelles

L'exercice d'un ensemble de pouvoirs assimilés au droit de propriété sur l'enfant doit être réalisé pour des fins sexuelles et en vue de le contraindre à accomplir un ou plusieurs actes de nature sexuelle. C'est dire qu'en détenant ou en imposant une privation de liberté ou en achetant, vendant, prêtant, troquant l'enfant, l'agent doit le faire pour des fins sexuelles et pour le contraindre à accomplir un ou plusieurs actes de nature sexuelle.

Si cette finalité n'est pas prouvée ou démontrée, l'agent peut tomber sous le coup d'une autre prévention que l'esclavage sexuel d'un enfant. Par ailleurs, les actes de nature sexuelle doivent se réaliser sur l'enfant par la contrainte. Cependant, il ne faut pas perdre de vue que la loi consacre la présomption irréfragable du défaut de consentement pour les enfants. En ce sens, l'enfant âgé de moins de dix-huit ans est irréfragablement présumé ne pas avoir le discernement suffisant pour participer, en pleine conscience, aux agissements immoraux accomplis sur sa personne ou à l'aide de sa personne (Lukoo Musubao, 2013 : 56).

D'ailleurs, il a été jugé que ni le consentement de la victime, jeune fille mineure âgée de moins de 16 ans (aujourd'hui moins de 18 ans), ni la circonstance que la victime était déjà déflorée, ne justifie les relations sexuelles avec elle à cet âge, vu qu'aux termes de l'article 170 du Code pénal, Livre II, celles-ci sont, chez elle ou chez les filles de son âge, irréfragablement présumées être commises avec violences (CSJ, RP 17 CR, 5 avril 1978, *B.A.C.S.J.*, 1979 : 59). Par ailleurs, la cour d'appel de Liège a eu à juger que cette présomption de violence morale est irréfragable et subsiste bien qu'il soit établi que la victime était consentante et que son attitude fût provocante (Cour d'appel de Liège, 28 janvier 1942, *Pas.*, II, 51, note de Pradel et Danti-Juan, 2010).

Ainsi, la contrainte sur l'enfant pour qu'il accomplisse un ou plusieurs actes de nature sexuelle ne se démontrera que par la minorité d'âge de l'enfant, qu'il faut prouver. Et les actes de nature sexuelle qu'il faut prendre en compte sont ceux énumérés à l'article 170 de la loi portant protection de l'enfant, c'est-à-dire les actes de pénétration sexuelle ou à caractère sexuel tels qu'ils sont prévus pour constituer le viol d'enfant. C'est dans ce sens que Mutata Luaba (2008 : 248) estime que « les actes de nature sexuelle sont ceux qui se consomment par le sexe ou ceux dont la réalisation ne vise que le sexe. [...] les victimes peuvent être astreintes aux relations sexuelles normales, aux relations sexuelles contre nature (homosexualité), l'accouplement avec des bêtes (zoophilie), aux attouchements ennuyeux des parties intimes, etc. »

Les *Éléments des crimes* de la Cour pénale internationale précisent toutefois, à propos de l'esclavage sexuel, que l'auteur doit avoir contraint ladite ou lesdites personnes à accomplir *un acte* ou *plusieurs actes* de nature sexuelle. Cependant, Mutata Luaba (2008 : 249) pense que « la condition d'esclavage emporte l'idée de permanence sous-tendue par la disponibilité des victimes en service obligatoire ou forcé [...] »

C. Élément moral

L'élément moral se traduit par l'intention de l'agent d'accomplir l'un des actes réprimés par la loi portant protection de l'enfant. Le fait pour l'agent d'accomplir l'un ou l'autre acte qui traduit l'exercice d'un ensemble des pouvoirs assimilés au droit de propriété sur l'enfant suffit pour établir cet élément moral dans son chef.

C'est dans ce sens qu'il a été jugé que l'agent exerce l'un des pouvoirs associés au droit de propriété pour des fins sexuelles. L'élément moral réside dans l'intention d'exercer sur une personne les attributs du droit de propriété (TPIY, Jugement Kuranac, § 540). Il y a contrainte à accomplir un ou plusieurs actes de nature sexuelle. L'intention délictueuse réside en ce que le coupable connaît le caractère illégal et illicite de son acte à exercer un des pouvoirs associés au droit de propriété sur sa victime (Cizungu Nyangezi, 2011 : 375).

§ 3. Répression

L'esclavage sexuel d'un enfant est puni de dix à vingt ans de servitude pénale principale et d'une amende de huit cent mille à un million de francs congolais (article 183, alinéa 1).

Si le prévenu est le père, la mère, le parâtre, la marâtre ou toute personne exerçant l'autorité parentale sur l'enfant victime d'esclavage sexuel, la peine de servitude pénale peut être accompagnée de la déchéance de l'autorité parentale, en application des dispositions de la loi (article 184).

Section 14. Que retenir sur les agressions sexuelles sur l'enfant ?

Les différentes formes d'agressions sexuelles sur l'enfant ont parfois des similitudes entre elles, avec le risque de retenir une mauvaise qualification. La détention d'un enfant à fin d'abus sexuel ne doit pas être confondue avec le viol. L'attentat à la pudeur ne doit pas être confondu avec l'exposition de l'enfant à l'exhibition sexuelle ; la pornographie mettant en scène les enfants n'est pas l'exposition de l'enfant à la pornographie ; le proxénétisme n'est pas l'esclavage sexuel. La lecture minutieuse de ces préventions doit être faite pour éviter les erreurs judiciaires dans la qualification. C'est ainsi que, lors de l'instruction, le juge comme le ministère public ne doivent pas perdre de vue de s'assurer de la qualité de l'auteur. Pour ces préventions, la qualité du père, de la mère, du parâtre, de la marâtre, du tuteur ou de celle qui exerce l'autorité parentale à l'égard de l'enfant victime est une situation qui ramène une peine complémentaire à infliger à l'auteur sur pied de l'article 184 de la loi portant protection de l'enfant.

Par ailleurs, parmi les incriminations, le mariage forcé est prévu comme une forme de violence sexuelle par le Code pénal, Livre II. Cependant, la loi portant protection de l'enfant considère le mariage forcé d'un enfant comme l'une des infractions relatives à la mise en danger d'un enfant. En vertu du principe général du droit selon lequel « la loi spéciale déroge à la loi générale », le mariage forcé d'un enfant n'est pas une agression sexuelle. Toutefois, il y a lieu de signaler qu'il ne faut pas oublier de situer le contexte de la commission de l'une des formes des agressions sexuelles. Aux termes des articles 7 et 8 du statut de Rome, les agressions sexuelles peuvent constituer soit les crimes contre l'humanité, soit les crimes de guerre. Il ressort de l'article 7, paragraphe 1, litera g, que l'on entend par crime contre l'humanité l'un quelconque des actes lorsqu'il est commis dans le cadre d'une attaque généralisée ou systématique lancée contre toute population civile et en connaissance de cette attaque : viol, esclavage sexuel, prostitution forcée, grossesse forcée, stérilisation forcée ou toute autre forme de violence sexuelle de gravité comparable. Tandis qu'au regard de l'article 8, paragraphe 2, litera b, xxii), on entend par « crimes de guerre » les autres violations graves des lois et coutumes applicables aux conflits armés internationaux dans le cadre établi du droit international, à savoir l'un quelconque des actes ci-après : le viol, l'esclavage sexuel, la prostitution forcée, la grossesse forcée, telle que définie à l'article 7, paragraphe 2, alinéa f), la stérilisation forcée ou toute autre forme de violence sexuelle constituant une infraction grave aux Conventions de Genève.

Une fois que l'agression sexuelle a été placée dans l'une ou l'autre forme de crime prévu au statut de Rome, elle sera imprescriptible.

CHAPITRE V

LA MISE EN DANGER D'UN ENFANT

Ce chapitre traite de la mise en danger d'un enfant. Cette mise en danger se matérialise par : les actes discriminatoires à l'égard d'un enfant ; le déplacement ou la rétention illicite de l'enfant à l'étranger ; les pires formes de travail de l'enfant ; l'enrôlement d'enfants dans les forces, groupes armés et police ; l'utilisation d'un enfant dans la criminalité ; le mariage d'un enfant ou mariage forcé d'un enfant ; le délaissement d'enfant ; l'abstention de porter secours à un enfant ; la non-dénonciation des violences commises sur un enfant ; l'abstention d'accomplir un acte de sa fonction ou de son emploi et l'utilisation d'un enfant aux fins de mendicité.

Le législateur a voulu protéger l'enfant contre certains comportements ou certaines attitudes d'indifférence des adultes qui peuvent causer préjudice à l'enfant. D'où la nécessité de réprimer de tels comportements.

Toutefois, il y a lieu de relever que la notion de « danger » est polysémique. Elle « englobe non seulement l'état actif où le sujet représente un danger pour autrui, mais également l'état passif où le sujet se trouve cette fois lui-même en danger » (Nimy Moende, 1993 : 189). Dans le cadre du présent chapitre, le sens est celui de l'enfant, sujet passif, mis en danger par l'action ou l'inaction d'un autre sujet. Ainsi, toutes les infractions au chapitre de la mise en danger d'un enfant n'ont qu'un seul souci de prévenir la mise en danger de l'enfant.

Section 1. Acte discriminatoire à l'égard d'un enfant

Vue générale. Aux termes de l'article 2, point 10, de la loi portant protection de l'enfant, il faut entendre par discrimination : toute exclusion, toute distinction arbitraire dans la jouissance des droits garantis par la loi portant protection de l'enfant, fondées sur la race, la couleur, le sexe, la langue, la religion, les opinions politiques ou toutes autres opinions de l'enfant, de ses parents ou représentants légaux, l'origine nationale, ethnique, tribale ou sociale, la fortune, la santé, le handicap physique, l'incapacité, l'âge, l'appartenance à une minorité nationale, la naissance, la situation familiale ou toute autre situation.

L'acte discriminatoire à l'égard d'un enfant est une infraction qui peut être commise par les particuliers ou les fonctionnaires. En outre, cette prévention ne protège pas seulement que les enfants congolais, mais aussi tout enfant qui se trouve sur le sol congolais. Ceci ressort de l'article 3 de la loi portant protection de l'enfant, qui dispose que les dispositions de la présente loi sont applicables à tout enfant vivant sur le territoire national, sans aucune discrimination. Et par ailleurs, la même loi prévoit que tous les enfants sont égaux devant la loi et ont droit à une égale protection. C'est ainsi que tout acte discriminatoire à l'égard des enfants est interdit (article 5 LPPE).

§ 1. Base légale

C'est l'article 185 de la loi portant protection de l'enfant qui réprime l'acte discriminatoire à l'égard de l'enfant. Cet article dispose que « tout acte discriminatoire à l'égard de l'enfant expose son auteur à une peine de trois à six mois de servitude pénale principale et à une amende de cent mille à deux cent mille francs congolais ». Cette disposition ne précise pas les actes susceptibles d'être qualifiés de discriminatoires à l'égard de l'enfant. Cependant, c'est l'article 2 point 10 de la loi portant protection de l'enfant qui explicite les actes qui peuvent être considérés de discriminatoires à l'égard de l'enfant. C'est sur base de cette disposition que les actes matériels constitutifs de la prévention seront analysés.

Outre les articles 185 et 2, point 10, de la loi portant protection de l'enfant, il y a l'article 5 de la même loi qui pose le principe en interdisant tout acte discriminatoire en ces termes : « tout acte discriminatoire à l'égard des enfants est interdit ».

§ 2. Éléments constitutifs

Cette prévention revient à poser deux questions simples. En premier lieu, on doit se demander à quelle occasion surviennent les discriminations. C'est le problème de l'objet et, plus précisément, de l'élément matériel de l'infraction (A). En second lieu, il faut s'interroger sur ce qui motive les discriminations. C'est le problème de leur nature et, plus précisément, de l'élément psychologique de l'infraction (B).

A. Élément matériel de la discrimination

L'article 185 de la loi portant protection de l'enfant n'explicite pas les actes matériels constitutifs de la discrimination. Ils sont, cependant, repris à l'article 2, point 10, de la loi portant protection de l'enfant qui définit la discrimination. Il ressort de cet article que les actes de discrimination sont toute exclusion, toute distinction arbitraire dans la jouissance des droits garantis à l'enfant par la loi portant protection de l'enfant (1). Ces actes d'exclusion ou de distinction doivent avoir un fondement quelconque (2) dans le chef de l'agent.

1. Acte d'exclusion ou de distinction arbitraire

L'*exclusion* est la mise à l'écart d'un enfant d'un groupe dans la jouissance des droits garantis par la loi portant protection de l'enfant. Tandis que la *distinction* ramène à l'idée de la différenciation entre enfants lorsqu'ils doivent bénéficier des droits qui leur sont reconnus. Il s'agit donc d'une discrimination *catégorielle* ou *personnelle*. Ces deux actes frisent le *refus de faire bénéficier l'enfant de l'un des droits* qui lui sont reconnus par les textes légaux et conventions auxquels la République a adhéré. La loi réprime alors « toute forme de refus, explicite ou implicite » (Conte, 2013 : 292). Ce refus discriminatoire peut viser un bien, un service ou un droit accordé par la loi à l'enfant. Les termes de « bien » et de « service » doivent être pris dans le sens le plus large, enseigne Conte (2013 : 292). Cela peut être le refus de vendre, le refus de servir un repas, le refus de laisser embarquer une personne dans un avion. Bref, ce sont presque tous les refus de contracter qui peuvent être sanctionnés (Cass. crim., 20 juin 2006, *Dr. pén.*, 2006, n° 133, note de Conte, 2013 : 293).

Au regard du droit interne, et précisément de la loi portant protection de l'enfant, les droits garantis à l'enfant sont prévus aux articles 13 à 37. Il ressort de ces articles que les droits de l'enfant sont constitués du *droit à la vie* (assurer sa survie, son éducation, sa protection et son épanouissement) ; du *droit à une identité dès sa naissance* (nom, lieu et date de la naissance, du sexe, noms des parents et la nationalité) : le fait de priver ou de refuser illégalement d'enregistrer un enfant à l'état civil constitue un acte d'exclusion) ; du *droit à un milieu familial* (le fait de chasser l'enfant du toit familial pour tel ou tel motif : c'est la mise en danger de l'enfant) ; du *droit à l'adoption* (refus d'accorder l'adoption au mépris des articles 18 à 20 de la loi portant protection de l'enfant selon les articles 650 à 691 du Code de la famille) ; du *droit de jouir du meilleur état de santé possible* (ce droit inclut les soins de santé, l'allaitement maternel ainsi qu'une alimentation saine, suffisante, équilibrée et variée) ; du *droit de bénéficier de la sécurité sociale* conformément à la loi ; du *droit à un niveau de vie suffisant* pour permettre son développement intégral (cette charge incombe au premier chef, selon leurs possibilités, aux parents et à toute personne qui exerce sur lui l'autorité parentale, l'État garantissant la jouissance) ; du *droit à l'éducation à la vie* dans le respect de l'ordre public et de bonnes mœurs ; du *droit à la pension alimentaire*[11] (à charge de ses père, mère ou tuteur) ; du *droit à la liberté de pensée, de conscience et religion* (les parents et, le cas échéant, la personne exerçant l'autorité parentale fournissent à l'enfant des orientations dans l'exercice de ce droit d'une manière compatible avec l'évolution de ses capacités et de son intérêt) ; du *droit à la liberté d'expression* (sous l'autorité des parents et sous réserve du respect de la loi, de l'ordre public et de bonnes mœurs : ce droit comprend la liberté de rechercher, de recevoir et de répandre des informations et des idées de toute espèce, sans considération de frontières, sous une forme orale, écrite, imprimée ou artistique, ou par tout autre moyen du choix de l'enfant) ; du *droit à l'information* (toute personne exerçant l'autorité parentale sur l'enfant veille sur la qualité de l'information à laquelle l'enfant accède) ; du *droit à la liberté d'association et des réunions pacifiques* (sous la responsabilité des parents et sous réserve du respect de la loi, de l'ordre public et de bonnes mœurs) ; du *droit au respect de sa vie privée* (sans préjudice des droits et responsabilités de ses parents ou des personnes exerçant sur lui l'autorité parentale) ; du *droit de vivre avec ses*

---

[11] Somme d'argent due en vertu d'un jugement ou d'un accord à l'amiable. Verser une pension alimentaire à son enfant qui réside avec sa mère.

parents ou avec les personnes exerçant sur lui l'autorité parentale (sauf si l'autorité judiciaire estime qu'une séparation est nécessaire pour sauvegarder son intérêt : cette décision de séparation doit garantir à l'enfant des alternatives meilleures de jouissance de tous ses droits) ; du *droit aux renseignements* (essentiels sur le lieu où se trouvent le ou les membres de sa famille lorsque les parents ou l'un d'eux sont absents, en détention, en exil, emprisonnés, expulsés ou morts : sur demande de l'enfant ou de la personne qui en a la charge, l'officier du ministère public fournit au requérant ces renseignements à moins qu'il estime que leur divulgation est préjudiciable au bien-être de l'enfant) ; du *droit de garder des relations personnelles* (avec les parents ainsi qu'avec les autres membres de sa famille lorsqu'il est séparé d'eux, sauf si le juge compétent en décide autrement, compte tenu de son intérêt supérieur) ; du *droit à la réunification familiale* (lorsqu'il est séparé de sa famille : cette réunification s'opère par le soin des assistants sociaux) ; du *droit d'être protégé contre le déplacement et/ou la rétention illicite à l'étranger* perpétrés par un parent ou un tiers.

Tout acte qui sera commis en violation de l'un des droits garantis à l'enfant par la loi constitue un acte discriminatoire à l'égard de l'enfant. Les droits sont là, cependant, en légiférant le législateur a prévu certaines limites. C'est pourquoi tout acte d'exclusion ou de distinction doit être *arbitraire*, c'est-à-dire non justifié en vertu des textes en vigueur. Ainsi, un acte commis non pas dans les limites prévues par la loi portant protection de l'enfant et autres textes tombe sous le coup de l'article 185.

Ne constituera pas la discrimination à l'égard d'un enfant le refus d'enregistrer un enfant au-delà de quatre-vingt-dix jours après la naissance et exigeant aux parents d'obtenir un jugement supplétif d'acte de naissance.

2. Fondement de l'exclusion ou de distinction

Tout acte d'exclusion ou de distinction arbitraire ne suffit pas pour constituer l'infraction de discrimination à l'égard d'un enfant. Cet acte doit être fondé sur certaines considérations. Il ressort de l'article 2, point 10, que l'exclusion ou la distinction arbitraire, pour être répréhensible, doit être fondée sur la race, la couleur, le sexe, la langue, la religion, les opinions politiques ou toutes autres opinions de l'enfant, de ses parents ou représentants légaux, l'origine nationale, ethnique, tribale ou sociale, la fortune, la santé, le handicap physique, l'incapacité, l'âge, l'appartenance à une minorité nationale, la naissance, la situation familiale ou toute autre situation.

Ces fondements de la discrimination sont, d'une part, *catégoriels* et, d'autre part, *personnels.* Ainsi, certains individus agissent sous l'empire de sentiments racistes, xénophobes, sexistes, etc. Il s'agit là des discriminations qui sont inspirées par une hostilité à l'égard d'une catégorie de personnes. Mais d'autres individus agissent en raison de sentiments d'intolérance ou de rejet dirigés contre une personne précise pour des raisons liées soit à ses choix de vie (les opinions ou la religion), soit à ses caractéristiques physiques ou mentales (handicap physique, état de santé).

Les différents fondements de la discrimination méritent d'être élucidés. La *race* est un groupe d'hommes que l'opinion croit distinguer d'autres groupes par des caractères héréditaires communs fondamentaux. Par exemple, la *race noire* et la *race jaune*. Il convient de remarquer que l'emploi du mot en ce sens est de plus en plus critiqué. D'où le recours aux termes de catégorie d'hommes ou de femmes se ressemblant par leur caractère et leur comportement. Aujourd'hui, on préfère parler de la race humaine pour parler de l'ensemble des êtres humains (Microsoft Encarta, 2009). La race est aussi considérée sous l'angle des « signes anatomiques » (Conte, 2013 : 291). Pour le Tribunal pénal international pour le Rwanda (TPIR), la définition classique d'un groupe racial est fondée sur les traits physiques héréditaires, souvent identifiés à une région géographique, indépendamment des facteurs linguistiques, culturels, nationaux ou religieux (TPIR, affaire *Akayesu*, Chambre de première instance, 2 septembre 1998, paragraphe 514). Le groupe se distingue par des traits physiques héréditaires souvent définis par le milieu géographique dans lequel il vit (TPIR, affaire *Kayishema* et *Ruzindana*, Chambre de première instance, 2 septembre 1998, paragraphe 514). Ainsi sera considéré discriminatoire le refus de faire bénéficier un enfant des informations du fait qu'il est pygmée ou d'une peau jaune ou noire. Toi, enfant noir, tu n'as pas le droit d'avoir une telle information. L'exclusion ou la distinction de l'enfant par rapport aux droits qui lui sont garantis constitue la *discrimination raciale*.

La *couleur* renvoie à la coloration de la peau de l'enfant pour bénéficier de tel ou tel droit dû à son état. Ainsi la race et la couleur, pensons-nous, sont sémantiquement voisines dans ce contexte. Le fait d'être pygmée, nilotique, etc., pensons-nous, rentre dans la catégorie de la race. Tout acte d'exclusion, tout acte de distinction fondé sur la couleur de l'enfant, comme pour les enfants albinos, et visant à ne pas les faire participer au programme de protection contre le déplacement illicite à l'étranger ou à l'enregistrement à l'état civil, constitue une infraction conformément à l'article 185.

Le *sexe* renferme le même sens tant en biologie qu'en anatomie, tel qu'il ressort de Microsoft Encarta (2009). En biologie, le sexe est l'ensemble des caractéristiques biologiques qui distinguent le mâle de la femelle dans les espèces vivantes. Tandis qu'en anatomie, le sexe est tout ou partie des organes génitaux masculins ou féminins. C'est une question de genre masculin ou féminin. C'est donc une *discrimination sexiste*, c'est-à-dire en raison du sexe de l'enfant. Cependant, la discrimination fondée sur le sexe peut poser problème au moment où, dans certaines écoles, l'instruction est réservée exclusivement aux garçons ou aux filles. Constitue toutefois l'acte de discrimination en raison du sexe le fait pour les parents de faire inscrire les enfants garçons à l'école et de laisser les filles à la maison sous prétexte qu'elles n'iront pas loin dans les études ou pour tout autre motif fondé sur le sexe.

La *langue* constitue le fondement de la discrimination lorsque l'agent pose tout acte d'exclusion ou de distinction arbitraire à l'égard de l'enfant en le privant de bénéficier des droits garantis par la loi sur base du mode de communication de chaque communauté. Ce ne sont pas seulement les langues nationales (kikongo, lingala, swahili et tshiluba) qui sont prises en considération. Même les dialectes constituent les langues qui doivent être prises en considération.

La *religion* renferme l'idée de la croyance ou l'adhésion à une confession religieuse ou à une secte. Pour le Tribunal pénal international pour le Rwanda, un groupe religieux est un groupe dont les membres partagent la même religion, confession ou pratique de culte (TPIR, affaire *Akayesu*, Chambre de première instance, 2 septembre 1998, paragraphe 515). Un groupe religieux recouvre les confessions ou les modes de culte ou des groupes de personnes partageant les mêmes croyances (TPIR, affaire *Kayishema* et *Ruzindana*, paragraphe 98). Constituent un acte discriminatoire le fait d'exclure de l'école les enfants qui ne sont pas de la confession religieuse qui organise l'enseignement ; le fait pour un parent de n'avoir pas fait inscrire l'enfant à l'école étant donné que ce dernier a adhéré à une autre confession religieuse que la sienne. Toutefois, on ne doit pas perdre de vue que ce droit d'association se fait sous la responsabilité des parents et sous réserve du respect de la loi, de l'ordre public et des bonnes mœurs.

Les *opinions*, c'est-à-dire le fait que l'enfant ayant atteint l'âge de discernement a la capacité d'émettre son opinion sur une situation donnée. L'opinion peut être politique ou toute autre opinion. L'enfant ne peut être ainsi exclu de bénéficier des droits qui lui sont garantis pour le fait d'avoir émis son opinion ou l'opinion de ses parents ou de sesreprésentants légaux.

L'*origine* de l'enfant peut être nationale, ethnique, tribale ou sociale. La nationalité, l'origine ethnique, tribale ou sociale de l'enfant ne peuvent constituer un fondement de ne pas le faire jouir les droits qui lui sont garantis. Être enfant congolais ou rwandais, *Luba* ou *Mushi* sont les éléments inopérants sur le territoire de la RDC de faire jouir l'enfant de ses droits. Mobiliser ces éléments pour faire bénéficier des droits à certains enfants et à l'exclusion des autres, constitue un acte discriminatoire.

La *fortune* renvoie à la richesse. Le fait d'avoir ou de ne pas avoir la richesse ne peut être un élément de fondement d'exclusion ou de distinction. Ne sera pas donc pas prise en considération la fortune de l'enfant ou de ses parents pour le faire bénéficier de ses droits, car ce serait alors une discrimination fondée sur la fortune. Mais tenir compte de l'équité lorsqu'on fait bénéficier les enfants de leurs droits ne constitue pas une discrimination fondée sur la fortune.

La *santé*, ici, est le bon fonctionnement de l'organisme de l'enfant. Ainsi, le bon ou le mauvais fonctionnement de l'organisme de l'enfant ne peut constituer une raison de le priver du bénéfice des droits qui lui sont garantis par la loi. Un enfant séropositif ou souffrant d'autres maladies non contagieuses par les simples contacts physiques ne peut être renvoyé de l'école. Son exclusion du droit à l'éducation constitue un acte de discrimination. Toutefois, s'il s'agit de maladies contagieuses par contact physique, nous estimons que l'exclusion temporaire n'est plus arbitraire mais vise la protection d'autres enfants au sein de l'école.

La discrimination étant toute exclusion, toute distinction arbitraire dans la jouissance des droits garantis à l'enfant par la loi portant protection de l'enfant, peut être en outre fondée sur le *handicap physique, l'incapacité, l'âge, l'appartenance à une minorité nationale, la naissance, la situation familiale* (divorce, concubin, lien de parenté [Conte, 2013 : 291]) ou *toute autre situation* de l'enfant. L'expression « toute autre situation » est un fourre-tout qui peut inclure l'hypothèse où l'enfant est victime de discrimination en raison de « son comportement en rapport avec l'un des motifs de discrimination prohibés » (Conte, 2013 : 291), par exemple le sexe, la race, la religion, le handicap physique, l'âge, etc.

B. Élément moral de la discrimination

La discrimination, enseignent Pradel et Danti-Juan (2010 : 265), est toujours une infraction intentionnelle puisqu'elle implique l'état d'esprit ségrégationniste. Cette intention est d'abord, poursuivent-ils, « la volonté de commettre une discrimination envers une personne pour des raisons liées à des considérations grégaires (groupe racial, ethnique, religieux, etc.) que le législateur a souhaité réprimer. Il s'agit là des sentiments de rejet et d'hostilité [...] ». C'est, ensuite, « le sentiment d'intolérance, d'hostilité et de rejet qu'éprouvent certaines personnes [...] » (Pradel et Danti-Juan, 2010 : 266, 268) contre un enfant précis pour des raisons liées soit à ses choix de vie, soit à ses caractéristiques physiques (situation de famille, mœurs) ou mentales (handicap, état de santé). C'est ainsi que l'intention de discriminer résulte en raison d'une situation catégorielle et de la volonté de discriminer en raison d'une situation personnelle.

Il convient toutefois de relever que la preuve de l'intention discriminatoire présente en pratique de sérieuses difficultés toutes les fois qu'elle ne s'est pas extériorisée par des propos, des écrits ou d'autres actes susceptibles de renseigner le juge sur les dispositions d'esprit de celui qui refuse un bien, un service, un stage ou un emploi. Face à cette situation, Pradel et Danti-Juan (2010 : 272-275) exposent deux manières de décrypter cette intention discriminatoire. On peut donc distinguer les cas où l'intention discriminatoire est déductible des faits et ceux où une telle déduction n'est pas possible.

Dans l'hypothèse où *la preuve* de l'intention discriminatoire est *déductible des faits*, la matérialité de l'infraction trahit indiscutablement la psychologie de son auteur. Trois cas de figure peuvent alors se présenter. Il s'agit de *l'intention discriminatoire exprimée par écrit*, c'est-à-dire que l'intention discriminatoire se révèle au travers d'un écrit. Ainsi tombe sous le coup de l'article 185 le prévenu chargé d'inscription à l'école, qui procède à la rédaction et à la diffusion d'un communiqué comportant la mention « éviter les enfants de couleur, de telle ou telle nationalité ». Ensuite, *l'intention discriminatoire exprimée verbalement*, c'est-à-dire que, dans ce cas de figure, l'intention peut se dévoiler à travers des propos tenus oralement par l'agent.

Ainsi, la discrimination est commise lorsqu'un agent de la Croix-Rouge déclare avoir refusé la réunification d'un enfant avec sa famille aux motifs qu'il est handicapé physique, de telle ou telle nationalité, ethnie ou origine sociale. Enfin, il existe d'*autres comportements révélateurs d'une intention discriminatoire.* Sans prendre la forme de paroles ou d'écrits, d'autres comportements trahiront néanmoins de façon non équivoque l'état d'esprit de celui qui refuse un droit à un enfant. Il s'agit cette fois d'affaires où les faits parlent d'eux-mêmes. C'est par exemple un directeur d'école qui, ayant appris qu'un enfant est atteint du sida, souffre d'anémie ou que ses parents sont dans l'opposition ou de telle origine tribale, décide de ne pas l'inscrire dans son école.

Une autre hypothèse est celle où *la preuve* est *non déductible des faits.* Il s'agit du cas où le prévenu oppose son refus sans avoir à s'en expliquer. Les circonstances dans lesquelles le refus a été prononcé et les motivations invoquées ensuite peuvent créer un doute sérieux sur l'existence effective d'une intention discriminatoire. Quelques cas de figure peuvent aussi se présenter : le *refus opposé à toutes sortes de personnes ou à un groupe de personnes* appartenant aux catégories protégées par la loi ; le *refus fondé sur les considérations non visées par la loi* et le *refus fondé sur un motif légitime de discrimination.*

§ 3. Répression de la discrimination

L'auteur de tout acte discriminatoire à l'égard de l'enfant encourt une peine de trois à six mois de servitude pénale principale et une amende de cent mille à deux cent mille francs congolais.

Comme pour toutes les autres préventions à la loi portant protection de l'enfant, la discrimination à l'égard de l'enfant ne peut être transigée (c'est-à-dire classée sans suite dans le dossier par amende transactionnelle) pour mettre fin aux poursuites. Dans le but de protéger l'enfant, la poursuite de cette prévention n'est pas subordonnée à une plainte préalable de l'enfant ; le ministère public doit se saisir d'office dès qu'il a connaissance d'un acte discriminatoire à l'égard d'un enfant.

Section 2. Déplacement ou rétention illicites de l'enfant à l'étranger

Vue générale. Le déplacement ou la rétention illicites de l'enfant à l'étranger trouvent leur source dans la Convention relative aux droits de l'enfant, ratifiée par la RD Congo par l'ordonnance-loi n° 90-048 du 21 août 1990. La Convention prévoit à son article 11 que les États parties prennent des mesures pour lutter contre les déplacements et les non-retours illicites d'enfants à l'étranger. Ainsi, dans le souci de répondre à cette exigence du droit international, le législateur a, dans le cadre de la protection pénale de l'enfant qui va dans le sens de lutter contre la mise en danger de l'enfant, inscrit en infraction le fait de déplacer ou retenir illicitement un enfant à l'étranger.

Cette infraction permet de prévenir les conséquences qui peuvent résulter du déplacement ou de la rétention de l'enfant à l'étranger. Le déplacement ou la rétention illicites d'un enfant à l'étranger peuvent conduire à l'utilisation des enfants à différentes formes d'agressions sexuelles ; aussi bien aux trafics et à d'autres pratiques inhumaines à l'égard de l'enfant.

La *ratio legis* demeure préventive en érigeant en infraction le déplacement ou la rétention illicites d'un enfant à l'étranger. C'est dans ce sens que l'article 37 de la loi portant protection de l'enfant dispose que « l'enfant a le droit d'être protégé contre le déplacement et/ou la rétention illicites à l'étranger perpétrés par un parent ou un tiers ». Et la commission de cette infraction constitue la violation du droit de l'enfant « à un milieu familial, cadre idéal où ses besoins matériels, moraux et affectifs sont pris en compte pour son épanouissement » (article 17 LPPE).

Le déplacement ou la rétention illicites d'un enfant à l'étranger préviennent en outre la traite des êtres humains (le déplacement de personnes sous la violence, la contrainte ou par la tromperie à des fins de travail). La traite des êtres humains est un trafic souvent lié au crime organisé dont les victimes se laissent piéger par des offres d'embauches alléchantes ou des promesses d'une vie meilleure. La traite des êtres humains concerne tous les individus, mais touche essentiellement les femmes et les enfants.

§ 1. Base légale

C'est l'article 186 de la loi portant protection de l'enfant qui constitue le siège de la matière. Aux termes de cette disposition « est puni de un à trois ans de servitude pénale principale et d'une amende de deux cent mille à un million de francs congolais, tout déplacement ou rétention illicites de l'enfant à l'étranger par un parent ou un tiers ».

Outre cette disposition qui prévoit et réprime le déplacement ou la rétention illicites de l'enfant à l'étranger, il y a aussi l'article 37 de la même loi. Au regard de cet article, « l'enfant a le droit d'être protégé contre le déplacement et/ou la rétention illicites à l'étranger perpétrés par un parent ou un tiers. Le déplacement ou la rétention d'un enfant sont considérés comme illicites lorsqu'ils ont lieu en violation d'un droit de garde, attribué à une personne, une institution ou tout autre organisme, seul ou conjointement, par le droit de l'État dans lequel l'enfant avait sa résidence habituelle immédiatement avant son déplacement ou sa rétention, et que ce droit était exercé de façon effective au moment du déplacement ou de la rétention, ou l'eût été si de tels événements n'étaient survenus ».

La combinaison de ces deux dispositions (articles 37 et 186) de la loi portant protection de l'enfant permettra de dégager les éléments constitutifs ainsi que le régime répressif.

§ 2. Éléments constitutifs

Pour que cette prévention soit retenue, il faut dégager les actes matériels ainsi que l'élément moral dans le chef de l'agent. Ce dernier peut être un parent ou un tiers. Ainsi, l'auteur de l'infraction n'est pas seulement une tierce personne, il peut être aussi un parent aux termes des articles 37 et 186 de la loi portant protection de l'enfant.

A. Actes matériels

Il ressort de l'article 186 de la loi portant protection de l'enfant que les actes matériels sont soit le déplacement, soit la rétention d'un enfant à l'étranger. Mais ces actes doivent être illicites, au sens de l'article 37 de la loi portant protection de l'enfant, pour que la prévention soit retenue.

1. Déplacement d'un enfant à l'étranger

Le déplacement est le fait d'aller avec l'enfant d'un pays à un autre. C'est alors faire voyager l'enfant de la République démocratique du Congo vers un autre pays ou bien l'inverse. Le déplacement à l'intérieur du pays peut constituer l'enlèvement d'un enfant et ne peut être retenu comme déplacement illicite d'un enfant à l'étranger. L'étranger doit être ainsi compris comme un pays autre que celui où reste l'enfant.

Aujourd'hui, dans le but de renforcer le contrôle de déplacement des enfants vers l'étranger, pour obtenir le titre migratoire auprès des services de migration (le tenant-lieu du passeport, l'autorisation de circulation dans la région des pays des Grands Lacs), il faut produire « l'autorisation de l'enfant de se rendre à l'étranger ». Cette lettre est une déclaration d'intention pour les parents, si l'enfant doit être confié à un tiers pour un motif légitime. Au cas où c'est l'un des parents qui doit voyager avec l'enfant, c'est celui qui reste qui doit écrire l'autorisation de sortie en faveur de celui qui va voyager. Au regard de cette lettre, le service de migration établit « l'autorisation de sortie de l'enfant ».

2. Rétention d'un enfant à l'étranger

La rétention est le fait de retenir un enfant dans un pays autre que celui de sa résidence ou son domicile. C'est aussi le fait d'empêcher à un enfant d'aller ou retourner dans son pays pour un motif illicite (qui ne répond pas à son intérêt supérieur).

Le déplacement à l'étranger peut être licite au départ, mais l'illicéité peut résulter par la suite ou pendant le séjour de l'enfant à l'étranger par sa rétention.

3. Illicéité de l'acte de déplacement ou de rétention : violation du droit de garde ou de l'État

Aux termes de l'alinéa 2 de l'article 37 de la loi portant protection de l'enfant, le déplacement ou la rétention d'un enfant est considéré comme illicite lorsqu'il a lieu en violation d'un droit de garde, attribué à une personne, une institution ou tout autre organisme, seul ou conjointement, par le droit de l'État dans lequel l'enfant avait sa résidence habituelle immédiatement avant son déplacement ou sa rétention, et que ce droit était exercé de façon effective au moment du déplacement ou de la rétention, ou l'eût été si de tels événements n'étaient survenus.

Il ressort de cette disposition que l'illicéité résulte de la violation du « droit de garde » ou du « droit de l'État ». La *violation du droit de garde* est le fait de déplacer ou de retenir l'enfant à l'étranger sans avoir obtenu l'accord de la personne ou de l'institution qui en a la garde au moment du déplacement ou de la rétention. L'enfant peut avoir été confié à l'un des parents (par une décision judiciaire) ou à la garde des deux parents, à un couple de bonne moralité (dans le cadre d'une mesure provisoire), soit à une institution de garde ou à un organisme (par une décision de justice) qui exerçaient de façon effective le droit de garde où l'enfant eût été si le déplacement ou la rétention n'étaient pas survenus. Si le droit de garde sur l'enfant est conjoint, celui qui prétend déplacer ou retenir l'enfant devra obtenir l'accord de l'autre partie. Tandis que la *violation du droit de l'État* ne vise que la transgression de la loi sur la mobilité ou la rétention d'un enfant à l'étranger. Le droit qui doit être considéré comme violé est celui de l'État dans lequel l'enfant avait sa résidence habituelle immédiatement avant son déplacement ou sa rétention. Comme la loi portant protection de l'enfant est applicable à tout enfant vivant sur le territoire national, sans aucune discrimination (article 3 LPPE), cette disposition s'applique en faveur de tout enfant victime d'une autre nationalité qui a été retenu ou déplacé en République démocratique du Congo.

La violation du droit de l'État peut porter sur la question de l'adoption internationale. Celle-ci soulève de nombreuses interrogations dans les États africains. Aux termes de l'article 18 de la loi portant protection de l'enfant, « tout enfant a droit à l'adoption ». Cependant, la même disposition ainsi que les articles 19 et 20 prévoient un garde-fou dans le but de la protection de l'enfant. C'est dans ce sens que l'adoption par un étranger n'a lieu que si les autorités compétentes de l'État d'origine : 1) constatent, après avoir dûment examiné les dispositions de placement de l'enfant dans son État d'origine, que l'adoption répond à l'intérêt supérieur de l'enfant ; 2) se sont assurées que : a) le consentement n'est pas obtenu moyennant paiement ou contrepartie d'aucune sorte et qu'il n'a pas été retiré ; b) les souhaits et avis de l'enfant sont pris en considération selon son âge et son niveau de maturité ; c) le consentement de l'enfant à l'adoption, lorsqu'il est requis, est donné librement, dans les formes légales requises, et que ce consentement est donné ou constaté par écrit. Elle est en outre accordée si les autorités compétentes de l'État d'accueil constatent que les futurs parents adoptifs sont qualifiés et aptes à adopter, l'enfant est autorisé à entrer et à séjourner de façon permanente dans cet État (article 19

LPPE). Il est enfin interdit d'accorder l'adoption d'un enfant à une personne ou couple homosexuel, un pédophile ou une personne souffrant de troubles psychiques (article 20 LPPE).

La violation du droit de l'État peut en outre notamment résulter de la violation de la législation sur la migration des enfants. C'est dans ce sens que pendant le procès en première instance, le juge de paix avait reproché à Laurence Sénéchal la tentative de faire voyager illicitement une enfant mineure adoptée, en violation de la loi congolaise qui suspend momentanément les adoptions (Tribunal de paix de Kinshasa-Gombe, RP 24081/II, 14 avril 2014, inédit).

Toutefois, il convient de noter que la *qualité de parent* ne peut rendre l'acte licite au cas où le déplacement ou la rétention à l'étranger d'un enfant ont été réalisés en violation du droit de garde ou de droit de l'État. Il y a ainsi *inopérationnalité* de la qualité d'être parent à l'égard de l'enfant du fait que la loi réprime l'acte du parent au même titre que celui d'un tiers. C'est ainsi que le tribunal de paix de Kinshasa-Gombe, dans l'affaire précitée, avait condamné la mère adoptive.

B. Élément moral

L'élément moral réside dans la volonté de déplacer ou de retenir illicitement l'enfant à l'étranger. Une fois que l'illicéité du déplacement ou de la rétention de l'enfant à l'étranger est prouvée, l'agent engagera sa responsabilité pénale.

Toutefois, il peut arriver qu'un acte illicite soit posé dans l'intérêt supérieur de l'enfant, bien entendu le souci de sauvegarder et de privilégier à tout prix ses droits. Faut-il retenir la prévention ? En agissant en violation du droit de la garde ou de l'État, l'agent prétendait agir en prenant « en considération, les besoins moraux, affectifs et physiques de l'enfant, son âge, son état de santé, son milieu familial et les différents aspects relatifs à sa situation » (article 6, alinéa 3, LPPE). Dans ce cas, nous estimons que l'agent peut être déchargé de sa responsabilité pénale sur pied de l'état de nécessité. Il faudra alors examiner si les conditions de sa mise en œuvre étaient réunies.

Dans l'affaire concernant Madame Sénéchal, la défense avait estimé que cette dernière avait agi en tant que mère de famille parce qu'elle avait adopté régulièrement l'enfant qui devait faire objet du voyage et que la mesure que la Direction Générale de Migrations (DGM) interdisant la sortie des enfants adoptés pour l'étranger ne pouvait empêcher Madame d'agir parce que cela violait le droit d'une mère vis-à-vis d'un enfant déjà adopté (Tribunal de paix de Kinshasa-Gombe, RP 24081/II, 14 avril 2014, inédit). Cependant, le tribunal n'avait pas pris en considération ces moyens de défense et avait considéré que la prévenue avait violé la législation du pays qui suspendait la sortie des enfants adoptés. Ainsi, l'intention d'enfreindre cette disposition ne résulte pas de l'acte lui-même de déplacement ou de rétention mais de son illicéité. En vue de prouver l'existence de l'élément moral, il ne suffit donc pas de préciser l'acte commis par l'agent, mais il faut démontrer que celui-ci est illicite, c'est-à-dire qu'il viole le droit de garde ou le droit de l'État. L'élément moral réside alors dans la volonté de commettre un déplacement ou une rétention illicites d'un enfant.

§ 3. Régime répressif

Le déplacement ou la rétention illicites de l'enfant à l'étranger sont réprimés non seulement par une peine de servitude pénale, mais aussi par la peine d'amende. Aux termes de l'article 186 de la loi portant protection de l'enfant, l'auteur est puni d'une peine de **un** à **trois ans** de servitude pénale principale et d'une amende de deux cent mille à un million de francs congolais. Ces deux peines sont cumulatives et la loi ne permet pas à l'officier du ministère public de mettre fin aux poursuites par l'amende transactionnelle et au juge de condamner le prévenu à une seule peine.

La tentative du déplacement illicite de l'enfant à l'étranger est aussi possible. Dans l'affaire Laurence Sénéchal, une ressortissante belge a été condamnée à 6 mois de servitude pénale principale et au paiement de 300 000 francs congolais par le tribunal de paix Kinshasa-Gombe pour tentative de cette prévention (RP 24081/II, 14 avril 2014, inédit). La tentative a été retenue du fait que la prévenue s'était présentée à l'aéroport international de Ndjili et qu'elle cherchait à embarquer dans un avion pour la Belgique en compagnie d'une fille de 4 ans qu'elle avait adoptée.

Au regard du taux de la peine, le déplacement ou la rétention illicites de l'enfant à l'étranger sont de la compétence matérielle du tribunal de paix.

S'agissant du délai de prescription, celle-ci ne commence à courir qu'à partir du moment où l'état délictueux du déplacement ou de la rétention illicite de l'enfant à l'étranger cesse, étant entendu qu'il s'agit d'une infraction continue. Ce n'est donc pas le jour du déplacement ou du commencement de la rétention de l'enfant à l'étranger qui constitue le *dies ad quem*.

Il y a intérêt à réprimer le déplacement ou la rétention illicites de l'enfant à l'étranger du fait que ces genres d'infractions conduisent souvent à l'exploitation des enfants ou aux pires formes de travail. D'ailleurs, certaines informations ont révélé au Gouvernement congolais que certains enfants ont été abandonnés par leurs parents adoptifs ou « revendus » à d'autres personnes. Malheureusement encore, ces enfants sont parfois exploités et livrés aux pires formes de travail.

Section 3. Pires formes de travail de l'enfant

Vue générale. Le législateur de la loi portant protection de l'enfant se limite à libeller à l'article 187 que « quiconque contrevient aux dispositions de la présente loi sur les pires formes de travail de l'enfant [...] », sans autres précisions sur les actes. Cependant, dans l'ensemble de la loi portant protection de l'enfant, c'est l'article 53 qui explique ce qu'il faut entendre par « les pires formes de travail de l'enfant ». Toutefois, pour en saisir le sens précis, il y a aussi lieu, estimons-nous, de recourir à d'autres textes légaux qui parlent des « pires formes de travail de l'enfant ».

Aux termes de l'article 53, les pires formes de travail des enfants sont interdites. Et sont considérées comme pires formes de travail des enfants :
a) toutes les formes d'esclavage ou pratiques analogues, telles que la vente et la traite des enfants, la servitude pour dettes et le servage ainsi que le travail forcé ou obligatoire ;
b) le recrutement forcé ou obligatoire des enfants en vue de leur utilisation dans les conflits armés ;
c) l'utilisation, le recrutement ou l'offre d'un enfant à des fins de prostitution, de production de matériel pornographique, de spectacles pornographiques ;
d) l'utilisation, le recrutement ou l'offre d'un enfant aux fins d'activités illicites, notamment pour la production et le trafic des stupéfiants ;
e) les travaux qui, par leur nature et les conditions dans lesquelles ils s'exercent, sont susceptibles de nuire à la santé, à la croissance, à la sécurité, à l'épanouissement, à la dignité ou à la moralité de l'enfant.

Cette disposition tire sa source de la Convention sur les pires formes de travail des enfants du 17 juin 1999, de l'Organisation Internationale du Travail, ratifiée par la République démocratique du Congo par le décret-loi n° 015/01 du 28 mars 2001. Dans cette Convention, l'article 3 constitue la base légale. Aux fins de la Convention, « les pires formes de travail des enfants » comprennent : a) toutes les formes d'esclavage ou pratiques analogues, telles que la vente et la traite des enfants, la servitude pour dettes et le servage ainsi que le travail forcé ou obligatoire, y compris le recrutement forcé ou obligatoire des enfants en vue de leur utilisation dans des conflits armés ; b) l'utilisation, le recrutement ou l'offre d'un enfant à des fins de prostitution, de production de matériel pornographique ou de spectacles pornographiques ; c) l'utilisation, le recrutement ou l'offre d'un enfant aux fins d'activités illicites, notamment pour la production et le trafic de stupéfiants, tels que les définissent les conventions internationales pertinentes ; d) les travaux qui, par leur nature ou les conditions dans lesquelles ils s'exercent, sont susceptibles de nuire à la santé, à la sécurité ou à la moralité de l'enfant.

Il découle de ces deux dispositions que les pires formes de travail de l'enfant se définissent à travers les actes qui constituent la prévention. Dans l'un comme dans l'autre texte, l'infraction de pires formes de travail des enfants est un mélange des faits qui constituent déjà d'autres formes de préventions prévues à la loi portant protection de l'enfant. C'est notamment la traite et la vente des enfants, le recrutement d'enfant en vue de leur utilisation dans des conflits armés, la prostitution d'enfants, la pornographie mettant en scène un enfant et l'utilisation d'un enfant dans différentes formes de criminalité qui sont les infractions à part entière. Cette situation invite les opérateurs judiciaires à être attentifs à chaque cas d'espèce pour bien qualifier les faits.

Par ailleurs, ce mélange des faits se trouve aussi à l'article 3 du Code du travail. Aux termes de cet article, toutes les pires formes de travail des enfants sont abolies. Et suivant le Code du travail, l'expression « les pires formes de travail des enfants » comprend notamment : a) toutes les formes d'esclavage ou pratiques analogues, telles que la vente et la traite des enfants, la servitude pour dettes et le servage ainsi que le travail forcé ou obligatoire, y compris le recrutement forcé ou obligatoire des enfants en vue de leur utilisation dans des conflits armés ; b) l'utilisation, le recrutement ou l'offre d'un enfant à des fins de prostitution, de production de matériel pornographique, de spectacles pornographiques ou des danses obscènes ; c) l'utilisation, le recrutement ou l'offre d'un enfant aux fins d'activités illicites, notamment pour la production et le trafic de stupéfiants ; d) les travaux qui, par leur nature ou les conditions dans lesquelles ils s'exercent, sont susceptibles de nuire à la santé, à la sécurité, à la dignité ou à la moralité de l'enfant.

La répression des pires formes de travail de l'enfant est ainsi un aboutissement de l'harmonisation de la législation nationale par rapport à la Convention sur les pires formes du travail des enfants du 17 juin 1999, de l'Organisation Internationale du Travail, ratifiée par la République démocratique du Congo par le décret-loi n° 015/01 du 28 mars 2001 ainsi qu'au Code du travail qui proscrit sans réprimer. Dans le cadre de l'analyse de cette prévention, nous allons mobiliser les dispositions de la loi portant protection de l'enfant.

Les pires formes de travail de l'enfant constituent aussi une préoccupation dans le monde des affaires. La Fédération des Entreprises du Congo (FEC) érige en règle d'éthique pour les entreprises le « respect des droits fondamentaux des personnes » notamment « à bannir les pires formes de travail des enfants » (article 3 du Code d'éthique de la FEC). Le non-respect de cette règle expose le membre à des sanctions disciplinaires pouvant aller jusqu'à son exclusion de la Fédération (article 11 du Code d'éthique de la FEC).

§ 1. Base légale

C'est l'article 187, alinéa 1er, de la loi portant protection de l'enfant qui est la base légale. Cette disposition est ainsi libellée : « quiconque contrevient aux dispositions de la présente loi sur les pires formes du travail de l'enfant, est puni d'une peine de un à trois ans de servitude pénale principale et d'une amende de cent mille à deux cent mille francs congolais ».

L'article 187, alinéa 1er, devra être combiné avec l'article 53 de la même loi portant protection de l'enfant pour bien dégager les éléments constitutifs de la prévention de pires formes de travail de l'enfant.

§ 2. Éléments constitutifs

Pour son établissement, la prévention de pires formes de travail de l'enfant requiert la réunion dans le chef de l'auteur la réalisation de l'un des actes matériels prévus par la loi en connaissance de cause.

A. Actes matériels

Il ressort de l'article 53, alinéa 2, de la loi portant protection de l'enfant une diversité d'actes matériels ci-après :

1. *Toutes les formes d'esclavage ou pratiques analogues*, telles que la vente ou la traite des enfants, la servitude pour dettes et le servage ainsi que le travail forcé ou obligatoire. La loi portant protection de l'enfant ne définit pas le mot « esclavage ». En se référant aux intruments internationaux, l'esclavage doit être entendu comme l'assujettissement d'un enfant au travail. En effet, aux termes de l'article 1er, paragraphe 1, de la Convention relative à l'esclavage de 1926, l'esclavage est un « état ou condition d'un individu sur lequel s'exercent les attributs du droit de propriété ou certains d'entre eux ».

Cependant, l'expression « pratiques analogues » est trop large et partant englobe certaines pratiques déjà consacrées par la loi portant protection de l'enfant en infraction. Tel est le cas de la traite ou de la vente d'enfants qui est sévèrement réprimé par l'article 162 de la même loi de dix à vingt ans de servitude pénale. Suivant la Convention relative à l'esclavage, l'expression « les pratiques analogues » inclut notamment « toute institution ou pratique en vertu de laquelle un enfant ou un adolescent de moins de dix-huit ans est remis, soit par ses parents ou par l'un d'eux, soit par son tuteur, à un tiers, contre paiement ou non, en vue de l'exploitation de la personne, ou du travail dudit enfant ou adolescent ».

Toujours aux termes de la Convention relative à l'esclavage, l'article 1er, paragraphe 1, litera a), définit l'expression « servitude pour dettes », comme étant « l'état ou la condition résultant du fait qu'un débiteur s'est engagé à fournir en garantie d'une dette ses services personnels ou ceux de quelqu'un sur lequel il a autorité, si la valeur équitable de ces services n'est pas affectée à la liquidation de la dette ou si la durée de ces services n'est pas limitée ni leur caractère défini ». Le même paragraphe 1, litera b), définit le terme « servage », comme « la condition de quiconque est tenu par la loi, la coutume ou un accord, de vivre et de travailler sur une terre appartenant à une autre personne et de fournir à cette autre personne, contre rémunération ou gratuitement, certains services déterminés, sans pouvoir changer sa condition ».

Pour le travail forcé ou obligatoire, il y a la question du consentement libre et éclairé de l'enfant qui pose problème au cas où l'enfant a consenti au travail. Toutefois, les articles 54 et suivants de la loi sous examen n'autorisent que sous certaines conditions le travail de l'enfant âgé de seize à moins de dix-huit ans.

2. L'utilisation, le recrutement ou l'offre d'un enfant à des fins de prostitution, de production de matériel pornographique ou de spectacles pornographiques. Il ressort du litera c) de l'article 53 que les actes matériels de pires formes de travail de l'enfant sont en outre l'utilisation de l'enfant à des fins de prostitution ; l'utilisation de l'enfant à des fins de production de matériel pornographique ; l'utilisation de l'enfant à des fins de spectacle pornographique ; le recrutement de l'enfant à des fins de prostitution ; le recrutement de l'enfant à des fins de production de matériel pornographique ; le recrutement de l'enfant à des fins de spectacle pornographique ; l'offre de l'enfant à des fins de prostitution ; l'offre de l'enfant à des fins de production de matériel pornographique ; l'offre de l'enfant à des fins de spectacle pornographique.

Les pires formes de travail se réalisent par l'un ou l'autre acte. Il peut ainsi s'agir de l'utilisation, du recrutement ou de l'offre de l'enfant pour l'une ou l'autre finalité évoquée ci-haut (à des fins de prostitution à des fins de production de matériel pornographique ou à des fins de spectacle pornographique). Lors de l'enquête comme pendant l'instruction, il faudra identifier qui a offert l'enfant, qui l'a recruté et non seulement se limiter à poursuivre celui qui l'utilise à des fins de prostitution, de production de matériel pornographique ou de spectacle pornographique.

Comme pour les précédents actes, il faut bien saisir le contexte de la commission de l'acte ainsi que sa finalité. L'acte d'offrir ou d'utiliser l'enfant à des fins de prostitution peut tomber sous le coup du proxénétisme lorsque l'agent l'aurait fait contre rémunération ou toute autre forme d'avantages.

3. L'utilisation, le recrutement ou l'offre d'un enfant aux fins d'activités illicites, notamment pour la production et le trafic des stupéfiants. Il découle du litera d) de l'article 53 que les actes de pires formes de travail de l'enfant sont l'utilisation d'un enfant aux fins des activités illicites ; le recrutement d'un enfant aux fins des activités illicites ou l'offre d'un enfant aux fins des activités illicites. Le législateur n'a pas déterminé les activités illicites. Il ne cite qu'à titre illustratif une activité illicite. Il s'agit de la production des stupéfiants ou du trafic des stupéfiants. Les stupéfiants sont les substances ou plantes classées comme telles en application de la loi (cas du chanvre à fumer).

L'activité de production ou de trafic des stupéfiants n'est qu'exemplative. Ce qui importe c'est l'illicéité de l'activité pour laquelle l'enfant a été utilisé, recruté ou offert. L'activité illicite ne doit pas être confondue à la criminalité étant donné que l'article 188 de la loi portant protection de l'enfant réprime déjà l'utilisation d'un enfant dans les différentes formes de criminalité, une des formes de crime de mise en danger de l'enfant. L'adjectif illicite caractérise un acte qui est prohibé par la loi ou par une disposition réglementaire. Ainsi, l'acte illicite est contraire à l'ordre public. L'interdiction de réaliser un acte ou de se placer ou de se maintenir dans une situation déterminée n'est pas nécessairement sanctionnée par le droit pénal. Tandis que la criminalité est l'ensemble de crimes faits punis par le droit pénal.

4. Les travaux qui, par leur nature et les conditions dans lesquelles ils s'exercent, sont susceptibles de nuire à la santé, à la croissance, à la sécurité, à l'épanouissement, à la dignité ou à la moralité de l'enfant.

Il ne s'agit pas de n'importe quel travail pour qu'on puisse parler de « pires formes de travail de l'enfant ». C'est la nature du travail et les conditions dans lesquelles il s'exerce qui sont les éléments importants pour rendre le travail de l'enfant « pires formes de travail de l'enfant ». Ainsi le travail qui sera considéré comme « pires formes de travail de l'enfant » est celui qui est susceptible de nuire à la santé, à la croissance, à la sécurité, à l'épanouissement, à la dignité ou à la moralité de l'enfant. La nuisance du travail ne résulte que de par sa nature et les conditions dans lesquelles il s'exerce.

Au regard de la recommandation 190 de l'Organisation Internationale de Travail, les travaux qui sont visés sont ceux : qui exposent les enfants à des sévices physiques, psychologiques ou sexuels ; travaux qui s'effectuent sous terre, sous l'eau, à des hauteurs dangereuses ou dans des espaces confinés ; travaux qui s'effectuent avec des machines, du matériel ou des outils dangereux, ou qui impliquent de manipuler ou porter de lourdes charges ; travaux qui s'effectuent dans un milieu malsain pouvant, par exemple, exposer des enfants à des substances, des agents ou des procédés dangereux, ou à des conditions de température, de bruit ou de vibrations préjudiciables à leur santé ; travaux qui s'effectuent dans des conditions particulièrement difficiles, par exemple pendant de longues heures, ou la nuit, ou pour lesquels l'enfant est retenu de manière injustifiée dans les locaux de l'employeur.

Par rapport à la nature du travail, la loi ne permet que l'emploie de l'enfant âgé de seize ans à moins de dix-huit ans que pour l'exécution des *travaux légers et salubres* (article 54 de la loi portant protection de l'enfant). Ainsi, constituent les pires formes de travail de l'enfant, l'emploie de l'enfant pour les travaux dangereux et insalubres. Les travaux légers et salubres sont déterminés par l'arrêté du ministre ayant le travail dans ses attributions (arrêté ministériel n° 12/CAB.MIN/TPSI/045 /08 du 8 août 2008 fixant les conditions de travail des enfants). Aux termes de l'article 17 de l'arrêté ministériel, sont considérés comme les travaux légers et salubres autorisés pour les personnes âgées de moins de 18 ans : récolte de semences, de feuilles et de fruits à l'exception de bananes et de noix de palme, pour autant que le travail de cueillette s'effectue sur le sol ; égrenage manuel de fruits et semences, triage de produits végétaux ; confection de liens pour pépinières ; vannerie ; garde de petit bétail et de basse-cour ; surveillance exercée par les plantons grooms, portiers et sentinelles de jour ; vente de journaux et colportage ne comportant pas le transport de marchandises pondéreuses ; ou travaux qui seront autorisés par l'Inspecteur du ressort.

Ainsi, en se fondant sur la nature de travail, le travail des enfants dans la chaîne d'approvisionnement des minerais constitue une des pires formes de travail des enfants.

Tandis que les travaux dangereux et insalubres sont déterminés par les articles 13 à 15 du même arrêté ministériel fixant les conditions de travail des enfants (voir annexe 2).

S'agissant des conditions de travail, l'enfant (âgé de seize ans à moins de dix-huit ans) a un autre régime des heures et de temps de travail différents des adultes. Aux termes de l'article 55 de la loi portant protection de l'enfant, l'enfant ne doit pas travailler plus de quatre heures par jour. Le travail de nuit d'un enfant, soit de dix-huit heures à six heures, est interdit.

C'est dans ce sens que l'article 58 de la loi portant protection de l'enfant protège l'enfant contre toutes les formes d'exploitation économique. Par l'exploitation économique, il faut s'entendre toute forme d'utilisation abusive de l'enfant à des fins économiques. L'abus concerne notamment le poids du travail par rapport à l'âge de l'enfant, le temps et la durée de travail, l'insuffisance ou l'absence de la rémunération, l'entrave du travail par rapport à l'accès à l'éducation, au développement physique, mental, moral, spirituel et social de l'enfant.

Parmi les actes matériels qui constituent les pires formes de travail de l'enfant énumérés à l'article 53, il y a aussi le recrutement forcé ou obligatoire des enfants en vue de leur utilisation dans les conflits armés. Pour des raisons pédagogiques, nous avons estimé analyser cet acte en une infraction à part entière étant donné qu'il est prévu à un autre alinéa.

B. Élément moral

L'élément moral de cette prévention découle de la volonté pour l'auteur d'accomplir l'un ou l'autre acte matériel en connaissance de cause. C'est donc la contravention aux dispositions de la loi portant protection de l'enfant sur les pires formes de travail de l'enfant et d'autres législations en matière du travail.

Nous estimons que cette volonté peut résulter aussi par le souhait de l'auteur d'utiliser l'enfant afin de bénéficier un travail à moindre coût tout en connaissant la prohibition de l'emploi d'un enfant. Toutefois, la nature dangereuse et insalubre du travail pour lequel l'enfant est employé permet de présumer la volonté de l'auteur d'enfreindre en âme et conscience la loi et partant de commettre l'infraction.

Le problème demeure culturel. À un certain âge, l'enfant est considéré comme un acteur pouvant contribuer au travail de ménage et à sa survie. Certains vendent, à travers les rues de la ville, les légumes et autres produits à la sauvette. S'agit-il de pires formes de travail ? À notre avis, il convient d'examiner chaque cas d'espèce. Pour certains cas, l'intention d'exploiter l'enfant peut faire défaut ; car le travail de l'enfant est considéré comme une contribution à la survie de l'enfant lui-même. Pour d'autres cas, il peut s'agir de l'exploitation de l'enfant au regard de l'état des parents. Ainsi, il y a lieu de distinguer les travaux d'intérêt commun non dangereux et salubres pour l'enfant et ceux qui ne répondent pas.

§ 3. Régime répressif

Dans l'instruction de la prévention de pires formes de travail de l'enfant, il y a lieu d'être attentif à d'autres préventions similaires. Car cette prévention contient des actes qui sont déjà réprimés par d'autres dispositions de la même loi. L'auteur de l'infraction encourt la peine de un à trois ans de servitude pénale principale et d'une amende de cent mille à deux cent mille francs congolais.

Le législateur devrait prévoir aussi les amendes pour les entreprises qui emploieraient les enfants en violation de la législation en vigueur et qui tombent sous le coup de pires formes de travail de l'enfant.

Le phénomène des pires formes de travail de l'enfant est inquiétant. Il s'observe à travers les villes de la République, comme à Bukavu, où les enfants sont employés dans des chantiers de construction et soulèvent des matériaux de construction qui dépassent leur poids. La scolarisation peut-elle constituer un moyen de lutter contre le travail des enfants ? Faut-il penser à un encadrement ou éradiquer le travail de l'enfant, et ce, de quelle manière ? Répondra qui pourra.

Section 4. Enrôlement ou utilisation des enfants dans les forces, groupes armés et police

Vue générale. Aux termes de l'article 71 de la loi portant protection de l'enfant, « l'enrôlement et l'utilisation des enfants dans les forces et groupes armés ainsi que dans la police sont interdits ». L'interdiction d'enrôlement d'enfant est une protection exceptionnelle que l'État doit assurer en faveur de l'enfant. C'est ainsi que « l'État assure la sortie de l'enfant enrôlé ou utilisé dans les forces et groupes armés ainsi que dans la police et sa réinsertion en famille ou en communauté ». Cette procédure de la sortie de l'enfant dans les forces et groupes armés est appelée la démobilisation. Le terme « démobilisation » signifie le retour officiel et sous contrôle à la vie civile des enfants soldats qui étaient enrôlés dans une force armée ou dans un groupe armé. La démobilisation est consacrée en République démocratique du Congo par le décret-loi n° 066 du 9 juin 2000 qui vise non seulement la démobilisation mais aussi la réinsertion des groupes vulnérables présents au sein des forces combattantes. Et les enfants sont parmi le groupe des vulnérables.

La criminalisation de l'enrôlement ou l'utilisation des enfants dans les forces, groupes armés et police par la République démocratique du Congo est l'expression de sa volonté de se conformer aux instruments internationaux. Le recrutement et l'utilisation d'enfants sont interdits par la Convention relative aux droits de l'enfant et les protocoles additionnels aux Conventions de Genève (Henckaerts et Doswald-Beck, 2006 : 636). Ces auteurs notent que « la règle prohibant le recrutement d'enfants au sein des forces ou groupes armés ainsi que leur participation aux hostilités fait partie du droit international coutumier, applicable dans des conflits armés internationaux ou non internationaux, et aux forces armées gouvernementales ainsi qu'aux groupes armés non étatiques ».

Le droit international des droits de l'homme a par ailleurs durci les critères concernant l'âge minimal pour la participation directe aux hostilités en le portant à 18 ans. Le Protocole facultatif à la Convention relative aux droits de l'enfant, concernant l'implication d'enfants dans les conflits armés (de 2000) exige des États parties de porter à 18 ans l'âge minimal de conscription obligatoire et de participation directe aux hostilités. En outre, le Protocole facultatif interdit aux groupes armés qui sont distincts des forces armées d'un État d'enrôler ou d'utiliser en aucune circonstance les personnes âgées de moins de 18 ans.

La Convention n° 182 de l'Organisation internationale du travail (OIT) concernant l'interdiction des pires formes de travail des enfants et l'action immédiate en vue de leur élimination déclare que l'enrôlement des enfants âgés de moins de 18 ans constitue « l'une des pires formes de travail des enfants ». La Recommandation 190 de l'OIT accompagnant cette Convention ainsi que le Conseil de sécurité appellent les pays à ériger en infraction le recrutement d'enfants. C'est dans cette logique que le législateur congolais a voulu s'aligner. L'enrôlement ou l'utilisation des enfants âgés de moins de dix-huit ans dans les forces et groupes armés et police constitue la « mise en danger d'un enfant » pour son développement.

§ 1. Base légale

C'est l'alinéa 2 de l'article 187 de la loi portant protection de l'enfant qui constitue la base légale de la prévention. Au regard de cette disposition, « l'enrôlement ou l'utilisation des enfants âgés de moins de dix-huit ans dans les forces et groupes armés et la police sont punis de dix à vingt ans de servitude pénale principale ». En outre, l'article 71 de la même loi se limite à l'interdiction en ces termes « l'enrôlement et l'utilisation des enfants dans les forces et groupes armés ainsi que dans la police sont interdits ».

Au regard de ces deux dispositions, il y a lieu de dégager les éléments constitutifs requis pouvant entraîner la responsabilité pénale de l'auteur.

§ 2. Éléments constitutifs

Pour son établissement, le recrutement ou l'utilisation des enfants dans les forces et groupes armés et police requiert certains actes matériels ainsi que l'élément moral dans le chef de l'auteur.

A. Acte matériel : enrôlement ou utilisation d'un enfant

Aux termes de l'article 187 alinéa 2, de la loi portant protection de l'enfant, l'acte matériel peut être soit *l'enrôlement*, soit *l'utilisation* d'un enfant.

Selon la Résolution 1612 (2005) du Conseil de sécurité des Nations Unies, le recrutement ou l'utilisation des enfants dans les forces et groupes armés, il s'agit de toute personne âgée de moins de 18 ans enrôlée dans une force armée ou un groupe armé régulier ou irrégulier, quelle que soit la fonction qu'elle exerce, notamment, mais pas exclusivement, celle de cuisinier, porteur ou messager, et toute personne n'étant pas un membre de leur famille, accompagnant de tels groupes. Cette définition englobe également les filles recrutées à des fins sexuelles et pour des mariages forcés. Il ne s'agit donc pas uniquement des enfants qui sont armés ou qui ont porté des armes.

Ainsi pouvons-nous dire que l'enrôlement d'enfant concerne le recrutement obligatoire, forcé et volontaire dans toute force ou tout groupe armé régulier ou irrégulier pour la participation directe de l'enfant aux hostilités. Tandis que l'utilisation ne vise que l'emploi de l'enfant aux activités autres que la participation directe aux hostilités. C'est notamment exercer les fonctions de cuisinier, de porteur, de bouclier humain ou de messager, qu'il soit volontaire ou involontaire.

Dans l'affaire Thomas Lubanga Dyilo, la CPI a adhéré à l'idée selon laquelle la ligne entre recrutement volontaire et involontaire est juridiquement sans importance dans le contexte de l'association d'enfants aux forces ou groupes armés. La Cour a retenu une interprétation large de l'expression « participation active aux hostilités » afin de garantir la justice et la protection de tous les enfants, garçons et filles, impliqués dans les conflits armés, qu'ils soient sur le front ou aient des fonctions d'appui aux combattants (Bureau du représentant spécial du Secrétaire général pour les enfants et les conflits armés, 2014 : 12).

Ainsi, les parties au conflit ne doivent pas recruter ou utiliser les enfants comme combattants ou personnel de soutien. Les parties doivent empêcher les enfants de participer aux hostilités.

« Les Parties au conflit prendront toutes les mesures possibles dans la pratique pour que les enfants [...] ne participent pas directement aux hostilités, notamment en s'abstenant de les recruter dans leurs forces armées » (article 77, 2, du Protocole additionnel I relatif aux Conventions de Genève).

Les enfants doivent avoir été enrôlés ou utilisés dans les forces et groupes armés et de police pour que ces actes soient répréhensibles. Il y a ainsi lieu de préciser la nature de la force ou du groupe armé ou de la police.

B. Forces et groupes armés et police

Les forces armées sont les troupes régulières, c'est-à-dire les acteurs étatiques. La police est aussi une troupe régulière d'un pays. Au sens du Protocole additionnel II, écrit Melzer (2010 : 32), les forces armées d'un État incluent à la fois (comme dans le Protocole additionnel I) les forces armées régulières et les autres groupes ou unités armés et organisés, placés sous un commandement responsable devant cet État.

Tandis que les groupes armés, estimons-nous, sont aujourd'hui les acteurs non étatiques impliqués dans des entreprises militaires ou dans les conflits armés. Il s'agit ainsi des troupes irrégulières.

Concernant le recrutement dans les troupes régulières, en République démocratique du Congo (RDC), qu'il s'agisse des forces armées ou de la police, la législation nationale prévoit au minimum l'âge de dix-huit ans. L'article 219 de la loi n° 13/005 du 5 janvier 2013 portant statut du militaire des forces armées de la RDC dispose que « tout Congolais âgé de dix-huit ans, au moins, et vingt-cinq ans, au plus, peut être admis à souscrire un engagement initial au titre des Forces armées après examen préliminaire d'aptitude physique général, au terme duquel intervient son incorporation provisoire comme recrue ». Tandis que l'article 17 de la loi n° 13/013 du 1er juin 2013 portant statut du personnel de carrière de la police nationale dispose que « nul ne peut être recruté dans la Police nationale s'il ne satisfait aux conditions générales [d'] être âgé de dix-huit ans au moins et de trente-cinq ans au plus [...] ».

Aux termes de ces deux dispositions, l'enrôlement dans les forces armées et la police est fixé à dix-huit ans d'âge au moins. Cette législation est conforme aux Principes de Paris de 2007. Les Principes relatifs aux enfants associés aux forces armées ou aux groupes armés (Principes de Paris de 2007) visant à protéger les enfants de tout recrutement illicite suggèrent aux États de garantir que les groupes armés au sein de leur territoire n'enrôlent pas d'enfants âgés de moins de 18 ans et que les États eux-mêmes respectent les normes internationales dans ce domaine. La Charte africaine des droits et du bien-être de l'enfant (1990) dispose à son article 22, point 2, « qu'aucun enfant ne prenne directement part aux hostilités ».

C. Élément moral

L'élément moral de l'infraction de l'enrôlement ou de l'utilisation des enfants dans les forces et groupes armés et la police est l'intention ou la volonté délibérée de l'auteur de procéder à l'enrôlement ou à l'utilisation des enfants dans la force armée, soit dans le groupe armé, soit encore dans la force de police.

Ceci exige en outre que l'auteur savait qu'il enrôlait ou utilisait les enfants. C'est dire que l'auteur doit savoir qu'il recrute les enfants âgés de moins de dix-huit ans dans la force armée, soit dans le groupe armé, soit encore dans la force de police. Alléguer l'ignorance de l'âge de l'enfant recruté peut paître une disculpation de l'agent lorsque la victime n'a pas encore dépassé seize ans.

§ 3. Répression

Aux termes de l'article 187, alinéa 2, de la loi portant protection de l'enfant, l'enrôlement ou l'utilisation des enfants âgés de moins de dix-huit ans dans les forces et groupes armés et la police est puni de dix à vingt ans de servitude pénale principale. Pour cette prévention, la loi n'a pas prévu la peine d'amende. Seule la peine de servitude pénale principale est prévue.

La répression de l'enrôlement ou l'utilisation des enfants âgés de moins de dix-huit ans dans les forces et groupes armés et la police soulève plusieurs questions auxquelles il faut répondre. Il s'agit de savoir l'étendue de la responsabilité pénale ainsi que du contexte dans lequel l'enrôlement a été effectué pour voir s'il peut influencer la qualification des faits et la répression.

A. Quid de l'étendue de la responsabilité ?

Le recrutement peut avoir été effectué par un membre de la force ou du groupe et non par le chef. Quelle sera l'étendue de la responsabilité de ce dernier et des autres membres ?

En droit pénal, le principe est que la responsabilité pénale est individuelle (pour les faits qu'on a commis). Toutefois, il ressort des articles 21 et 22 du Code pénal, Livre premier, qu'un acte matériel qui constitue l'infraction peut avoir été commis par un tiers mais sous l'instigation d'une autre personne. Ainsi, le chef et les membres du groupe peuvent engager leur responsabilité pénale en tant que coauteurs ou complices.

Le tribunal spécial pour la Sierra Leone est allé loin en retenant à charge de Charles Taylor les crimes de guerre contre des enfants commis par un groupe armé, Revolutionary United Front, groupe qui n'était pas sous son commandement ou son contrôle direct mais auquel il avait offert une assistance pratique, des encouragements et un soutien moral.

B. Enrôlement ou utilisation des enfants dans le contexte d'un conflit armé

Le conflit armé existe chaque fois qu'il y a recours à la force armée entre États ou qu'un conflit armé se prolonge entre les autorités gouvernementales et des groupes armés organisés ou entre de tels groupes au sein d'un État (TPIY, Chambre d'appel, n° IT-94-1-AR72, 2 octobre 1995, n° 70, Aff. Procureur c Dule).

Nous estimons que l'enrôlement ou l'utilisation des enfants dans les forces et groupes armés et la police dans le contexte d'un conflit armé international constituent un *crime de guerre*.

Au regard des *Éléments des crimes* de la compétence de la CPI pour que le crime de guerre soit retenu, il faut que l'auteur ait procédé à la conscription, à l'enrôlement d'une ou plusieurs personnes dans les forces armées nationales ou les ait fait participer activement aux hostilités ; ladite ou lesdites personnes étaient âgées de moins de 15 ans ; l'auteur savait ou aurait dû savoir que ladite ou lesdites personnes étaient âgées de moins de 15 ans ; le comportement a eu lieu dans le contexte de [tel conflit armé] et était associé à un conflit armé international ; l'auteur avait connaissance des circonstances de fait établissant l'existence d'un conflit armé.

En mars 2012, la CPI a jugé Thomas Lubanga Dyilo coupable de crimes de guerre consistant en l'enrôlement et la conscription d'enfants de moins de 15 ans dans les Forces patriotiques pour la libération du Congo et leur emploi en vue de leur participation active aux hostilités. Il a été condamné à une peine totale de 14 années d'emprisonnement.

En outre, dans l'affaire Charles Taylor portée devant le tribunal spécial pour la Sierra Leone, le 26 avril 2012, le tribunal spécial a reconnu l'ancien président du Libéria, Charles Taylor, coupable de complicité des crimes de guerre perpétrés par le Revolutionary United Front (RUF) durant la guerre civile (1991-2002) en Sierra Leone. Le tribunal spécial pour la Sierra Leone a condamné Taylor à 50 ans d'emprisonnement, peine confirmée par la chambre d'appel en septembre 2013. Le jugement du tribunal à l'encontre de Charles Taylor marque la première condamnation d'un ancien chef d'État pour crimes de guerre contre des enfants commis par un groupe armé n'étant pas sous son commandement ou contrôle direct mais auquel il a offert assistance pratique, encouragements et soutien moral. Le tribunal spécial pour la Sierra Leone a également été le premier tribunal international à considérer le recrutement et l'utilisation des enfants âgés de moins de 15 ans comme crime de guerre en droit international coutumier.

C. Différence avec le recrutement des élèves

Cinq ans après la promulgation de la loi portant protection de l'enfant, le législateur congolais a voté la loi-cadre de l'enseignement national. Cette loi-cadre n° 14/004 du 11 février 2014 de l'enseignement national prévoit quelques infractions qui vont dans le sens de la protection de l'élève. Parmi ces incriminations, il y a le recrutement des élèves dans les forces armées, la police nationale ou tout autre groupe insurrectionnel ou armé qui est prévu comme une infraction (article 225, point 2, de la loi-cadre n° 14/004 du 11 février 2014 de l'enseignement national).

Aux termes de l'article 225, il est interdit au personnel enseignant, académique, scientifique, administratif et technique ou ouvrier, à tout autre membre de la communauté scolaire ou universitaire ainsi qu'à toute autre personne de recruter les élèves dans les forces armées, la police nationale ou tout autre groupe insurrectionnel ou armé.

Cette infraction est réprimée par l'article 235 de la loi-cadre de l'enseignement national. Aux termes de cette disposition, est punie d'une peine d'emprisonnement de six mois au minimum et d'une amende de cinquante mille à cent mille francs congolais ou d'une de ces peines seulement, toute personne qui se livre aux actes visés aux articles 225 et 226 de la présente loi-cadre n° 14/004 du 11 février 2014 de l'enseignement national. Les peines sont portées au double lorsque l'auteur de l'infraction est un chef de famille.

Au regard de ce qui précède, il y a lieu de conclure que l'enrôlement des enfants dans les forces et groupes armés et la police protège tout enfant, personne âgée de moins de dix-huit ans. Tandis que le recrutement des élèves protège une catégorie d'enfants scolarisés qui peut avoir ou non dépassée dix-huit ans.

Si les élèves victimes du recrutement sont âgés de moins de dix-huit ans, la peine applicable au recrutement des élèves nous semble ne pas être en conformité avec la loi portant protection de l'enfant qui prévoit la peine de dix à vingt ans de servitude pénale principale. Il y a lieu d'harmoniser la loi-cadre de l'enseignement national qui ne fixe que le minima de la peine sans déterminer le maxima, créant ainsi une insécurité juridique, même pour la détermination de la juridiction compétente matériellement. Toutefois, cette loi a le mérite de protéger l'enfant ou l'élève contre son utilisation dans différentes formes de criminalité ou d'actes illicites.

Section 5. Utilisation d'un enfant dans les différentes formes de la criminalité

Vue générale. Il était sans risque d'utiliser les enfants pour commettre les infractions étant donné que ceux-ci se trouvaient moins exposés à la répression en raison de leur statut pénal protecteur. Le législateur a voulu endiguer cette forme de criminalité en renforçant la répression et en incriminant de manière distincte le fait d'utiliser un enfant dans les différentes formes de criminalité.

L'utilisation d'un enfant dans les différentes formes de criminalité n'est pas définie par la loi portant protection de l'enfant. Elle peut toutefois être entendue comme l'emploi de l'enfant dans la commission des infractions ou le fait de se servir de l'enfant dans la perpétration d'une infraction.

L'utilisation d'un enfant dans les différentes formes de criminalité constitue une mise en danger d'un enfant. C'est pourquoi la répression de ce comportement vise à ne pas mettre les enfants en danger par la commission des infractions. L'utilisation d'un enfant dans les différentes formes de criminalité représente un danger au regard de de la sécurité, de la moralité et de l'éducation de l'enfant. D'où l'intérêt protecteur de réprimer un tel comportement.

§ 1. Base légale

L'utilisation d'un enfant dans les différentes formes de criminalité est prévue et punie par l'article 188 de la loi portant protection de l'enfant. Cet article dispose que « quiconque utilise un enfant dans les différentes formes de criminalité est passible de cinq à dix ans de servitude pénale principale et d'une amende de deux cent mille à un million de francs congolais ».

§ 2. Éléments constitutifs

Pour que l'utilisation d'un enfant dans les différentes formes de criminalité soit retenue, il faut démontrer les actes matériels réalisés ainsi que l'élément moral dans le chef de l'auteur.

A. Actes matériels

Les actes matériels se concrétisent par l'acte d'utilisation (1) d'un enfant (2) dans la commission de différentes formes de criminalité (3).

1. Acte d'utilisation

L'acte d'utilisation n'étant pas défini par la loi portant protection de l'enfant, il peut prendre différentes formes dont celles prévues en matière de participation criminelle. Toutefois, il y a lieu de comprendre que l'utilisation doit être entendue comme « l'emploi » de l'enfant dans la commission d'une infraction. Il s'agit de se servir de l'enfant dans l'accomplissement d'un acte criminel. Celui-ci peut être intermédiaire ou acteur dans sa perpétration. Il peut être transporteur d'armes qui servent à la commission d'infractions, surveillant lors de la commission d'une infraction ou transporteur de biens volés et/ou le fruit de l'infraction.

La doctrine enseigne que « l'exécution d'un crime ou d'un délit est réalisée par l'accomplissement des actes matériels prévus dans la définition de l'infraction. [Cependant], la coopération directe à l'exécution d'un crime ou d'un délit vise les actes matériels d'intervention mais qui ne sont pas les actes prévus par la définition de l'infraction » (Tulkens et Kerchove, 2005 : 423). Nous admettons ainsi qu'il y a « acte d'utilisation » lorsque le prévenu fait prendre part, plus ou moins active et plus au moins directe, un ou plusieurs enfants à la perpétration d'une infraction ou de plusieurs infractions. Il en est de même lorsque le prévenu, en connaissance de cause, prête à l'enfant une aide utile pour la réalisation de l'infraction.

La considération des actes de participation criminelle comme l'un des actes matériels d'utilisation d'enfant n'est pas exclusive. Il y a lieu, dans chaque cas d'espèce, d'examiner comment l'enfant a été utilisé dans différentes formes de criminalité par un autre moyen que celui relatif à la participation criminelle. La question primordiale à laquelle le tribunal doit répondre est celle de savoir comment un enfant a été utilisé dans la criminalité.

Par rapport à cette question a été jugé comme utilisation de l'enfant le fait pour le prévenu d'avoir amené l'enfant sur le lieu du crime pour transporter les biens volés et de l'avoir utilisé comme surveillant pendant qu'il accomplissait un acte sexuel imposé sur une victime (TGI Uvira, Siège secondaire de Kavumu, RP 10 749 du 2 novembre 2015, inédit).

On peut, à titre illustratif, considérer les actes suivants comme constituant l'utilisation d'un enfant : exécution matérielle d'une infraction par un enfant ; coopération directe d'un enfant à la commission d'une infraction ; aide et assistance indispensables d'un enfant ; provocation d'un enfant à commettre un crime ; instructions données pour commettre l'infraction ; fourniture d'instructions et des moyens matériels destinés à commettre l'infraction ; loger habituellement les enfants pour commettre les infractions (c'est le cas d'une « personne ayant autorité sur un mineur qui vit avec elle et se livre habituellement à des crimes et délits contre les biens d'autrui, qui ne peut justifier de ressources correspondant à son train de vie » [Veron, 1999 : 183]) ; utiliser l'enfant pour faire le guet-apens pendant l'exécution du crime.

Ainsi, l'utilisation peut prendre plusieurs modalités. Elle sous-entend en outre une invitation adressée à un enfant à commettre un fait infractionnel bien déterminé.

2. Utilisation d'un enfant

Il ne suffit pas de prouver l'acte d'utilisation, il convient ensuite de prouver la minorité d'*âge de la personne qui a été utilisée*. Aux termes de l'article 188 de la loi portant protection de l'enfant, la personne utilisée dans différentes formes de criminalité doit être une personne âgée de moins de dix-huit ans. Dans la commission de cette prévention, l'auteur peut se servir de l'enfant « comme simple instrument aveugle pour commettre l'infraction ».

La loi rendant l'infraction imputable à chacun des participants, un problème pratique peut se poser. Il est alors important de répondre à la question suivante : dans quel cas l'acte posé par un enfant rentre-t-il dans la participation criminelle ou l'utilisation de l'enfant dans la criminalité ? Comme dit précédemment, cette disposition (article 188 LPPE) veut protéger l'enfant contre certains actes des adultes qui le mettraient en danger. Considérer l'enfant comme coauteur ou complice mettrait en danger l'enfant, qui sera considéré « enfant en conflit avec la loi » ; alors que l'utilisation d'un enfant dans les différentes formes de criminalité est une prévention qui a une logique visant à mettre hors poursuite un enfant. En outre, cette prévention protège l'enfant contre la délinquance des adultes et non contre sa propre délinquance.

Prévaut d'ailleurs en doctrine et en jurisprudence, écrivent Hennau et Verhaegen (2003 : 268-269), l'opinion selon laquelle on pourra faire abstraction du rôle intermédiaire de ce dernier [l'enfant] pour voir dans le commettant le seul auteur, médiat sans doute mais réel, de l'infraction.

Ainsi, une fois la prévention d'utilisation d'un enfant dans les différentes formes de criminalité retenue, la complicité ou corréité ne sera pas retenue à charge d'un enfant. Nous pensons que l'hypothèse de la participation criminelle ne peut être retenue que si le coauteur ou complice est aussi un mineur, étant donné que cette disposition entre dans une logique de protection de l'enfant contre la délinquance des adultes.

3. Utilisation dans les différentes formes de criminalité

L'objet de l'utilisation d'un enfant visé à la disposition doit être la commission d'infractions. N'est donc pas concernée par cette disposition l'utilisation d'un enfant à commettre des faits de nature non infractionnelle. La gravité ou la nature de l'infraction importe peu pour qualifier l'infraction. Il faut seulement que les faits pour lesquels l'enfant a été employé soient qualifiés d'infraction par la loi et, pensons-nous, une *infraction intentionnelle.* Cette prévention est inconcevable s'agissant d'infractions non intentionnelles (les délits d'imprudence ou de négligence).

La loi ne limite pas la nature des actes criminels concernés ; il s'agit de tout acte criminel, c'est-à-dire celui réprimé par la loi et peu importe la peine prévue pour cette infraction. Cependant, l'utilisation apparaît comme une invitation à commettre un acte infractionnel précis. C'est dans ce sens que les articles 59 et 188 de la loi portant protection de l'enfant interdisent le fait d'utiliser un enfant dans différentes formes de criminalité.

L'article 59 précité précise qu'il est interdit d'utiliser l'enfant dans les différentes formes de criminalité, y compris l'espionnage, le fait de lui inculquer le fanatisme et la haine, de l'initier et de l'inciter à commettre des actes de violence et de terreur. Il revient ainsi à l'organe poursuivant ainsi qu'à celui qui condamne de déterminer l'infraction dans laquelle l'enfant a été employé.

Les questions qui peuvent être posées à ce stade sont de savoir : faut-il utiliser l'enfant habillement ? Une seule infraction suffit-elle pour constituer l'infraction ?

Nous pensons que l'emploi de l'expression « dans les différentes formes de criminalité » ne traduit pas l'habitude comme condition de la constitution de la prévention. Ainsi, la condition d'habitude n'est pas requise ; l'utilisation d'un enfant à la commission d'un acte unique criminel suffit pour caractériser l'infraction.

Cette position peut apparaître absurde pour certains par rapport à la notion de criminalité, qui est « l'ensemble des infractions à la loi pénale commises pendant une période de référence dans un pays déterminé » (Guinchard *et al.*, 2015 : 303) ou « l'ensemble des agissements criminels et délictueux se déroulant en un temps et un lieu donné » (Puigelier, 2015 : 260) ou encore « l'ensemble des agissements antisociaux tombant sous le coup de la loi pénale dans une aire géographique déterminée ou ensemble des agissements antisociaux punis de peines criminelles » (Cornu, 2014 : 284-285).

L'expression « dans les différentes formes de criminalité » veut exprimer la diversité d'infractions, la non-catégorisation d'infractions visées par la loi ou la non-limitation des infractions concernées par la disposition. Ainsi, cette expression ne veut pas dire la multiplicité d'infractions. La multiplicité d'infractions conduirait à « l'habitude » comme condition de la constitution de l'infraction, alors que cela n'est pas l'esprit de la disposition. Il s'agit par contre de ne pas exclure certaines infractions de la liste. Il y a donc lieu de préciser l'infraction pour laquelle l'enfant a été employé ou entraîné.

B. Élément moral

L'utilisation d'un enfant dans les différentes formes de criminalité est une infraction intentionnelle. En effet, l'intention coupable est requise. L'auteur doit avoir conscience que ces agissements sont de nature à employer un ou plusieurs enfants à la commission d'infractions. L'intention est donc inhérente à la nature de l'acte matériel de l'infraction. Elle consiste ainsi en la conscience qu'a l'auteur de commettre les actes d'utilisation d'un enfant dans la criminalité. Peu importe le mobile de l'auteur, peu importe également le consentement de l'enfant. C'est pourquoi sera poursuivi, et partant condamné, l'auteur qui aura utilisé l'enfant qui était consentant.

L'intention de s'associer à la réalisation de l'infraction, qui suppose le concert préalable, n'est pas nécessaire ou requise. Pour cette infraction, l'élément de volonté, c'est-à-dire l'intention ou l'acceptation de s'associer selon la façon prévue par la loi à la réalisation d'une infraction, n'est pas important ou nécessaire à ressortir dans le chef de l'enfant qui a été employé dans la commission des différentes formes de criminalité.

Il n'est pas aussi important de prouver que le prévenu s'était au préalable concerté avec l'enfant. Même une rencontre fortuite pour l'utiliser à la commission d'une infraction conduit à la cristallisation de la prévention.

§ 3. Régime répressif

Il s'agit de savoir la peine applicable ainsi que l'étendue de responsabilité pénale du prévenu de l'infraction principale dans laquelle l'enfant a été utilisé.

A. Peine applicable

L'utilisation d'un enfant dans les différentes formes de criminalité est passible de cinq à dix ans de servitude pénale principale et d'une amende de deux cent mille à un million de francs congolais. La peine de servitude pénale principale ainsi que la peine d'amende sont cumulatives. Partant, la poursuite pour l'utilisation d'un enfant dans les différentes formes de criminalité ne peut être éteinte par le paiement de l'amende transactionnelle.

Au regard du taux de la peine applicable, la prévention est de la compétence matérielle du tribunal de grande instance. Elle se prescrit après dix ans révolus de l'emploi de l'enfant dans la commission de l'infraction. Même si la prescription de l'action publique née des « infractions principales » dans lesquelles l'enfant a été utilisé est acquise, l'action publique née de l'infraction d'utilisation d'un enfant dans les différentes formes de criminalité poursuit son concours ou continue à courir jusqu'à sa prescription. C'est pour dire que, si l'enfant a été utilisé dans la commission de l'infraction de vol simple par exemple, qui se prescrit en trois ans révolus, l'infraction d'utilisation d'un enfant dans les différentes formes de criminalité sera poursuivie même après la prescription de l'action publique de l'infraction dans laquelle l'enfant a été utilisé. Ainsi, la prescription de l'action publique de l'infraction d'utilisation d'un enfant dans les différentes formes de criminalité est indépendante de celle de l'infraction dans laquelle l'enfant a été utilisé.

L'infraction n'étant pas d'habitude, les différentes utilisations de l'enfant pour la commission des différentes formes d'infractions constituent des infractions distinctes. Il s'agira d'examiner si ces infractions ont été commises en concours matériel ou moral.

B. Étendue de la responsabilité pénale

Quid de la responsabilité pénale du prévenu pour l'infraction principale à laquelle il a utilisé l'enfant ? Faut-il le réprimer pour le seul fait de l'utilisation de l'enfant ou pour l'infraction à laquelle l'enfant a été employé ?

Il nous semble qu'il faudra dans chaque cas d'espèce examiner si le prévenu a agi comme coauteur ou complice ou encore si son acte ne rentre pas dans les deux modes de participation criminelle. Au cas où le comportement tombe sous le coup de la participation criminelle, nous estimons que l'infraction devra être réprimée.

Toutefois, le tribunal répondra à la question : s'agit-il d'un cas de concours matériel ou moral ? Dans un cas d'espèce, le tribunal de grande instance d'Uvira, siège secondaire de Kavumu, avait considéré que le viol commis sous le guet-apens d'un enfant ainsi que le vol qualifié réalisé par le prévenu (où l'enfant avait transporté les biens volés) étaient commis en concours moral avec l'infraction d'« utilisation d'enfant dans les différentes formes de criminalité » (RP 10 749 du 2 novembre 2015, inédit).

Section 6. Donner en mariage un enfant ou mariage forcé d'un enfant

Vue générale. Le mariage forcé est l'une des formes des infractions relatives à la mise en danger d'un enfant. Il est le fait de toute personne qui exerce l'autorité parentale ou tutélaire sur un enfant de le donner en mariage ou en vue de celui-ci, ou de le contraindre à se marier.

Le terme « mariage d'un enfant » est généralement préféré à celui de « mariage précoce » ou « mariage forcé ». Le mariage d'un enfant est contraire aux conventions de protection des droits humains, car les jeunes enfants n'ont pas la maturité suffisante pour consentir librement et avec discernement à une telle union, même s'ils le souhaitent.

Le mariage est réglementé par le Code de la famille. Cependant, les conditions de fonds relatives à la capacité, prévues au Code de la famille (loi n° 87-010 du 1er août 1987), ne sont plus conformes à la loi portant protection de l'enfant. Cette loi interdit les fiançailles ainsi que le mariage d'enfants (article 48 LPPE). Et dans la même logique, l'article 49 poursuit : « les pratiques, traditions et coutumes qui portent atteinte au développement, à la santé, voire à la vie de l'enfant sont interdites ». Les dispositions du Code de la famille sont censées être abrogées par l'article 201 de la loi portant protection de l'enfant qui dispose que « sont abrogées toutes les dispositions antérieures contraires [...] ».

Le mariage forcé est aussi prévu par le Code de la famille à son article 336, alinéa 1er, pour une certaine catégorie de personnes. Cependant, le second alinéa de la même disposition du Code de la famille semble cautionné le mariage par contrainte lorsqu'il dispose qu'« en cas de contrainte exercée par les parents, le tuteur ou toute personne qui exerce en droit l'autorité sur l'individu, ce dernier peut saisir le conseil de famille, lequel statue »[12]. L'alinéa 2 de l'article 336 ne prévoit aucune peine, cependant l'alinéa 1er prévoit une peine ; partant constitue une infraction. Mais cette prévention n'a pas la même portée que celle prévue par la loi portant protection de l'enfant qu'il convient d'examiner les éléments constitutifs, après la détermination de la base légale.

§ 1. Base légale

C'est l'article 189 de la loi portant protection de l'enfant qui constitue la base de la matière. Cet article dispose que « toute personne qui exerce l'autorité parentale ou tutélaire sur un enfant, le donne en mariage ou en vue de celui-ci, ou le contraint à se marier est puni d'une peine de cinq à douze ans de servitude pénale principale et d'une amende de huit cent mille à un million de francs congolais ».

§ 2. Éléments constitutifs

Aux termes de l'article 189, pour que l'infraction de donner en mariage un enfant soit constituée, il faut préciser la qualité de l'auteur (A), des actes matériels (B), de

[12] Cet alinéa est censé être abrogé par l'article 201 LPPE pour les enfants. Il peut s'appliquer pour les majeurs ; mais dans le souci du respect des droits de la femme cette disposition n'a plus de place dans le Code de la famille. C'est un comportement qu'il faut réprimer comme il est déjà prévu pour les mineurs.

donner en mariage, de donner en vue de celui-ci ou de contraindre l'enfant (C) à se marier et d'apporter enfin la preuve de l'élément moral (D).

A. Qualité de l'auteur : autorité parentale ou tutélaire

Contrairement à l'article 336 du Code de la famille qui vise « tout individu autre que les pères, mère, tuteur ou toute personne qui exerce en droit l'autorité sur l'individu », l'article 189 ne vise que « toute personne qui exerce l'autorité parentale ou tutélaire sur l'enfant ». Ainsi, la qualité de l'auteur est celle d'être une personne exerçant l'autorité soit parentale, soit tutélaire sur l'enfant qu'on donne en mariage ou en vue du mariage ou qu'on contraint à se marier.

Par autorité parentale, il faut entendre « l'ensemble des prérogatives conférées par la loi aux père et mère, sur la personne et les biens de leur enfant mineur » (Guinchard *et al.*, 2015 : 106). Dans l'esprit de la loi portant protection de l'enfant, il ne s'agit pas seulement des père et mère, bien au contraire de toute personne autre que les père et mère pouvant l'exercer. Ainsi, la personne qui doit répondre à cette prévention est celle qui a les prérogatives sur la personne et les biens de l'enfant mineur. L'infraction ne vise donc pas que les père et mère. Il convient de prouver que la personne incriminée exerce effectivement l'autorité parentale sur l'enfant. Cette autorité parentale peut être de droit ou de fait. Cela peut se prouver par le fait de garder l'enfant chez soi, d'assurer sa scolarité, etc.

La tutelle par contre est une « institution permettant de protéger, par la voie d'une représentation continue dans les actes de la vie civile, certains mineurs, notamment ceux dont le père et la mère sont tous décédés ou privés de l'exerce de l'autorité parentale [...] » (Guinchard *et al.*, 2015 : 998). C'est dans ce sens que l'article 222 du Code de la famille dispose que tout mineur n'ayant ni père ni mère pouvant exercer sur lui l'autorité parentale est pourvu d'un tuteur qui le représente.

Le tuteur est ainsi une personne chargée de représenter l'enfant placé sous le régime de la tutelle. Le Code de la famille à son article 224 veut que le tuteur soit désigné par le tribunal de paix sur proposition du conseil de famille. Toutefois, aux termes de l'article 226 du même Code, le tuteur peut être désigné par le père ou la mère ou le dernier mourant par testament. Mais ce choix doit être confirmé par le tribunal de paix après avis du conseil de famille.

Ainsi, l'autorité tutélaire n'est pas de fait, mais elle est judiciaire. Si une personne est poursuivie en cette qualité, il faut apporter la preuve de sa désignation par le tribunal comme tuteur. Dans le cas contraire, si elle n'exerce pas l'autorité parentale et qu'elle n'est pas parent, elle sera poursuivie sur pied de l'article 336 du Code de la famille. Ainsi donc, l'auteur, pour cette infraction, doit être une personne exerçant l'autorité parentale (de fait ou de droit) ou tutélaire sur l'enfant.

B. Actes matériels

Il ressort de l'article 189 de la loi portant protection de l'enfant que les actes matériels sont de trois ordres. Il s'agit de donner en mariage un enfant ; de le donner en vue du mariage ; ainsi que de le contraindre à se marier.

Avant d'examiner ces actes, disons que le mariage ne doit pas être compris dans son sens civil, celui de l'acte civil, public et solennel par lequel un homme et une femme qui ne sont engagés ni l'un ni l'autre dans les liens d'un précédent mariage enregistré, établissent entre eux une union légale et durable dont les conditions de formation, les effets et la dissolution sont déterminés par la loi. Le mariage ici incriminé, il s'agit seulement d'une union conjugale, soit-elle coutumière ou religieuse, d'un enfant avec une personne quel que soit son sexe. La validité du mariage n'est pas une question importante qu'il faudra examiner.

1. Donner en mariage

Donner en mariage signifie marier sa fille (*Le Larousse de poche*, 2002). L'acte de donner en mariage vise les enfants filles au sens qu'en donne le dictionnaire. Dans l'hypothèse de donner en mariage un enfant, ce dernier a lui-même consenti au mariage sans contrainte. C'est lui qui amène le futur époux à la personne qui exerce sur lui l'autorité parentale ou tutélaire.

L'acte de donner en mariage peut se matérialiser par le fait de la personne qui exerce sur l'enfant l'autorité parentale ou tutélaire de recevoir du « futur époux » ou de la famille de celui-ci les biens ou l'argent qui constituent la dot. Quelle que soit sa nature, totalement ou partiellement versée, la dot est un élément déterminant pour dire que l'acte de donner en mariage est consommé. Dans le cas contraire, il faut envisager la tentative de donner en mariage ou bien l'acte de donner l'enfant en vue du mariage.

2. Donner en vue du mariage

Donner en vue du mariage est une phase qui amène le « futur époux » ou de la famille de celui-ci de venir verser la dot ou pas. La fille se trouve dans ce cas dans la famille du « futur époux » ou chez celui-ci. Elle s'y retrouve par le fait de la personne qui exerce sur elle l'autorité parentale ou tutélaire.

Dans cette hypothèse de donner en vue du mariage, les formalités relatives du mariage coutumier ne sont pas donc réalisées. C'est le plus souvent le cas d'une jeune fille âgée de moins de dix-huit ans rendue grosse ou soupçonnée d'entretenir les rapports sexuels avec un garçon que les parents décident d'amener à l'auteur de la grossesse pour la cohabitation. En amenant la jeune fille auprès du garçon ou dans la famille de ce dernier, le souci est de voir le garçon épouser à la fille. C'est donc en quelque sorte une forme de contrainte à se marier exercée sur le garçon.

3. Contraindre un enfant à se marier

Personne, bien entendu un enfant, ne peut être contraint à se marier. L'acte matériel de contraindre à se marier consiste à exercer une pression sur un enfant par le moyen de la force ou autre à contracter mariage (à se marier à quelqu'un) sans son consentement. La contrainte est ici une force à laquelle un enfant ne peut résister. Elle peut consister soit en une contrainte physique (par exemple l'enfermement), soit en une contrainte morale (chantage affectif).

Il faudra établir le lien entre la contrainte subie par la victime et le mariage contracté. Dans le cas de la contrainte, il y a absence du consentement de la part de l'enfant, ce qui se distingue de l'acte de donner en mariage.

L'acte de contraindre à se marier vise non seulement la fille mais aussi le garçon. Comme « donner en mariage » c'est marier sa fille, on ne peut concevoir cet acte pour le garçon. Ce dernier ne peut être que contraint à se marier. Cet aspect nous amène à préciser la personne de la victime.

C. Personne de la victime

Quel que soit l'acte de donner en mariage ou de donner en vue de celui-ci, de contraindre à se marier, la victime est une personne âgée de moins de dix-huit ans. Il est donc important d'en apporter la preuve de la minorité d'âge de la victime. La considération du sexe de l'enfant ne joue que par rapport aux actes matériels. Les trois catégories d'actes matériels se conçoivent pour les enfants filles. Cependant, les deux premiers, c'est-à-dire donner en mariage ou donner en vue de celui-ci, ne peuvent avoir pour victime qu'un enfant garçon.

D. Élément moral

L'élément moral consiste en une volonté de l'auteur de donner en mariage, de donner en vue du mariage, ou de contraindre à se marier une personne qui sait être âgée de moins de dix-huit ans. L'élément moral donc exigé par la disposition est un dol spécial. L'auteur doit avoir agi intentionnellement et dans le but de convaincre la victime de se marier lorsque l'acte matériel repose sur la contrainte à se marier. Pour l'acte de donner en mariage, son intention repose sur son acceptation de marier sa fille âgée de moins de dix-huit ans.

Par sa qualité de personne exerçant l'autorité parentale ou tutélaire, elle est censée connaître ou prendre toutes les précautions pour connaître l'âge de l'enfant qui est sous son autorité ou sa tutelle.

§ 3. Régime répressif

Le mariage forcé d'un enfant est une prévention qui fait intervenir plusieurs acteurs. Il faut ainsi savoir quelle sera l'étendue de responsabilité de chaque acteur après avoir déterminé le fait pour lequel il sera poursuivi.

A. Poursuite

Est visée par la disposition toute personne exerçant l'autorité parentale ou tutélaire sur l'enfant. Quel est le sort du jeune époux et de ceux qui ont concouru au mariage ou en vue de celui-ci ? Seront-ils considérés comme complices ou coauteurs de l'infraction principale du mariage forcé d'un enfant ?

En vertu du principe de la légalité de délit et de peine, le jeune époux ne peut être poursuivi pour cette prévention étant donné qu'il n'a pas la qualité de personne qui exerce l'autorité parentale ou tutélaire sur l'enfant. Ensuite, son acte n'entre pas dans le registre des actes matériels de la participation criminelle prévus par les articles 21 et 22 du Code pénal, Livre 1er. Nous estimons, par contre, que le jeune époux peut être poursuivi sous d'autres dispositions de la loi portant protection de l'enfant. S'il a connu le rapport sexuel avec l'enfant, il sera poursuivi pour viol d'enfant. S'il cohabite, il sera poursuivi pour détention d'un enfant dans le but d'en abuser sexuellement (article 175 LPPE).

Tandis que, pour ceux qui ont concouru et participé à ce mariage d'un enfant, il y a lieu d'examiner dans chaque cas d'espèce pour chacun des participants à poser un acte qui est réprimé par la loi en vertu de la participation criminelle. Toutefois, il y a lieu de les poursuivre sur base de l'article 192 de la loi portant protection de l'enfant. Cette disposition réprime la non-dénonciation des violences commises sur un enfant. Cet article fait obligation à toute personne de dénoncer toute forme de violence physique ou morale infligée à l'enfant ainsi que toute menace à sa santé et à son développement dont elle a connaissance (pour plus de détail, lire la section 9 relative à cette prévention).

S'agissant de l'officier de l'état civil qui a célébré ou enregistré un tel mariage, il sera poursuivi sur pied de l'article 395 du Code de la famille pour avoir célébré ou enregistré un mariage sachant qu'il existait un empêchement de nature à entraîner la nullité.

B. Peine applicable

Aux termes de l'article 189, le fait de donner un enfant en mariage, de le donner en vue de celui-ci ou de le contraindre à se marier est puni d'une peine de cinq à douze ans de servitude pénale principale et d'une amende de huit cent mille à un million de francs congolais.

Par rapport au taux de la peine, cette prévention relève de la compétence matérielle du tribunal de grande instance et l'action publique se prescrit après dix ans révolus.

C. Prescription de l'action publique

Pour ce dernier aspect, la question est celle de savoir le point de départ de la *prescription*. Donner en mariage ou contraindre à se marier est un acte qui peut se faire instantanément, mais la situation délictueuse va demeurer tant que l'enfant cohabite avec la personne qui s'est mariée à lui. C'est dire qu'alors que l'acte matériel est ponctuel et bref, il provoque une situation prolongée où l'enfant victime est dans une situation prolongée de mariage. Dans ce cas, le mariage forcé d'un enfant devient une infraction continue et la prescription de l'action publique ne commence à courir qu'au jour où la situation de cohabitation cesse.

Section 7. Délaissement d'un enfant

Vue générale. Il ressort de l'article 13 de la loi portant protection de l'enfant que « le père et la mère ou l'un d'eux ainsi que celui qui exerce l'autorité parentale ont le devoir d'élever leur enfant ». C'est donc une obligation pour les parents ou pour ceux qui exercent l'autorité parentale de ne pas délaisser un enfant. Aux termes de l'article 190, alinéa 4, de la loi portant protection de l'enfant, par délaissement d'un enfant, il faut entendre le fait, pour le père ou la mère, le parâtre ou la marâtre, ou le tuteur, d'abandonner et/ou de rejeter un enfant sans s'être assuré qu'il sera en sécurité et protégé dans ses droits.

Cette prévention vise bien à réprimer celui qui est visé par la loi qui expose l'enfant à un danger étant donné qu'elle est placée à la section relative à la mise en danger d'un enfant. En outre, le souci, qui avait animé le législateur à introduire dans la loi portant protection de l'enfant l'infraction de délaissement d'un enfant, était de lutter contre le phénomène de l'enfant de la rue ou en situation de rue, communément appelé *shege*, *maïbobo*, *wayambard* ou *vagabond.*

Le délaissement d'un enfant, comme d'autres infractions relatives à la mise en danger d'un enfant, « semble destiné à sanctionner la violation des obligations résultant de l'autorité parentale ». Il « paraît donc prioritairement destiné à protéger la santé [bien entendu aussi ses droits] et la sécurité de la victime [qui est l'enfant] [...] » (Conte, 2013 : 79).

§ 1. Base légale

C'est l'article 190 qui est la base légale de cette infraction. Cette disposition dispose que « le délaissement d'un enfant en un lieu quelconque est puni de un à cinq ans de servitude pénale principale et d'une amende de cent mille à deux cent cinquante mille francs congolais. Lorsqu'il entraîne une mutilation ou une infirmité permanente, il est puni de cinq à dix ans de servitude pénale principale et d'une amende de deux cent mille à cinq cent mille francs congolais. S'il entraîne la mort de l'enfant, il est puni de la servitude pénale à perpétuité et d'une amende de cinq cent mille à un million de francs congolais [...] ».

§ 2. Éléments constitutifs

Il ressort de la disposition sous examen que le délaissement d'un enfant vise une certaine catégorie de personnes limitativement énumérées ainsi que les actes matériels qu'ils doivent poser dans une intention bien déterminée.

A. La qualité de l'auteur et le statut de la victime

Au regard de cette disposition, ne peut se rendre coupable de l'infraction de délaissement d'enfant que le père ou la mère, le parâtre ou la marâtre, ou le tuteur. La liste est limitative et le juge ne peut par analogie ou par extension condamner une personne autre que celle qui n'a pas cette qualité du père ou de la mère, du parâtre ou de la marâtre, ou du tuteur à l'égard de l'enfant délaissé. Ce sont ces personnes, l'une ou l'autre, qui exercent l'autorité parentale sur l'enfant qui engagent leur responsabilité pénale. Nous serions même tenté de dire que la cohabitation avec l'enfant est une condition de responsabilité. Il ne suffit pas d'avoir tel lien avec l'enfant, mais il faut cohabiter et pouvoir exercer l'autorité parentale effective sur l'enfant. Il serait inconcevable de poursuivre un père ou une mère déchue de l'autorité parentale et les enfants confiés à une autre personne. C'est la personne qui gère au quotidien l'enfant qui nous semble être responsable de répondre des actes de délaissement lorsqu'elle a l'une ou l'autre qualité. C'est ainsi que le « tuteur de fait » est incriminable.

La victime ne peut être qu'un enfant âgé de moins de dix-huit ans. L'âge de la minorité « fait en quelque sorte présumer qu'il n'est pas en état de se protéger lui-même » (Conte, 2013 : 80). C'est dire que l'enfant « n'est pas en mesure de se protéger en raison de son âge ou de son état physique ou psychique » (Cizungu Nyangezi, 2011 : 618).

Une fois que la qualité de l'auteur est établie et que le statut de la victime est réuni, il faut dégager les actes qui constituent le délaissement d'un enfant.

B. Élément matériel

Le délaissement d'un enfant se réalise par les actes matériels de délaissement (1) qui ressortent de la disposition légale. Pour que ces actes soient retenus, il faut que l'auteur les ait accomplis sans s'être assuré que l'enfant sera en sécurité et protégé dans ses droits (2), et ce, dans un lieu quelconque (3).

1. Délaissement : abandon et/ou rejet

Aux termes de l'article 190 sous examen, le délaissement se traduit par les actes d'abandon et/ou de rejet d'un enfant. Ainsi, le délaissement « ne signifie pas seulement l'abandon. Il implique que l'enfant abandonné soit laissé sans secours, ni soin, ni surveillance » (Pradel et Danti-Juan, 2010 : 398). Aussi les juges se refusaient-ils à entrer en répression, poursuivent les mêmes auteurs, « lorsque l'abandon de l'enfant n'avait pas été accompagné d'une cessation ou au moins d'une interruption des soins et de la surveillance requise ». Le délaissement, comme nous l'avons déjà mentionné, requiert plus qu'un simple abandon. Il suppose l'absence de soins, de secours et de surveillance. Le délaissement suppose en outre « que l'on abandonne la victime en la laissant privée de possibilité d'assistance » et « renvoie aux circonstances de l'abandon et au danger en résultant » (Conte, 2013 : 72-73).

Le délaissement d'un enfant ne serait pas le fait pour le père et la mère ou de l'un d'eux ou celui du parâtre ou de la marâtre, ou du tuteur de faillir au devoir d'élever l'enfant. Le législateur, comme l'écrit Cizungu Nyangezi (2011 : 618), incrimine un comportement nécessairement volontaire. Ce comportement se traduit par un acte positif (d'abandon et/ou de rejet).

Il y a dans le chef de celui qui délaisse un manquement au devoir d'assistance envers la victime. Il le réalise ainsi par l'action (en renvoyant la victime ou en abandonnant la victime en un lieu quelconque) ou par l'omission (en cessant de s'occuper de la victime). Le comportement de délaissement d'un enfant, estime Cizungu Nyangezi (2011 : 618), ne requiert pas un déplacement de la victime pour que l'infraction soit réalisée. En revanche, ce délaissement doit démontrer la volonté d'abandonner définitivement la victime, c'est-à-dire la décision de ne plus jamais s'en occuper et de le laisser à son triste – voire funeste – sort.

Nous estimons que le non-déplacement ne peut se concevoir que par le fait de cesser de s'occuper de l'enfant ou de renoncer à s'occuper de lui. Mais dans certains cas le délaissement peut se traduire par un déplacement. C'est le cas d'une femme qui dépose l'enfant dans la cour de l'hospice, soit dans une maison déserte ; dans ce cas, il y a déplacement de la victime.

Ainsi, l'acte matériel peut prendre deux formes : l'abandon ou le rejet. L'abandon implique le fait de se soustraire, sans motif légitime, à ses obligations légales au point de compromettre « gravement » la santé, la sécurité, la moralité ou l'éducation de son enfant mineur. Tandis que le rejet est le fait d'exclure l'enfant de la famille et de supprimer tout lien avec lui. Psychologiquement, le rejet est l'absence d'affection et de chaleur d'un parent envers ses enfants. C'est les priver d'amour de manière significative et pour longtemps.

2. Conséquence de l'abandon et/ou du rejet : sans s'être assuré que l'enfant sera en sécurité et protégé dans ses droits

L'infraction n'est pas réalisée lorsque l'acte accompli n'entraîne pas ou ne met pas l'enfant dans une situation d'insécurité et de ne pas être protégé dans ses droits. Pour dire que l'enfant délaissé entre les mains de qui s'en occupe tant dans sa sécurité que dans ses droits, il n'est pas délaissé juridiquement. Pour ainsi dire encore que « l'infraction ne consiste pas seulement à abandonner le mineur, mais aussi à s'abstenir de le soigner, de le secourir et de le surveiller » (Pradel et Danti-Juan, 2010 : 399) et partant de ne pas s'assurer de sa sécurité et de ses droits. L'agent qui aurait pris toutes les précautions de s'assurer que l'enfant sera en sécurité et protégé dans ses droits n'a pas violé la disposition sous examen.

Il convient toutefois de préciser ces deux mots : « sécurité et droits » de l'enfant, qu'il faut s'assurer qu'ils soient protégés. La sécurité implique « une situation objective dans laquelle il n'y a aucun risque, aucun danger » (*Le Larousse de poche*, 2002) pour l'enfant. C'est alors la situation d'un enfant qui se sent à l'abri du danger. Tandis que les droits de l'enfant sont de divers ordres et sont énumérés aux articles 13 à 44 de la loi portant protection de l'enfant ainsi que par d'autres instruments internationaux auxquels le pays a adhéré. Ce sont ces droits qu'il faut s'assurer qu'ils soient protégés. Certaines violations des droits de l'enfant sont déjà prévues en infraction par la loi portant protection de l'enfant.

Ainsi, en examinant la prévention, il faudra démontrer que l'acte de délaissement a fait courir ou risquait de faire courir à l'enfant un tel aspect de sa sécurité et de son droit. Il n'y a pas délaissement « lorsque l'enfant aura été confié à un foyer, un hospice, une famille ou une personne chargée d'en prendre soin » (Pradel et Danti-Juan, 2010 : 399). Ainsi, le lieu où l'enfant a été délaissé, si l'acte se matérialise par le déplacement, peut permettre de connaître que l'agent a eu ou pas à s'assurer que l'enfant sera en sécurité et protégé dans ses droits (deux conditions cumulatives).

3. Délaisser dans un lieu quelconque

Le délaissement d'un enfant « prend en considération, le délaissement en un lieu quelconque ». L'expression « en un lieu quelconque » traduit l'indifférence du lieu où se produisent l'abandon et/ou le rejet. C'est dans ce sens que Cizungu Nyangezi (2011 : 618) renchérit en écrivant que « le lieu de délaissement est indifférent à la qualification pénale ». Le législateur paraît « avoir voulu sanctionner toute forme d'abandon, même si la victime n'est pas dans un lieu isolé, dès lors qu'elle est livrée à elle-même, sans protection » (Conte, 2013 : 73). Cette indifférence du lieu où se produit le délaissement s'explique par le fait que l'infraction suppose que l'agent s'est assuré que l'enfant sera en sécurité et protégé dans ses droits.

Qu'il s'agisse d'un lieu solitaire ou non solitaire, l'infraction peut être réalisée lorsque le prévenu n'a pas pu s'être assuré que l'enfant sera en sécurité et protégé dans ses droits. Quid d'un enfant abandonné par sa mère dans un orphelinat ; cette dernière estimant que l'enfant sera en sécurité et protégé dans ses droits ? L'examen de chaque cas d'espèce dans le concret est important. Le revenu de la mère peut-il lui permettre de s'occuper de l'enfant ? L'infraction ne peut être constituée si elle a négocié de laisser l'enfant à l'orphelinat.

B. Élément moral

L'infraction de délaissement d'un enfant est nécessairement intentionnelle, au sens où elle « suppose la volonté de se séparer définitivement de l'enfant » (Pradel et Danti-Juan, 2010 : 399). La loi sanctionne ainsi un comportement intentionnel exprimant la volonté d'abandonner définitivement la victime (Crim., 23 février 2000, *Bull.*, n° 84, note de Cizungu Nyangezi, 2011 : 618 ; Pradel et Danti-Juan, 2010 : 399). L'infraction de délaissement d'un enfant est formelle : elle est constituée même à défaut de tout préjudice subi par la victime.

L'infraction étant intentionnelle, Pradel et Danti-Juan (2010 : 399) notent judicieusement que « cela permet d'exclure du champ de la répression toutes les hypothèses, où un enfant est spontanément confié à un tiers par des parents ou des gardiens qui sont momentanément empêchés de s'en charger et qui entendent bien le récupérer par la suite. Cela exclut également les simples négligences même graves. Si, par exemple, une enfant âgée de moins de trois ans vagabondant sur la voie publique s'avère avoir échappé à la surveillance de sa mère qui a omis d'en signaler la disparition, aucune poursuite ne pourra être exercée contre cette dernière car, pour coupables qu'ils soient, de tels faits ne traduisent en rien la volonté de se soustraire de manière définitive à ses obligations » (Paris, 29 juillet 1982, *R.P.D.P.*, 1984, 100., Crim., 23 février 2000, *B.C.*, n° 84, *D.*, 2000, *I.R.*, p. 106 et *R.S.C.*, 2000, p. 610, obs. Mayaud).

C. Circonstances aggravantes

Les circonstances aggravantes tiennent non pas au lieu de l'abandon mais à ses conséquences dommageables et qui sont visées par l'article 190, alinéas 2 et 3, de la loi portant protection de l'enfant. Il s'agit de la mutilation ou de l'infirmité permanente ainsi que de la mort.

1. Mutilation

La mutilation est l'action de retrancher un membre ou un organe ; détériorer, détruire partiellement ; dégrader. C'est la perte accidentelle ou l'ablation d'un membre, d'une partie externe du corps, qui cause une atteinte irréversible à l'intégrité physique. La mutilation, pour être considérée comme une circonstance aggravante, doit être la conséquence directe de l'acte de délaissement, comme cela ressort de l'article 190, alinéa 2, de la LPPE. Ainsi, un lien de causalité doit être établi entre le délaissement et la mutilation qui s'en est suivie. Au cas où la mutilation n'est pas la conséquence du délaissement, la peine ne sera pas aggravée.

2. Infirmité permanente

L'infirmité est l'incapacité de l'organisme à remplir telle ou telle fonction. L'infirmité qui est prise en compte n'est pas celle temporaire, mais celle permanente. Il y a donc sûrement infirmité permanente, note Michel Véron (1999 : 40), en cas de cécité ou de surdité (Crim., 6 novembre 1985, *Bull.*, n° 347), d'ablation de la rate (Crim., 18 décembre 1962, *D.*, 1963, 189) ou d'atteinte grave et définitive des facultés mentales (Crim., 25 mars 1980, *Bull.*, n° 101). Il nous paraît nécessaire que cette infirmité soit médicalement prouvée afin d'éviter toute spéculation. Ceci permettra, d'ailleurs, au juge d'avoir une preuve objective et scientifique dépourvue de tout soupçon.

Comme la précédente circonstance, l'infirmité doit être la conséquence du délaissement. Partant, un lien de causalité doit être établi pour qu'elle soit considérée comme telle.

3. La mort

La mort est la cessation de la vie dont le constat doit être fait par un professionnel habilité. Comme circonstance aggravante, la mort est prévue à l'alinéa 3 de l'article 190 sous examen.

Il faut que la mort soit la conséquence directe de l'acte incriminé : si la victime décède des suites d'une erreur chirurgicale commise au cours de l'opération rendue nécessaire par son état, l'aggravation ne devrait pas être retenue (Conte, 2013 : 79).

§ 3. Répression du délaissement d'un enfant

Le délaissement d'un enfant expose son auteur à un emprisonnement de un à cinq ans de servitude pénale principale et d'une amende de cent mille à deux cent cinquante mille francs congolais (alinéa 1er de l'article 190 LPPE).

Lorsque le délaissement entraîne une mutilation ou une infirmité permanente, il est puni de cinq à dix ans de servitude pénale principale et d'une amende de deux cent mille à cinq cent mille francs congolais (alinéa 2 de l'article 190 LPPE).

Si le délaissement entraîne la mort de l'enfant, l'auteur encourt la peine de la servitude pénale à perpétuité et d'une amende de cinq cent mille à un million de francs congolais (alinéa 3 de l'article 190 LPPE).

Section 8. Abstention de porter secours à un enfant

Vue générale. Aux termes de l'article 191 de la loi sous examen, l'abstention de porter secours à un enfant, est le fait de quiconque de s'abstenir de porter secours à un enfant menacé d'atteinte imminente à sa vie ou à son intégrité physique, sans risque pour lui ni pour des tiers. Cette prévention semble être libellée en termes identiques avec celle de non-assistance à personne en danger prévue et punie par l'article 66*ter* du Code pénal, Livre II. Cette infraction, qu'une partie de la doctrine voudrait appeler le « refus de porter secours » (Levasseur, 1976 : 972), vise la protection d'un enfant menacé d'atteinte imminente à sa vie ou à son intégrité physique.

Quels que soient les termes employés par le législateur de la loi portant protection de l'enfant, l'abstention de porter secours à un enfant est similaire à l'infraction de non-assistance à personne en danger. C'est ainsi que nous allons nous inspirer de la doctrine et de la jurisprudence existantes, en rapport avec non-assistance à personne en danger, pour comprendre la prévention de l'abstention de porter secours à un enfant. Entre la non-assistance et l'abstention de porter secours à un enfant la différence réside sur l'âge de la personne à laquelle il faut porter secours.

§ 1. Base légale

L'article 191 de la loi portant protection de l'enfant réprime « quiconque s'abstient de porter secours à un enfant menacé d'atteinte imminente à sa vie ou à son intégrité physique, sans risque pour lui ni pour des tiers, est puni de trois mois à un an de servitude pénale principale et d'une amende de cent mille à deux cent cinquante mille francs congolais ». Il est ainsi la seule disposition légale qui prévoit et réprime l'abstention de porter secours à un enfant. L'article 66*ter* n'est pas d'application en cette matière. Au cas où il est avéré que la personne, qui devrait bénéficier du secours, est âgée de dix-huit ans révolus, c'est l'article du droit pénal commun qui s'appliquera.

§ 2. Éléments constitutions ou conditions d'existence de la prévention

Il apparaît à travers l'article 191 que cette infraction suppose deux séries de conditions : les unes relatives à la situation de la personne qui doit bénéficier le secours et de la celle qui doit le porter ; les autres intéressent la réaction de la personne qui doit porter secours.

A. Les conditions relatives à la situation de la personne bénéficiaire du secours

Selon la loi portant protection de l'enfant, la personne qui doit bénéficier du secours est un « enfant menacé d'atteinte imminente à sa vie ou à son intégrité physique ». Analysons ainsi cette expression considérant les termes qui la constitue.

1. L'enfant

La loi portant protection de l'enfant protège celui-ci dès sa conception jusqu'à sa vie adulte. D'autres dispositions pénales prennent la relève de protéger tous les êtres vivants de la naissance à la mort. Cette disposition ne protège que l'enfant, entendu une personne âgée de moins de dix-huit ans. Un arrêt a même admis qu'un enfant à naître est déjà une « personne » au sens de la loi et a condamné en conséquence pour défaut d'assistance un médecin ayant tardé à intervenir alors que la sage-femme de garde l'informait de la nécessité urgente d'une césarienne (Chambre criminelle, 2 avril 1992, *B.C.*, n° 140, *R.S.C.*, 1993 : 326, note de Pradel et Danti-Juan, 2010 : 142 ; Véron, 1999 : 83).

Cette position jurisprudentielle, estimons-nous, n'est plus adaptée à la nouvelle législation sur la protection de l'enfant. À son article 146, cette loi prévoit la prévention « d'abstention de porter assistance à une femme en instance d'accouchement », laquelle nous semble bien réprimer un tel comportement. L'enfant ici protégé (par l'article 191 LPPE) est celui déjà né et non celui qui n'est pas encore né (article 146 LPPE).

La vie s'achevant avec la mort, le secours n'est plus dû après le décès, la personne n'existant plus. « Un mort n'est plus une personne », écrivait L. Hugueney (1950 : 413) cité par Pradel et Danti-Juan (2010 : 142). Ainsi, dans la logique de cette disposition (article 191 LPPE), l'enfant qui doit bénéficier du secours est celui né et non celui qui n'est pas encore né ainsi que celui qui est mort étant donné que « l'état de péril est dépassé et il n'y a plus menace, ni obligation d'assistance » (Véron, 1999 : 83).

2. L'enfant menacé d'atteinte imminente à sa vie ou à son intégrité physique

Le Code pénal parle d'une personne en péril, expression que la doctrine considère non explicite ou non définie par le législateur, mais la loi portant protection de l'enfant parle de l'enfant menacé d'atteinte imminente à sa vie ou à son intégrité physique. Ceci implique que la *menace d'atteinte* est une situation critique qui fait craindre de graves conséquences pour l'enfant, celles entraînant le risque de perdre sa vie ou sa santé. Par conséquent, même pour l'enfant, la menace d'atteinte imminente, dont il est question, est une situation de *péril*. Le péril, écrit Michel Véron (1999 : 83), s'entend exclusivement d'une *menace* pour la vie, la santé ou l'intégrité physique d'une personne.

Le législateur emploie l'expression « menacé d'atteinte imminente », pour bien expliquer que le danger ne doit pas être éventuel, hypothétique ou imaginaire dans l'esprit du prévenu. La menace d'atteinte imminente implique un péril réel (comme un incendie déclaré). Pour dire, « le péril doit être imminent et constant et de nature à nécessiter une intervention immédiate (Crim., 31 mai 1949) [...]. Dès lors, le péril n'est plus imminent lorsqu'il est réalisé » (Véron, 1999 : 84). La réalité de *la menace d'atteinte* doit porter sur la vie ou l'intégrité physique de l'enfant.

La *menace d'atteinte imminente* peut provenir de n'importe quelle cause. Le législateur n'en précise pas son origine. Elle peut provenir ainsi d'une cause accidentelle, d'un fait matériel d'un tiers, d'un fait ou de l'imprudence de l'enfant lui-même ainsi que, dans certains cas, de la faute de la personne qui doit porter secours. La menace ne doit pas provenir que d'un fait infractionnel. C'est dans ce sens que Michel Véron (1999 : 83), se référant aux différentes décisions judiciaires, pose le principe que « le péril pouvait provenir d'une origine quelconque. Bien entendu, la personne à laquelle il faut porter assistance peut être victime d'une infraction – agression, violences, accident de la route ou du travail – mais l'obligation d'assistance vaut tout autant si le péril a une cause naturelle ou accidentelle, ou si la victime se trouve en danger par sa faute à la suite d'une grave imprudence : accidents en montagne, naufrage en mer, état d'ivresse mortelle ». L'auteur poursuit en ajoutant que la même solution s'impose dans le cas où le péril serait la conséquence d'une infraction commise par la personne en danger.

La menace d'atteinte doit être *imminente.* Ainsi, l'obligation de porter secours concerne le cas d'enfants se trouvant en état de péril imminent, c'est-à-dire immédiat. Ainsi donc, les conditions relatives à la personne bénéficiaire du secours :

elle doit être un *enfant né et vivant* ; *un enfant menacé d'atteinte imminente à sa vie ou à son intégrité physique.*

B. Les conditions relatives à la situation de la personne qui porte le secours

À la lecture de l'article 191 LPPE, il se dégage deux conditions, à savoir : *la connaissance de la menace d'atteinte imminente* ainsi que *l'absence de danger pour soi ou pour autrui.*

1. La connaissance de la menace d'atteinte imminente

La personne qui doit porter secours ne peut être punie que si elle était au courant de l'état de péril, c'est-à-dire de la menace d'atteinte imminente à la vie ou à l'intégrité physique de l'enfant. Selon la chambre criminelle (3 novembre 1954, *B.C.*, n° 311), rappellent Pradel et Danti-Juan (2010 : 145), il faut que « le prévenu ait eu personnellement conscience du caractère d'imminente gravité du péril auquel se trouvait exposée la personne [...] et qu'il n'ait pu mettre en doute la nécessité d'intervenir immédiatement en vue de le conjurer ». Cependant, les mêmes auteurs estiment que dans l'application, deux situations sont à distinguer.

Il s'agit du *témoin direct*, celui qui assiste personnellement à l'accident ou plus généralement à l'événement périlleux. Celui-ci a connaissance de façon incontestable. Certes, il peut advenir que le témoin n'ait pas eu conscience du péril, du fait de son ignorance ou d'une erreur d'appréciation commise de bonne foi, la relaxe alors s'impose. C'est le cas d'un piéton qui avait cru avoir affaire à un ivrogne, non à un accidenté. Rappelons que le *témoin direct* est quasiment présumé connaître le péril. Cette présomption est irréfragable.

Ensuite se présente l'hypothèse du *témoin indirect.* On ne peut, en effet, présumer à première vue que celui qui apprend l'événement de la bouche d'un tiers en connaisse automatiquement l'ampleur. Nous estimons qu'il est important pour le *témoin indirect* de faire un déplacement immédiat vers l'enfant menacé d'atteinte imminente à sa vie ou à son intégrité physique. Il ne pourra pas faire les appréciations loin de l'enfant. Cependant, en pratique, il peut arriver que la personne fournisse les informations insuffisantes sur l'état de menace d'atteinte ou du péril. Le juge appréciera dans chaque cas d'espèce, si les informations fournies, au témoin indirect, pouvaient suffisamment lui permettre de prendre connaissance de la menace d'atteinte imminente.

2. L'absence de danger pour soi ou pour autrui

En réprimant l'abstention de porter secours à un enfant, le législateur désapprouve l'indifférence que pouvait afficher certaines personnes vis-à-vis d'un enfant menacé d'atteinte imminente à sa vie ou à son intégrité physique. Cependant, il ressort de cette même disposition, le législateur n'impose pas l'héroïsme étant donné qu'il précise « sans risque pour lui ni pour des tiers [...] ». Ainsi, estiment Pradel et Danti-

Juan (2010 : 147), dès qu'il existe un risque sérieux pour le débiteur d'assistance (la personne qui doit apporter le secours), celui-ci est en droit de ne rien faire.

Le législateur n'a cependant pas défini le risque. Levasseur (1951)[13] définit le risque comme le fait « qui ferait reculer l'homme honnête et pondéré, placé dans les mêmes circonstances ». En réalité, tout est question d'espèces, le juge devant toujours compléter cette définition abstraite par la prise en compte des données propres à chaque espèce. Le risque immédiat peut être de la mort ou de blessures de nature à entraîner une mutilation ou une infirmité permanente pour soi ou pour autrui.

Constitue ainsi un danger pour soi le fait, pour celui qui ne sait pas nager, de repêcher un enfant en train de se noyer dans une eau profonde. Donc celui qui ne sait pas nager ne saurait être condamné pour abstention de porter secours à un enfant en train de se noyer.

C. Les conditions relatives à la réaction de la personne qui doit secourir

Outre les conditions relatives à la personne qu'il faut porter secours ainsi que celle qui doit porter secours, la prévention d'abstention de porter secours à un enfant se consomme par le défaut d'assistance qui se manifeste par l'absence de réaction (abstention d'agir ou de porter secours), et ce, volontairement. Il y a donc un élément matériel et un élément moral.

1. Élément matériel : défaut d'assistance

Pour que cette prévention soit constituée, il faut que le prévenu n'ait rien fait, qu'il ne soit pas intervenu ou qu'il n'ait pas fait appel à des tiers. Cependant, pour la jurisprudence, l'appel à un tiers n'est que subsidiaire, car les juges redoutent les dérobades d'individus se déchargeant trop facilement sur des tiers. L'agent doit donc, en priorité, agir par lui-même. Une juridiction a formulé nettement la règle que « l'action personnelle doit être la règle et la faculté de provoquer un secours, l'exception, cette dernière option ne se concevant que lorsqu'il y a péril ou risque grave pour la personne appelée ou lorsque le secours ne peut être efficace que donné par un homme de l'art » (Tribunal correctionnel de Bayeux, 22 juin 1954, note de Pradel et Danti-Juan, 2010 : 148). Ainsi, une personne qui sait nager doit se jeter à l'eau et non faire appel à un secours pour sauver un enfant qui se noie. Si elle ne sait pas nager, elle doit ainsi provoquer un secours. Si elle ne le fait pas, elle est passible de condamnation.

Il y a ainsi deux modalités : « agir personnellement ou provoquer des secours » (Crim., 26 mars 1997, *Dr. pénal*, 1997, comm. 125 : secours provoqué par un médecin dans l'impossibilité d'agir personnellement, note de Véron, 1999 : 85).

---

[13] Rapport aux journées franco-belgo-luxembourgeoises, 1951.

2. *Élément moral : défaut d'assistance volontaire*

L'abstention de porter secours à un enfant n'est punissable que si elle est volontaire, c'est-à-dire si l'agent a eu la volonté de ne pas secourir. C'est dans ce sens qu'il a été jugé « est coupable de non-assistance à personne en danger, le prévenu qui, conscient du triste sort de ses détenus privés de vivres, les abandonne pour un long voyage et se comporte vis-à-vis d'eux avec indifférence et légèreté inqualifiables d'où résultent des présomptions graves et concordantes de son intention de leur nuire » (CSJ, RPA 77, du 25 mars 1983, *B.A.C.S.J.*, 2001 : 367).

Ainsi, l'intention sera déduite des circonstances qui encourent l'abstention. La volonté positive de nuire n'est pas requise et les mobiles sont indifférents. C'est que, dans certains cas, les juges ont appliqué les peines du refus d'assistance [abstention de porter secours] à des individus ayant fait appel à des procédés surnaturels au lieu d'appeler un médecin (Pradel et Danti-Juan, 2010 : 149). Par exemple, il y a refus d'assistance de la part d'individus qui, pour motifs religieux, se bornent à prier avec les parents, au chevet d'un enfant malade et devenu une « véritable loque ». D'un autre côté, le guérisseur ne peut justifier son délit d'exercice illégal de la médecine en invoquant l'obligation de porter secours.

Partant, « le mobile étant généralement indifférent en matière criminelle, celui qui invoque l'état de tension ou d'animosité qui existe entre lui et la victime n'échappe pas à la répression » (Likulia Bolongo, 1985 : 142).

§ 3. Répression de l'abstention de porter secours à un enfant

L'article 191 LPPE dispose que « quiconque s'abstient de porter secours à un enfant menacé d'atteinte imminente à sa vie ou à son intégrité physique, sans risque pour lui ni pour des tiers, est puni *de trois mois à un an* de servitude pénale principale et d'une amende de cent mille à deux cent cinquante mille francs congolais ». Ainsi au regard de cette disposition, le prévenu encourt cumulativement les peines de servitude pénale principale et d'amende. La peine de servitude pénale est de trois mois minimum et de un an maximum ; tandis que l'amende est de cent mille à deux cent cinquante mille francs congolais. Toutefois, avec le pouvoir discrétionnaire reconnu au juge en vertu des articles 18 et 19 du Code pénal, il peut prononcer une peine en deçà du minimum prévu par le législateur. Cependant, l'officier du ministère public ne peut transiger.

Qu'en est-il du *délai de prescription* ? Ce délai commence à partir du jour où se manifeste la volonté de ne pas intervenir, à partir du jour où l'intervention était possible et non pas à partir du jour de la découverte des faits (Haute cour de justice, 5 février 1993, *affaire dite du sang contaminé*) ; cependant, une autre jurisprudence, fondée sur des faits différents, fait partir le délai de prescription du jour où le prévenu a eu connaissance des faits (Crim., 17 septembre 1997, *B.C.*, n° 300, note de Pradel et Danti-Juan, 2010 : 149-150). Toutefois, il convient de retenir que l'abstention de porter secours « est une infraction d'omission, juridiquement consommée, en cas de péril durable, au moment où l'intervention aurait dû se produire » (Rapport Cass. crim., 17 septembre 1997, note de Conte, 2013 : 91). De toutes les façons, le refus d'assistance (équivalent à l'abstention de porter secours à un enfant) est une infraction instantanée (Pradel et Danti-Juan, 2010 : 150).

Des cas de *conflits de qualification* peuvent se produire lorsque l'agent frappe volontairement une personne, puis s'abstient de lui porter secours. Ici nous estimons que le principe de non-compatibilité s'applique. Cependant, dans le cas où l'agent a provoqué un incendie (article 106 CPL II), mais abandonne les enfants dans la maison, ces faits seront retenus simultanément, pensons-nous. Le cas de délit de fuite (au sens du Code de la route) et l'abstention de porter secours à un enfant peuvent être retenus ensemble. Nous avons précédemment signalé que les causes de la menace d'atteinte imminente peuvent résulter du fait d'un tiers ou de la personne censée apporter le secours.

Michel Véron (1999 : 84) apporte deux positions opposées en ces termes : « S'il s'agit de blessures involontaires, la réponse affirmative ne fait aucun doute : l'automobiliste qui renverse et blesse un piéton lui doit assistance. Il en est de même du pilote d'avion qui cause la chute d'un hélicoptère par une manœuvre malencontreuse (Crim., 4 mars 1998, *Dr. pénal*, 1998, comm. 97). Mais il ne semble pas juste qu'on puisse imposer à celui qui cause des blessures volontaires l'obligation de venir au secours de sa victime (Crim., 19 févr. 1959, *D.*, 1959 : 161). Pourtant, la Cour de cassation française a jugé que la qualification de coups ayant entraîné la mort sans intention de la donner n'était pas exclusive de celle de refus de porter secours, les deux infractions se caractérisant par des éléments distincts (Crim., 24 juin 1980, *Bull.*, n° 202 et *R.S.C.*, 1981 : 618, obs. Levasseur). Cette position de la Cour semble être conforme par rapport à l'origine du péril.

Section 9. Non-dénonciation des violences commises sur un enfant

Vue générale. La dénonciation peut être un devoir civique et juridique, parfois pénalement protégé : on ne saurait punir celui que la loi obligeait ou autorisait à dénoncer une infraction (ordre ou autorisation de la loi). L'article 192 de la loi portant protection de l'enfant autorise à toute personne qui a connaissance des violences infligées à un enfant à les dénoncer. Le fait de s'abstenir constitue l'infraction de non-dénonciation des violences commises sur un enfant. Et cette prévention s'aligne dans la logique de protéger l'enfant contre toute forme de violence physique ou morale ainsi que toute menace à sa santé et à son développement étant donné que la maltraitance expose l'enfant au danger de toute sorte.

En droit pénal procédural, la dénonciation constitue un mode par lequel un particulier porte à la connaissance de l'autorité judiciaire des faits infractionnels dont il a connaissance. Elle est ainsi « l'action de déclarer à la justice un crime, un délit ou une contravention dont on a connaissance en désignant ou non celui ou ceux qui en sont auteurs » (Mushi Bonane, s.d : 99). Mais ici et selon l'esprit de la disposition sous examen, la non-dénonciation des violences commises sur un enfant consiste en un fait, de toute personne, de s'abstenir de porter à la connaissance de tout fonctionnaire ou officier public, toute personne chargée d'un service public des violences, dont on a connaissance, commises sur un enfant.

§ 1. Base légale de la prévention

La non-dénonciation des violences commises sur un enfant est prévue et punie par l'article 192 de la loi portant protection de l'enfant Cet article dispose que « toute personne a l'obligation de dénoncer toute forme de violence physique ou morale infligée à l'enfant ainsi que toute menace à sa santé et à son développement dont elle a connaissance. La non-dénonciation des violences commises sur un enfant est punie d'une amende de cent mille à deux cent cinquante mille francs congolais ».

Pour son établissement, cette prévention requiert la réunion des éléments constitutifs qui ressort de la disposition légale sous examen.

§ 2. Conditions et éléments constitutifs

Les conditions qu'il faut examiner sont celles qui se rapportent à la personne susceptible de commettre cette prévention, la nature des faits susceptibles d'être dénoncés ainsi que la personne victime des faits. Tandis que les éléments constitutifs demeurent l'acte matériel et l'élément moral de l'infraction de non-dénonciation des violences commises sur un enfant.

A. Personnes susceptibles de commettre cette infraction

La loi portant protection de l'enfant punit toute personne qui s'abstient de dénoncer toutes formes de violence physique ou morale infligée à un enfant dont elle a eu connaissance. Ceci ressort de l'alinéa 1er, de l'article 192 de la loi portant protection de l'enfant qui énonce que « toute personne à l'obligation de dénoncer [...] ». Peu importe que cette personne soit un particulier (parent ou non) ou un dépositaire de l'autorité publique, elle a l'obligation de dénoncer les violences commises sur un enfant.

Personne ne peut ainsi évoquer le contexte dans lequel il a eu connaissance des faits pour chercher à échapper à cette obligation légale et salvatrice pour un enfant soumis à la violence. Le tabou secret professionnel est levé dans le cadre de violences commises sur un enfant. La loi n'a pas énuméré ou exempté les personnes qui sont soumises à cette obligation de dénoncer les violences, elle se limite à énoncer que « toute personne à l'obligation de dénoncer [...].

La loi ordonne ou autorise des dénonciations et justifie donc la violation du secret professionnel qui pourrait en résulter (Véron, 1999 : 155). La qualité de « personne dépositaire par état ou par profession des secrets » n'enlève pas dans son chef l'obligation de dénoncer les violences commises sur un enfant dont elle a eu connaissance en vertu de son état ou de sa profession. « L'intérêt général à l'origine de cette obligation prime sur l'intérêt particulier lié au secret » (Conte, 2013 : 222).

Toutefois, Likulia Bolongo (1985 : 224) semble prendre une position qui ne répond pas au contexte de la loi portant protection de l'enfant. Pour lui, « il paraît plus juste et plus équitable de faire la part des choses, c'est-à-dire de tenir compte des intérêts en présence. L'obligation de dénoncer doit dépendre de la nature même du secret ». Mais Conte (2013 : 221) estime que le législateur, dépositaire de l'intérêt général, peut lever le secret qui contredirait des valeurs supérieures. C'est dans ce contexte que peut être placé l'article 192 de la loi portant protection de l'enfant qui vise à protéger l'enfant contre toutes formes de violence physique ou morale ainsi que toute menace à sa santé ou à son développement. Ainsi, aucune violation du secret professionnel n'est commise si le professionnel parle sur ordre de la loi. L'article 192 donne l'ordre à toute personne, sans excepter les personnes qui sont tenues au respect du secret professionnel, de dénoncer des violences commises sur un enfant dont elle a connaissance. C'est dans ce sens qu'il est écrit par Rassat, « qu'il n'y a nulle impossibilité à ce qu'une violation objective d'une obligation générale et absolue de se taire puisse être justifiée par un fait justificatif » (note de Pradel et Danti-Juan, 2010 : 227). Pour ainsi dire que la violation de secret professionnel peut être parfois justifiée (et dans certains cas, comme sous examen, ordonnée par la loi).

Si toute personne a l'obligation légale de dénoncer, quels sont les faits dont on est tenu de dénoncer ?

B. Nature des faits à dénoncer

La loi portant protection de l'enfant n'oblige pas de dénoncer n'importe quel fait commis à l'égard d'un enfant. Elle oblige de dénoncer « toute forme de violence physique ou morale » et « toute menace à la santé et au développement » de l'enfant. Cependant, ces expressions ne sont pas définies par la loi. Il convient ainsi d'en apporter le sens.

Il est difficile de donner une définition universellement satisfaisante à ces expressions. Ceci s'explique par le relativisme de considération de fait existant entre les différents milieux. C'est-à-dire, comme l'écrit Jeff Latimer sur *les conséquences des violences faites à l'enfant*, ce qui est perçu comme de l'abus par certains est considéré comme normal et acceptable par d'autres. Toutefois, poursuit l'auteur, la plupart des spécialistes de la protection de l'enfance s'entendent sur une définition commune de la violence envers les enfants. Il s'agit de mauvais traitements infligés à un enfant ou de négligence des besoins liés au développement de ce dernier par un parent, un tuteur ou une personne qui en prend soin, entraînant ainsi ou pouvant entraîner des blessures ou des effets néfastes sur le plan affectif ou psychologique.

Toutefois, il y a lieu de retenir encore que la violence est une action par laquelle la personne tente d'établir un rapport de force avec une autre personne. La personne utilisant des comportements violents force l'autre à agir contre son gré sans respecter ses droits. C'est ainsi que la violence n'est pas une caractéristique de l'individu, mais plutôt un moyen utilisé pour atteindre ses buts.

La violence peut prendre plusieurs formes. Mais la loi ne vise ici que la violence physique ou morale ainsi que toute menace à la santé et au développement de l'enfant. Ainsi, revenons pour dire que les expressions suivantes désignent de manière générale ce qui suit :

1. La violence physique est lorsque la décharge est produite par le corps, dans le but de blesser l'autre personne, de la contrôler, de créer un climat de peur ou dans le but de se faire mal à soi-même. La violence physique peut être utilisée sur une autre personne directement, sur un objet, sur un animal ou sur soi-même. L'article 192 vise la violence commise sur une autre personne qui est l'enfant. Elle désigne ainsi le fait de frapper ou de battre un enfant, notamment de l'intoxiquer, le brûler, lui infliger des coups, lui donner des coups de pied, le mordre, le secouer, le lancer à terre, l'étrangler, ou exercer toute force ou forme de contrainte contre lui.

On invoque souvent la discipline pour justifier la violence physique. Cependant que la discipline physique n'est pas une façon efficace d'exercer une influence favorable sur le comportement de l'enfant. De plus, l'emploi de la force physique comme méthode de discipline peut dégénérer en coups beaucoup plus violents.

Il y a aussi certaines pratiques traditionnelles qui constituent une violence physique à l'égard des enfants. Il s'agit par exemple : – du repassage des seins qui consiste à se faire masser les seins naissants avec divers objets chauffés (pierres, spatules, pilons...) associés à l'application de pétrole ou de sel. Les seins sont parfois également bandés ou serrés à l'aide d'un serre-sein et les tissus sont fortement abîmés ; – du gavage de l'enfant fille ; – de la torture ; – de la mutilation génitale ; etc.

Peut-on considérer les différentes formes des violences sexuelles comme faisant partie de la violence physique ? Nous estimons qu'il ne faut pas se limiter aux atteintes à l'intégrité physique (comme la mutilation sexuelle), même les atteintes sexuelles peuvent se matérialiser par une atteinte physique. D'ailleurs, la violence est « tout acte de contrainte physique exercé sur une personne » (Likulia Bolongo, 1985 : 186). Partant, ce sont les atteintes qui doivent être assimilées à la violence physique. Mais le harcèlement sexuel constitue une violence morale.

2. La violence morale est difficile à définir et à détecter. Souvent on se bat sur la définition de la violence psychologique. Selon la jurisprudence, écrit Guinchard (2015 : 1024), c'est « tout acte qui, en dehors de tout contact avec le corps de la victime, est de nature à provoquer un choc émotif ». La violence psychologique désigne généralement des actions ou des omissions qui pourraient avoir des effets psychologiques néfastes. La violence morale est un phénomène de destruction insidieuse réalisé par un ou plusieurs individus sur un autre individu, au moyen des procédés et des stratégies indirectes, avec des gestes ou des paroles de mépris, de dénie, d'incurie, d'abus de droit, d'humiliation et de disqualification, ceci de façon fréquente et sur une longue période.

Il ne s'agit pas d'un phénomène isolé, mais d'une forme de violence répétée et soutenue. Le rejet, l'humiliation, l'intimidation, l'isolement, l'exploitation et le retrait de l'affection sont assimilés à des formes de violence psychologique.

Les souffrances morales peuvent paraître anodines ; pourtant elles blessent profondément et durablement l'enfant qui en est victime. Les mots ou « expressions » familiales sont autant de petites blessures, de petites violences quotidiennes et répétées qui vont s'inscrire dans la mémoire et dans le comportement de l'enfant, et ce tout au long de sa vie, s'il n'en prend pas conscience et ne s'en détache pas (Buffet, 2016).

3. La menace à la santé et au développement de l'enfant paraît difficile à définir, mais elle peut être bien comprise à travers certains cas. On pourrait citer comme le fait de ne pas nourrir, ne pas loger convenablement un enfant ; de le priver des soins préventifs ainsi que curatifs requis ; de ne pas lui offrir une surveillance adaptée à son niveau de développement. Il s'agit de tout péril à la santé, vue sous différentes formes, comme la santé physique, mentale et sociale, ayant un impact sur le développement physique, mental et social de l'enfant.

Tout enfant a le droit de jouir du meilleur état de santé possible. Ce droit inclut les soins de santé, l'allaitement maternel ainsi qu'une alimentation saine, suffisante, équilibrée et variée (article 21 LPPE). En privant ainsi sciemment un enfant le droit de jouir du meilleur état possible, celui-ci est dans une situation de menace à la santé et au développement qui doit être dénoncée pour éviter le danger à l'enfant.

La loi portant protection de l'enfant prévoit par ailleurs que tout enfant a droit à un niveau de vie suffisant pour permettre son développement intégral. Cette charge incombe au premier chef, selon leurs possibilités, aux parents et à toute personne qui exerce sur lui l'autorité parentale (article 23 LPPE). La détérioration du niveau de vie peut constituer une menace à la santé. Si la personne à laquelle incombe cette responsabilité le fait sciemment, cela constitue la menace à la santé et au développement de l'enfant qu'il faut dénoncer.

La même loi portant protection de l'enfant à son article 49 interdit toutes les pratiques, traditions et coutumes qui portent atteinte au développement, à la santé, voire à la vie de l'enfant. Il y a certaines pratiques coutumières comme le mariage d'un enfant qui constitue une menace à la santé et au développement de l'enfant.

D'ailleurs, le Comité des droits de l'enfant dans son observation générale rappelle l'obligation des États parties de « prendre toutes les mesures nécessaires d'ordre législatif, administratif ou autre, pour garantir aux adolescents l'exercice de leur droit à la santé et à l'épanouissement qui est reconnu dans la Convention et veiller à son application. À cette fin, les États parties doivent notamment s'acquitter des obligations ci-après : « Protéger les adolescents contre toutes les pratiques traditionnelles dangereuses telles que les mariages précoces, les crimes d'honneur et les mutilations sexuelles féminines [...] » (CRC/GC/2003/4, § 39).

Au regard de ce qui précède, il y a lieu de noter que cette prévention « ne suppose pas nécessairement que les faits non dénoncés puissent recevoir la qualification de crime » ou d'un fait infractionnel (Crim., 17 nov. 1993, *Dr. pénal*, 1994, comm. 53 ; *Bull.*, n° 347 note de Véron, 1999 : 316). Il suffit de « toute forme de violence physique ou morale » et de « toute menace à la santé et au développement » de l'enfant. Mais l'appréciation des faits, en termes de violence, peut être subjective.

C. Personne victime de fait

Le fait de ne pas dénoncer les différents faits précédemment examinés constitue une non-dénonciation coupable et l'auteur encourt une peine d'amende lorsque la victime est un enfant. Pour dire que, cette disposition ne s'applique pas lorsque les violences physiques ou morale ainsi que toute menace à la santé et au développement sont infligées à une personne âgée au moins de dix-huit ans. La loi invite à dénoncer les faits dont un enfant âgé de moins de dix-huit ans est victime.

D. Acte matériel : non-dénonciation

La compréhension de l'acte de non-dénonciation nécessite l'explicitation de la notion de dénonciation, déterminer la personne à qui les faits doivent être dénoncés ainsi que de la manière dont la dénonciation doit être faite.

1. La notion de dénonciation : la dénonciation suppose, certes, l'acte consistant à indiquer à une autorité un fait, bien entendu toutes violences commises sur un enfant. L'acte ne vaudrait dénonciation qu'à condition de porter sur un fait que l'autorité, jusqu'alors, ignorait (Conte, 2013 : 333). Quant au contenu, la dénonciation doit être celle d'un fait engendrant le risque à la santé et au développement de l'enfant ; toute violence physique ou morale commise sur un enfant bien déterminé.

2. À qui la dénonciation doit être faite ? La loi n'est pas explicite sur la personne devant laquelle la dénonciation de violences commises sur l'enfant devra être faite. La déclaration, envisageons-nous, devra être faite spontanément devant l'autorité judiciaire. Toutefois, elle peut être faite devant une personne ou institution capable de prendre les mesures nécessaires enfin de faire cesser la violence commise sur l'enfant. C'est ainsi que si la dénonciation n'est pas adressée à une personne ne pouvant prendre des mesures nécessaires pour la sauvegarde de l'enfant, il y a la non-dénonciation. Il s'agit alors de s'adresser à des officiers de justice ou de police administrative ou judiciaire, c'est-à-dire des agents de l'autorité ayant compétence pour provoquer directement ou indirectement des poursuites ou pour prendre des sanctions à l'égard de l'auteur et certaines mesures de sauvegarde à l'égard de l'enfant. Il faut donc saisir les autorités ayant le pouvoir de donner suite à la dénonciation ou de saisir l'autorité compétente. Il peut ainsi s'agir des agents subalternes d'une administration qui transmettra aux autorités judiciaires, du chef du village. Parler à un voisin nous semble être une abstention à la dénonciation des violences commises sur un enfant. Le voisin à qui on a parlé n'a aucun pouvoir sur l'auteur de fait.

3. Formes de dénonciation : La dénonciation peut être réalisée « par tout moyen », enseigne Conte (2013 : 334). Elle peut être par écrit (signé ou anonyme), verbalement, même sous forme dubitative, ou en rapport à ce que l'on prétend être une rumeur. Elle peut être confidentielle ou non. Elle sera contenue dans une lettre missive, dans un mémoire produit devant une juridiction, dans une pétition... Il n'est pas nécessaire que la dénonciation soit remise en main propre ; il suffit de l'adresser à l'autorité ou de faire en sorte qu'elle lui parvienne. La loi laisse ainsi à la personne concernée le choix des moyens à mettre en œuvre pour informer les autorités judiciaires ou administratives (Véron, 1999 : 316).

4. Non-dénonciation : Partant de ce qui précède, la non-dénonciation constitue une abstention de porter à la connaissance de la personne qui a le pouvoir de faire cesser les violences commises sur un enfant et dont on a connaissance.

Ainsi, constitue la non-dénonciation des violences commises sur un enfant, le fait pour le parent ou l'autorité tutélaire de procéder à l'arrangement à l'amiable pour faire taire le viol commis sur un enfant ; le fait de ne pas dénoncer le mariage d'enfant ou toutes autres formes de violence physique ou morale ainsi que toute la menace à la santé et au développement de l'enfant.

E. Élément moral

Le législateur a voulu réprimer l'indifférence face aux violences infligées aux enfants. Cette infraction étant intentionnelle, la non-dénonciation se caractérise par la volonté ou la conscience de s'abstenir de dénoncer toute forme de violence physique ou morale infligée à un enfant ainsi que toute menace à sa santé et à son développement. Il est ainsi exigé que l'auteur agisse volontairement, c'est-à-dire avec connaissance de cause. L'agent doit avoir eu connaissance de toute forme de violence physique ou morale infligée à un enfant ainsi que toute menace à sa santé et à son développement, mais s'abstient de dénoncer.

§ 3. Régime répressif

Le régime répressif de la non-dénonciation des violences infligées à un enfant présente quelques particularités procédurales qu'il convient de relever après la présentation de la peine applicable à l'auteur.

A. Peine applicable

Aux termes de l'article 192, alinéa 2, de la loi portant protection de l'enfant, la personne reconnue coupable de la non-dénonciation des violences commises sur un enfant encourt la peine d'*amende de cent mille à deux cent cinquante mille francs congolais.*

Étant donné que l'agent n'est puni que d'une peine d'amende, il y a lieu de relever quelques particularités procédurales.

B. Particularités procédurales

La lecture combinée des articles 27 du Code de procédure pénale et 192 sous examen nous amène à dire que l'agent poursuivi pour non-dénonciation des violences commises sur un enfant ne peut être placé en détention préventive. En effet, selon l'esprit de l'article 27 du Code de procédure pénale, outre les indices sérieux de culpabilité, le fait doit être réprimé d'une peine de six mois de servitude pénale au moins ou bien le fait paraît constituer une infraction que la loi punit d'une peine supérieure à sept jours. La non-dénonciation des violences commises sur un enfant n'est punie que d'une simple amende. Partant, elle ne peut entraîner la détention préventive de l'agent.

S'agissant de la prescription de l'action publique, il y a lieu de relever que la prescription concerne le fait de ne pas dénoncer et les faits à dénoncer. Pour le fait de ne pas dénoncer et qui constitue la prévention de la non-dénonciation, nous pensons que la prescription commence à courir du moment où l'agent a eu connaissance des violences infligées à un enfant. Mais si la violence dont l'enfant est victime constitue une situation continue, la prescription commence au moment où cesse la violence. Par contre, la prescription de l'action publique qui résulte des violences commises sur un enfant commence à courir du moment où l'autorité a eu connaissance des actes dénoncés auprès de lui.

Une fois que les violences physiques ou morales infligées à l'enfant ainsi que toute menace à sa santé et à son développement sont portées à la connaissance de la personne censée de les faire cesser et qu'elle reste inactive, cette dernière s'expose à son tour à une poursuite judiciaire pour abstention volontaire d'accomplir un acte de sa fonction ou de son emploi.

Section 10. Abstention volontaire d'accomplir un acte de sa fonction ou de son emploi

Vue générale. Cette prévention vise à réprimer toute indifférence qu'afficherait un fonctionnaire ou officier public ainsi que toute personne chargée d'un service public qui prend connaissance d'abus ou de mise en danger d'un enfant qui s'abstient volontairement d'accomplir un acte de sa fonction ou de son emploi requis pour la circonstance.

L'abstention volontaire d'accomplir un acte de sa fonction ou de son emploi constitue l'une des formes de la mise en danger d'un enfant. Sa répression vise ainsi à faire cesser et prévenir les indifférences qu'affichent certains fonctionnaires ou officiers publics ou toute personne chargée d'un service public, informés d'une situation d'abus ou de mise en danger d'un enfant, se complaisent dans l'inaction. Cette prévention s'apparente à l'abstention coupable d'un fonctionnaire qui est prévue par l'article 150 g du Code pénal, Livre II.

§ 1. Base légale de la prévention

L'abstention volontaire d'accomplir un acte de sa fonction ou de son emploi est prévue et punie par l'article 193 de la loi portant protection de l'enfant. Cet article dispose que « tout fonctionnaire ou officier public, toute personne chargée d'un service public qui prend connaissance d'abus ou de mise en danger d'un enfant et qui s'abstient volontairement d'accomplir un acte de sa fonction ou de son emploi requis pour la circonstance est puni d'une amende de cent mille à deux cent cinquante mille francs congolais ».

Pour sa constitution, cette prévention exige la réunion des éléments constitutifs dans le chef de l'agent.

§ 2. Éléments constitutifs

L'abstention volontaire d'accomplir un acte de sa fonction ou de son emploi vise une catégorie de personne (d'où la qualité de l'auteur). Outre cela, ce dernier doit avoir adopté, en connaissance de cause, une attitude d'abstention au préjudice d'un enfant victime d'abus ou mis en danger.

A. Qualité de l'auteur de l'abstention

Aux termes de l'article 193 de la loi portant protection de l'enfant, l'abstention volontaire d'accomplir un acte de sa fonction ou de son emploi est une prévention qui ne peut être commise que par les officiels et toute personne chargée d'un service public. En effet, cette prévention ne peut être commise que par des personnes limitativement énumérées à la disposition. Il s'agit de tout fonctionnaire public, officier public et de toute personne chargée d'un service public.

Le fonctionnaire public est une personne employée par l'administration publique de l'État. Il est ainsi un « agent d'une administration publique dépendant de l'État » (*Le Larousse de poche*, 2002). Selon Guinchard *et al.* (2015 : 465 ; 689), le fonctionnaire public est toute « personne nommée dans un emploi permanent et titularisée dans un grade de la hiérarchie » [dans l'administration publique dépendant de l'État]. Tandis que l'officier public est tout agent « titulaire d'un office ayant qualité pour dresser des actes authentiques ». C'est par exemple le magistrat, l'officier de l'état civil, le greffier du tribunal, l'huissier de justice. Le fonctionnaire ou l'officier public est « un agent public de l'État » suivant l'esprit de l'article 1er du décret-loi n° 017/2002 du 3 octobre 2002 portant Code de conduite de l'agent public de l'État.

L'article 193 de la loi portant protection de l'enfant élargit la responsabilité à toute personne chargée d'un service public. Celle-ci n'est plus une personne employée par l'administration publique de l'État. Le service public peut être géré par une personne privée ou une personne publique. Nous pensons que le service public, dont il est question, est celui qui a pour but la *satisfaction de l'intérêt d'un enfant placé dans une situation d'abus ou de mise en danger.*

B. Nature de fait porté à la connaissance de l'auteur

La loi parle simplement d'abus ou de mise en danger d'un enfant sans plus de précision sur ces faits. L'abus, dans son sens générique, désigne excès. Nous estimons qu'il s'agit de tout acte commis à l'égard d'un enfant et qui n'est pas socialement ou pénalement accepté. Les abus peuvent résulter notamment de l'emploi au travail d'un enfant, comme les cas de pires formes de travail, le travail de plus de quatre heures par jour, le travail de nuit (articles 50 à 56 LPPE) ou de l'exposition d'un enfant à toute forme d'exploitation et de violences (articles 57 à 59 LPPE). C'est aussi le cas de la discipline familiale ou scolaire administrée sans humanité ; de l'exploitation économique de l'enfant ; du harcèlement sexuel ; de l'incitation, de l'encouragement ou de la contrainte d'un enfant à s'engager dans une activité sexuelle ; de l'utilisation, du recrutement ou de l'offre d'un enfant à des fins de pédophile ; de l'exposition d'un enfant à des chansons et spectacles obscènes.

La mise en danger regroupe, à notre avis, toutes les infractions prévues à la section y relative de la loi portant protection de l'enfant. Il s'agit de tout acte discriminatoire, tout déplacement ou rétention illicites d'un enfant à l'étranger, utilisation d'un enfant dans différentes formes de criminalité, donné en mariage un enfant, délaissement d'enfant.

Il s'agit aussi des autres actes non visés à la section relative à la mise en danger d'un enfant, mais qui le mettent en danger. C'est le cas d'un enfant déplacé, réfugié, en situation difficile, en situation exceptionnelle, ou séparé. Celui-ci est dans une situation de danger qui nécessite l'accomplissement d'un acte de protection par un fonctionnaire ou officier public ou toute personne chargée d'un service public. Un fait qui ne constitue pas un abus ou une mise en danger d'un enfant ne peut donner lieu à des poursuites, sur pied de l'article 193, lorsque l'agent en a eu connaissance et ne fait rien.

C. Personne victime d'abus ou mise en danger

Le fait porté à la connaissance du fonctionnaire ou officier public ou toute personne chargée d'un service public et qui nécessite l'accomplissement d'un acte de sa fonction ou de son emploi doit avoir pour victime un enfant. C'est-à-dire une personne âgée de moins de dix-huit ans. Autrement dit, si la personne victime d'abus ou de mise en danger est âgée de dix-huit ans ou plus, la prévention ne sera pas constituée. Il y a ainsi lieu d'apporter la preuve de la minorité d'âge de la personne victime d'abus ou mis en danger.

D. Acte matériel d'abstention

L'élément matériel se consomme par l'abstention. L'abstention est une « attitude consistant à ne pas [...] exécuter un devoir » (Guinchard *et al.*, 2015 : 4). Il s'agit d'une omission ou une inaction consistant à ne pas accomplir un acte de sa fonction ou de son emploi pour faire cesser l'abus ou la mise en danger d'un enfant.

Par fonction, il faut entendre toute charge, tout emploi. Il importe donc peu qu'elle soit publique ou privée. Ainsi, « l'acte de sa fonction », c'est un acte en raison de la charge ou de l'emploi pour lequel le prévenu est titularisé et qu'il est requis d'accomplir en raison de la circonstance.

Un chef d'office du parquet qui reçoit une dénonciation d'un abus commis sur un enfant et qui s'abstient d'ouvrir un dossier judiciaire s'abstient à accomplir un acte de sa fonction requis pour la circonstance.

Par « acte de son emploi », il s'agit d'un acte pour lequel l'agent est employé dans un service public. C'est le cas d'un assistant social, qui informé d'une situation d'un enfant qui se trouve est en situation difficile telle que définie par l'article 62 de la loi portant protection de l'enfant, ne procède pas à son placement social.

L'acte à accomplir par l'agent, lequel n'a pas réalisé, dépend de chaque cas ou d'abus en présence. C'est-à-dire, chaque circonstance détermine l'acte que l'agent doit accomplir en raison de sa fonction ou de son emploi.

E. Élément moral

L'agent doit avoir connaissance de l'abus ou de la mise en danger de l'enfant, mais s'abstient d'accomplir un acte de sa fonction ou de son emploi. L'abstention doit être ainsi volontaire. Ceci signifie d'abord que le prévenu devait connaître, directement ou indirectement, l'existence d'un abus ou de la mise en danger d'un enfant. Ensuite, l'agent ayant entendu, par l'effet d'un choix délibéré, décide de ne pas agir. L'intention de nuire n'est pas exigée et le mobile est indifférent.

§ 3. Répression

L'abstention volontaire d'accomplir un acte de sa fonction ou de son emploi est punie d'une simple peine d'amende. Aux termes de l'article 193 de la loi portant protection de l'enfant, cette prévention est punie d'une amende de cent mille à deux cent cinquante mille francs congolais.

Le législateur semble ne pas avoir traité les conséquences qui peuvent découler de l'abstention volontaire d'accomplir un acte de sa fonction ou de son emploi. Il peut arriver que l'abstention conduise à la mort d'un enfant ou au préjudice physique ou moral. Suite à cette gravité, qui découle de l'abstention, nous pensons que l'agent peut être poursuivi sur pied de l'article 191 de la loi portant protection de l'enfant. Cette disposition réprime l'abstention de porter secours à un enfant menacé d'atteinte imminente à sa vie ou à son intégrité physique. Mais, il faut examiner chaque cas d'espèce si ça peut entrer dans le registre de l'article 191 qui réprime l'abstention de porter secours à un enfant menacé d'atteinte imminente à sa vie ou à son intégrité physique. Au cas où le comportement de l'agent, quoiqu'ayant entraîné les conséquences graves, n'entre pas dans cette disposition, il sera poursuivi sur pied de l'article 193. Ainsi, il y a lieu de penser à la modification de la disposition.

Section 11. Utilisation d'un enfant aux fins de mendicité

Vue générale. La mendicité est en soi réprimée par le décret du 23 mai 1896, modifié par les décrets du 11 juillet 1923 et du 6 juin 1958[14]. Aux termes de l'article 1er de ce décret, « tout individu trouvé en état de vagabondage ou de mendicité sera arrêté et traduit devant le tribunal compétent ». La peine prévue est la mise à la disposition du Gouvernement. Selon les cas, la mise à la disposition du Gouvernement peut être de sept ans au plus ou d'un temps qui ne dépasse pas un an. L'article 3 du décret accorde le pouvoir au tribunal de mettre « à la disposition du gouvernement pendant sept ans au plus, les individus valides qui exploitent la charité comme mendiants de profession, et ceux qui, par fainéantise, ivrognerie ou dérèglement de mœurs, vivent en état habituel de vagabondage ». Tandis que l'article 4 prévoit, par contre, que « pourront être également mis à la disposition du gouvernement pendant un temps ne dépassant pas un an, les individus trouvés en état de vagabondage ou mendiant, sans aucune des circonstances mentionnées à l'article précédent ».

Malgré cette législation, qui paraît être désuète, le phénomène ne cesse de prendre une ampleur inquiétante ou de prendre des formes variées, en l'occurrence l'utilisation des enfants, à travers les villes et villages de la République. C'est ainsi que le législateur, quoique la mendicité soit une infraction à part entière, a jugé nécessaire d'incriminer l'utilisation [directe ou indirecte] d'un enfant aux fins de mendicité en vue de « lutter contre un phénomène dont la gravité éclate aux yeux des passants ou des voyageurs des transports en commun, les mineurs étant d'ailleurs plus contraints par violences ou privations diverses que simplement provoqués » (Véron, 1999 : 183).

Dans sa formulation, l'article 194 de la loi portant protection de l'enfant réprime *quiconque* utilise un enfant aux fins de mendicité. C'est ainsi que cette infraction peut être commise par un parent, un non-parent ou un enfant à l'égard de l'enfant. Pour

[14] À lire dans la compilation du Code pénal congolais, décret du 30 janvier 1940 tel que modifié jusqu'au 31 décembre 2009 et ses dispositions complémentaires, p. 181.

dire que la qualité de l'auteur n'est pas une condition requise pour que la prévention soit constituée.

L'utilisation d'un enfant aux fins de mendicité est alors un acte de quiconque qui emploie, de gré ou de force, un enfant dans le but de le livrer à la demande de l'aumône ou de la charité à son profit. Par cette prévention, d'utilisation d'un enfant aux fins de mendicité, ce n'est pas la mendicité en elle - même qui est incriminée, mais l'emploie à la mendicité. La mendicité demeure réprimée par le décret du 23 mai 1896, modifié par les décrets du 11 juillet 1923 et du 6 juin 1958.

§ 1. Base légale de la prévention

C'est l'article 194 de la loi portant protection de l'enfant qui est la base légale de l'infraction d'utilisation d'un enfant aux fins de mendicité. Aux termes de cette disposition « quiconque utilise un enfant aux fins de mendicité est puni d'une amende de cinquante mille à cent mille francs congolais ». C'est de cette disposition que découlent les éléments constitutifs qu'il convient d'examiner.

§ 2. Éléments constitutifs

Il ressort de l'article 194 de la loi portant protection de l'enfant qu'il faut un acte matériel d'utilisation ainsi que de la personnalité de la victime utilisée pour la mendicité. Outre cela, il faut dégager l'élément moral dans le chef de la personne qui a utilisé l'enfant aux fins de mendicité.

A. Acte matériel

L'acte matériel de l'infraction d'utilisation d'un enfant aux fins de mendicité consiste en « l'utilisation ». Le législateur n'a pas circonscrit les formes d'utilisation ni les modes opératoires d'utilisation d'un enfant qui doivent être répréhensibles. Mais il précise la finalité de l'utilisation, disant le but pour lequel un enfant est utilisé par *quiconque.*

Il y a ainsi lieu de relever que l'utilisation d'un enfant peut prendre diverses formes. Elle « peut consister à organiser la mendicité d'autrui en vue d'en tirer profit ; à tirer profit de la mendicité d'autrui, à en partager les bénéfices ou à recevoir des subsides d'une personne se livrant habituellement à la mendicité ; à embaucher, entraîner ou détourner aux fins de l'enrichissement personnel une personne en vue de la livrer à l'exercice d'un service ou d'un don » (Pradel et Danti-Juan, 2010 : 292).

L'utilisation d'un enfant doit avoir une finalité. Aux termes de l'article 194, la finalité poursuivie par l'auteur doit être la mendicité. Il s'agit ainsi de l'utilisation d'un enfant pour qu'il sollicite la charité par la remise de fonds, de valeurs ou d'un bien.

L'utilisation peut être faite par contrainte, violence ou menace. Mais, la manière d'utiliser l'enfant est inopérante pour caractériser l'infraction étant donné que la disposition sous examen n'en fait mention. C'est ainsi que l'utilisation doit être répréhensible même si elle est acceptée ou non par l'enfant employé aux fins de mendicité. Ainsi, peu importe le consentement ou non de l'enfant pour que l'infraction soit constituée.

B. Personnalité de la personne victime

Comme toutes les autres infractions à la loi portant protection de l'enfant, la personne victime, de la prévention d'utilisation d'un enfant aux fins de mendicité, est toute personne âgée de moins de dix-huit ans, quel que soit son sexe.

Ainsi, il ne suffit pas d'apporter la preuve de l'acte d'utilisation, mais aussi il faut prouver que la personne qui a été utilisée aux fins de mendicité est une personne âgée de moins de dix-huit ans. Sur la preuve de la minorité d'âge, se référer au point relatif à l'élément commun des infractions à la loi portant protection de l'enfant.

C. Élément moral

L'utilisation d'un enfant aux fins de mendicité est une infraction intentionnelle. Il faut que l'auteur ait utilisé l'enfant consciencieusement et en connaissance de cause. Ainsi, le dol spécial est requis. C'est dire que l'agent doit avoir employé l'enfant en vue de ou aux fins de mendicité. Il convient alors d'apporter la preuve que l'auteur avait utilisé l'enfant en vue de le livrer à la mendicité.

§ 3. Répression

L'utilisation d'un enfant aux fins de mendicité est punie d'une simple amende. Aux termes de l'article 194 de la loi portant protection de l'enfant, « quiconque utilise un enfant aux fins de mendicité est puni d'une amende de cinquante mille à cent mille francs congolais ».

Cette infraction est moins sévèrement punie. Le législateur n'a pas tenu compte de sa gravité sur la mise en danger d'un enfant.

Dans la poursuite, faut-il poursuivre l'enfant utilisé pour la mendicité pour le manquement de mendicité ? Nous pensons que l'enfant est victime de l'acte d'utilisation qui le conduit à la mendicité. Partant, il n'est pas auteur et ne peut être poursuivi pour la mendicité.

Le législateur devrait penser à l'aggravation de la peine dans certaines hypothèses. L'aggravation pouvait résulter de la qualité de l'auteur de l'infraction qui peut être un ascendant légitime, adoptif de la victime, ou une personne qui a autorité sur elle ou qui abuse de l'autorité que lui confèrent ses fonctions. Le mode opératoire pouvait aussi constituer un autre type de circonstance aggravante ; lorsque l'infraction a été commise avec l'emploi de contrainte, de violences, de manœuvres dolosives ; si l'infraction a été commise par plusieurs personnes en qualité d'auteurs ou de complices. L'aggravation pouvait enfin résulter de l'état de la victime et de son âge.

CHAPITRE VI

LES ATTEINTES AUX DROITS À LA SANTÉ ET À L'ENSEIGNEMENT DE L'ENFANT

À côté des incriminations de la mise en danger de l'enfant, dans le cadre de la protection pénale, le législateur a érigé en infraction les atteintes aux droits à la santé et à l'enseignement de l'enfant. Cette section regroupe les infractions relatives à l'abstention de donner des soins préventifs requis à un enfant, au refus d'assurer à son enfant les vaccinations et autres soins médicaux préventifs, à l'exigence des frais scolaires autres que ceux prévus, au non-envoi d'un enfant à l'école.

Les différentes dispositions à la présente section contribuent, dans le domaine de la santé, à la diminution de la morbidité et de la mortalité infantile et, dans le domaine de l'enseignement, à l'instruction de l'enfant en vue de lutter contre l'analphabétisme. Il ressort de l'article 21 de la loi portant protection de l'enfant que « tout enfant a le droit de jouir du meilleur état de santé possible. Ce droit inclut les soins de santé [...] ». Dans le domaine de l'enseignement, « aucun enfant ne peut, en matière d'éducation, faire l'objet d'une mesure discriminatoire, qu'elle résulte de la loi ou d'un acte de l'exécutif ou du fait d'un particulier » (article 39 LPPE). C'est ainsi que « tout enfant a droit à l'éducation [...]. L'État garantit le droit de l'enfant à l'éducation en rendant obligatoire et gratuit l'enseignement primaire public [...] (article 38 LPPE).

Section 1. Abstention de donner des soins préventifs requis à l'enfant

Vue générale. Cette prévention n'est pas définie par la loi portant protection de l'enfant. Mais il découle de la disposition légale sous examen, l'article 195, que l'abstention de donner des soins préventifs requis à l'enfant est le fait pour tout responsable d'un établissement sanitaire public ou privé intégré dans le système des soins de santé primaire qui ne se conforme pas à la politique sanitaire du pays et s'abstient à donner les soins préventifs requis à l'enfant.

L'abstention de donner les soins préventifs requis à l'enfant, c'est une prévention qui n'a pas d'équivalent dans le Code pénal. C'est une prévention qui a une visée de protéger l'enfant dans le domaine de la santé. Plusieurs maladies refont parfois surface dans le pays et entraînent la mortalité infantile. Ainsi, dans le but de les prévenir, l'État a l'obligation d'arrêter une politique sanitaire prévoyant les soins préventifs. C'est une obligation qui découle de l'article 14 de la Charte africaine des droits et du bien-être de l'enfant de juillet 1990.

§ 1. Base légale

C'est l'article 195 de la loi portant protection de l'enfant qui est le siège légal de la prévention d'abstention de donner des soins préventifs requis à l'enfant. Cet article dispose que « tout responsable d'un établissement sanitaire public ou privé intégré dans le système des soins de santé primaire qui ne se conforme pas à la politique sanitaire du pays et s'abstient de donner les soins préventifs requis à l'enfant est puni de un à six mois de servitude pénale principale et d'une amende de cent cinquante mille francs congolais ou d'une de ces peines seulement ».

Découlent de cette disposition légale les éléments constitutifs ainsi que le régime répressif qu'il faut ainsi examiner.

§ 2. Éléments constitutifs

Comme toute infraction, l'abstention de donner les soins préventifs requis à l'enfant, outre l'élément légal, se compose des éléments constitutifs classiques (l'acte matériel et l'élément moral) et l'élément spécifique, qui est la qualité de l'auteur.

A. Qualité de l'auteur

Il ressort de l'article 195 de la loi sous examen que l'abstention de donner les soins préventifs requis à l'enfant est une infraction qui ne peut être commise que par « tout responsable d'un établissement sanitaire ». Il ne s'agit pas, toutefois, de tout responsable d'un établissement sanitaire. La loi est très précise à ce niveau. Il doit s'agir de « tout responsable d'un établissement sanitaire public ou privé intégré dans le système des soins de santé primaire ». Pour celui du domaine privé, l'établissement sanitaire doit être intégré dans le système des soins de santé primaire. Au cas où l'établissement sanitaire n'y est pas intégré, le responsable de cet établissement ne remplit pas la qualité pour engager sa responsabilité pénale.

La loi ne précise pas qui est le responsable d'un établissement sanitaire. Mais, ne peut être responsable d'un établissement sanitaire qu'un agent sanitaire qui assume les tâches du médecin directeur, du médecin responsable ou de l'infirmier titulaire. En employant l'expression « tout responsable », ceci veut dire que la personne qui n'est pas responsable d'un établissement sanitaire n'engage pas sa responsabilité pénale sous cette disposition lorsqu'il s'abstient de donner les soins préventifs requis à un enfant, quoiqu'elle soit agent d'un établissement sanitaire public ou privé.

Toutefois, nous estimons que la qualité de responsable d'un établissement sanitaire peut être même de fait. C'est dire que l'agent sanitaire peut accomplir les tâches qui reviennent à ce responsable sans aucune désignation par l'autorité compétente.

B. Actes matériels

Il découle de l'article 195 que les actes matériels consistent en l'un ou l'autre acte visant : – à ne pas se conformer à la politique sanitaire du pays ; – à s'abstenir de donner les soins préventifs requis à l'enfant. Ces actes ne sont pas cumulatifs, c'est-à-dire que l'accomplissement de l'un ou l'autre acte par tout responsable d'un établissement sanitaire suffit pour cristalliser la prévention.

L'acte de *ne pas se conformer à la politique sanitaire du pays* est une abstention par le responsable d'un établissement sanitaire public ou privé à appliquer dans son établissement la politique sanitaire du pays. Cette politique sanitaire doit être celle qui concerne l'enfant que « l'État élabore et met en œuvre des stratégies efficaces visant la diminution de la morbidité et de la mortalité infantile » (article 21 LPPE).

Quelle est la politique sanitaire qui doit être prise en compte étant donné que le pays dispose des institutions centrales et provinciales ? Faut-il considérer la politique sanitaire provinciale comme faisant partie de la politique sanitaire du pays ? Il n'est pas aisé d'apporter une réponse nette. Cependant, aux termes de l'article 202, point 36, litera h, de la Constitution telle que révisée par la loi n° 11/002 du 20 janvier 2011 portant révision de la Constitution du 18 février 2006, la médecine préventive relève de la compétence exclusive du pouvoir central. Toutefois, l'élaboration des programmes d'assainissement et de campagne de lutte contre les maladies endémo-épidémiques conformément au plan national ainsi que le contrôle de la législation médicale et pharmaceutique nationale ; l'organisation des services de la médecine curative, des services philanthropiques et missionnaires, des laboratoires médicaux et des services pharmaceutiques, l'organisation et la promotion des soins de santé primaires relèvent de la compétence exclusive des provinces (article 204, point 18, de la Constitution). Ainsi, la politique sanitaire du pays est celle arrêtée par le pouvoir central.

S'agissant de l'acte de *s'abstenir de donner les soins préventifs requis à l'enfant*, il s'agit du fait d'éviter de donner ou de renoncer à donner à un enfant les soins préventifs requis. Il convient cependant de connaître ce que sont « les soins préventifs ». Pour James[15], le soin préventif « vise à prévenir l'apparition des problèmes de santé ». Les soins préventifs, poursuit l'auteur, « mettent également l'accent sur l'établissement d'un diagnostic avant que les symptômes ou les complications ne surviennent, lorsque les chances de guérison sont les meilleures. Lorsqu'elle est bien appliquée, la prévention améliore l'état de santé général ». L'objectif global de la prévention est de diminuer le risque d'une personne de développer une maladie ou de devenir handicapée ou de mourir prématurément.

[15] Il a publié sur internet l'article intitulé « Généralités sur les soins préventifs ».

Ainsi, les soins préventifs sont ceux qui visent à prévenir que l'enfant ne puisse développer une maladie ou devenir handicapée (à cause de la poliomyélite, par exemple) ou de mourir prématurément. L'usage du vaccin constitue un des cas des soins préventifs.

Au cas où le responsable d'un établissement sanitaire public ou privé s'abstient de donner les soins curatifs ou palliatifs à l'enfant, il ne commet pas l'abstention de donner les soins préventifs requis à l'enfant. Il sera poursuivi sur base d'autres dispositions à la loi portant protection de l'enfant (comme l'abstention de porter secours à un enfant, article 191 LPPE ou sur pied de l'article 193 LPPE).

Il ne suffit pas de prouver l'abstention de donner les soins préventifs requis. Il faut en outre montrer que le responsable de l'établissement sanitaire ne l'a pas fait en faveur d'une personne âgée de moins de dix-huit ans. Au cas où l'abstention de donner les soins préventifs requis a été faite au préjudice d'une personne âgée de dix-huit ans ou plus la prévention sous cette dénomination ne sera pas constituée.

C. Élément moral

L'abstention de donner les soins préventifs requis à l'enfant est une infraction intentionnelle. Il faut que le responsable de l'établissement sanitaire public ou privé ait consciencieusement et en connaissance de cause la volonté d'éviter de donner les soins préventifs requis à l'enfant ou qu'il se soit abstenu de se conformer à la politique sanitaire du pays.

Toutefois, il ne peut engager sa responsabilité pénale lorsqu'il évoque les circonstances ou autres facteurs, médicalement prouvés, qui justifieraient son abstention de donner les soins préventifs à l'enfant.

§ 3. Régime répressif

Avant de déterminer la peine qu'encourt tout responsable d'un établissement sanitaire public ou privé, il y a lieu de présenter quelques particularités procédurales en raison de la poursuite contre le responsable d'un établissement sanitaire public, le cas du médecin.

A. Poursuite judiciaire

Les médecins des services publics de l'État bénéficient de privilège de poursuite et de juridiction (pour certains d'entre eux). Aux termes de l'article 76 du décret n° 06/130 du 11 octobre 2006 portant statut spécifique des médecins des services publics de l'État, « pour garantir la dignité, la sécurité, la respectabilité et le capital confiance dont le médecin doit jouir, les poursuites à sa charge pour les actes infractionnels qu'il peut commettre dans l'exercice de sa profession ne peuvent être engagées qu'à l'initiative du Procureur général près la Cour d'appel de son ressort ».

La même disposition poursuit qu'« exceptionnellement, pour le médecin résidant dans une entité administrative autre que le chef-lieu de province, l'initiative revient au magistrat du Parquet le plus préséant ». Là, il s'agit des chefs d'office des parquets à savoir : le Procureur de la République ou le Chef du parquet près le tribunal de paix.

Par ailleurs, précise l'article 76, « le médecin bénéficie du privilège de juridiction institué par l'article 94 alinéa 2, de l'Ordonnance-loi n° 82/020 du 31 mars 1982 portant Code de l'organisation et de la compétence judiciaires telle que modifiée et complétée à ce jour ». Étant abrogé dans ces dispositions sous réserve de quelques articles, ce Code a été remplacé par la loi organique n° 13/011-B du 11 avril 2013 portant organisation, fonctionnement et compétences des juridictions de l'ordre judiciaire. Au regard de cette loi organique, à son article 91, point 2, le privilège de juridiction est reconnu aux membres de l'Assemblée provinciale, aux magistrats, aux maires, aux maires adjoints, aux présidents des Conseils urbains et aux fonctionnaires des services publics de l'État et les dirigeants des établissements ou entreprise publique revêtus au moins du grade de directeur ou du grade équivalent.

Ainsi, les médecins des services publics de l'État sont justiciables de la Cour d'appel. Cependant, le médecin d'un établissement sanitaire privé ne bénéficie pas de ce privilège.

B. Peines applicables

Aux termes de l'article 195, le responsable d'un établissement sanitaire public ou privé qui sera reconnu coupable de l'abstention de donner les soins préventifs requis à l'enfant sera puni de un à six mois de servitude pénale principale et d'une amende de cent cinquante mille francs congolais ou d'une de ces peines seulement.

Ainsi, le tribunal a la faculté de prononcer soit toutes les deux peines, la servitude pénale principale et l'amende, soit une seule peine, la servitude pénale principale ou l'amende.

C. Juridiction compétente

La juridiction compétente est déterminée, non seulement, en raison du taux de la peine, mais aussi en raison de la qualité de l'auteur. Le médecin du service public de l'État bénéficie du privilège de juridiction institué par l'article 91, point 2, de la loi organique n° 13/011-B du 11 avril 2013 portant organisation, fonctionnement et compétences des juridictions de l'ordre judiciaire. Partant, il sera poursuivi devant la Cour d'appel. Tandis que le médecin d'un établissement sanitaire privé sera poursuivi devant le tribunal de paix.

Section 2. Refus d'assurer à son enfant les soins médicaux préventifs

Vue générale. Le refus d'assurer à son enfant les soins médicaux préventifs est le fait de tout parent, tuteur ou responsable légal qui refuse délibérément d'assurer à son enfant les soins médicaux préventifs et particulièrement les vaccinations.

Assurer les soins médicaux préventifs à son enfant est une obligation qui découle de l'article 21 de la loi portant protection de l'enfant. Les parents ont l'obligation d'assurer les soins médicaux à leurs enfants. Au cas où ils refusent délibérément de leurs assurer les soins médicaux préventifs, et particulièrement les vaccinations, ils commettent l'infraction prévue à la loi portant protection de l'enfant.

Cette prévention vise à lutter contre certaines pratiques basées sur de convictions religieuses prohibant aux adeptes de ne pas faire bénéficier aux enfants les vaccinations et autres soins médicaux préventifs.

§ 1. Base légale

C'est l'article 196 de la loi portant protection de l'enfant qui prévoit et réprime le refus d'assurer à son enfant les soins médicaux préventifs. Aux termes de cet article, « tout parent, tuteur ou responsable légal qui refuse délibérément d'assurer à son enfant les soins médicaux préventifs et particulièrement les vaccinations, est puni d'une servitude pénale principale ne dépassant pas cinq jours et d'une amende de cinquante mille francs congolais ou d'une de ces peines seulement ».

Le refus d'assurer à son enfant les soins médicaux préventifs n'a pas d'infraction équivalente au Code pénal, Livre II. C'est une infraction introduite en droit congolais par la loi n° 09/001 du 10 janvier 2009 portant protection de l'enfant.

§ 2. Éléments constitutifs

Il ressort de l'article 196 de la loi portant protection de l'enfant que, pour que cette prévention soit constituée, il faut un acte matériel d'abstention ainsi que l'élément moral dans le chef de l'auteur. Toutefois, l'article 196 ne rend pas toute personne ou quiconque responsable pénalement de cette infraction. Il y a ainsi la qualité de l'auteur qu'il faut au préalable examiner.

A. Qualité de l'auteur

L'article 196 de la loi portant protection de l'enfant ne vise que « tout parent, tuteur ou responsable légal » qui peut être coupable de cette infraction. Ainsi, toute personne qui n'est pas revêtue de l'une ou l'autre qualité ne peut engager sa responsabilité pénale sur pied de cette disposition.

Il convient toutefois de préciser que « le terme *parent*, relatif à la famille, désigne la personne qui élève et protège l'enfant. Au singulier, désigne plus largement celui qui est membre de la même famille qu'une autre personne. Au pluriel, ceux dont on descend en ligne directe » (http://www.cnrtl.fr/definition/parent). Ayant écrit *parent* au singulier, le législateur rend responsable toute personne membre de la même famille avec l'enfant ou bien toutes « personnes unies par un lien de parenté » (à l'enfant) (Guinchard *et al.*, 2015 : 715). Il doit ainsi y avoir un lien de parenté et non d'alliance avec l'enfant pour engager la responsabilité. Font ainsi partie de cette catégorie de « parent », les père et mère, les grands-parents de l'enfant, les frères et sœurs ; il s'agit ici du sens restreint. Parents désigne « ceux auxquels le droit reconnaît, par l'effet du mariage et de l'adoption, un lien juridique d'ascendance directe avec un enfant » (Guinchard *et al.*, 2015 : 715). Ainsi, un parent adoptif a aussi la qualité d'engager la responsabilité pénale.

Le *tuteur* est toute « personne chargée de représenter un mineur [...] placé sous le régime de tutelle » (Guinchard *et al.*, 2015 : 999). Au regard du nouveau Code de la famille, le tuteur est désigné par le tribunal de paix sur proposition du conseil de famille (article 224 du Code de la famille). Toutefois, aux termes de l'article 226 du même Code de la famille, le tuteur peut être désigné par les père ou mère ou le dernier mourant par testament. Cependant, ce choix doit être confirmé par le tribunal de paix après avis du conseil de famille. Ainsi, l'autorité tutélaire n'est pas de fait, mais elle est judiciaire.

Par *responsable légal*, le législateur semble avoir créé une catégorie de personnes autres que le parent et le tuteur qui doit répondre de fait. Cependant, ces derniers sont aussi responsables légaux de l'enfant. Ainsi, l'expression « responsable légal » manque quelque peu de précision. Toutefois, nous estimons que le responsable légal est tout celui ou toute celle, conformément à la loi, doit répondre des actes de l'enfant dont il a la charge ou qui est sous sa charge. C'est le cas d'un responsable d'une structure d'accueil des enfants dans le cadre de la protection sociale. Il s'agit soit dans une famille élargie, soit dans une famille d'accueil, soit au sein d'une institution publique ou privée agréée à caractère social ou encore en foyer autonome (article 64 LPPE).

Ainsi, peut être coupable de cette infraction le parent, le tuteur ou le responsable légal. C'est-à-dire, le coupable ne peut être qu'un ascendant légitime, naturel ou adoptif ou toute autre personne ayant autorité sur l'enfant (Véron, 1999 : 180). Pour la jurisprudence, cette autorité qui n'est jamais présumée et que les juges du fond doivent rechercher dans les éléments de fait [cohabitation sous le même toit du coupable et de la victime] (Crim. 29 juin 1976, *D.*, 1976, I.R., 239, note de Véron, 1999 : 180).

B. Acte matériel

Sur le plan matériel, l'infraction est caractérisée par une privation de soins médicaux préventifs. Cette disposition sanctionne donc des abstentions et des omissions d'assurer à un enfant, par tout parent, tuteur ou responsable légal, les soins médicaux préventifs ou les vaccinations.

Le refus d'assurer les soins médicaux préventifs à l'enfant n'est pas une infraction de résultat puisque la privation de soin préventif infligé à l'enfant ne doit pas, aux termes même de l'article 196, compromettre la santé de l'enfant pour être réprimé. En effet, la privation de soins médicaux préventifs ne doit pas engendrer un péril pour la victime pour que l'auteur engage sa responsabilité pénale. Pour dire que cet article n'exige pas une compromission de la santé voire de la vie de l'enfant. L'infraction est donc formelle, elle est consommée dès que l'agent refuse à l'enfant les soins médicaux préventifs sans qu'un préjudice se produise ou même en son absence.

Le refus d'assurer les soins médicaux préventifs peut revêtir les formes variées. C'est le cas d'une mère de famille qui n'amène pas son enfant à un centre de santé pour obtenir la vaccination ; qui refuse de présenter son enfant au vaccinateur ambulant à la suite d'une campagne de vaccination.

Ainsi, il ne suffit pas de prouver cet acte matériel de refus d'assurer les soins médicaux, mais il convient en outre de montrer que les soins qui ont été privés à l'enfant sont les soins médicaux préventifs ou les vaccinations. Une privation, par un parent, un tuteur ou un responsable légal, des soins curatifs ou palliatifs à un enfant ne tombe pas sous le coup de cette disposition. Pour plus de précisions sur les soins médicaux préventifs, lire la prévention précédente.

C. Personne victime

Le refus d'assurer les soins médicaux préventifs ou les vaccinations a pour victime une personne âgée de moins de dix-huit ans, quel que soit son sexe. Pour dire que cette prévention ne peut être établie lorsque la privation des soins médicaux préventifs et particulièrement les vaccinations a pour victime une personne âgée de dix-huit ans ou plus.

Quelle que soit la minorité d'âge de la victime, il convient toutefois d'établir un lien de parenté ou au moins d'autorité entre l'enfant et l'auteur. Ce dernier doit être, comme nous l'avons précédemment signalé, un parent, un tuteur ou un responsable légal de l'enfant victime d'omission ou de privation des soins médicaux préventifs.

D. Élément moral

Sur le plan intentionnel, le texte exige que les abstentions ou les omissions soient volontaires ou intentionnelles étant donné que cette infraction suppose la conscience ou la connaissance par l'auteur du refus d'assurer les soins préventifs à son enfant. Cet aspect de l'élément moral rend l'infraction formelle et non une infraction matérielle.

D'ailleurs, il découle de l'article 196 de la loi portant protection que l'auteur ait délibérément refusé d'assurer les soins médicaux préventifs ou les vaccinations à son enfant. En réprimant ainsi un refus délibéré, « [cette prévention] refuse tout caractère justificatif aux convictions religieuses [...] » (Véron, 1999 : 180). Ainsi, le mobile est inopérant pour tout parent, tuteur ou responsable légal de refuser d'assurer les soins médicaux préventifs ou la vaccination à son enfant.

§ 3. Régime répressif

La répression du refus délibéré d'assurer les soins médicaux à son enfant suscite certaines observations. Ainsi, après l'examen de la peine applicable, il y a lieu de révéler les limites par rapport à la répression de cette prévention.

A. Peine applicable

L'agent coupable de l'infraction du refus d'assurer les soins médicaux préventifs à son enfant est passible d'une servitude pénale principale ne dépassant pas cinq jours et d'une amende de cinquante mille francs congolais ou une de ces peines seulement. Le tribunal peut alors prononcer soit la peine d'emprisonnement de cinq jours au maximum, soit la peine d'amende de cinquante mille francs congolais, soit toutes les deux peines.

B. Observation sur la peine applicable

Il s'avère que le refus d'assurer délibérément les soins médicaux préventifs à son enfant peut conduire à certaines conséquences graves. Cependant, le législateur n'a pas pu en considérer. C'est-à-dire, le refus d'assurer les soins médicaux préventifs à son enfant n'est pas punissable en fonction de ses conséquences. Le législateur devrait tenir compte de certaines conséquences qui peuvent résulter de cet acte de refus et qui peuvent compromettre la santé voire la vie de l'enfant. L'infraction devrait être ainsi aggravée lorsque le comportement de l'agent conduit à la mort de l'enfant ou à la compromission de sa santé (comme le handicap physique dû à la poliomyélite). À ce stade, on doit se référer au législateur qui peut harmoniser la disposition en tenant compte des conséquences qui découleraient du refus délibéré d'assurer à son enfant les soins médicaux préventifs. Le refus peut avoir des conséquences non seulement sur l'enfant qui n'a pas bénéficier les soins médicaux préventifs, mais aussi sur d'autres enfants qui peuvent être exposés à la maladie du fait de cet enfant qui n'a pas bénéficié les soins préventifs.

Section 3. Exigence des frais scolaires autres que ceux prévus par les textes légaux et réglementaires

Vue générale. Cette prévention, qu'une partie de la doctrine nomme *exigence des frais scolaires exorbitants* (Cizungu Nyangezi, 2011), réprime le comportement qui ne vise pas à promouvoir le droit à l'éducation dont doit bénéficier un enfant en âge scolaire.

Dans le but de matérialiser ce droit, le législateur congolais a rendu obligatoire et gratuit l'enseignement primaire public (article 38, alinéa 3, LPPE). Ainsi, cette prévention n'est qu'une façon de ne pas compromettre la scolarité d'un enfant à la suite de la demande des frais scolaires autres que ceux prévus par les textes légaux et réglementaires.

On peut retenir que cette prévention est le fait de tout gestionnaire de l'enseignement primaire, secondaire et professionnel public qui exige des frais autres que ceux prévus par les textes légaux et réglementaires du pays.

§ 1. Base légale

L'infraction d'exigence des frais scolaires autres que ceux prévus par les textes légaux et réglementaires est prévue et punie par l'article 197 de la loi portant protection de l'enfant. Aux termes de cette disposition, « tout gestionnaire de l'enseignement primaire, secondaire et professionnel public qui exige des frais autres que ceux prévus par les textes légaux et réglementaires est puni d'une amende de cent mille francs congolais ».

C'est de cette disposition légale que découlent les éléments qui constituent la prévention et qu'il convient d'examiner.

§ 2. Éléments constitutifs

Il ressort de l'article 197, comme pour toute autre infraction, pour la constitution de cette prévention, la réunion de l'élément matériel et moral dans le chef du gestionnaire de l'enseignement primaire, secondaire et professionnel public. Ceci nous conduit à dire qu'il est important d'examiner au préalable la qualité de l'auteur poursuivi.

A. Qualité de l'auteur

Aux termes de l'article 197, peut commettre cette infraction, tout gestionnaire de l'enseignement primaire, secondaire et professionnel public. Il ne s'agit pas de l'enseignant mais du gestionnaire de l'enseignement. Le législateur n'a pas expliqué ce qu'il entend par cette expression « gestionnaire de l'enseignement ». Toutefois, en se référant à la loi-cadre n° 14/004 du 11 février 2014 de l'enseignement national, le gestionnaire de l'enseignement n'est pas seulement le chef d'établissement scolaire. Il y a lieu de relever que dans la gestion de l'enseignement, il y a une hiérarchisation. Ainsi, sont gestionnaires de l'enseignement le chef de division provinciale, l'inspecteur principal provincial et le chef de sous-division de l'enseignement primaire, secondaire et professionnel.

L'article 197 est très précis sur la personne du gestionnaire de l'enseignement qui peut être coupable. Celui-ci doit être de l'enseignement primaire, secondaire et professionnel du secteur public et non du secteur privé. Ainsi, tout gestionnaire de l'enseignement primaire, secondaire et professionnel du secteur privé n'est pas visé par cette disposition. C'est alors l'acte qui créé l'établissement scolaire qui déterminera sa nature. En outre, le chef d'établissement d'enseignement supérieur ou universitaire ne peut engager sa responsabilité sur pied de cette disposition. La disposition ne vise que le gestionnaire de l'enseignement primaire secondaire et professionnel public. Ainsi, c'est la nature de l'établissement scolaire qui permettra de prouver la qualité de la personne poursuivie si elle est gestionnaire de l'enseignement primaire, secondaire et professionnel public.

Mais la question est celle de savoir si le gestionnaire d'une « école conventionnée » peut aussi engager sa responsabilité pénale sur pied de cette disposition. Il découle de l'article 7, points 3 et 19, de la loi-cadre n° 14 du 11 février 2014 de l'enseignement national, que l'État peut conclure la convention scolaire ou procéder à l'habilitation conventionnelle. La convention scolaire est l'accord par lequel l'État confie la gestion d'une ou des écoles publiques à un partenaire, personne physique ou morale, sur base des dispositions négociées et signées conjointement. Tandis que l'habilitation conventionnelle est le mode par lequel l'État concède à une personne physique ou morale, au moyen d'un contrat ou d'une convention, la gestion d'un établissement public d'enseignement. Et lorsque la gestion des établissements publics de l'enseignement national résulte d'une habilitation conventionnelle, celle-ci est appelée « Convention de gestion des établissements publics d'enseignement national », et les établissements scolaires y assujettis sont appelés « écoles conventionnées » (article 104 de la loi-cadre de l'enseignement national). Ainsi, les « écoles conventionnées » restent établissements publics et partant les gestionnaires de ces établissements peuvent engager leur responsabilité pénale au cas où ils commettaient l'acte matériel prévu à la disposition légale.

B. Élément matériel

L'infraction est consommée matériellement par l'exigence de frais exorbitants, c'est-à-dire lorsque le gestionnaire de l'établissement exige les frais scolaires autres que ceux prévus par les textes légaux et réglementaires. Ce n'est donc pas la perception des frais qui fait cristalliser l'infraction, mais le seul fait de les exiger. La perception ne peut que servir de preuve de l'exigence des frais exorbitants. La prévention demeure alors une infraction formelle quoique l'agent puisse arriver à les percevoir. Elle pouvait être matérielle lorsqu'il s'agissait de la perception des frais exorbitants.

Aux termes de l'article 177 de la loi-cadre n° 14/004 du 11 février 2014, le minerval est fixé par le Gouvernement central pour tous les établissements publics d'enseignement national, à l'exception de l'éducation de base qui bénéficie de la gratuité. Tandis que les frais scolaires dans les établissements publics de l'enseignement primaire, secondaire et professionnel ainsi que de l'éducation non formelle sont fixés par arrêté du gouverneur [de province] sur proposition de la commission provinciale de l'enseignement primaire, secondaire et professionnel ainsi que du service provincial de l'éducation formelle.

Ainsi, les textes légaux et réglementaires auxquels il faut se référer pour établir qu'il y a la demande des frais scolaires exorbitants sont les arrêtés du ministre ayant l'enseignement primaire, secondaire et professionnel dans ses attributions et du gouverneur de province.

C. Élément moral

L'élément moral, c'est la volonté d'exiger, en connaissance de cause, les frais scolaires autres que ceux prévus par les textes légaux et réglementaires. L'intention de nuire n'est pas requise dans le chef du gestionnaire de l'enseignement. Aussi, le mobile est inopérant pour qu'il soit justifié.

§ 3. Régime répressif

L'auteur encourt la peine d'amende de cent mille francs congolais. Pour cette prévention, le législateur n'a pas prévu la peine de servitude pénale principale. Partant, l'officier du ministère public ne peut procéder à l'arrestation provisoire et le juge en chambre du conseil ne peut ordonner la détention préventive. Le ministère public a ainsi la possibilité d'éteindre l'action publique en faisant payer à l'auteur l'amende transactionnelle.

Mais, s'il décide de poursuivre l'auteur devant la juridiction de jugement, au regard du taux de la peine applicable, l'exigence des frais scolaires autres que ceux prévus par les textes légaux et réglementaires, est une prévention de la compétence matérielle du tribunal de paix. Toutefois, il faudra examiner le grade statutaire qu'a le gestionnaire de l'enseignement. Si son grade est équivalent à celui du directeur dans l'administration publique, il sera poursuivi devant la Cour d'appel.

Section 4. Non-envoi d'un enfant à l'école

Vue générale. L'école primaire reste une obligation pour tout enfant. L'envoi de l'enfant à l'école est une obligation pour tout parent ou responsable légal de l'enfant, car tout enfant a droit à l'éducation, énonce l'article 38 de la loi portant protection de l'enfant. Et cette obligation d'envoyer l'enfant à l'école doit se faire sans aucune discrimination. Cette disposition tend alors à renforcer le contrôle de l'obligation scolaire que prévoit la loi portant protection de l'enfant ainsi que la loi-cadre n° 14/004 du 11 février 2014 de l'enseignement national à son article 72.

Le non-envoi d'un enfant à l'école est ainsi le fait pour tout parent, tuteur ou responsable légal qui, délibérément, n'envoie pas son enfant à l'école.

§ 1. Base légale

Le non-envoi d'un enfant à l'école est prévu et puni par l'article 198 de la loi portant protection de l'enfant. Cet article dispose que « tout parent, tuteur ou responsable légal qui, délibérément, n'envoie pas son enfant à l'école est puni d'une amende de cinquante mille francs congolais ».

De cette disposition découlent les éléments constitutifs de la prévention de non-envoi d'un enfant à l'école.

§ 2. Éléments constitutifs

Outre les éléments matériel et moral, le non-envoi de l'enfant à l'école exige que la qualité de l'auteur ainsi que la personne de la victime de la non-scolarisation soient définies au préalable.

A. Qualité de l'auteur

Il ressort de l'article 198 que le débiteur de l'obligation de scolarisation (bien entendu l'auteur de la prévention) ne peut être qu'un parent, un tuteur ou un responsable légal.

Pour plus de précisions sur les concepts de parent, tuteur et responsable légal, nous recommandons aux lecteurs de se référer au refus d'assurer à son enfant les soins médicaux préventifs (voir section 2 du présent chapitre). Le droit français, contrairement au droit congolais, incrimine « les parents d'un enfant ou toute personne exerçant à son égard l'autorité parentale ou une autorité de fait de façon continue » (Pradel et Danti-Juan, 2010 : 371-372). Ceci est aussi le souci du législateur de la loi-cadre n° 14/004 du 11 février 2014 de l'enseignement national. Aux termes de l'article 228 de la loi-cadre de l'enseignement national, l'obligation scolaire incombe aux parents ou à la personne qui exerce effectivement, à quelque titre que ce soit, l'autorité parentale ou tutélaire sur l'enfant.

B. Personne victime

L'article 198 parle seulement de l'enfant sans autre précision sur l'âge de ce dernier. Une lecture hâtive peut conduire à la conclusion qu'il s'agit de toute personne âgée de moins de dix-huit ans qui est victime sur pied de cette disposition, mais non. À notre avis, il doit être un enfant en âge scolaire primaire et non maternel. C'est l'école primaire qui est rendue obligatoire, quelle que soit l'institution du cycle maternelle dans le cursus scolaire de l'enfant.

Aux termes de l'article 74, alinéa 2, de la loi-cadre n° 14/004 du 11 février 2014 de l'enseignement national, est admis en première année du cycle élémentaire de l'enseignement primaire tout enfant qui aura atteint l'âge de six ans révolus à la date de la rentrée scolaire ou au plus tard trois mois après cette date.

C'est dire que la personne de la victime de non-envoi à l'école doit être un enfant âgé de six ans révolus à la date de la rentrée scolaire ou au plus tard trois mois après cette date. Cet âge est donc le minimum et le maximum ne doit pas atteindre dix-huit ans. Pour fixer l'âge de six ans qui doit être atteint au plus tard trois mois après la date de la rentrée scolaire, il faudra se tenir au programme national de la rentrée scolaire.

Quel que soit l'âge de la scolarisation de l'enfant victime, il faudra établir un lien entre ce dernier et l'auteur. Ce lien peut être de parenté, tutélaire ou de responsabilité légale.

C. Élément matériel

Il ressort de l'article 198 de la loi portant protection de l'enfant que l'acte matériel c'est le non-envoi de l'enfant à l'école. Le « non-envoi » se traduit par le fait de ne pas faire inscrire l'enfant dans un établissement d'enseignement public ou privé. Le « non-envoi » peut encore se manifester par la négligence ou l'indifférence du débiteur de l'obligation de scolarisation. Ou bien lorsqu'il ne remplit plus l'obligation scolaire prévue à l'article 72 de la loi-cadre de l'enseignement national.

La loi-cadre de l'enseignement national ainsi que la loi portant protection de l'enfant imposent l'obligation scolaire. Cette obligation s'impose, au débiteur de la scolarisation, à compter de la rentrée scolaire lorsque l'enfant atteint l'âge de six ans révolus à la date de la rentrée scolaire ou au plus tard trois mois après cette date.

La loi-cadre n° 14/004 du 11 février 2014 de l'enseignement national offre aux personnes responsables de l'enfant le choix entre le faire inscrire dans un établissement d'enseignement public ou privé (article 3, point 2). C'est la liberté des parents de placer leur enfant dans un établissement scolaire public ou privé d'enseignement national ou consulaire. Ainsi, le refus pour le débiteur de l'obligation de scolarisation de procéder à l'inscription d'un enfant dans un établissement d'enseignement public ou privé constitue le non-envoi à l'école.

Toutefois, l'inexécution de l'obligation de scolarisation de l'enfant ne peut se concevoir que dans le milieu où existe l'établissement d'enseignement public ou privé. Il revient au gouvernement central ou provincial d'en créer, quelle que soit la liberté de création d'établissement d'enseignement qui est aussi reconnue aux particuliers. D'ailleurs, l'obligation scolaire est, d'une part, une obligation de l'État de veiller à ce que tout enfant soit scolarisé notamment en assurant l'implantation des infrastructures de proximité et, d'autre part, le devoir pour les parents ou l'autorité tutélaire d'envoyer l'enfant à l'école (article 7, point 21, de la loi-cadre n° 14/004 du 11 février 2014 de l'enseignement national).

D. Élément moral

L'élément moral est requis pour l'établissement de l'infraction de non-envoi de l'enfant à l'école. Cet élément est l'intention de ne pas vouloir envoyer l'enfant dans un établissement d'enseignement public ou privé à l'absence de tout empêchement valable. C'est dans ce sens que le législateur utilise l'adverbe « délibérément ».

L'adverbe « délibérément » employé par le législateur veut dire que l'auteur avait au moment de fait une volonté réfléchie de ne pas envoyer l'enfant à l'école et sans qu'il soit en mesure d'invoquer une excuse valable. Cette intention délibérée doit être prouvée.

Pourra être considéré comme une volonté délibérée le fait pour un parent, tuteur ou responsable légal de décider de n'envoyer à l'école que les enfants garçons et de laisser les filles à la maison au motif qu'elles sont en âge de mariage ou de procréation.

Ainsi, les croyances et les convictions diverses ne peuvent être invoquées comme des excuses valables pour échapper à la sanction. Le débiteur de l'obligation scolaire ne peut être justifié que lorsqu'il y a la « preuve de refus justifié d'accès à ses enfants ou en cas d'indisponibilité constatée » (article 232 de la loi-cadre n° 14/004 du 11 février 2014 de l'enseignement national).

§ 3. Régime répressif

L'infraction de non-envoi de l'enfant à l'école expose son auteur à une peine d'amende de cinquante mille francs. La peine de servitude pénale principale n'est pas prévue pour cette prévention.

Au regard de la nature de la peine qui est d'amende, sur pied de l'article 27 du Code de procédure pénale, l'officier du ministère public ne peut placer l'inculpé sous mandat d'arrêt provisoire et le juge en chambre du conseil ne peut ordonner la détention préventive.

CHAPITRE VII

LES AUTRES FORMES D'INFRACTIONS À LA LOI PORTANT PROTECTION DE L'ENFANT

Ce chapitre regroupe les infractions qui peuvent se commettre au cours d'une procédure judiciaire entamée contre un enfant en conflit avec la loi, d'une part, et les infractions relatives à la protection de l'enfant avant sa naissance, d'autre part.

Sous-chapitre VII.1

Entrave à la procédure judiciaire entamée contre un enfant en conflit avec la loi

Les infractions relatives à l'entrave de la procédure judiciaire engagée contre un enfant en conflit avec la loi sont prévues à l'unique article 131 de la loi portant protection de l'enfant. Il s'agit de la soustraction d'un enfant à la procédure intentée contre lui, de la soustraction d'un enfant à la garde, de la non-présentation d'un enfant à ceux qui ont le droit de le réclamer et de l'enlèvement d'un enfant en procédure devant le tribunal.

L'article 131 dispose comme suit : « sont punis d'une servitude pénale principale de un à cinq ans et d'une amende de cent mille à deux cent cinquante mille francs congolais ou de l'une de ces peines seulement, le père, la mère, le tuteur ou toute autre personne qui : soustrait ou tente de soustraire un enfant à la procédure intentée contre lui en vertu de la présente loi ; le soustrait ou tente de le soustraire à la garde des personnes ou institutions à qui l'autorité judiciaire l'a confié ; ne le présente pas à ceux qui ont le droit de le réclamer ; l'enlève ou le fait enlever, même avec son consentement. Si le coupable est déchu de l'autorité parentale en tout ou en partie, la servitude pénale principale peut être élevée de deux à cinq ans et à une amende de cent mille à deux cent cinquante mille francs congolais ».

Avant d'examiner les éléments constitutifs de chacune de ces infractions, il convient d'examiner leurs éléments communs.

Section 1. Éléments communs

Une interprétation contextuelle de l'article 131 de la loi portant protection de l'enfant permet de comprendre que les différentes infractions relatives à l'entrave à la procédure entamée contre un enfant ne sont concevables que lorsqu'il y a l'existence d'une instance judiciaire entamée contre un enfant en conflit avec la loi. La qualité de l'auteur doit aussi être précisée pour toutes ces infractions.

§ 1. Existence d'une instance judiciaire

L'instance, terme technique, désigne une suite d'actes de procédure allant de la demande en justice jusqu'au jugement. Son ouverture fait naître entre plaideurs un lien juridique. Ainsi, l'instance judiciaire entamée contre un enfant en conflit avec la loi est liée lorsque le tribunal pour enfants ou autre juridiction faisant office du tribunal pour enfants en vertu de l'article 200 de la loi portant protection de l'enfant est saisi conformément à l'article 102 de la loi portant protection de l'enfant.

Aux termes de l'article 102, le tribunal pour enfants est saisi par : la requête de l'officier du ministère du ressort ou de l'officier de police judiciaire dès que l'un ou l'autre a connaissance des faits portés contre l'enfant ; la requête de la victime ; la requête des parents ou du tuteur ; la requête de l'assistant social ; la déclaration spontanée de l'enfant ; la saisine d'office du juge.

Un enfant en conflit avec la loi qui est à la disposition de la police, notamment à la Brigade spéciale de protection de l'enfant, avant la saisine du juge par l'officier de police judiciaire, n'est pas encore en instance judiciaire. Ainsi, outre la saisine prévue à l'article 102, l'instance judiciaire existe non seulement devant le juge pour enfants siégeant au premier degré ou en opposition, mais aussi en appel ou en révision.

Pour prouver l'existence de l'instance judiciaire entamée contre un enfant en conflit avec la loi, il serait mieux de préciser le numéro du rôle du registre enfant en conflit avec la loi (RECL) ouvert à charge de l'enfant. Ainsi, en l'absence d'une procédure judiciaire engagée contre un enfant en conflit avec la loi, l'une des préventions ne peut être constituée.

Quid de la soustraction d'un enfant soumis à une procédure intentée contre lui en vertu de la procédure militaire ou ordinaire, c'est-à-dire devant les juridictions militaires ou de droit commun. La loi est précise à ce niveau. Elle veut que la procédure à laquelle l'enfant a été soumis soit faite conformément à celle de la loi portant protection de l'enfant. Cependant, un enfant en procédure de médiation est censé être en instance judiciaire en vertu de la loi portant protection de l'enfant.

§ 2. Qualité de l'auteur

L'article 131 de la loi portant protection de l'enfant semble restreindre la responsabilité pénale à certaines personnes qui peuvent répondre de fait tout en l'élargissant en même temps. Aux termes de cet article 131, la personne qui peut se rendre coupable de l'une des infractions prévues à la disposition est le père, la mère, le tuteur ou toute autre personne.

Il nous semble qu'en citant nommément le père, la mère et le tuteur comme personne pouvant se rendre coupable de l'une des infractions relatives à l'entrave de la procédure intentée contre un enfant, le législateur veut exclure la possibilité d'invoquer « l'immunité familiale » pour échapper aux poursuites pénales. Ainsi, selon l'esprit de l'article 131, l'immunité familiale est écartée. D'une manière générale, l'immunité est de nature procédurale, il s'agit, comme l'enseigne Conte (2013 : 360), une cause d'irrecevabilité de l'action publique qui s'impose aux juridictions. Mais, pour la jurisprudence, poursuit Conte, l'immunité se place à la commission du délit.

Nous retenons alors que les personnes visées l'article 131 sont le père, la mère, le tuteur et toute autre personne. L'expression « toute autre personne » renvoie à la personne qui n'a pas la qualité de père, mère ou tuteur. C'est « toute autre personne » peut être une personne amie à la famille de l'enfant en conflit avec la loi ou les grands-parents. Elle peut être ainsi un membre de la famille ou étranger à la famille.

§ 3. Circonstance aggravante : la déchéance de l'autorité parentale

Celle-ci n'est pas un élément constitutif particulier ou préalable pour la constitution de l'une des infractions à l'entrave à la procédure judiciaire engagée contre un enfant devant le tribunal pour enfants. La prévention peut exister indépendamment de l'inexistence de cette circonstance aggravante. La déchéance de l'autorité parentale, nous l'avons examinée à ce stade du fait qu'elle est une circonstance aggravante commune à toutes les quatre préventions relatives à l'entrave à la procédure judiciaire engagée contre un enfant devant le tribunal pour enfants. Elle est à présenter chaque fois qu'elle existe après l'examen de l'élément moral de la prévention. Ainsi, pour éviter la redondance de l'examen de cet élément, avons préféré l'analyser à ce niveau.

La déchéance de l'autorité parentale est le retrait ou la perte de l'ensemble des prérogatives conférées par la loi aux père et mère sur la personne et les biens de leurs enfants. Aux termes de l'article 131, alinéa 2, la déchéance peut être totale ou partielle. La déchéance de l'autorité parentale n'est pas de fait ; elle est judiciaire.

Elle peut, aux termes de l'article 245 du Code de la famille, être prononcée par le tribunal de paix. Et elle peut être aussi prononcée par n'importe quelle juridiction pénale qui condamne l'auteur à l'une des atteintes volontaires à la vie et à l'intégrité physique ou mentale de l'enfant (article 154 LPPE) ou aux agressions sexuelles (article 184 LPPE). Ainsi, la déchéance de l'autorité parentale de l'agent doit être prouvée en produisant la décision judiciaire qui la lui déchoit.

Nous estimons que le retrait de l'autorité parentale ne doit pas être qu'à l'égard de l'enfant en instance judiciaire. Ce doit être l'état dans lequel se trouve la personne poursuivie pour l'une des infractions relatives à l'entrave à la procédure engagée contre un enfant devant le tribunal pour enfants, dont chacune d'elles présente les éléments propres.

Section 2. Éléments propres à chaque prévention

Les éléments propres à chaque infraction qu'il convient d'examiner, il s'agit de l'acte matériel ainsi que de l'élément moral. Toutefois, chacune des préventions peut avoir un élément particulier.

Sous-section 1. Soustraction d'un enfant à la procédure intentée contre lui

Vue générale. La soustraction d'un enfant à la procédure intentée contre lui est prévue à l'article 131, point 1, de la loi portant protection de l'enfant. L'article 131, point 1, incrimine le fait, par le père, la mère, le tuteur ou toute autre personne, de soustraire ou tente de soustraire un enfant à la procédure intentée contre lui en vertu de la loi portant protection de l'enfant.

Outre, les éléments communs, relatifs à l'existence d'une instance judiciaire engagée contre l'enfant et la qualité de l'auteur, la soustraction d'un enfant à la procédure intentée contre lui requiert la réalisation d'un acte matériel et l'établissement de l'élément moral.

§ 1. Élément matériel

L'article 131, point 1, punit la soustraction ainsi que la tentative de soustraction de l'enfant à la procédure intentée contre lui. La soustraction peut se traduire par un acte positif d'enlèvement ou une attitude passive d'obstruction à la poursuite de la procédure intentée contre un enfant en conflit avec la loi.

La soustraction, par un acte positif, qui se produit par l'enlèvement de l'enfant par exemple devant la juridiction, au lieu de résidence de l'enfant ou sur la voie publique peut conduire à une autre prévention prévue au point 4 du même article. La soustraction qui répond bien à la prévention prévue au point 1 de l'article 131 est une attitude passive qui se traduit par le fait de ne pas présenter l'enfant devant le juge. C'est donc un acte d'obstruction à la poursuite de la procédure intentée contre un enfant en rendant ce dernier indisponible devant le juge alors que l'enfant lui a été confié avec une certaine obligation, de le présenter par exemple.

Ainsi, dans cette hypothèse la soustraction d'un enfant à la procédure intentée contre lui ne peut se concevoir que lorsque l'enfant était, à la suite d'une mesure provisoire lui confiant l'enfant, à la disposition de l'auteur.

Comme cette prévention peut se consommer aussi par la tentative, et l'article 131, point 1, n'ayant pas défini les actes de tentative punissable, pour ainsi établir l'acte de tentative de soustraction il faut recourir à l'article 4 du Code pénal, Livre premier (CPL I). Aux termes de l'article 4 du CPL I, il y a tentative punissable lorsque la résolution de commettre l'infraction a été manifestée par des actes extérieurs qui forment un commencement d'exécution de cette infraction et qui n'ont été suspendus ou qui n'ont manqué leur effet que par des circonstances indépendantes de la volonté de l'auteur.

Commet ainsi l'infraction celui qui fait échapper ou tente de faire échapper un enfant à la procédure intentée contre lui devant le juge pour enfants. C'est le cas des parents ou tout autre responsable de l'enfant, l'un des membres du couple de bonne moralité ou le responsable d'une institution publique ou privée agrée à caractère social, à qui l'enfant a été confié en vertu de l'article 106 de la loi portant protection de l'enfant, ne le présentent pas devant le juge pour enfants. Ainsi, cette prévention, à la différence avec l'enlèvement prévu au point 4 de l'article 131 de la LPPE, ne se conçoit que lorsque la procédure est encore pendante et que l'enfant, sur pied de l'article 106 de la loi portant protection de l'enfant, a été, avant de statuer au fond et par une mesure provisoire, confié par le juge pour enfants à l'auteur.

§ 2. Élément moral

L'élément moral est la volonté de l'auteur de vouloir soustraire un enfant à la procédure intentée contre lui. L'intention est ici un dol spécial. C'est-à-dire, cette volonté pour l'agent de soustraire un enfant qu'il sait être en instance judiciaire.

L'acte matériel de soustraction de l'agent permet de dégager cette intention de soustraire l'enfant à la poursuite judiciaire engagée contre lui. La connaissance par l'agent que l'enfant est en procédure judiciaire intentée contre lui et procéder à l'obstruction pour empêcher la poursuite normale de la procédure traduit cette volonté de commettre la prévention.

Sous-section 2. Soustraction d'un enfant à la garde

Vue générale. La soustraction d'un enfant à la garde est prévue par l'article 131, point 2, de la loi portant protection de l'enfant. L'article 131, point 2, incrimine le fait, par le père, la mère, le tuteur ou autre personne, de soustraire ou tenter de soustraire un enfant à la garde des personnes ou institutions à qui l'autorité judiciaire l'a confié.

Outre les éléments communs, relatifs à l'existence d'une instance judiciaire engagée contre l'enfant et la qualité de l'auteur, la soustraction d'un enfant à la garde requiert la réalisation d'un acte matériel ainsi que l'établissement de l'élément moral dans le chef de l'auteur. Mais, au regard de l'article 131, point 2, de la loi portant protection de l'enfant, il faut une décision de justice qui confie l'enfant à la garde d'une personne ou institution.

§ 1. Existence d'une décision de justice confiant un enfant à la garde

Le texte n'exige pas expressément qu'il faille une décision de justice pour la matérialisation de l'infraction. Cependant, il ressort du point 2 de l'article 131 *in fine* que l'enfant devrait être sous la garde des personnes ou institutions « à qui l'autorité judiciaire l'a confié ». Au regard des dispositions pertinentes de la loi portant protection de l'enfant, un enfant ne peut être confié à des personnes ou institution qu'en vertu d'une décision, mesure, prise par le juge pour enfants.

D'ailleurs, aux termes de l'article 106 de la loi portant protection de l'enfant, le juge pour enfants peut avant de statuer sur le fond, prendre par voie d'ordonnance l'une des mesures provisoires suivantes : placer l'enfant sous l'autorité de ses père et mère ou de ceux qui en ont sa garde ; assigner à résidence l'enfant sous la surveillance de ses père et mère ou de ceux qui en ont sa garde ; confier provisoirement l'enfant à un couple de bonne moralité ou une institution publique ou privée agrée à caractère social. Par ailleurs, après l'examen du fond, le juge pour enfants prend l'une des décisions suivantes : « [...] confier l'enfant à un couple de bonne moralité ou institution privée agrée à caractère social [...] ; le mettre dans une institution publique à caractère social [...] ; le placer dans un centre médical ou médico-éducatif approprié ; le mettre dans un établissement de garde et d'éducation de l'État [...] » (article 113 LPPE).

Il découle ainsi de ces deux dispositions que les « personnes » et « institutions » auxquelles le juge pour enfants peut confier un enfant pour la garde sont donc les père et mère, la personne qui exerce l'autorité parentale, le couple de bonne moralité, l'institution publique ou privée agrée à caractère social, le centre médical ou médico-éducatif, l'établissement de garde et d'éducation de l'État.

Ceci nous renvoie à dire que cette prévention exige que l'enfant doit d'abord avoir été confié à une personne ou institution, et la soustraction soit commise en violation d'une décision de justice confiant cet enfant, à l'une des personnes ou institutions, pour la garde. Et la décision de justice doit être celle de l'autorité judiciaire qui est le juge pour enfants ou de tout autre juge agissant en vertu de l'article 200 de la loi portant protection de l'enfant comme juge pour enfants. Ainsi, la décision de l'officier de police judiciaire ou de l'officier du ministère public, laquelle du reste est illégale, ne doit pas être prise en considération.

Il y a ainsi lieu de spécifier en vertu de quelle décision l'enfant a été confié à la garde d'une personne ou institution quelconque. Une lecture combinée des articles 106 et 113 de la loi portant protection de l'enfant nous ramène à dire que cette décision peut être définitive ou provisoire.

§ 2. Élément matériel

Matériellement, l'infraction prévue par l'article 131, point 2, de la LPPE consiste à soustraire ou tenter de soustraire un enfant à la garde des personnes ou institutions à qui l'autorité judiciaire l'a confié. C'est dire qu'il s'agit d'une infraction consistant dans le fait de soustraire ou de tenter de soustraire un enfant des mains de ceux auxquels il a été confié par une autorité judiciaire.

Le verbe « soustraire », employé dans ce texte, évoque l'idée de transport de l'enfant qui, en tout état de cause, doit quitter les lieux où il est normalement placé par l'autorité judiciaire. Ces lieux peuvent être la résidence des parents, celle de la personne qui exerce l'autorité parentale, celle du couple de bonne moralité, l'institution publique ou privée agrée à caractère social, le centre médical ou médico-éducatif ou l'établissement de garde et d'éducation de l'État.

Il est totalement indifférent que le mineur ait consenti à son déplacement. Il est d'ailleurs tout aussi indifférent que la soustraction ait été commise à l'aide de fraude ou de violence (notamment dans le cas où le mineur aurait résisté), ou qu'aucune fraude ou violence n'ait été commise (hypothèse d'un mineur consentant) (Pradel et Danti-Juan, 2010 : 385).

L'acte matériel, pour finir, s'étend à la tentative de soustraction de l'enfant en vertu de l'article 131, point 2, de la loi portant protection de l'enfant. N'ayant pas déterminé les actes particuliers qui constituent la tentative de soustraction, il convient ainsi de recourir à l'article 4 du CPL II pour examiner les actes qui forment la tentative punissable.

L'acte matériel de soustraction ou de tentative de soustraction de l'enfant à la garde est le fait d'un tiers et non du gardien de l'enfant. Par contre, la soustraction ou la tentative de soustraction de l'enfant prévue au point 1 du même article est le fait du gardien de l'enfant, c'est-à-dire de la personne à qui le juge avait confié la garde de l'enfant pendant la procédure intentée contre lui.

§ 3. Élément moral

La soustraction de l'enfant à la garde constitue une infraction intentionnelle. Le prévenu doit avoir la conscience et la volonté de soustraire l'enfant à la garde. Ce qui implique la connaissance par l'auteur que l'enfant était confié à une personne ou institution pour la garde.

La preuve de cette intention sera d'autant plus facile à administrer que des fraudes ou violences auront accompagné la soustraction de l'enfant. Ces fraudes ou violences pourront prendre la forme de voies de fait, de ruses ou de menaces et s'exercer indifféremment sur la victime et ceux qui exercent à son égard un droit de garde (Pradel et Danti-Juan, 2010 : 385).

Sous-section 3. Non-présentation d'un enfant à ceux qui ont le droit de le réclamer

Vue générale. La non-présentation d'un enfant peut être définie comme le fait, pour une personne à laquelle il a été confié, de refuser de remettre un enfant à ceux qui en assurent habituellement ou occasionnellement la garde. Elle s'apparente, comme le disent Pradel et Danti-Juan (2010 : 389), à une sorte d'abus de confiance dont l'enfant serait l'objet et ses gardiens les victimes.

Cette prévention prévue au point 3 de l'article 131 de la loi portant protection de l'enfant ne doit pas être confondue à celle prévue et punie par les articles 120 et 276 du Code de la famille, la non-présentation d'enfant. L'article 131 de la loi portant protection de l'enfant réprime le fait de ne pas présenter un enfant en procédure devant le tribunal pour enfants à ceux qui ont le droit de le réclamer. Tandis que l'article 276 du Code de la famille punit le fait d'amener ailleurs qu'au siège du conseil de tutelle le plus proche ou aux autorités des localités ou collectivités, un enfant trouvé, abandonné, ou sans famille.

En plus de l'existence d'une instance judiciaire engagée contre l'enfant ainsi que de la qualité de l'auteur, la non-présentation de l'enfant à ceux qui ont le droit de le réclamer exige, pour son établissement, qui est un droit de réclamer l'enfant, un élément matériel ainsi qu'un élément moral.

§ 1. Droit de réclamer l'enfant

La non-présentation d'un enfant suppose qu'une personne ou institution se soit vue reconnaître le droit de réclamer l'enfant. Selon Pradel et Danti-Juan (2010 : 390), cette personne peut évidemment tenir ce droit d'une décision de justice ou d'une convention judiciairement homologuée. Mais elle peut également le tenir directement de la loi.

Comme la non-présentation d'un enfant à ceux qui ont le droit de le réclamer est une prévention qui ne se conçoit que lorsqu'un enfant est en procédure devant le tribunal pour enfants en conflit avec la loi, le droit de le réclamer ne trouve son fondement que dans une décision judiciaire. Ainsi, l'existence d'une décision de justice est une condition préalable de l'infraction toutes les fois que le conflit oppose les justiciables sur le droit de la réclamation de l'enfant.

Cette décision peut être définitive ou provisoire. La décision provisoire est celle ordonnant une mesure provisoire avant l'examen au fond. Ces mesures peuvent être, aux termes de l'article 106 de la loi portant protection de l'enfant, le placement de l'enfant sous l'autorité de ses père et mère ou de ceux qui en ont la garde ; l'assignation à résidence de l'enfant sous la surveillance de ses père et mère ou de ceux qui en ont sa garde ; confié provisoirement l'enfant à un couple de bonne moralité ou une institution publique ou privée agrée à caractère social. L'une ou l'autre mesure est prise par le juge par voie d'ordonnance et « la mesure n'est pas prise au cours d'une audience » (Sénat de la RDC, juillet 2008 : 31).

Tandis que la décision définitive est celle statuant au fond et ordonnant une mesure à l'égard de l'enfant. La décision peut ordonner que l'enfant soit confié à un couple de bonne moralité ou institution privée agrée à caractère social, placé dans une institution publique à caractère social, placé dans un centre médical ou médico-éducatif approprié ou placé dans un établissement de garde et d'éducation de l'État (article 113 LPPE). La décision est prononcée en audience publique (article 122 LPPE) quoique la procédure se déroule à huis clos (article 111 LPPE).

C'est donc l'une ou l'autre personne ou institution, à qui le juge pour enfants a confié l'enfant, qui a le droit de le réclamer en vertu d'une décision de justice. Ainsi, la décision de justice doit avoir pour objet la garde d'un enfant, garçon ou fille âgé de moins de dix ans. C'est-à-dire, la personne qui a le droit de réclamer l'enfant âgé de moins de dix-huit ans peut invoquer un droit de garde sur base d'une décision de justice. Ne doivent pas être considérées les décisions du juge pour enfants statuant en matière civile, attribuant l'exercice de l'autorité parentale au père, à la mère, aux deux parents ou à un tiers. Cela dit, il est nécessaire que la décision s'inscrive dans le cadre d'une procédure devant le tribunal pour enfants siégeant en matière d'enfants en conflit avec la loi pour que la personne qui réclame l'enfant puisse avoir droit de le faire. Ainsi, une décision prise en matière civile ne vaut pas pour que la personne qui refuse de présenter l'enfant engage sa responsabilité pénale sur pied de l'article 131, point 3, de la LPPE. Cette disposition ne prévoit les sanctions qu'en rapport avec la procédure devant le tribunal pour enfants en conflit avec la loi (chapitre III du titre III de la loi portant protection de l'enfant).

Il n'est pas nécessaire que la décision de justice soit coulée en force de chose jugée pour que la personne ou l'institution puisse avoir le droit de réclamer l'enfant. Aux termes de l'article 128 de la loi portant protection de l'enfant, « à moins que le juge n'en décide autrement, la décision est exécutoire sur minute dès le prononcé en ce qui concerne la mesure prise à l'endroit de l'enfant ». Toutefois, l'article 107 de la loi portant protection de l'enfant fait obligation au juge pour enfants d'informer aux parents, le tuteur ou la personne qui a la garde de l'enfant des mesures provisoires prises à l'égard de celui-ci.

Outre la décision de justice, le droit de réclamer l'enfant peut avoir aussi son fondement dans la loi, même en procédure devant le tribunal pour enfants en conflit avec la loi. L'enfant en conflit avec la loi peut être privé de sa liberté. Dans ce cas, « il a le droit de rester en contact avec sa famille par la correspondance et par des visites, sauf circonstances exceptionnelles » (article 11, alinéa 3, LPPE). Les membres de la famille ainsi que toute personne exerçant une autorité parentale sur l'enfant tiennent de la loi elle-même le droit de le réclamer afin de le visiter. L'article 131 point 3 est donc aussi applicable à ceux qui feraient échec aux droits des personnes investies par la loi de procéder à la visite d'un enfant privé de sa liberté.

§ 2. Élément matériel

Matériellement, l'infraction prévue à l'article 131, point 3, de la loi portant protection de l'enfant consiste dans le non-respect des droits de la personne qui réclame l'enfant, tels qu'ils sont définis dans la décision de justice ou par la loi. Ainsi, ne pas présenter l'enfant à la personne qui a le droit de le réclamer est une infraction d'omission. Cette infraction se réalise par l'omission de l'agent qui s'abstient de présenter l'enfant à celui qui, en vertu d'une décision de justice ou de la loi, a le droit de le réclamer.

Elle peut, en outre, se réaliser par le fait de celui qui exerce habituellement un droit de garde de l'enfant profitant du droit de la visite s'abstient de restituer l'enfant à celui qui assure la garde en vertu d'une décision de justice. Elle peut encore se réaliser par le fait de celui qui exerce temporairement le droit de garde de l'enfant qui s'abstient de le présenter à celui qui a le droit de le visiter. Ainsi, la non-présentation de l'enfant sanctionne un comportement passif, tel celui du gardien de l'enfant qui ne permet pas l'exercice du droit de visite ou celui du bénéficiaire du droit de garde. Si le prévenu, allant au-delà de la simple abstention ou de la force d'inertie, accomplit un acte positif d'enlèvement même sans violence, il s'agit d'une soustraction de mineur (Véron, 1999 : 174) punie par le point 2 de l'article 131 de la LPPE.

Constitue ainsi un acte de non-présentation de l'enfant, le fait pour tout parent, tuteur ou toute autre personne de s'abstenir à présenter l'enfant, qui est placé à la suite d'une décision du juge pour enfants, à ses pères et mère ou de ceux qui en ont la garde, à un couple de bonne moralité ou institution privée agrée à caractère social, à une institution publique à caractère social, à un centre médical ou médico-éducatif approprié ou à un établissement de garde et d'éducation de l'État. Il en est aussi du gardien qui refuse de présenter l'enfant, qui a été placé sous l'autorité de ses pères et mère ou de ceux qui en a la garde, à celui qui en a le droit.

§ 3. Élément moral

La non-présentation de l'enfant à celui qui a le droit de le réclamer est une infraction intentionnelle qui suppose que l'agent ait eu conscience et volonté de se soustraire à l'autorité d'une décision de justice ou de la loi. On doit « avant toute chose s'assurer que l'agent a eu connaissance de la décision qu'on lui reproche de ne pas avoir respectée. Cette connaissance ne peut être démontrée que s'il est établi que la décision judiciaire a été régulièrement signifiée à l'intéressé » (Pradel et Danti-Juan, 2010 : 393). L'intention de ne pas présenter l'enfant à ceux qui ont le droit de le réclamer ne se présume pas. Cela dit, « l'élément intentionnel est caractérisé par le refus "délibéré" ou, à plus forte raison, "réitéré", de remettre l'enfant à la personne qui a le droit de le réclamer » (Crim, 28 février 1968, *B.C.*, n° 71 ; Crim., 3 juillet 1984, *B.C.*, n° 254 note de Pradel et Danti-Juan, 2010 : 394).

Ainsi, l'élément moral doit être envisagé sous deux aspects. D'abord, le refus opposé sciemment en pleine connaissance des droits de celui qui réclame l'enfant, c'est-à-dire en pleine connaissance de la décision de justice qui les fixe, cette connaissance résultant normalement de la signification de cette décision, aussi la connaissance de pur fait (Véron, 1999 : 174). Ensuite, le refus opposé par celui qui ne peut bénéficier de faits justifiant suffisamment de sa bonne foi. Toutefois, « la résistance du mineur ou son aversion à l'égard de celui qui est en droit de le réclamer ne saurait constituer pour celui qui a l'obligation de le présenter ni une excuse légale, ni un fait justificatif à moins de circonstances exceptionnelles » (Crim., 18 avril 1988, *D.*, 1989, 461, note de Véron, 1999 : 175). Des juridictions du fond ont pu voir un cas de contrainte dans le risque que l'enfant soit enlevé par son père ou dans les risques de troubles psychologiques qui résulteraient d'une visite effectuée dans une maison d'arrêt (Dijon, 19 décembre 1984, *R.S.C.*, 1985, p. 812 ; Trib. corr. Agen, 22 mai 1985, *R.S.C.*, 1986, p. 87, note de Pradel et Danti-Juan, 2010 : 394). Le juge du fond ne peut entrer en condamnation sans caractériser cet élément intentionnel.

Sous-section 4. Enlèvement d'un enfant en procédure devant le tribunal pour enfants

Vue générale. La prévention prévue à l'article 131, point 4, de la loi portant protection de l'enfant, l'enlèvement d'un enfant en procédure devant le tribunal pour enfants, semble présentée une similitude avec celle prévue au point 1 de la même disposition, la soustraction d'un enfant à la procédure intentée contre lui. Il n'est pas aisé d'établir une nette différence entre la soustraction et l'enlèvement d'un enfant en procédure devant le tribunal pour enfants en conflit avec la loi. C'est ainsi que certains praticiens arrivent à conclure qu'il n'y a pas de différence entre les deux préventions prévues respectivement aux points 1 et 4 de l'article 131 de la loi portant protection de l'enfant.

En soi, l'enlèvement d'un enfant en procédure devant le tribunal pour enfants en conflit avec la loi est le fait du père, de la mère, du tuteur ou de toute personne qui enlève ou fait enlever un enfant, même avec son consentement. Tandis que la soustraction d'un enfant à la procédure intentée contre lui est le fait par le père, la mère, le tuteur ou autre personne, de soustraire ou tente de soustraire un enfant à la procédure intentée contre lui en vertu de la loi portant protection de l'enfant.

La différence que nous pouvons établir peut ne pas toutefois faire l'unanimité. La soustraction d'un enfant à la procédure intentée contre lui peut se réaliser par une obstruction à la procédure par la non-présentation de l'enfant devant le juge pour enfants. C'est donc une attitude passive et non positive qui consiste à faire échapper un enfant à la procédure intentée contre lui. Et l'enfant doit se retrouver entre les mains de l'auteur de la soustraction, ce qui peut apparaître absurde. Ainsi, l'agent profite de ce que l'enfant lui a été confié pour refuser ou s'abstenir de le présenter devant le juge pour enfants. Alors que l'enlèvement d'un enfant en procédure devant le tribunal pour enfants en conflit avec la loi se réalise par un acte positif de déplacement de l'enfant pour qu'il ne puisse plus répondre des faits mis à sa charge. Pour plus de précision, sur cette prévention il convient d'examiner l'élément matériel.

§ 1. Élément matériel

Il ressort du point 4 de l'article 131 de la loi portant protection de l'enfant que l'élément matériel consiste en un acte d'enlèvement ou de faire enlever. Enlever, c'est soustraire par rapt ou retirer pour mettre ailleurs (*Le Larousse de poche*, 2002). Pour l'enlèvement, l'agent se comporte comme une sorte de voleur d'enfant. Ce qui implique que l'enfant n'était pas à la disposition de l'agent, c'est-à-dire que l'enfant se trouverait dans son milieu naturel et non confié à une personne ou institution pour la garde.

Lorsque l'enfant se trouverait, en vertu des articles 106 et 113 de la loi portant protection de l'enfant, placé sous l'autorité de ses père et mère ou de ceux qui en ont la garde, assigné à résidence sous la surveillance de ses père et mère ou de ceux qui ont sa garde, confié provisoirement à un couple de bonne moralité ou une institution publique ou privée agrée à caractère social, son enlèvement de ces différents endroits constitue une soustraction d'un enfant à la garde (article 131 point 2 LPPE).

L'enlèvement d'un enfant dans le contexte d'un enfant en procédure devant le tribunal pour enfants en conflit avec la loi évoque aussi l'idée de transport de l'enfant qui, en tout état de cause, doit quitter les lieux où il avait normalement sa résidence habituelle où il a été trouvé. Ces lieux peuvent indifféremment être la résidence des parents, celle de la personne qui exerce l'autorité parentale, celle des grands-parents ou d'amis, une école ou même la voie publique conduisant dans ces différents endroits.

L'enlèvement d'enfants se distingue de la soustraction d'un enfant à la garde par la situation dans laquelle se trouve l'enfant, bien que dans toutes les deux préventions il y a le déplacement de l'enfant d'un lieu à un autre. Dans l'enlèvement, l'enfant n'est pas confié, par l'autorité judiciaire, à des personnes ou institutions pour sa garde. Il est, quoiqu'une procédure judiciaire soit intentée contre lui, en liberté non décidée par le juge pour enfants. Cependant, pour la soustraction d'un enfant à la garde, l'enfant doit être confié à la garde des personnes ou institution suivant les articles 106 et 113 de la loi portant protection de l'enfant.

Le texte légal n'exige pas que l'enlèvement se fasse avec ou sans fraude ou violence. L'acte d'enlèvement se caractérise par le simple fait de déplacer l'enfant du lieu où il était et de l'amener ailleurs. L'agent peut avoir nécessairement usé d'un pouvoir de séduction à l'égard de l'enfant pour procéder à son déplacement.

L'acte matériel peut se réaliser par « faire enlever » l'enfant. L'auteur est ainsi qualifié de l'auteur intellectuel ou moral de l'enlèvement de l'enfant en procédure devant le tribunal pour enfants. Il est traditionnel d'attacher cette qualification, de l'auteur intellectuel, à l'action de celui qui pousse quelqu'un à commettre une infraction pénale, c'est-à-dire l'instigateur plus couramment appelé le « cerveau » de l'infraction. La qualification de l'auteur moral, enseigne Bernardini (2015 : 465), concerne aussi celui qui, par son comportement volontaire ou négligent, laisse quelqu'un placé sous son autorité commettre une infraction. Ainsi, certaines personnes, sans participer directement à la réalisation de l'infraction, peuvent être la cause de cette infraction parce qu'elles ont provoqué, ordonné ou suggéré à l'auteur matériel de la commettre, ou qu'elles ont organisé ou dirigé l'activité infractionnelle concernée (Bernardini, 2015 : 465).

Fait ainsi enlever l'enfant en procédure devant le tribunal pour enfants l'agent qui provoque, ordonne ou suggère le déplacement ou le transport de l'enfant de son milieu vers un autre endroit. Et constitue un enlèvement le fait pour une personne se trouvant impliquée dans une affaire à charge d'un enfant devant le tribunal pour enfants en conflit avec la loi le déplace ou le transporte vers un autre lieu afin d'entraver la poursuite.

§ 2. Élément moral

Celui qui enlève un enfant ou le fait d'enlever, même avec son consentement alors qu'il est en procédure devant le juge pour enfants, commet une infraction. Mais, pour que cette prévention soit constituée, il faut prouver l'intention de l'auteur de commettre l'infraction. L'enlèvement d'un enfant en procédure devant le tribunal pour enfants est une infraction intentionnelle, c'est-à-dire l'auteur doit vouloir, sachant que l'enfant est en procédure devant le tribunal pour enfants, le déplacer ou le transporter dans le but d'entraver la poursuite engagée contre lui.

Le consentement de l'enfant à son enlèvement est inopérant, c'est-à-dire que l'acceptation de l'enfant à son enlèvement n'enlève pas à l'acte posé son qualificatif infractionnel. Ceci est le souci du législateur de réprimer l'enlèvement de l'enfant en procédure devant le tribunal, « même avec le consentement » de l'enfant. Même si l'enfant a, de lui-même, suivi l'auteur, ce dernier sachant qu'il est en procédure devant le tribunal pour enfants ne devra pas le déplacer ou aller avec lui.

Section 3. Régime répressif de l'entrave à la procédure entamée contre un enfant

L'entrave à la procédure entamée contre un enfant en conflit avec la loi regroupe quatre préventions prévues à l'article 131 de la loi portant protection de l'enfant. Ces préventions ont un même régime répressif. Avant d'examiner la peine applicable, il y a lieu de relever quelques particularités sur la poursuite.

§ 1. Poursuite

La poursuite contre toute personne qui entrave ou tente d'entraver la procédure entamée contre un enfant en conflit avec la loi ou l'exécution des mesures prises à son endroit n'est pas subordonnée par le dépôt d'une plainte préalable de la victime ; partant le retrait de celle-ci n'a pas effet d'arrêter le cours de l'action publique. Le ministère public se saisit aussi d'office dès qu'il a connaissance des faits. Il y a lieu toutefois de relever qu'on ne doit pas prendre en considération la position selon laquelle « le juge des enfants siégeant au premier degré, en appel ou en révision, peut être amené à prononcer des condamnations pénales contre toute personne qui entrave ou tente d'entraver la procédure entamée à l'égard d'un mineur en conflit avec la loi ou l'exécution des mesures prises à son endroit » (Kashama Ngoie, 2009 : 17). La position judicieuse est celle qui considère que « le juge des enfants aura simplement à faire constater les faits par le greffier, quitte au ministère public d'entamer une procédure pénale ordinaire à l'encontre des personnes concernées », c'est-à-dire celles qui se sont rendues coupables.

Les différentes préventions se constituent par les actes dont l'accomplissement se prolonge dans le temps avec une persistance de la volonté coupable. Pour dire que l'infraction « se prolonge aussi longtemps que dure cette soustraction et revêt ainsi la nature d'une infraction continue » (Pradel et Danti-Juan, 2010 : 385). En présentant toutes les caractéristiques des infractions continues, cela entraîne deux conséquences principales.

D'abord, le point de départ du délai de prescription de l'action publique est fixé au jour où l'entrave à la procédure entamée à l'égard d'un enfant en conflit avec la loi prend fin. Ensuite, comme toutes les infractions continues, la règle « *non bis in idem* » ne doit pas jouer ici, de sorte que le prévenu peut être à nouveau poursuivi après une première condamnation au cas de persistance de la volonté coupable (Crim., 30 juin 1981, *B.C.*, n° 223, note de Pradel et Danti-Juan, 2010 : 388).

§ 2. Peines applicables

Aux termes de l'article 131 de la loi portant protection de l'enfant, la personne reconnue coupable de l'infraction de soustraction d'un enfant à la procédure intentée contre lui, soustraction d'un enfant à la garde, non-présentation d'un enfant à ceux qui ont le droit de le réclamer ou enlèvement d'un enfant en procédure devant le tribunal est punie d'une servitude pénale principale de un à cinq ans et d'une amende de cent mille à deux cent cinquante mille francs congolais ou de l'une de ces peines seulement.

Telle que formulée, la disposition de l'article 131 laisse la possibilité au ministère public d'éteindre l'action publique en faisant payer à l'inculpé de l'une des infractions les amendes transactionnelles.

La peine est aggravée lorsque le coupable est déchu de l'autorité parentale. Aux termes de l'alinéa 2 de l'article 131, si le coupable est déchu de l'autorité parentale en tout ou en partie, la servitude pénale principale peut être élevée de deux à cinq ans et à une amende de cent mille à deux cent cinquante mille francs congolais.

La circonstance aggravante a un impact sur le minimum de la peine de servitude pénale principale. Le taux de la peine d'amende demeure le même en tout état de cause. Cependant, le minima de la servitude pénale principale est ramené à deux ans au lieu de un an. L'officier du ministère public n'a plus la possibilité de mettre fin aux poursuites engagées en faisant payer les amendes transactionnelles lorsqu'il y a la circonstance aggravante. Et le juge ne peut prononcer une seule peine, c'est-à-dire le prévenu est condamné aux peines de servitude pénale principale et d'amende.

Sous chapitre II

Atteintes avant la naissance de l'enfant

Les infractions relatives à la protection de l'enfant avant sa naissance concernent les coups et blessures volontaires portés sur une femme enceinte ; coups et blessures volontaires aggravés portés sur une femme enceinte ; coups et blessures volontaires ayant entraîné l'avortement ; abstention de porter assistance à une femme en instance d'accouchement. Les trois premières infractions supposent la réunion d'éléments communs. La dissimilitude n'apparaît qu'au niveau des circonstances aggravantes ainsi qu'à la répression.

Ces infractions ne protègent l'enfant qu'indirectement. En soi, c'est le fœtus, étant une vie dès la conception, qui est protégé à travers la porteuse qui est une femme enceinte. Au lieu de parler de la protection de l'enfant avant sa naissance, il serait mieux de parler de la protection de la femme enceinte.

Section 1. Coups et blessures volontaires portés sur une femme enceinte

Vue générale. Il faut entendre par coup volontaire, tout choc ou heurt produit volontairement contre le corps d'une personne avec effet possible d'une contusion (Mineur, 1953 : 128). Ainsi, le coup et blessure volontaire portés sur une femme enceinte est tout choc ou heurt produit volontairement contre une femme enceinte. Il s'agit de toutes atteintes à l'intégrité corporelle administrées sciemment et en connaissance de cause, quel que soit le moyen employé, sur une femme enceinte. L'atteinte à l'intégrité corporelle se réalise par les coups. Et les coups désignent les contacts physiques violents n'ayant pas causé d'effusion de sang. Tandis que les blessures sont réservées aux plaies et saignements, à la rupture de tissus, aux fractures. Elles sont toute lésion dans l'organisme humain susceptible de laisser une apparence et durable (Likulia Bolongo, 1985 : 90).

§ 1. Base légale

Cette infraction est prévue et punie par l'article 143 de la LPPE qui dispose comme suit : « Quiconque porte volontairement des coups ou fait des blessures à une femme enceinte est passible de six mois à un an de servitude pénale principale et d'une amende de cent mille à deux cent cinquante mille francs congolais ».

§ 2. Éléments constitutifs

À la seule différence qui réside sur la personnalité humaine de la victime et la disposition légale, les actes matériels et l'élément moral restent les mêmes que ceux prévus aux coups et blessures prévus et punis par les articles 43, 46, 47 du CPL II. Dans la loi portant protection de l'enfant, la personnalité humaine de la victime est une femme enceinte.

A. Élément matériel

L'élément matériel dont il est question dans la prévention des coups et blessures volontaires portés sur une femme enceinte est un acte positif et matériel commis volontairement sur cette dernière. Par l'acte positif, il faut entendre une action et non une inaction ou une omission. Tandis que l'acte matériel est le fait extérieur par lequel une action se révèle, pour ainsi dire, prend corps ou se manifeste. Les actes matériels de l'auteur doivent donc revêtir un aspect positif et matériel en même temps. Ainsi, la matérialité de l'acte doit se réaliser par un acte positif, et non par omission.

Les actes matériels qui entraînent un contact entre l'agresseur et sa victime peuvent se réaliser soit par contact direct – coups de poing ou coups de pied, bousculade, gifle –, soit un contact par intermédiaire d'une arme, voire animal en cas de morsures causées par un chien lancé volontairement contre la victime (Crim., 7 avril 1967, *D.*, 1967. 601, note de Véron, 1999 : 35).

Doivent être considérés comme coups le fait de donner une gifle, un coup de poing, un coup de pied, un coup de bâton, le fait de saisir un individu, de le mordre et de le projeter contre un mur, un arbre, une table, le fait de heurter quelqu'un pour le faire tomber (CG. App., 25 janvier 1900, *Jur. État*, I, p. 83, Mineur, 1953 : 128 ; Cizungu Nyangezi, 2011 : 216). Tombe aussi sous le coup de cette prévention quiconque lance un corps dur sur une femme enceinte.

Toutefois, Georges Mineur (1953 : 128) précise, ce que ne dit d'ailleurs pas la loi, qu'il est nécessaire que les coups présentent une certaine gravité, sinon il n'y aurait que voies de fait. C'est dans ce sens que Jean Pradel et Danti-Juan (2010 : 53) enseignent que le coup est, en effet, l'impression faite sur le corps d'une victime en la frappant ou en la heurtant violemment.

Nous retiendrons alors avec la doctrine qui se fonde sur la jurisprudence que le coup est un rapprochement violent, produisant le choc. Ce choc peut être produit en poussant la victime contre un corps dur, ou en lançant un corps dur contre la victime. Et la blessure, ce sont les lésions externes ou internes faites au corps humain, quel que soit le moyen employé. Ainsi, constituent une blessure : une lésion corporelle caractérisée par la déchirure même interne d'un organe ; toute lésion interne ou externe du corps humain, résultant de l'action exercée au dehors de lui par une cause qui agit mécaniquement ou chimiquement, sur les diverses parties de l'anatomie (Cass., 27 février 1933, *Pas.*, I, 141 ; Cass., 5 février 1935, *id.*, I, 145, note de Mineur, 1953 : 129).

B. Personnalité humaine de la victime : une femme enceinte

Les coups et blessures ne sont punissables que s'ils sont administrés à une personne humaine. Par personne humaine, il faut entendre une personne née et vivante. La victime des violences doit présenter trois caractères, notent Pradel et Danti-Juan (2010 : 53). Elle doit, d'abord, être humaine, les violences contre les animaux étant considérées comme une infraction d'une autre nature. Elle doit ensuite être vivante, sous réserve de la jurisprudence sur l'infraction impossible. Enfin, elle doit être distincte de l'agent. Nul ne peut, en effet, être poursuivi pour des violences qu'il s'est volontairement infligées à lui-même.

Au regard de la loi n° 09/001 du 10 janvier 2009 portant protection de l'enfant, la victime est une femme enceinte (article 143 LPPE). Ainsi, cette infraction suppose un état réel de grossesse et non l'état supposé d'être enceinte. Au cas où il est prouvé que la femme n'est pas enceinte, l'auteur encourt la peine suivant les articles 43 et 46 du CPL II.

L'usage du mot « femme » ne s'exclut pas dans la catégorie de victimes jeune fille rendue précocement enceinte. Malgré sa minorité d'âge, elle a cette qualité de la personne victime, pourvu qu'elle soit enceinte. Si l'auteur de coups est en même temps auteur de la grossesse, il répondra de toutes les deux infractions, le viol et le coup, en concours matériel.

C. Élément moral

L'élément moral dans l'infraction de coups et blessures volontaires portés sur une femme enceinte consiste en une intention de commettre volontairement l'infraction. L'intention constitue ici un élément essentiel, car elle permet de distinguer les violences volontaires de celles qui résultent d'une négligence, d'une imprudence ou d'un manquement à une obligation de sécurité ou de prudence. Si le législateur n'a fourni aucune précision sur son contenu, la jurisprudence estime que l'intention se trouve dans le fait de vouloir l'acte et non de vouloir le dommage effectivement réalisé (Véron, 1999 : 35-36). Comme l'exprime la Chambre criminelle, « l'infraction se trouve constituée dès lors qu'il existe un acte volontaire de violence [...], dirigée contre une ou plusieurs personnes quel que soit le mobile qui l'a inspiré, et alors même que son auteur n'a pas voulu causer le dommage qui en est résulté » (Crim., 3 octobre 1991, *Dr. pénal*, 1992, comm. 57, note de Véron, 1999 : 36).

Les coups et blessures volontaires portés sur une femme enceinte sont une infraction intentionnelle. En effet, l'auteur doit vouloir administrer les coups. Cet élément moral ne consistera pas à la connaissance de l'état « enceinte de la femme » victime des coups. L'ignorance ou la connaissance que la femme est enceinte est inopérante pour l'établissement de la prévention.

Le problème qui peut se poser est celui de connaître l'intention volontaire d'administrer les coups, dans le chef de l'auteur, sur une femme enceinte. Toutefois, cette intention peut être dévoilée par les aveux, c'est-à-dire que l'auteur reconnaît avoir administré volontairement des coups à la femme enceinte. Aussi, la manière dont les actes positifs et matériels ont été portés sur la personne de la femme peut permettre à dénicher la volonté de l'auteur d'administrer les coups. Au cas où l'intention de porter des coups et de faire des blessures, dans le chef de l'auteur, n'est pas prouvée ou établie, l'auteur tombera sous le coup de la prévention des coups et blessures involontaires prévues et punies par les articles 52 et 54 du CPL II, étant donné que le législateur n'a pas réprimé les coups et blessures involontaires à la LPPE.

§ 3. Régime répressif

Aux termes de l'article 143 de la loi portant protection de l'enfant, l'auteur des coups et blessures volontaires portés sur une femme enceinte encourt la peine de six mois à un an de servitude pénale principale et de cent mille à deux cent cinquante mille francs congolais d'amende.

Le législateur cumule la peine de servitude pénale à temps à celle d'amende. Il exclut donc la possibilité de mettre fin à la poursuite judiciaire par les simples amendes transactionnelles au niveau de l'instruction préjuridictionnelle.

§ 4. Étendue de la responsabilité pénale du conjoint

La qualité du conjoint n'est pas une cause de justification. La qualité de l'auteur et son rapport avec la victime, la femme enceinte, est inopérante. L'article 143 réprime « quiconque » et celui-ci peut être un conjoint ou non. D'ailleurs, en droit français, la qualité de conjoint est une circonstance aggravante.

Le conjoint comme toute autre personne ne peut être justifié que par un fait justificatif. L'ordre de la loi, le commandement de l'autorité légitime ainsi que la nécessité de la légitime défense justifient les violences nécessaires. Il convient de les écarter, écrit Véron (1999 : 36), lorsque les conditions légales ne sont pas réunies, notamment la légitime défense lorsqu'il est établi qu'il n'y avait pas nécessité actuelle et attaque imminente (Crim., 21 février 1990, *Dr. pénal*, 1990, comm. 124, note de Véron, 1999 : 36). La légitime défense n'est admise que s'il n'y a pas disproportion manifeste entre l'agression et la riposte. Cependant, les juges ont pu considérer qu'une attaque verbale grave pouvait justifier une légère riposte physique (Crim., 12 octobre 1992, *Dr. pénal*, 1994, comm., n° 35, obs, Véron, 1999).

Section 2. Coups et blessures volontaires aggravés portés sur une femme enceinte

Vue générale. Le coup volontaire est tout choc ou heurt produit volontairement contre le corps d'une personne avec effet possible d'une contusion. Les coups et blessures volontaires aggravés portés sur une femme enceinte constituent tout choc ou heurt produit volontairement contre une femme enceinte qui entraîne une altération de la santé de la femme, de l'embryon, du fœtus ou de la perte d'un organe.

Cette prévention se distingue de la précédente sur les conséquences qu'entraînent les coups portés sur la femme enceinte et quelque nuance sur l'élément moral.

§ 1. Base légale

Cette infraction est prévue et punie par l'article 144 de la loi portant protection de l'enfant qui dispose comme suit : « Si les coups portés et les blessures faites volontairement, sans détruire l'embryon ou le fœtus, entraînent pourtant une altération grave de la santé de la femme, de l'embryon, du fœtus ou la perte d'un organe, l'auteur est passible de deux à cinq ans de servitude pénale principale et d'une amende de deux cent mille à trois cent cinquante mille francs congolais ».

§ 2. Éléments constitutifs

Les éléments constitutifs de coups et blessures volontaires aggravés portés sur une femme enceinte sont les mêmes que ceux de coups et blessures volontaires portés sur une femme enceinte. Quelles particularités seront dégagées sur l'élément moral ainsi que les conséquences qui constituent les circonstances aggravantes ?

A. Élément matériel

L'élément matériel dont il est question dans la prévention des coups et blessures volontaires portés sur une femme enceinte est un acte positif et matériel commis volontairement sur cette dernière.

Pour plus de précision sur l'acte matériel, nous recommandons aux lecteurs de se référer à la section précédente du présent sous chapitre.

B. Personnalité humaine de la victime : une femme enceinte

Au regard de l'article 144 de la loi portant protection de l'enfant, la victime est une femme enceinte. Ainsi, cette infraction suppose un état réel de grossesse et non la femme supposée être enceinte. Au cas où il est prouvé que la femme n'est pas enceinte, l'auteur encourt la peine suivant les articles 43 et 46 du Code pénal, Livre deux.

En ce qui concerne les caractéristiques de la personne humaine, lire le point B de la section 1 du présent sous-chapitre.

C. Élément moral

L'élément moral dans l'infraction de coups et blessures volontaires aggravés portés sur une femme enceinte consiste en une intention de porter ou de faire volontairement des coups ou des blessures sur une femme enceinte.

L'infraction se trouve constituée dès lors qu'il existe un acte volontaire de violence ou de voie de fait, dirigée contre une ou plusieurs personnes quel que soit le mobile qui l'a inspiré, et alors même que son auteur n'a pas voulu le dommage qui en est résulté (Crim., 3 oct. ; 1991, *Dr. pénal*, 1992, comm. 57, note de Véron, 1999 : 36). Cette interprétation permet de punir les violences volontaires dont le résultat a dépassé le but que le coupable poursuivait, en fonction de la gravité de l'atteinte subie par la victime (Crim. 29 novembre 1972, *R.S.C.*, 1978, note de Véron, 1999 : 36).

Cela fait supposer que « l'agent a voulu l'acte de violence, mais pas le dommage qu'il n'avait en général même pas envisagé, ce qui pose un problème de dol éventuel, où les conséquences n'étaient pas voulues » (Pradel et Danti-Juan, 2010 : 56). Toutefois, « l'intention doit être concomitante à l'accomplissement de l'acte matériel » ; elle ne se confond pas avec le mobile qui reste indifférent au regard de la commission de l'infraction. Quant à l'erreur sur la personne, elle ne peut être utilement invoquée dès lors que l'acte dommageable a été volontairement commis (Véron, 1999 : 36).

D. Circonstances aggravantes

Aux termes de l'article 144 sous examen, les coups et blessures portés sur une femme enceinte sont aggravés lorsqu'il y a une altération grave de la santé de la femme, de l'embryon, du fœtus ou de la perte de l'organe. Pour que l'une de ces circonstances soit considérée, il faut établir un lien de causalité entre le coup et l'une des altérations ou la perte de l'organe. La loi n'a cependant fixé aucun délai pour observer cette aggravation. Faut-il que le lien de causalité soit certain (Pradel et Danti-Juan, 2010 : 61), ce qui ne signifie pas qu'elle doit être directe et immédiate (Conte, 2013 : 102-103). Mais, pour éviter toute spéculation, il doit être médicalement prouvé. Ainsi, « l'agresseur subira les conséquences d'une éventuelle prédisposition de la victime qui aura aggravé le dommage ou d'une initiative intempestive de celle-ci » (Conte, 2013 : 102). Il convient tout de même de saisir la portée de chaque circonstance aggravante.

1. Altération grave de la santé de la femme. La santé qui est visée est celle de la femme enceinte victime des coups ou des blessures et non celle du fœtus ou de l'embryon. L'altération de la santé implique la maladie. « Ne peut être considérée comme une maladie une simple douleur qui n'altère pas la santé de la victime » (Likulia Bolongo, 1985 : 97). Ainsi, le législateur a évité d'utiliser le concept maladie qui divisait la doctrine sur le caractère sérieux et grave pour utiliser l'expression « altération grave de la santé ». Une simple altération de la santé ne doit pas être considérée, celle-ci doit être grave, ce qui « suppose un fait important, sérieux et susceptible d'avoir des conséquences fâcheuses » (Likulia Bolongo, 1985 : 97).

2. Altération grave de l'embryon. La santé qui est protégée n'est pas directement de la femme, mais celle de l'embryon, lequel d'ailleurs n'est pas défini. Toutefois, « il est généralement admis que la période embryonnaire concerne les huit premières semaines à compter de l'implantation de l'œuf fécondé ». Après, on peut parler de fœtus (Pradel et Danti-Juan, 2010 : 58, *infra* 3).

L'altération de l'embryon touche, toutefois, à la santé de la porteuse qui est la femme enceinte. C'est ainsi que l'altération grave de l'embryon ne consiste pas la destruction du l'œuf fécondé, mais une atteinte à sa santé sans destruction. Cette circonstance vise aussi la protection de la santé de la femme enceinte, car une fois l'embryon est altéré à la suite des coups, la porteuse en est affectée directement.

3. Altération grave du fœtus. Le fœtus « désigne le produit de la conception humaine après les trois premiers mois de vie utérine, au moment où se dessinent les caractères spécifiques de l'espèce humaine » (Guinchard *et al.*, 2015 : 465). L'altération grave du fœtus ne vise que la santé même du fœtus qui sera ressentie par la femme porteuse.

Au cas où l'embryon ou le fœtus est expulsé à la suite de coups, on parlera de la prévention prévue à l'article 145 de la loi portant protection de l'enfant. Ainsi, la prévention prévue à l'article 144 vise les coups qui n'ont pas détruit l'embryon ou le fœtus.

4. Perte de l'organe. La question qu'on peut se poser est celle de savoir, si l'organe visé est celui de la femme ou du fœtus. Nous estimons qu'il s'agit de l'organe de la femme enceinte.

Par perte de l'organe, « il faut entendre une infirmité permanente résultant de la perte d'un des organes du corps humain tels que la vue, l'ouïe, l'odorat » (Likulia Bolongo, 1985 : 98). Il s'agit ainsi de « la perte d'un sens psychologique » (Mineur, 1953 : 133). Cette perte doit être absolue, si elle ne l'est pas, elle peut néanmoins suffire pour l'application de l'article 144 de la loi portant protection de l'enfant. Ainsi, il n'est plus nécessaire que la perte de l'organe soit absolue pour appliquer la disposition.

§ 3. Régime répressif

Aux termes de l'article 144 de la loi portant protection de l'enfant, l'auteur de coups et blessures volontaires aggravés portés sur une femme enceinte encourt les peines de deux à cinq ans de servitude pénale principale et de deux cent mille à trois cent cinquante mille francs congolais d'amende.

Pour cette prévention, comme les autres infractions relatives à la protection de l'enfant avant la naissance, le législateur cumule la peine de servitude pénale à temps à celle d'amende. Est exclue, la possibilité de mettre fin à la poursuite judiciaire par les simples amendes transactionnelles au niveau de l'instruction préjuridictionnelle.

Section 3. Coups et blessures volontaires ayant entraîné l'avortement sans l'intention de le provoquer

Vue générale. Les coups et blessures volontaires portés sur une femme enceinte sont aggravés lorsque ce choc ou heurt produit volontairement contre une femme enceinte ont entraîné l'avortement sans que l'auteur ait voulu le provoquer. On dirait un avortement préterintentionnel, c'est-à-dire un avortement qui résulte des coups sans que l'auteur puisse le vouloir.

Cette prévention se distingue de la précédente sur la conséquence qu'entraînent les coups portés et les blessures faites sur la femme enceinte. Cependant, la peine reste la même. D'où la question : quel est l'intérêt de séparation au lieu qu'elles soient prévues et punies par la même disposition légale ?

§ 1. Base légale

Cette infraction est prévue et punie par l'article 145 de la loi portant protection de l'enfant qui dispose que : « si les coups portés et les blessures faites volontairement, mais sans intention de provoquer l'avortement, l'ont pourtant causé, l'auteur est passible de deux à cinq ans de servitude pénale principale et d'une amende de trois cent cinquante mille à cinq cent mille francs congolais ».

§ 2. Éléments constitutifs

Il ressort de l'analyse de cette disposition (article 145 LPPE) que l'infraction de coups et blessures volontaires ayant entraîné l'avortement sans intention de le provoquer suppose les éléments constitutifs suivants : un acte matériel et positif porté sur une femme enceinte, un résultat dommageable qui est l'avortement, un lien de causalité entre l'acte et le résultat, et l'intention qui doit s'apprécier au niveau de l'acte.

A. Élément matériel

L'élément matériel dont il est question dans la prévention de coups et blessures volontaires portés sur une femme enceinte est un acte positif et matériel consistant en des coups ou des blessures commis sur cette dernière. Pour plus de précision sur l'acte matériel, nous recommandons aux lecteurs de se référer à section 1 du présent sous-chapitre.

B. Personnalité humaine de la victime : une femme enceinte

Au regard de l'article 145 de la loi portant protection de l'enfant, la victime est une femme enceinte. Ainsi, cette infraction suppose un état réel de grossesse et non l'état supposé d'être enceinte qui doit être médicalement prouvé. En ce qui concerne les caractéristiques de la personne humaine, lire le point B de la section 1 du présent chapitre.

C. Résultat dommageable : l'avortement

Pour que l'article 145 de la loi portant protection de l'enfant soit applicable, il faut que les coups portés ou les blessures faites volontairement sur la femme enceinte provoquent l'avortement. L'avortement dans le sens attribué par la loi pénale est tout accouchement avant terme, volontairement provoqué ou procuré, par un procédé quelconque, indépendamment des circonstances d'âge et de viabilité du produit de la conception (Mineur, 1953 : 349). Mais ici, il s'agit de l'accouchement avant terme involontairement provoqué par les coups ou les blessures administrés sur une femme enceinte, indépendamment de l'âge et de la viabilité du produit de conception. Il s'agit alors de l'avortement qui « est le résultat de violences volontaires, portées non dans le but de faire avorter mais dans l'intention générale de nuire » (Mineur, 1953 : 350). Quant au résultat, « il s'agit de l'expulsion du fœtus, prématurée par rapport à la durée qui aurait dû être celle de la grossesse si elle n'avait pas été [...] interrompue » (Conte, 2013 : 134).

Peu importe le temps écoulé entre la perpétration de l'acte matériel et l'avortement, la loi n'ayant pas fixé de délai. Il suffit qu'il y ait un lien de causalité entre l'acte matériel et l'avortement qui s'en est suivi.

D. Lien de causalité entre l'acte matériel et l'avortement

En utilisant l'expression « l'ont pourtant causé », l'infraction suppose une relation de cause à effet entre les coups portés ou les blessures faites volontairement et l'avortement qui s'en est suivi. Cette nécessité découle de la lettre même de la loi qui dispose que si les coups portés et les blessures faites volontairement, mais sans intention de provoquer l'avortement, « l'ont pourtant causé ». Il faudra alors ressortir l'existence du rapport causal entre l'acte matériel de l'agent et l'avortement. La conséquence de cette nécessité est que le rapport de causalité doit être certain. Ce qui ne signifie pas qu'elle doit être directe et immédiate (Conte, 2013 : 102-103). Au cas où il n'y a pas de lien ou si ce lien est douteux, l'application de l'article 143 de la loi portant protection s'impose.

Le lien existe même si les coups ou les blessures ne sont pas en eux-mêmes cause provoquant l'avortement, mais le sont devenus en raison de l'état fragile du col utérin de la femme. L'agent « subira les conséquences d'une éventuelle prédisposition de la victime qui aura aggravé le dommage ou d'une initiative intempestive de celle-ci » (Conte, 2013 : 102). Ainsi, l'état pathologique de la femme ne peut exonérer l'agent.

La causalité existe lorsqu'à la suite d'un coup donné par le prévenu, lequel coup provoque un avortement par suite d'un choc émotif qu'il occasionna.

E. Élément moral

S'agissant de l'élément moral, l'intention doit avoir porté sur l'acte matériel mais non sur l'avortement qui en est la conséquence. C'est-à-dire que l'intention consiste en une volonté de porter des coups ou de faire des blessures sur une femme enceinte et non de lui faire avorter par ces moyens. Il s'agit alors d'un *dol preterintentionnel* qu'il faut démontrer. Cet élément moral vise un comportement infractionnel dont la conséquence recherchée ou acceptée (*dolus*) cause à son tour une seconde conséquence dont la réalisation n'a été ni voulue ni acceptée par l'agent (*culpa*).

L'auteur ne doit pas alors avoir cherché, en administrant les coups, l'avortement de la femme enceinte. Cela fait supposer que « l'agent a voulu l'acte de violence, mais pas le dommage qu'il n'avait en général même pas envisagé, ce qui pose un problème de dol éventuel, où les conséquences n'étaient pas voulues » (Pradel et Danti-Juan, 2010 : 56). Toutefois, « l'intention doit être concomitante à l'accomplissement de l'acte matériel » ; elle ne se confond pas avec le mobile qui reste indifférent au regard de la commission de l'infraction (Véron, 1999 : 36).

C'est l'intention de l'auteur qui va différencier les coups et blessures ayant entraîné l'avortement et l'avortement prévu à l'article 165 du CPL II. Au cas où l'agent avait exercé la violence physique, qui est le coup, sur la femme dans l'intention de la faire avorter dans ce cas c'est l'article 165 du Code pénal qui doit s'appliquer. Il est alors important de scruter l'intention de l'agent à travers son acte matériel. Les coups qui sont administrés au bas-ventre d'une femme enceinte laissent penser que l'auteur visait la conséquence. Partant, on tombe dans l'intention de l'avortement qui consiste en une intention de provoquer l'avortement.

§ 3. Régime répressif

Avant de déterminer la peine applicable, il y a lieu d'analyser la situation où les coups ont été portés par plusieurs personnes sur une femme enceinte. Quelle sera l'étendue de la responsabilité pénale de chacune.

A. Étendue de la responsabilité en cas de plusieurs auteurs

La jurisprudence sur ce point en rapport avec l'infraction d'homicide perterintionnelle semble étendre la circonstance aggravante à tout celui qui a participé à la commission de l'infraction. Cette position est transposable sur le cas des coups et blessures ayant entraîné l'avortement.

Selon cette jurisprudence la « circonstance aggravante s'applique à tous les coauteurs sans chercher à déterminer celui qui a porté le coup fatal [...] ou s'ils se sont ou non concertés au préalable » (1re inst. Kas., 9 août 1950, *R.J.C.B.*, 1951, p. 23, note de Likulia Bolongo, 1985 : 106).

B. Peines applicables

Aux termes de l'article 145 de la loi portant protection de l'enfant, l'auteur de coups et blessures volontaires ayant entraîné l'avortement encourt les peines de deux à cinq ans de servitude pénale principale et de deux cent mille à trois cent cinquante mille francs congolais d'amende.

Pour cette prévention, comme les autres infractions relatives à la protection de l'enfant avant la naissance, le législateur cumule la peine de servitude pénale à temps à celle d'amende. Est exclue, la possibilité de mettre fin aux poursuites judiciaires par les simples amendes transactionnelles au niveau de l'instruction préjuridictionnelle.

Section 4. Abstention de porter assistance à une femme en instance d'accouchement

Vue générale. Cette prévention vise la protection de l'enfant avant sa naissance. Dans le but de décourager certaines pratiques, d'exiger l'argent avant de poser tout acte médical, le législateur a mis sur pied cette disposition qui ne protégerait non seulement l'enfant avant sa naissance mais aussi la femme en instance d'accouchement. D'où, est puni des peines prévues pour non-assistance à personne en danger le personnel soignant qui s'abstient de porter assistance à une femme en instance d'accouchement.

Cette prévention est différente de l'infraction prévue à l'article 191 de la loi portant protection de l'enfant qui réprime toute abstention de porter secours à un enfant. Cette disposition vise la protection de l'enfant lui-même. Cependant, l'article 146 protège l'enfant avant sa naissance et sa mère qui est en instance d'accouchement.

L'abstention de porter assistance à une femme en instance d'accouchement n'est pas définie par la loi. Mais, il ressort de l'article 146 de la loi portant protection de l'enfant qu'il s'agit de fait de tout personnel soignant de s'abstenir de porter assistance à une femme en instance d'accouchement.

§ 1. Base légale

L'abstention de porter assistance à une femme en instance d'accouchement est prévue par l'article 146 de la loi portant de la protection de l'enfant et punie par contre par l'article 66 quater du Code pénal livre II qui réprime la non-assistance à personne en danger. Il s'agit d'une répression de renvoi, car l'article 146 LPPE ne prévoit pas la peine, il renvoie à la peine prévue par le Code pénal à son article 66*quater.* Ainsi, la base légale de cette infraction est constituée des articles 146 de la loi portant protection de l'enfant et 66*quater* du Code pénal, Livre II.

L'article 146 dispose que « est puni des peines prévues pour non-assistance à personne en danger, le personnel soignant qui s'abstient de porter assistance à une femme en instance d'accouchement ». Tandis que l'article 66*quater* dispose à son tour « si les infractions prévues aux articles précédents sont commises par une personne chargée par état ou par profession d'assister les autres en danger, la peine sera la servitude pénale d'un à trois ans et l'amende de cinq à cent francs ».

Il peut se poser la question de savoir pourquoi le choix de cette disposition alors que le Code pénal prévoit quatre hypothèses de non-assistance à personne en danger. La réponse n'est pas aisée, cependant il se révèle que la disposition de non-assistance à personne en danger prévue à l'article 146 concerne le personnel soignant qui est une personne chargée par profession d'assister les femmes en instance d'accouchement. Les autres dispositions du Code pénal (articles 66*bis*[16], *ter*[17] et *quinquies*), qui prévoient et répriment la non-assistance à personne en danger, ne visent pas les personnes chargées par état ou par profession d'assister les autres en danger. Seul l'article 66*quater* vise cette catégorie de personnes. Ainsi, l'abstention de porter assistance à une femme en instance d'accouchement est prévue et punie par les articles 146 de la loi portant protection de l'enfant et 66*quater* du Code pénal, Livre II. C'est à partir de ces deux dispositions qu'il faut analyser les éléments constitutifs.

§ 2. Éléments constitutifs

La prévention d'abstention de porter assistances à une femme en instance d'accouchement requiert pour son établissement que l'auteur soit un personnel soignant qui s'abstient d'assister une femme en instance d'accouchement. Il y a ainsi les conditions préalables liées à la qualité de l'auteur (le débiteur d'assistance) et de la victime (créancière de l'assistance) qui sont requises avant d'examiner l'acte matériel et l'élément psychologique.

A. Conditions préalables

L'abstention de porter assistance à une femme en instance d'accouchement ne se conçoit qu'en fonction de la qualité de l'auteur ainsi que de la victime.

1. Qualité de l'auteur : personnel soignant

Il ressort de l'article 146 que ne peut se rendre coupable de cette prévention que le personnel soignant. Il ne s'agit pas de *quiconque* mais le législateur parle du « personnel soignant qui s'abstient [...] ». Mais, la question qu'on peut se poser est celle de savoir, qui est le personnel soignant visé dans le cadre de la femme en instance d'accouchement ? De matière restreinte, il s'agit du médecin obstétricien, de la sage-femme et du sage-homme qui sont directement les personnes qualifiées pour assister une femme en instance d'accouchement. Cependant, d'une manière générale, en instance d'accouchement et suivant les circonstances, plusieurs catégories de personnel soignant peuvent s'avérer indispensable d'assister une femme en instance d'accouchement. Ainsi, le personnel soignant vise toute personne « chargée de donner des soins » (Microsoft Encarta, 2009) ; « un ensemble des individus dont la profession se situe dans la branche des services de santé. Par exemple, les infirmières, aides-

---

[16] Article 66*bis* : « Sera puni d'une servitude pénale de trois mois à un an et d'une amende de cinq à cinquante francs, ou de l'une de ces peines seulement, quiconque, pouvant empêcher par son action immédiate, sans risque pour lui ni pour les tiers, une infraction contre l'intégrité corporelle de la personne, s'abstient volontairement de le faire. »

[17] L'article 66*ter* par contre dispose que « sera puni d'une servitude pénale de trois mois à deux ans et d'une amende de cinq à cinquante francs ou de l'une de ces peines seulement, quiconque s'abstient volontairement de porter à une personne en péril l'assistance que, sans risque pour lui ni pour les tiers, il pouvait lui prêter, soit par son action personnelle, soit en provoquant un secours ».

soignants, anesthésistes, chirurgiens, etc., sont des membres du personnel soignant des établissements de santé » (www.linternaute.com).

Est-ce qu'un tradi-praticien peut être poursuivi sur base de cette disposition ? Nous estimons que la réponse est négative du fait que la loi parle du personnel soignant qui n'est pas un guérisseur. Celui-ci ne peut être poursuivi, s'il n'apporte assistance, que sur base de l'article 66*bis* du Code pénal qui réprime la non-assistance à personne en danger. Ainsi, toute personne qui n'a pas la qualité du « personnel soignant » et qui n'apporte pas assistance à une femme en instance d'accouchement ne peut engager sa responsabilité sur pied de l'article 146.

2. La qualité de la personne à assister : une femme en instance d'accouchement

La loi protège l'enfant qui va naître et la femme en instance d'accouchement. La créancière de l'assistance doit être une femme en instance d'accouchement. La femme doit être ainsi enceinte et en instance d'accouchement. Cette prévention ne sera pas constituée si la femme n'est pas enceinte et en instance d'accouchement. L'instance d'accouchement doit être entendue comme « travail qui précède et accompagne la mise au monde d'un enfant » (Microsoft Encarta, 2009) ; le processus consistant à mettre l'enfant au monde. Selon Merger *et al.* (1993 : 115), l'accouchement est l'ensemble des phénomènes qui ont pour conséquence la sortie du fœtus et de ses annexes hors des voies génitales maternelles, à partir du moment où la grossesse a atteint le terme théorique de 6 mois (28 semaines d'aménorrhée).

L'instance d'accouchement ne doit pas s'apprécier en fonction de l'âge de la grossesse. Elle peut être même prématurée et le personnel soignant est tenu d'apporter son assistance à la femme. Les obstétriciens font remarquer que « la limite entre avortement et accouchement est imprécise » (Merger *et al.*, 1993 : 115). C'est pourquoi les mêmes auteurs vont dégager une typologie d'accouchement en fonction du temps. Il y a l'accouchement à *terme* et l'accouchement *prématuré*. Et en fonction de sa production, il est dit *spontané, provoqué* ou *programmé, naturel* et *artificiel.*

L'accouchement est une « épreuve exceptionnelle », « une promotion ». La femme recherche une sécurité, le désir de s'appuyer, de dépendre d'une personne, d'une technique, ou des deux. C'est le rôle des obstétriciens et des sages-femmes de répondre à cette demande en accompagnant la femme tout au long de la grossesse et de l'accouchement (Merger et *al.*, 1993 : 577). Faillir à cette charge est une fatalité pour une femme en instance d'accouchement et de l'enfant qui va naître.

Sans faire l'exposé magistral du cours d'obstétrique mais, pour bien comprendre la prévention, il est important de préciser que l'instance d'accouchement comprend trois périodes : la première correspond à l'effacement et à la dilatation du col ; la deuxième à la sortie du fœtus ; la troisième à la sortie des annexes (placenta et membranes) (Merger et *al.*, 1993 : 115).

À chaque étape correspond une tâche spécifique du personnel soignant que nous pouvons résumer de la manière ci-après, au regard des études de Merger et *al* (1993 : 115-135). À la première période, le personnel soignant doit, après qu'il ait prélevé la tension artérielle, surveiller le début du travail et les contractions utérines du travail ainsi que le rythme cardiaque fœtal. Les modifications du col utérin et du pôle inférieur de l'œuf sont reconnues par le toucher vaginal. À la deuxième période, qui s'étend depuis la dilatation complète jusqu'à la naissance, le personnel soignant prépare sur une table protégée d'un champ stérile et sur une autre table réservée aux soins à donner au nouveau-né sont disposés. La technique de la poussée est alors enseignée ou rappelée. L'activité cardiaque fœtale doit être surveillée de façon encore plus attentive. Les interventions du médecin au cours du travail sont très diverses. Il peut s'agir de la rupture des membres ; de l'oxygénation ; ou de l'action médicamenteuse. À la troisième période, qui se réalise par le décollement du placenta, l'expulsion du placenta et l'hémostase, le personnel soignant se contente de surveiller l'état général par la prise du pouls et de la tension artérielle, et l'état local en s'assurant par la vue que l'accouchée ne saigne pas, par le palper que l'utérus est bien rétracté. Le personnel soignant intervient aussi à cette phase lorsque le placenta décollé se trouve dans le vagin. Dans ce cas, la main gauche empaume le fond utérin, puis exerce une pression modérée de haut en bas. Le placenta est ainsi refoulé vers l'orifice vulvaire. La main droite saisit le cordon, non pour exercer une traction, mais pour diriger la sortie du placenta vers le haut.

Voilà les différentes étapes de l'instance d'accouchement auxquelles le personnel soignant est tenu d'apporter assistance à une femme. Ainsi, si la femme n'est pas porteuse d'une grossesse et en instance d'accouchement, le personnel soignant sera poursuivi qu'en vertu de l'article 66*quater* du CPL II.

Après l'examen des conditions préalables liées à la qualité du débiteur de l'assistance ainsi que de la créancière de l'assistance, examinons les éléments proprement dits qui constituent la prévention.

B. Éléments proprement dits

Les éléments qu'il sied d'analyser consistent en l'acte matériel ainsi que dans l'élément moral de l'agent.

1. Acte matériel d'abstention

L'acte matériel consiste en une abstention d'assister une femme en instance d'accouchement. C'est dire que, pour que la prévention soit constituée, il faut que le prévenu n'ait rien fait, qu'il ne soit pas intervenu ou qu'il n'ait pas fait appel à ces tiers. Cependant, pour la jurisprudence, l'appel à un tiers n'est que subsidiaire car les juges redoutent les dérobades d'individus se déchargeant trop facilement sur ces tiers. L'agent doit donc, en priorité, agir par lui-même. Une juridiction a formulé nettement la règle que « l'action personnelle doit être la règle et la faculté de provoquer un secours, l'exception, cette dernière option ne se concevant que lorsque [...] le secours ne peut être efficace que donné par un homme de l'art »

(Tribunal correctionnel de Bayeux, 22 juin 1954, Pradel et Danti-Juan, 2010 : 148). Ainsi une sage-femme ne peut recourir au secours d'un médecin obstétricien qu'après avoir constaté qu'elle ne pourra pas efficacement porter assistance à la femme en instance d'accouchement ; le médecin appelé au chevet d'une femme en instance d'accouchement ne peut subordonner son action à celle du médecin traitant habituel.

La question qu'on se pose est celle de savoir, lorsque l'assistance est inefficace ou maladroite, si l'on doit l'assimiler à l'intervention ou à l'abstention. La règle générale, estiment Jean Pradel et Michel Danti-Juan (2010 : 148), est que l'assistance imparfaite entraîne la relaxe car l'obligation légale d'assistance est une obligation de moyens, non de résultat : la mort est indifférente et le délit est donc un délit formel. La règle n'est cependant pas absolue car la jurisprudence lui apporte diverses exceptions. D'abord, les juges se reconnaissent le pouvoir d'apprécier l'idonéité du moyen utilisé pour voir s'il est adapté à la situation, ce qui peut entraîner l'application des peines du refus d'assistance ou d'homicide involontaire. Ensuite, la non-utilisation du moyen idoine, entraîne la répression.

Nous estimons qu'il est important de connaître les actes nécessaires qui doivent être accomplis par le personnel soignant en faveur d'une femme en instance d'accouchement. D'où la question de savoir : quels sont les actes nécessaires d'assistance à apporter à une femme en instance d'accouchement ? Sur ce, nous renvoyons aux lecteurs au point 2 relatif à la qualité de la personne à assister. Toutefois, il convient de retenir que l'instance d'accouchement se réalise sous trois périodes dont chacune fait appel à des actes d'assistance appropriés.

L'abstention doit être *caractérisée.* Il en est évidemment ainsi lorsque le personnel soignant au courant dans le centre hospitalier qu'il y a une femme en instance d'accouchement ne fait absolument rien. Pour éviter la répression, le personnel soignant doit réellement intervenir et son intervention peut être directe (poser les actes nécessaires en faveur de la femme) ou indirecte (avertir un personnel spécialisé au regard de la situation qui se présente). Le personnel soignant, étant qualifié, doit apprécier le moyen le plus approprié. Cependant, s'il fait tout ce qu'il peut pour éviter le mal et celui-ci se produit, il échappe évidemment à la répression sous cette prévention.

2. Élément moral

L'abstention de porter assistance à une femme en instance d'accouchement n'est punissable que si elle est volontaire. L'agent devant avoir la volonté de ne pas apporter assistance à la femme en instance d'accouchement. L'intention est déduite des circonstances. La volonté positive de nuire n'est pas requise et les mobiles sont indifférents. Il n'est pas aussi nécessaire que le personnel soignant méconnaisse de l'état d'une femme enceinte étant donné que son rôle est de s'occuper de toute personne qui se présente dans la formation hospitalière.

§ 3. Régime répressif

C'est l'article 146 de la loi portant protection de l'enfant qui prévoit la prévention et qui renvoie pour la répression à l'article 66*quater* du CPL II. Ceci ressort de l'article 146 qui dispose en ces termes : « est puni des peines prévues pour non-assistance à personne en danger, le personnel soignant qui s'abstient de porter assistance à une femme en instance d'accouchement ». Et ce l'article 66*quater* du CPL II qui réprime un tel comportement en raison de la qualité de l'auteur.

Au regard de cet article 66*quater*, l'auteur est passible de la servitude pénale d'un à trois ans et l'amende de cinq à cent francs. Les deux peines sont cumulatives et le juge n'a pas la faculté d'en prononcer une.

Le législateur n'a cependant pas prévu d'autres mesures ou peines complémentaires telles que le renvoi du corps ou la radiation de la personne incriminée du corps de personnel soignant.

S'agissant de la poursuite, aux termes de l'article 76, du statut de médecin du service public de l'État, « le médecin bénéficie du privilège de juridiction institué par l'article 94, alinéa 2, de l'ordonnance-loi n° 82/020 du 31 mars 1982 portant Code de l'organisation et de la compétence judiciaires telle que modifiée et complétée à ce jour ». Ainsi, le médecin du service public de l'État bénéficie du privilège de juridiction institué aujourd'hui par l'article 91, point 2, de la loi organique n° 13/011-B du 11 avril 2013 portant organisation, fonctionnement et compétences des juridictions de l'ordre judiciaire.

Mais le personnel soignant, qui n'a pas la qualité du médecin du service public de l'État ou qui n'a pas le grade équivalent au directeur dans l'administration publique ou encore celui du secteur privé, est soumis à la règle du taux de la peine pour déterminer la juridiction compétente qui est ici le tribunal de paix.

CONCLUSION GÉNÉRALE

Nous ne pouvons prétendre conclure une étude qui s'aligne dans le droit pénal spécial. Cette branche du droit pénal, le droit pénal spécial, « est constituée de la totalité des infractions composant l'arsenal répressif » (Conte, 2013). Alors que notre étude n'a porté que sur une partie relative au droit de la protection de l'enfant. Ce droit contient non seulement les mécanismes de protection sociale et judiciaire de l'enfant, mais aussi le mécanisme de protection pénale. Ce dernier mécanisme de protection n'est qu'un ensemble d'incriminations qui portent atteinte à l'enfant sous diverses formes. C'est celui-ci qui a constitué l'ossature de cet ouvrage.

L'étude de ces différentes infractions prévues au droit de la protection de l'enfant nous a permis d'examiner les éléments spécifiques et les sanctions propres qui singularisent chacune d'elles. Le passage en revue de ces infractions nous a permis de révéler quelques aspects résumés ci-après :

– La loi portant protection de l'enfant, étant une loi spéciale, n'a rien prévu en ce qui concerne la prescription de l'action publique pour les faits infractionnels dont un enfant est victime. Nous pensons à ce propos que le législateur devrait prévoir la minorité d'âge comme une cause de suspension de la prescription de l'action publique. Dans certaines circonstances, la prescription de l'action est suspendue, en ce sens que le délai ne court pas en raison du fait qu'il existe une impossibilité légale d'obtenir une décision sur l'action publique (Luzolo Bambi Lessa, 2011 : 183). Lorsque la cause du blocage disparaît, le délai reprend son cours normal (Declercq, 2006 : 190). Dans l'ensemble du droit processuel pénal, aucune disposition ne porte sur la suspension de la prescription de l'action publique. Cette suspension est d'application, en droit congolais, en tant que principe général de droit. Il s'agit, comme l'indique Luzolo Bambi Lessa (2011 : 183), d'un obstacle de droit ou de fait qui empêche les parties poursuivantes d'agir. Parmi ces obstacles, la minorité d'âge de la victime n'est pas retenue. Au lieu que le juge s'arroge le pouvoir en mobilisant le principe général de droit, nous pensons que le législateur congolais devrait comme en droit français introduire la minorité d'âge comme une cause de suspension de la prescription de l'action publique. C'est dire que la prescription de l'action publique ne devrait commencer à courir qu'à partir de la majorité d'âge de l'enfant victime.

– La loi portant protection de l'enfant est sévère et moins sévère en même temps. Pour l'infraction de proxénétisme à l'égard d'un enfant (article 182, alinéa 2, LPPE), le taux de la peine est de 25 ans de servitude pénale principale, s'il s'agit de fait du père, de la mère, du parâtre, de la marâtre, du tuteur ou de toute personne exerçant l'autorité parentale. On se demande alors : est-ce une erreur ou une volonté répressive du législateur ? Le droit pénal général, se fondant sur l'article 20 du Code pénal, Livre I, fixe le maximum de la servitude pénale principale à 20 ans. Un aménagement s'impose, si ce n'est pas une volonté évolutive du droit pénal.

– Une moindre sévérité se fait remarquer pour certaines infractions qui entraînent la mort et pour celles pour lesquelles on ne prévoit pas la peine d'amende. C'est le cas de la mutilation sexuelle d'un enfant (article 153 LPPE) : lorsqu'elle entraîne la mort de l'enfant, l'auteur encourt la peine de 10 à 20 ans de servitude pénale sans y ajouter la peine d'amende. Alors que le Code pénal, qui prévoit la même incrimination à son article 174, litera g, prévoit la peine de servitude pénale à perpétuité lorsque la mutilation sexuelle entraîne la mort de la victime. La même situation se présente aussi pour le viol d'enfant et l'épreuve superstitieuse. La mort peut résulter à la suite de ces faits infractionnels. Ne l'ayant pas prévu pour ces deux préventions, il y a lieu de recourir au Code pénal.

– La peine d'amende est prévue de manière sélective. Pour les mêmes types d'infractions, elle est prévue pour certaines et non pour d'autres (articles 150 et 153 LPPE).

– La non-aggravation s'observe aussi pour les infractions comme l'abstention volontaire d'accomplir un acte de sa fonction ou de son emploi (article 193 LPPE), l'abstention d'assurer les soins médicaux préventifs (articles 195 et 196 LPPE) et l'utilisation d'un enfant à des fins de mendicité (article 194 LPPE). Le législateur n'a pas prévu les conséquences qui peuvent découler de ces différentes abstentions volontaires. Il peut arriver que l'abstention conduise à la mort de l'enfant ou occasionne le préjudice physique ou moral. La qualité de l'auteur pouvait aussi constituer une circonstance aggravante pour la prévention d'utilisation d'un enfant à la mendicité. Dès que l'auteur de l'infraction est un ascendant légitime, adoptif de la victime, ou une personne qui a une autorité sur elle et qui abuse de l'autorité que lui confèrent ses fonctions, utilise l'enfant à la mendicité, il devrait être sévèrement puni. Le mode opératoire peut aussi constituer un autre type de circonstance aggravante lorsque l'infraction a été commise avec l'emploi des contraintes, des violences, des manœuvres dolosives, ou si elle a été commise par plusieurs personnes en qualité d'auteurs ou de complices. L'aggravation peut enfin résulter de l'état de la victime et de son âge.

– La loi portant protection de l'enfant n'a pas prévu la confiscation spéciale, pour le cas de l'exposition de l'enfant à la pornographie. Nous estimons qu'il faut recourir au droit pénal commun. Au regard de l'article 14 du Code pénal, Livre I, le juge peut, après condamnation, ordonner que soient confisqués les matériels pornographiques. Aux termes de l'article 14 CPL I, la confiscation spéciale s'applique uniquement aux choses formant l'objet de l'infraction et à celles qui ont servi ou qui ont été destinées à la commettre quand la propriété en appartient au condamné.

- La personne morale n'est pas assujettie à la responsabilité pénale. En d'autres termes, elle n'est pas pénalement responsable des infractions commises par ses préposés dans le cadre professionnel. Cet état de choses devrait être dépassé par la législation pénale au droit de la protection de l'enfant. Il y a certaines infractions, comme la discrimination à l'égard d'un enfant, l'abstention de porter assistance à une femme en instance d'accouchement ou autres qui peuvent être commises dans le cadre professionnel par un individu à l'occasion de son travail dans une institution (personne morale). Dans ce cas, le législateur devrait prévoir aussi la peine d'amende pour les personnes morales.

- Certaines infractions sont reprises en double. C'est le cas des pires formes de travail, qui renferme en son sein d'autres formes d'infractions déjà prévues dans la loi portant protection de l'enfant.

- Les lois postérieures à la loi portant protection de l'enfant doivent s'y conformer et non être en contradiction. C'est le cas de la loi-cadre n° 14/004 du 11 février 2014 de l'enseignement national qui réprime le recrutement des élèves dans les forces armées, la police nationale ou tout autre groupe insurrectionnel ou armé (articles 225 et 235). Elle fixe *a minima* la peine en contradiction avec le recrutement prévu à la loi portant protection de l'enfant (article 187, alinéa 2, LPPE).

- Certaines considérations d'ordre social dans la criminalisation du droit de la protection de l'enfant ne sont pas prises en compte. Celles-ci peuvent constituer un obstacle pour son effectivité.

Annexe I

La loi n° 09/001 du 10 janvier 2009 portant protection de l'enfant

Source : *Journal officiel de la République démocratique du Congo*, 50e année, numéro spécial, 25 mai 2009.

Exposé des motifs
La condition de l'enfant dans le monde en raison de sa vulnérabilité, de sa dépendance par rapport au milieu, de son manque de maturité physique, intellectuelle et émotionnelle, nécessitant de soins spéciaux et une protection particulière n'a cessé d'interpeller depuis un certain temps la communauté internationale et nationale.

Dans le souci de trouver une solution durable à cet épineux problème, l'Assemblée générale des Nations Unies a adopté, le 20 novembre 1989, la Convention relative aux droits de l'enfant. Elle a ensuite fait une Déclaration mondiale en faveur de la survie, de la protection, du développement de l'enfant au Sommet lui consacré tenu à New York du 28 au 30 septembre 1990. Elle a enfin, renouvelé sa ferme détermination à poursuivre ces efforts lors de sa session spéciale consacrée aux enfants du 05 au 10 mai 2002 à New
York.

Les États africains, pour leur part, ont adopté en juillet 1990, la Charte africaine des droits et du bien-être de l'enfant pour assurer une protection et porter un regard particulier sur la situation critique de nombreux enfants à travers tout le continent.

Mue par la Constitution du 18 février 2006 en son article 123, point 16, la République Démocratique du Congo dont la population accorde une place centrale à l'enfant en tant que renouvellement de l'être et de la vie, s'est résolument engagée dans la voie de faire de la protection de l'enfant son cheval de bataille, en adhérant à la Convention n° 138 sur l'âge minimum d'admission à l'emploi et à la Convention 182 sur l'interdiction des pires formes de travail.

Cependant, en dépit des efforts déployés, de nombreux enfants continuent d'être maltraités, discriminés, accusés de sorcellerie, infectés ou affectés par le VIH/SIDA ou sont l'objet de trafic. Ils sont privés de leur droit à la succession, aux soins de santé et à l'éducation.

Pis encore, de nombreux enfants vivent dans la rue, victimes d'exclusion sociale, d'exploitation économique et sexuelle tandis que d'autres sont associés aux forces et groupes armés.

C'est dans ce contexte que s'est fait sentir le besoin pressant d'élaborer dans notre pays une loi portant protection de l'enfant. Ainsi, cette loi poursuit notamment les objectifs ci-après :

- garantir à l'enfant le droit de bénéficier des différentes mesures à caractère administratif, social, judiciaire, éducatif, sanitaire et autres visant à le protéger de toutes formes d'abandon, de négligence, d'exploitation et d'atteinte physique, morale, psychique et sexuelle ;
- diffuser et promouvoir la culture des droits et devoirs de l'enfant et en faire connaître à celui-ci les particularités intrinsèques en vue de garantir l'épanouissement intégral de sa personnalité et de le préparer à ses responsabilités citoyennes ;
- faire participer l'enfant à tout ce qui le concerne par des moyens appropriés susceptibles de l'aider à acquérir les vertus du travail, de l'initiative et de l'effort personnel ;
- cultiver en lui les valeurs de solidarité, de tolérance, de paix et de respect mutuel afin de l'amener à prendre conscience de l'indissociabilité de ses droits et devoirs par rapport à ceux du reste de la communauté ;
- renforcer la responsabilité des parents, de la famille et de l'ensemble de la communauté à l'égard de l'enfant.

Cette loi comporte V titres répartis en 202 articles :
- titre I : Des dispositions générales.
- titre II : De la protection sociale de l'enfant.
- titre III : De la protection judiciaire de l'enfant.
- titre IV : De la protection pénale de l'enfant.
- titre V : Des dispositions transitoires, abrogatoires et finales.

Telle est la substance de la présente loi.

Loi
L'Assemblée nationale et le Sénat ont adopté,
Le Président de la République promulgue la loi dont la teneur suit :

TITRE I : DES DISPOSITIONS GÉNÉRALES
CHAPITRE I : DE L'OBJET, DES DÉFINITIONS ET DES PRINCIPES FONDAMENTAUX

Article 1er
La présente loi détermine les principes fondamentaux relatifs à la protection et à la promotion des droits de l'enfant conformément aux articles 122, point 6, 123, point 16 et 149, alinéa 5 de la Constitution.

Article 2

Au sens de la présente loi, il faut entendre par :

1. enfant : toute personne âgée de moins de dix-huit ans ;
2. enfant déplacé : l'enfant non accompagné de ses parents ou tuteur qui a été contraint de quitter son milieu de vie par suite de la guerre, de catastrophes naturelles ou d'autres événements graves et s'est installé dans un autre endroit à l'intérieur du pays où il réside ;
3. enfant réfugié : l'enfant qui a été contraint de fuir son pays en franchissant une frontière internationale et qui demande le statut de réfugié ou toute autre forme de protection internationale ;
4. enfant en situation difficile : l'enfant qui ne jouit pas de ses droits fondamentaux et qui n'a pas accès aux services sociaux de base tels que la santé, le logement, l'alimentation et l'éducation ;
5. enfant en situation exceptionnelle : l'enfant en situation de conflits armés, de tensions ou de troubles civils, de catastrophes naturelles ou de dégradation sensible et prolongée des conditions socio-économiques ;
6. enfant avec handicap physique ou mental : l'enfant se trouvant dans une situation qui peut constituer un obstacle ou une difficulté à l'expression normale de toutes ses facultés physiques ou mentales, notamment les fonctions intellectuelles et cognitives, le langage, la motricité et les performances sociales ;
7. enfant séparé : l'enfant séparé de ses père et mère ou de la personne qui exerçait sur lui l'autorité parentale ;
8. assistant social : un agent de l'État ou d'un organisme agréé, spécialisé dans la résolution des problèmes liés aux relations humaines afin d'améliorer le bien-être général. Il œuvre à la promotion de bonnes mœurs ;
9. enfant en conflit avec la loi : l'enfant âgé de quatorze à moins de dix-huit ans, qui commet un manquement qualifié d'infraction à la loi pénale ;
10. discrimination : toute exclusion, toute distinction arbitraire dans la jouissance des droits garantis par la présente loi, fondées sur la race, la couleur, le sexe, la langue, la religion, les opinions politiques ou toutes autres opinions de l'enfant, de ses parents ou représentants légaux, l'origine nationale, ethnique, tribale ou sociale, la fortune, la santé, le handicap physique, l'incapacité, l'âge, l'appartenance à une minorité nationale, la naissance, la situation familiale ou toute autre situation.

Article 3

Les dispositions de la présente loi sont applicables à tout enfant vivant sur le territoire national, sans aucune discrimination.

Article 4

Tous les enfants sont égaux devant la loi et ont droit à une égale protection.

Article 5

Tout acte discriminatoire à l'égard des enfants est interdit.

Article 6
L'intérêt supérieur de l'enfant doit être une préoccupation primordiale dans toutes les décisions et mesures prises à son égard.

Par intérêt supérieur de l'enfant, il faut entendre le souci de sauvegarder et de privilégier à tout prix ses droits.

Sont pris en considération, avec les besoins moraux, affectifs et physiques de l'enfant, son âge, son état de santé, son milieu familial et les différents aspects relatifs à sa situation.

Article 7
Tout enfant capable de discernement a le droit d'exprimer son opinion sur toute question l'intéressant, ses opinions étant dûment prises en considération, eu égard à son âge et à son degré de maturité.

Article 8
Outre la procédure judiciaire, il est prévu le recours à l'accompagnement psychosocial et à la médiation en tant que mécanismes de résolution à l'amiable des questions concernant l'enfant en conflit avec la loi.

Article 9
Aucun enfant ne peut être soumis à la torture ni à des peines ou traitements cruels, inhumains ou dégradants.

La peine de mort et la servitude pénale à perpétuité ne peuvent être prononcées pour les infractions commises par un enfant.

Article 10
Aucun enfant ne peut être privé de liberté de façon illégale ou arbitraire.

L'arrestation, la détention ou l'internement d'un enfant ne peuvent être décidés qu'en conformité avec la loi, comme mesure ultime et pour une durée aussi brève que possible.

Article 11
Tout enfant privé de liberté est traité avec humanité en tenant compte des besoins des personnes de son âge.

Il est séparé des adultes, à moins que l'on estime préférable de ne pas le faire dans son meilleur intérêt.

Il a le droit de rester en contact avec sa famille par la correspondance et par des visites, sauf circonstances exceptionnelles.

Article 12
L'enfant privé de liberté a droit, dans un bref délai, à l'assistance gratuite d'un conseil et à toute assistance appropriée.

Il a le droit de contester la légalité de sa privation de liberté devant un tribunal pour enfants, et d'obtenir du juge une décision rapide en la matière.

CHAPITRE II : DES DROITS ET DEVOIRS DE L'ENFANT

Section 1re : Des droits de l'enfant

Article 13
Tout enfant a droit à la vie.

Le père et la mère ou l'un d'eux ou la personne exerçant l'autorité parentale, ainsi que l'État, ont l'obligation d'assurer sa survie, son éducation, sa protection et son épanouissement.

Le père et la mère ou l'un d'eux ainsi que celui qui exerce l'autorité parentale ont le devoir d'élever leur enfant.

Article 14
Tout enfant a droit à une identité dès sa naissance.

Sans préjudice des dispositions des articles 56 à 70 du Code de la famille, l'identité est constituée du nom, du lieu et de la date de naissance, du sexe, des noms des parents et de la nationalité.

Article 15
L'enfant illégalement privé d'un ou de tous les éléments constitutifs de son identité, a droit à une assistance et à une protection appropriées assurées par les instances compétentes, saisies notamment par l'enfant, par les structures de protection sociale publiques ou privées agréées, par toute personne intéressée pour que son identité soit établie aussi rapidement que possible.

Article 16
Tout enfant a le droit d'être enregistré à l'état civil dans les quatre-vingt-dix jours qui suivent sa naissance, conformément à la loi.

L'enregistrement s'effectue sans frais.

Article 17
Tout enfant a droit à un milieu familial, cadre idéal où ses besoins matériels, moraux et affectifs sont pris en compte pour son épanouissement.

Article 18
Tout enfant a droit à l'adoption.

Sans préjudice des dispositions des articles 650 à 691 du Code de la famille, l'adoption d'un enfant par un étranger n'a lieu que si les autorités compétentes de l'État d'origine :
1) constatent, après avoir dûment examiné les dispositions de placement de l'enfant dans son État d'origine, que l'adoption répond à l'intérêt supérieur de l'enfant ;
2) se sont assurées que :
a) le consentement n'est pas obtenu moyennant paiement ou contrepartie d'aucune sorte et qu'il n'a pas été retiré ;
b) les souhaits et avis de l'enfant sont pris en considération selon son âge et niveau de maturité ;
c) le consentement de l'enfant à l'adoption, lorsqu'il est requis, est donné librement, dans les formes légales requises, et que ce consentement est donné ou constaté par écrit.

Article 19
L'adoption ne peut être accordée que si les autorités compétentes de l'État d'accueil constatent que :
a) les futurs parents adoptifs sont qualifiés et aptes à adopter ;
b) l'enfant est autorisé à entrer et à séjourner de façon permanente dans cet État.

Article 20
L'adoption d'un enfant par une personne ou un couple homosexuel, un pédophile ou une personne souffrant de troubles psychiques est interdite.

Article 21
Tout enfant a le droit de jouir du meilleur état de santé possible. Ce droit inclut les soins de santé, l'allaitement maternel ainsi qu'une alimentation saine, suffisante, équilibrée et variée.

L'État élabore et met en œuvre des stratégies efficaces visant la diminution de la morbidité et de la mortalité infantiles.

Article 22
Tout enfant a le droit de bénéficier de la sécurité sociale conformément à la loi.

Article 23
Tout enfant a droit à un niveau de vie suffisant pour permettre son développement intégral.

La charge de le lui assurer incombe au premier chef, selon leurs possibilités, aux parents et à toute personne qui exerce sur lui l'autorité parentale.

L'État garantit la jouissance de ces droits conformément aux lois et règlements en vigueur.

Article 24
Tout enfant a droit à l'éducation à la vie dans le respect de l'ordre public et de bonnes mœurs.

Article 25
L'enfant a droit à la pension alimentaire à charge de ses père, mère ou tuteur, conformément à la loi.

Article 26
L'enfant a droit à la liberté de pensée, de conscience et de religion.

Les parents et, le cas échéant, la personne exerçant l'autorité parentale fournissent à l'enfant des orientations dans l'exercice de ce droit d'une manière compatible avec l'évolution de ses capacités et de son intérêt.

Article 27
L'enfant a droit à la liberté d'expression, sous l'autorité des parents et sous réserve du respect de la loi, de l'ordre public et de bonnes mœurs.

Ce droit comprend la liberté de rechercher, de recevoir et de répandre des informations et des idées de toute espèce, sans considération de frontières, sous une forme orale, écrite, imprimée ou artistique, ou par tout autre moyen du choix de l'enfant.

Article 28
L'enfant a droit à l'information.

L'État veille à l'application effective des textes légaux garantissant la diffusion de l'information qui ne porte pas atteinte à l'intégrité morale ni au développement intégral de l'enfant.

L'État encourage les médias à diffuser une information saine et des programmes qui présentent une utilité sociale, culturelle et morale pour l'enfant.

Toute personne exerçant l'autorité parentale sur l'enfant veille sur la qualité de l'information à laquelle l'enfant accède.

Article 29
L'enfant a droit à la liberté d'association et des réunions pacifiques, sous la responsabilité des parents et sous réserve du respect de la loi, de l'ordre public et de bonnes mœurs.

Article 30
L'enfant a droit au respect de sa vie privée, sans préjudice des droits et responsabilités de ses parents ou des personnes exerçant sur lui l'autorité parentale.

Il ne peut faire l'objet d'immixtions arbitraires ou illégales dans sa vie privée, sa famille, son domicile ou sa correspondance, ni d'atteintes illégales à son honneur et à sa réputation.

Article 31
L'enfant a le droit de vivre avec ses parents ou avec les personnes exerçant sur lui l'autorité parentale.

Toute décision à prendre doit tendre à maintenir l'enfant dans son milieu familial et à éviter de le séparer de ses parents, sauf si l'autorité judiciaire estime qu'une séparation est nécessaire pour sauvegarder son intérêt, sous réserve d'une nouvelle décision judiciaire conformément aux dispositions de la présente loi.

Cette décision de séparation doit garantir à l'enfant des alternatives meilleures de jouissance de tous ses droits.

Article 32
L'enfant capable de discernement est entendu en présence de son conseil dans toute procédure judiciaire ou administrative l'intéressant, soit directement, soit par l'intermédiaire d'un représentant ou d'une organisation appropriée.

Article 33
L'enfant capable de discernement, invité à fournir des renseignements dans une procédure judiciaire, est entendu à huis clos, en présence de son conseil.

Article 34
L'enfant dont les parents ou l'un d'eux sont absents, en détention, en exil, emprisonnés, expulsés ou morts, a droit aux renseignements essentiels sur le lieu où se trouvent le ou les membres de sa famille.

Sur demande de l'enfant ou de la personne qui en a la charge, l'officier du ministère public fournit au requérant ces renseignements à moins qu'il estime que leur divulgation est préjudiciable au bien-être de l'enfant.

Article 35
L'enfant séparé de ses parents ou de l'un d'eux a le droit de garder des relations personnelles avec ceux-ci ainsi qu'avec les autres membres de sa famille, sauf si le juge compétent en décide autrement, compte tenu de son intérêt supérieur.

Article 36
L'enfant séparé de sa famille a droit à la réunification familiale.
Cette réunification s'opère par le soin des assistants sociaux.

Article 37
L'enfant a le droit d'être protégé contre le déplacement et/ou la rétention illicite à l'étranger perpétrés par un parent ou un tiers.

Le déplacement ou la rétention d'un enfant est considéré comme illicite lorsqu'il a lieu en violation d'un droit de garde, attribué à une personne, une institution ou tout autre organisme, seul ou conjointement, par le droit de l'État dans lequel l'enfant avait sa résidence habituelle immédiatement avant son déplacement ou sa rétention, et que ce droit était exercé de façon effective au moment du déplacement ou de la rétention, ou l'eut été si de tels événements n'étaient survenus.

Article 38
Tout enfant a droit à l'éducation.

Les parents ont l'obligation d'envoyer leurs enfants à l'école sans aucune discrimination.

L'État garantit le droit de l'enfant à l'éducation en rendant obligatoire et gratuit l'enseignement primaire public. Il organise les différentes formes d'enseignement secondaire et professionnel. Il intègre l'enseignement des droits humains, en particulier des droits et devoirs de l'enfant, ainsi que l'initiation à la vie à tous les niveaux du système éducatif.

Article 39
Aucun enfant ne peut, en matière d'éducation, faire l'objet d'une mesure discriminatoire, qu'elle résulte de la loi ou d'un acte de l'exécutif ou du fait d'un particulier.

Article 40
L'enfant placé dans une institution de garde ou de rééducation a droit à la protection sanitaire, physique, morale, psychique et psychologique.

Il a droit à l'assistance sociale et éducative adaptée à son âge, son sexe, ses capacités et sa personnalité.

Articles 41
L'enfant déplacé, réfugié ou qui cherche à obtenir le statut de réfugié qu'il soit accompagné ou non par ses parents, un proche parent ou toute personne, a droit à la protection, à l'encadrement et à l'assistance humanitaire.

L'État veille à l'exercice de ses droits.

Article 42
L'enfant vivant avec handicap physique ou mental a droit à la protection, aux soins médicaux spécifiques, à une éducation, à une formation, à la rééducation et aux activités récréatives ainsi qu'à la préparation à l'emploi, de sorte qu'il mène une vie pleine et décente, dans les conditions qui garantissent sa dignité, favorisent son autonomie et facilitent sa participation aux activités de la collectivité.

L'État appuie les parents dans la mise en œuvre de ce droit.

Article 43
L'enfant surdoué a droit à une protection spéciale de l'État de manière à favoriser l'éclosion de toutes ses facultés.

Article 44
L'enfant a droit à un environnement sain et propice à son épanouissement intégral ; il a notamment droit aux activités sportives, culturelles, manuelles et récréatives.

L'État garantit la jouissance de ce droit par l'aménagement, la promotion et la protection des espaces appropriés.

Section 2 : Des devoirs de l'enfant

Article 45
L'enfant a des devoirs envers ses parents, sa famille, la société, l'État, la communauté internationale, ainsi que vis-à-vis de lui-même.

L'enfant, selon son âge, ses capacités, et sous réserve des restrictions contenues dans la présente loi, a le devoir de :
1. obéir à ses parents, respecter ses supérieurs, les personnes âgées et celles de son âge en toutes circonstances, les assister en cas de besoin ;
2. aller à l'école ;
3. respecter les droits, la réputation et l'honneur d'autrui, les lois et les règlements du pays ;
4. respecter son identité, les langues et les valeurs nationales ;
5. respecter l'environnement, les biens et lieux publics et promouvoir la qualité de vie pour tous ;
6. œuvrer pour la cohésion de sa famille et pour le bien de la communauté et de la nation dans la mesure de ses capacités ;
7. œuvrer au respect des droits humains et des droits de l'enfant ;
8. œuvrer à la sauvegarde de la santé et de la moralité publiques ;
9. contribuer à la préservation et au renforcement de la solidarité de la communauté et de la nation ;
10. contribuer en toutes circonstances et à tous les niveaux à la promotion des valeurs citoyennes et démocratiques, notamment la culture de la paix, la tolérance, le dialogue, l'unité et l'indépendance nationale ;
11. saisir toutes les opportunités positives qui lui sont offertes par ses parents, sa famille, sa communauté, l'État ainsi que la communauté internationale pour son développement intégral.

TITRE II : DE LA PROTECTION SOCIALE DE L'ENFANT

CHAPITRE I : DE LA PROTECTION ORDINAIRE

Section 1re : De l'enfant en famille

Article 46
L'enfant a son domicile, selon le cas, chez ses père et mère ou chez la personne qui exerce sur lui l'autorité parentale.

Article 47
L'enfant a droit d'avoir et de connaître ses père et mère et d'être élevé dans la mesure du possible par eux.

Nul n'a le droit d'ignorer son enfant, qu'il soit né dans ou hors mariage.

L'intérêt supérieur de l'enfant prévaut dans l'établissement et les contestations relatives à sa filiation.

La filiation est régie par les dispositions de la loi.

Article 48
Les fiançailles et le mariage d'enfants sont interdits.

Article 49
Les pratiques, traditions et coutumes qui portent atteinte au développement, à la santé, voire à la vie de l'enfant sont interdites.

Section 2 : De l'enfant au travail

Article 50
L'enfant ne peut être employé avant l'âge de seize ans révolus.

L'enfant âgé de quinze ans ne peut être engagé ou maintenu en service, même comme apprenti, que moyennant dérogation expresse du juge pour enfants, après avis psycho-médical d'un expert et de l'inspecteur du travail.

Le juge est saisi à la demande des parents ou de toute personne exerçant l'autorité parentale ou tutélaire sur l'enfant, par l'inspecteur du travail ou toute personne intéressée.

Article 51
Sans préjudice pour son emploi, l'enfant conserve le droit de poursuivre ses études jusqu'à dix-huit ans.

Article 52
Aucun maître, homme ou femme, s'il ne vit en famille ou en communauté, ne peut loger comme apprenti l'enfant âgé de moins de dix-huit ans.

Article 53
Les pires formes de travail des enfants sont interdites.

Sont considérées comme pires formes de travail des enfants :
a) toutes les formes d'esclavage ou pratiques analogues, telles que la vente et la traite des enfants, la servitude pour dettes et le servage ainsi que le travail forcé ou obligatoire ;
b) le recrutement forcé ou obligatoire des enfants en vue de leur utilisation dans les conflits armés ;
c) l'utilisation, le recrutement ou l'offre d'un enfant à des fins de prostitution, de production de matériel pornographique, de spectacles pornographiques ;
d) l'utilisation, le recrutement ou l'offre d'un enfant aux fins d'activités illicites, notamment pour la production et le trafic des stupéfiants ;
e) les travaux qui, par leur nature et les conditions dans lesquelles ils s'exercent, sont susceptibles de nuire à la santé, à la croissance, à la sécurité, à l'épanouissement, à la dignité ou à la moralité de l'enfant.

Article 54
L'enfant âgé de seize à moins de dix-huit ans ne peut être engagé ni maintenu en service que pour l'exécution des travaux légers et salubres.

Un arrêté du ministre ayant le travail dans ses attributions détermine les travaux légers et salubres.

Article 55
L'enfant ne doit pas travailler plus de quatre heures par jour.
Le travail de nuit d'un enfant, soit de dix-huit heures à six heures, est interdit.

Article 56
L'enfant a droit à un congé d'au moins un jour ouvrable par mois entier de service concurremment au congé annuel consacré par le Code du travail.

Section 3 : De l'enfant exposé à toute forme d'exploitation et de violences

Article 57
L'enfant a droit à la protection contre toute forme d'exploitation et de violences.

Les parents ont le devoir de veiller à ce que la discipline familiale soit administrée de telle sorte que l'enfant soit traité avec humanité.

L'État veille à ce que la discipline soit, dans les établissements scolaires, les institutions de garde privées agréées et publiques, administrée de telle manière que l'enfant soit traité avec humanité.

Article 58
L'enfant est protégé contre toutes les formes d'exploitation économique.

L'exploitation économique s'entend de toute forme d'utilisation abusive de l'enfant à des fins économiques. L'abus concerne notamment le poids du travail par rapport à l'âge de l'enfant, le temps et la durée de travail, l'insuffisance ou l'absence de la rémunération, l'entrave du travail par rapport à l'accès à l'éducation, au développement physique, mental, moral, spirituel et social de l'enfant.

Article 59
Il est interdit d'utiliser l'enfant dans les différentes formes de criminalité y compris l'espionnage, le fait de lui inculquer le fanatisme et la haine, de l'initier et l'inciter à commettre des actes de violence et de terreur.

Article 60
Le harcèlement sexuel, sous toutes ses formes, exercé sur l'enfant, est interdit.

Article 61
Sans préjudice des dispositions du Code pénal, l'enfant est protégé contre toutes les formes d'exploitation et de violences sexuelles.

Sont interdits, notamment :
1. l'incitation, l'encouragement ou la contrainte d'un enfant à s'engager dans une activité sexuelle ;
2. l'utilisation, le recrutement ou l'offre d'un enfant à des fins de pédophilie ;
3. la diffusion de films pornographiques à l'intention des enfants ;
4. l'exposition d'un enfant à des chansons et spectacles obscènes.

CHAPITRE II : DE LA PROTECTION SPÉCIALE

Article 62
Est considéré comme en situation difficile et bénéficie d'une protection spéciale, notamment :
1. l'enfant rejeté, abandonné, exposé à la négligence, au vagabondage et à la mendicité ou trouvé mendiant, vagabond ou qui se livre habituellement au vagabondage ou à la mendicité ;
2. l'enfant qui, par sa mauvaise conduite ou son indiscipline, donne de graves sujets de mécontentement à ses parents ou tuteur ou à son entourage ;
3. l'enfant qui se livre à la débauche ou cherche ses ressources dans le jeu ou dans les trafics ou occupations l'exposant à la prostitution, à la mendicité, au vagabondage ou à la criminalité ;
4. l'enfant qui manque, de façon notoire et continue, de protection ou ne fréquente aucun établissement scolaire ou n'exerce aucune activité professionnelle ;
5. l'enfant habituellement maltraité ;
6. l'enfant exploité économiquement ou sexuellement ;
7. l'enfant accusé de sorcellerie ;
8. l'enfant mère ou porteuse d'une grossesse, objet de maltraitance de la part de ses parents ou tuteur ;
9. l'enfant sans soutien familial ou autre à la suite de la perte de ses parents ;
10. l'enfant vivant avec handicap ;

11. l'enfant toxicomane ;
12. l'enfant orphelin.

L'enfant surdoué bénéficie aussi d'une protection spéciale.

Article 63
La protection spéciale se réalise à travers les mécanismes de tutelle de l'État tels que prévus par la loi, le placement social et autres mécanismes de prise en charge appropriés.

Le placement social s'effectue par l'assistant social en prenant en compte l'opinion de l'enfant selon son degré de maturité et son âge. L'assistant social fait rapport immédiatement au juge pour enfants qui homologue ce placement social.

Si l'enfant intéressé est entre les mains de ses parents ou tuteur, la décision de placement social est prise par le juge pour enfants sur requête de l'assistant social.

Un arrêté du ministre ayant les affaires sociales dans ses attributions réglemente le placement social en veillant spécialement à la régularité de son inspection et aux normes minimales de prise en charge des enfants.

Article 64
Le placement social s'effectue soit dans une famille élargie, soit dans une famille d'accueil, soit au sein d'une institution publique ou privée agréée à caractère social ou encore en foyer autonome pour son hébergement, sa rééducation ainsi que sa réinsertion sociale. Dans ce dernier cas, l'enfant est âgé au minimum de quinze ans révolus.

Le placement social en institution est pris en dernier recours et sa durée maximale est de six mois.

Article 65
Est appelée famille d'accueil, une structure à caractère familial qui prend en charge de façon temporaire au maximum deux enfants, sauf en cas de fratrie.

Article 66
Est appelé foyer autonome, une structure composée et entretenue par un groupe d'enfants placée sous la supervision d'une institution publique ou privée agréée à caractère social.

Article 67
Est appelée institution publique, une structure ou un établissement de garde et d'éducation créé par l'État, placé sous la tutelle du ministère ayant les affaires sociales dans ses attributions en collaboration avec celui ayant la justice dans ses attributions avec comme objectif la garde, la rééducation et la réinsertion sociale des enfants en situation difficile ou en conflit avec la loi ayant entre autres comme agents, les assistants sociaux qui y sont employés.

Article 68
L'enfant qui devient enceinte avant d'avoir achevé son cycle d'études secondaires a le droit de le reprendre compte tenu de ses aptitudes individuelles.

Article 69
Les parents incapables d'assurer la survie de leur enfant bénéficient d'une assistance matérielle ou financière de l'État.

Un arrêté interministériel des ministres ayant dans leurs attributions, la famille, l'enfant et les affaires sociales fixe les conditions d'intervention de l'État.

Article 70
L'État subvient aux besoins sanitaires et alimentaires de l'enfant vivant avec l'un ou les deux parents emprisonnés.

Un arrêté interministériel des ministres ayant la justice et les affaires sociales dans leurs attributions fixe les modalités d'accès de l'enfant à la jouissance de ce droit.

CHAPITRE III : DE LA PROTECTION EXCEPTIONNELLE

Article 71
L'enrôlement et l'utilisation des enfants dans les forces et groupes armés ainsi que dans la Police sont interdits.

L'État assure la sortie de l'enfant enrôlé ou utilisé dans les forces et groupes armés ainsi que dans la Police et sa réinsertion en famille ou en communauté.

Article 72
L'État garantit la protection, l'éducation et les soins nécessaires aux enfants affectés par les conflits armés, les tensions ou troubles civils, spécialement à ceux trouvés et non identifiés par rapport à leur milieu familial.

Cette disposition s'applique également à l'enfant déplacé par suite d'une catastrophe naturelle ou d'une dégradation des conditions socio-économiques.

Article 73
L'État assure la réadaptation et la réinsertion de l'enfant en situation difficile et/ou exceptionnelle.

CHAPITRE IV : DES ORGANES DE PROTECTION SOCIALE

Article 74
Les organes de protection sociale de l'enfant sont notamment :
1. le Conseil national de l'enfant ;
2. le Corps des conseillers d'orientation scolaire et professionnelle ;
3. le Corps des assistants sociaux ;
4. la Brigade spéciale de protection de l'enfant ;
5. le Corps des inspecteurs du travail ;

6. le Corps des inspecteurs de l'enseignement primaire, secondaire et professionnel ;
7. le Comité national de lutte contre les pires formes de travail des enfants ;
8. les organismes et institutions agréés de la société civile du secteur de l'enfant ;
9. le Parlement et les Comités des enfants.

Article 75
Le Conseil national de l'enfant est un organe conseil du Gouvernement qui relève du ministère ayant la famille et l'enfant dans ses attributions.

Il assure la mise en œuvre de la politique du Gouvernement en matière de promotion et protection des droits de l'enfant.

Un décret du Premier ministre, délibéré en Conseil des ministres, fixe l'organisation et le fonctionnement du Conseil national de l'enfant.

Article 76
Le Corps des assistants sociaux est une structure technique du ministère ayant les affaires sociales dans ses attributions. Il est chargé des enquêtes sociales sur les enfants, de la guidance psychosociale et de la réunification familiale de ces derniers.

Un arrêté du ministre ayant les affaires sociales dans ses attributions fixe l'organisation et le fonctionnement du Corps des assistants sociaux.

Article 77
La Brigade spéciale de protection de l'enfant relève du ministère ayant la police dans ses attributions. Elle a la mission de surveillance des enfants et de prévention générale.

Un arrêté du ministre ayant les affaires intérieures dans ses attributions fixe l'organisation de la Brigade spéciale de protection de l'enfant.

Article 78
Le Corps des inspecteurs de l'enseignement primaire, secondaire et professionnel est une structure technique du ministère ayant l'enseignement primaire, secondaire et professionnel dans ses attributions.

Il s'occupe notamment du contrôle de la qualité de l'enseignement.

Article 79
Le Corps des Conseillers d'orientation scolaire et professionnelle est une structure technique relevant du ministère ayant dans ses attributions l'enseignement primaire, secondaire et professionnel.

Il joue le rôle de conseil et d'orientation de l'enfant dans le choix des options et métiers à suivre au regard de ses aptitudes intellectuelles.

Article 80
Le Corps des inspecteurs du travail relève du ministère ayant le travail dans ses attributions. Il veille notamment au respect des normes en matière de travail des enfants.

Il est organisé conformément au code du travail et à ses mesures d'application.

Article 81
Le Comité national de lutte contre les pires formes de travail des enfants a pour missions de :
1. élaborer la stratégie nationale en vue de l'éradication des pires formes de travail des enfants ;
2. assurer le suivi de la mise en œuvre de la stratégie et d'évaluer le niveau d'application des mesures préconisées.

Il est organisé conformément aux dispositions du Code du travail.

Article 82
Les organismes et institutions agréés de la société civile du secteur de l'enfant assistent l'État dans sa mission de protection des enfants et de promotion de leurs droits.

Ils sont créés et organisés conformément à la loi sur les associations sans but lucratif.

Article 83
Le Parlement et les comités des enfants permettent à ces derniers d'exercer leur liberté d'association. Ils ont pour mission de rendre effective la participation des enfants aux initiatives de la communauté nationale, dans les questions qui les concernent.

Un arrêté interministériel des ministres ayant la famille et l'enfant ainsi que l'enseignement primaire, secondaire et professionnel dans leurs attributions fixe l'organisation et le fonctionnement du Parlement et des Comités des enfants.

TITRE III : DE LA PROTECTION JUDICIAIRE

CHAPITRE I : DE L'INSTITUTION ET DE L'ORGANISATION DU TRIBUNAL POUR ENFANTS

Article 84
Il est créé, dans chaque territoire et dans chaque ville, une juridiction spécialisée dénommée tribunal pour enfants conformément à l'article 149, alinéa 5 de la Constitution.

Le siège ordinaire et le ressort de ce tribunal sont fixés par décret du Premier ministre.

Article 85
Un arrêté du ministre ayant la Justice dans ses attributions peut regrouper deux ou plusieurs ressorts des tribunaux pour enfants en un seul pour les mesures de garde, d'éducation et de préservation prévues par la présente loi.

Article 86
Il peut être créé dans le ressort d'un tribunal pour enfants un ou plusieurs sièges secondaires dont les ressorts sont fixés par arrêté du ministre ayant la justice dans ses attributions.

Article 87
Le tribunal pour enfants est composé de la chambre de première instance et la chambre d'appel.
Les deux chambres sont indépendantes l'une de l'autre quant à leur fonctionnement.

Article 88
Le tribunal pour enfants est composé d'un président et des juges, tous affectés par le Conseil Supérieur de la Magistrature parmi les magistrats de carrière spécialisés et manifestant de l'intérêt dans le domaine de l'enfance.

En cas d'absence ou d'empêchement, le président est remplacé par le juge le plus ancien d'après l'ordre de nomination.

Article 89
Le président est chargé de la répartition des tâches.

Article 90
La chambre de première instance siège à juge unique.
La chambre d'appel siège à trois juges.

Article 91
Le tribunal pour enfants compte un greffier assisté d'un ou de plusieurs adjoints.

Article 92
Le tribunal pour enfants est doté d'au moins un assistant social affecté par les services provinciaux ayant les affaires sociales dans leurs attributions.

Article 93
Le tribunal pour enfants siège avec le concours du ministère public du ressort et l'assistance d'un greffier.

CHAPITRE II : DE LA COMPÉTENCE DU TRIBUNAL POUR ENFANTS

Article 94
Le tribunal pour enfants n'est compétent qu'à l'égard des personnes âgées de moins de 18 ans.

Article 95
L'enfant âgé de moins de 14 ans bénéficie, en matière pénale, d'une présomption irréfragable d'irresponsabilité.

Article 96
Lorsque l'enfant déféré devant le juge a moins de 14 ans, celui-ci le relaxe comme ayant agi sans discernement et ce, sans préjudice de la réparation du dommage causé à la victime.

Dans ce cas, le juge confie l'enfant à un assistant social et/ou un psychologue qui prend des mesures d'accompagnement visant la sauvegarde de l'ordre public et la sécurité de l'enfant et tenant compte de la réparation du préjudice causé.

Ces mesures consistent notamment dans l'accompagnement psychosocial et le placement dans une famille d'accueil ou une institution privée agréée à caractère social autre que celle accueillant des enfants en situation difficile.

Article 97
Un enfant de moins de 14 ans ne peut être placé dans un établissement de garde provisoire, ni dans un établissement de garde, d'éducation ou de rééducation de l'État.

Article 98
Est pris en considération, l'âge au moment de la commission des faits.

Article 99
Le tribunal pour enfants est seul compétent pour connaître des matières dans lesquelles se trouve impliqué l'enfant en conflit avec la loi.

Il connaît également des matières se rapportant à l'identité, la capacité, la filiation, l'adoption et la parenté telles que prévues par la loi.

Article 100
Dans les matières prévues à l'alinéa 2 de l'article 99 de la présente loi, les décisions sont prises conformément aux règles de la procédure civile.

Article 101
Est territorialement compétent, le tribunal de la résidence habituelle de l'enfant, de ses parents ou tuteur, du lieu des faits, du lieu où l'enfant aura été trouvé, ou du lieu où il a été placé, à titre provisoire ou définitif.

CHAPITRE III : DE LA PROCÉDURE DEVANT LE TRIBUNAL POUR ENFANTS EN CONFLIT AVEC LA LOI

Section 1re : De la saisine

Article 102
Le tribunal pour enfants est saisi par :

1) la requête de l'officier du ministère public du ressort dès qu'il a connaissance des faits portés contre l'enfant ;
2) la requête de l'officier de police judiciaire dès qu'il a connaissance des faits portés contre l'enfant ;
3) la requête de la victime ;
4) la requête des parents ou du tuteur ;
5) la requête de l'assistant social ;
6) la déclaration spontanée de l'enfant ;
7) la saisine d'office du juge.

Lorsque le tribunal est saisi par l'officier de police judiciaire, celui-ci en informe immédiatement l'officier du ministère public du ressort.

Section 2 : Des garanties procédurales

Article 103

Dès qu'il a connaissance des faits portés contre l'enfant, l'officier du ministère public ou l'officier de police judiciaire en informe immédiatement, ou si ce n'est pas possible, dans le plus bref délai, ses parents, son tuteur ou la personne qui exerce sur lui l'autorité parentale.

Article 104

Tout enfant suspecté ou accusé d'un fait qualifié d'infraction par la loi pénale bénéficie, sous peine de nullité de la procédure, notamment des garanties ci-après :
1. le droit à la présomption d'innocence et à un procès équitable ;
2. la présence au procès ;
3. le droit d'être informé, dans le plus bref délai, dans une langue qu'il comprend et de manière détaillée, de la nature et des motifs de l'accusation portée contre lui ;
4. le droit à l'assistance par un conseil de son choix ou désigné d'office par le juge ;
5. le droit de voir son affaire être jugée dans un délai raisonnable ;
6. le droit à un interprète ;
7. le droit au respect de sa vie privée à toutes les étapes de la procédure ;
8. le droit d'être entendu en présence des parents, du tuteur, de la personne qui en a la garde ou de l'assistant social ;
9. le droit de ne pas être contraint de plaider coupable ;
10. le droit d'interroger ou de faire interroger des témoins à charge et à obtenir la comparution et l'interrogatoire des témoins à décharge dans les mêmes conditions.

Article 105

L'enfant a droit à la confidentialité du dossier judiciaire le concernant. Il ne peut être fait état des antécédents dans les poursuites ultérieures à sa charge l'impliquant comme adulte.

Section 3 : Des mesures provisoires

Article 106

Le juge pour enfants peut, avant de statuer sur le fond, prendre par voie d'ordonnance l'une des mesures provisoires suivantes :

1. placer l'enfant sous l'autorité de ses père et mère ou de ceux qui en ont la garde ;
2. assigner à résidence l'enfant sous la surveillance de ses père et mère ou de ceux qui en ont la garde ;
3. soustraire l'enfant de son milieu et le confier provisoirement à un couple de bonne moralité ou à une institution publique ou privée agréée à caractère social.

Par couple, on entend deux personnes de sexes opposés légalement mariées.

Le choix par le juge pour enfants des mesures provisoires privilégie autant que possible le maintien de l'enfant dans un environnement familial.

Le placement dans une institution publique ou privée agréée à caractère social ne peut être envisagé que comme une mesure de dernier recours.

L'assistant social assure le suivi des mesures provisoires prises par le juge.

Article 107

Le juge informe immédiatement ou si ce n'est pas possible dans le plus bref délai, les parents, le tuteur ou la personne qui en a la garde des faits portés contre l'enfant.

Il les informe également des mesures provisoires prises à l'égard de celui-ci.

Article 108

Si les mesures prévues à l'article 106 ne peuvent être prises parce que l'enfant est présumé dangereux et qu'aucun couple ou aucune institution n'est en mesure de l'accueillir, l'enfant peut être préventivement placé dans un établissement de garde et d'éducation de l'État, pour une durée ne dépassant pas deux mois.

Un décret du Premier ministre, délibéré en conseil des ministres, fixe l'organisation et le fonctionnement de l'établissement de garde et d'éducation de l'État.

Article 109

Le juge pour enfants charge l'assistant social du ressort de la collecte des informations concernant la conduite et le comportement de l'enfant.

Section 4 : De l'instruction

Article 110

Aux fins de l'instruction de la cause, le juge peut à tout moment convoquer l'enfant et les personnes qui exercent sur lui l'autorité parentale.
Il vérifie l'identité de l'enfant et le soumet, s'il échet, à une visite médicale portant sur son état physique et mental.
En cas de doute sur l'âge, la présomption de la minorité prévaut.

Le greffier notifie la date de l'audience à la partie lésée.
La procédure par défaut est exclue à l'égard de l'enfant.

Article 111
Le juge pour enfants décrète le huis clos tout au long de la procédure.
Il procède à l'audition de l'enfant, et ce, en présence des parents, du tuteur, de la personne qui en a la garde ou de l'assistant social.
Dans l'intérêt de l'enfant, le juge peut décider du déroulement des plaidoiries hors la présence de l'enfant.
L'audience se déroule sans toge.
Le ministère public donne son avis sur le banc.

Article 112
Lorsque le fait commis par l'enfant est connexe à celui qui peut donner lieu à une poursuite contre un adulte, les poursuites sont disjointes et l'enfant est poursuivi devant le juge pour enfants.

Section 5 : De la décision

Article 113
Dans les huit jours qui suivent la prise en délibéré de la cause, le juge prend l'une des décisions suivantes :
1. réprimander l'enfant et le rendre à ses parents ou aux personnes qui exerçaient sur lui l'autorité parentale en leur enjoignant de mieux le surveiller à l'avenir ;
2. le confier à un couple de bonne moralité ou à une institution privée agréée à caractère social pour une période ne dépassant pas sa dix-huitième année d'âge ;
3. le mettre dans une institution publique à caractère social pour une période ne dépassant pas sa dix-huitième année d'âge ;
4. le placer dans un centre médical ou médico-éducatif approprié ;
5. le mettre dans un établissement de garde et d'éducation de l'État pour une période ne dépassant pas sa dix-huitième année d'âge.

La mesure prévue au point 3 ne s'applique pas à l'enfant âgé de plus de seize ans.
Un décret du Premier ministre, délibéré en Conseil des ministres, fixe l'organisation et le fonctionnement de l'établissement de garde et d'éducation de l'État.

Article 114
Dans les cas où le juge ordonne le placement de l'enfant dans un établissement de garde et d'éducation de l'État, il peut prononcer le placement avec sursis pour une période qui n'excède pas sa majorité et pour une infraction punissable au maximum de cinq ans de servitude pénale principale.
Le juge apprécie les conditions du sursis.

Article 115
Si l'enfant a commis un manquement qualifié d'infraction à la loi pénale punissable de plus de cinq ans de servitude pénale et qui n'est pas punissable de la peine de mort ou de la servitude pénale à perpétuité, le juge peut, s'il le met dans un

établissement de garde et d'éducation de l'État, prolonger cette mesure pour un terme qui ne peut dépasser sa vingt-deuxième année d'âge.

À sa dix-huitième année d'âge, l'intéressé devra être séparé des enfants, au sein du même établissement de garde et d'éducation de l'État, sur décision du juge, à la demande de l'autorité de l'établissement de garde.

Article 116
Si l'enfant a commis un manquement qualifié d'infraction à la loi pénale punissable de la peine de mort ou de la servitude pénale à perpétuité, le juge peut, s'il le met dans un établissement de garde et d'éducation de l'État, prolonger cette mesure au-delà de la dix-huitième année de l'enfant pour un terme de dix ans au maximum.
Les dispositions de l'article 115, alinéa 2 s'appliquent, mutatis mutandis, au présent article.

Article 117
L'enfant qui a commis un manquement qualifié d'infraction punissable de plus d'un an de servitude pénale, et qui est d'une perversité caractérisée ou récidiviste est placé dans un établissement de rééducation de l'État pendant une année au moins et cinq ans au plus.
Cette mesure n'est pas applicable aux enfants âgés de moins de quinze ans.
Un décret du Premier ministre délibéré en Conseil des ministres fixe l'organisation et le fonctionnement de l'établissement de rééducation de l'État.

Article 118
L'enfant qui n'a pas fait l'objet de placement dans l'une des hypothèses prévues aux articles 113 à 117 ci-dessus ou dont le placement a été levé est soumis, jusqu'à sa dix-huitième année d'âge, au régime de la liberté surveillée.

Article 119
Si le manquement qualifié d'infraction est établi, le juge met les frais à charge des personnes civilement responsables et, s'il y a lieu, les oblige aux restitutions et aux dommages et intérêts.

Article 120
L'utilisation des salaires gagnés par l'enfant qui fait l'objet de l'une des mesures prévues à l'article 113, points 2, 3 et 5 est déterminée par le juge dans l'intérêt supérieur de l'enfant, notamment pour sa réinsertion sociale.

Article 121
Les frais d'entretien et d'éducation de l'enfant résultant des mesures prononcées par le tribunal sont à charge des personnes qui lui doivent des aliments, si elles sont solvables. À défaut, ils sont à charge de l'État.

Article 122
La décision du juge est motivée. Elle est prononcée en audience publique.

Section 6 : Des voies de recours

Article 123

Les décisions du juge pour enfants sont susceptibles d'opposition ou d'appel.

Hormis le ministère public et l'enfant concerné, l'opposition est ouverte à toutes les autres parties dans les dix jours qui suivent la signification de la décision. Cette opposition est formée par la déclaration actée au greffe du tribunal qui a prononcé la décision.

La chambre de première instance statue dans les quinze jours à dater de sa saisine.

L'appel est ouvert au ministère public ainsi qu'à toutes les parties à la cause.

L'appel est formé par déclaration actée soit au greffe du tribunal qui a rendu la décision, soit au greffe de la chambre d'appel dans les dix jours à dater du jour où l'opposition n'est plus recevable, ou dans les dix jours de la décision rendue contradictoirement.

La chambre d'appel statue dans les trente jours à dater de sa saisine.

Article 124

La chambre d'appel applique les mêmes règles de procédure que la Chambre de première instance.

Le délibéré se déroule conformément au droit commun.

Section 7 : De la révision

Article 125

Le juge peut, en tout temps, soit spontanément, soit à la demande du ministère public, de l'enfant, des parents ou représentants légaux, ou de toute personne intéressée, soit sur rapport de l'assistant social, rapporter ou modifier les mesures prises à l'égard de l'enfant.

À cet effet, le juge visite le lieu de placement de l'enfant.

Article 126

Le juge statue sur la demande de révision dans les huit jours qui suivent sa saisine.

Article 127

Les mesures prises à l'égard de l'enfant font d'office l'objet d'une révision tous les trois ans.

Section 8 : De l'exécution de la décision

Article 128

À moins que le juge n'en décide autrement, la décision est exécutoire sur minute dès le prononcé en ce qui concerne la mesure prise à l'endroit de l'enfant.

Article 129

Le juge veille à l'exécution de toutes les mesures qu'il a prises à l'égard de l'enfant. Il est aidé par l'assistant social territorialement compétent.

Article 130

Sur décision motivée du juge prise, soit d'office, soit à la demande du ministère public, des parents, tuteur ou personnes qui ont la garde de l'enfant, soit sur rapport de l'assistant social, l'enfant placé dans un établissement de garde et d'éducation de l'État, qui atteint l'âge de dix-huit ans en placement peut, pour raison de perversité, être transféré dans un établissement de rééducation de l'État pour une durée qui ne peut excéder sa vingt-deuxième année d'âge.

Dans ce cas, l'enfant est préalablement entendu.

Section 9 : Des sanctions pénales

Article 131

Sont punis d'une servitude pénale principale de un à cinq ans et d'une amende de cent mille à deux cent cinquante mille francs congolais ou de l'une de ces peines seulement, le père, la mère, le tuteur ou toute autre personne qui :

1. soustrait ou tente de soustraire un enfant à la procédure intentée contre lui en vertu de la présente loi ;
2. le soustrait ou tente de le soustraire à la garde des personnes ou institution à qui l'autorité judiciaire l'a confié ;
3. ne le présente pas à ceux qui ont le droit de le réclamer ;
4. l'enlève ou le fait enlever, même avec son consentement.

Si le coupable est déchu de l'autorité parentale en tout ou en partie, la servitude pénale principale peut être élevée de deux à cinq ans et à une amende de cent mille à deux cent cinquante mille francs congolais.

CHAPITRE IV : DE LA MÉDIATION

Article 132

Aux termes de la présente loi, la médiation est un mécanisme qui vise à trouver un compromis entre l'enfant en conflit avec la loi ou son représentant légal, et la victime ou son représentant légal ou ses ayants droits, sous réserve de l'opinion de l'enfant intéressé dûment entendu.

Article 133

La médiation a pour objectif d'épargner l'enfant des inconvénients d'une procédure judiciaire, d'assurer la réparation du dommage causé à la victime, de mettre fin au trouble résultant du fait qualifié d'infraction à la loi pénale, et de contribuer ainsi à la réinsertion de l'enfant en conflit avec la loi.

Article 134

La médiation est notamment conclue sur la base d'une ou plusieurs des mesures ci-après :

1. l'indemnisation de la victime ;
2. la réparation matérielle du dommage ;
3. la restitution des biens à la victime ;
4. la compensation ;

5. les excuses expresses présentées de façon verbale ou écrite à la victime ;
6. la réconciliation ;
7. l'assistance à la victime ;
8. le travail d'intérêt général ou prestation communautaire.

Le travail d'intérêt général consiste en une prestation utile à la collectivité ne dépassant pas quatre heures par jour, pour une durée d'un mois au plus. Le travail doit être effectué dans le respect de la dignité humaine, avec le consentement éclairé de l'enfant et sous la supervision de l'assistant social.

Article 135
La médiation est conduite par un organe dénommé « Comité de médiation ».
Un arrêté interministériel des ministres ayant la justice et l'enfant dans leurs attributions, délibéré en Conseil des ministres, en fixe la composition, l'organisation et le fonctionnement.

Article 136
Lorsque les faits en cause sont bénins et que l'enfant en conflit avec la loi n'est pas récidiviste, le président du tribunal pour enfants défère d'office la cause au comité de médiation dans les quarante-huit heures de sa saisine.

Article 137
En cas de manquement qualifié d'infraction à la loi pénale punissable de moins de dix ans de servitude pénale, le président du tribunal pour enfants peut transmettre l'affaire au comité de médiation ou engager la procédure judiciaire.

Article 138
La médiation n'est pas permise pour des manquements qualifiés d'infraction à la loi pénale punissables de plus de dix ans de servitude pénale.

Article 139
La médiation est ouverte à toutes les étapes de la procédure judiciaire.
Elle suspend la procédure devant le juge saisi, sauf en ce qui concerne les mesures provisoires.

Article 140
Le Comité de médiation statue en toute indépendance et fait rapport au président du tribunal pour enfants sur les conclusions de la médiation dans les trente jours à dater de la réception du dossier.
Passé ce délai, le comité de médiation est dessaisi d'office.

Article 141
Lorsque la médiation aboutit, elle met fin à la procédure engagée devant le juge. Le compromis signé par les différentes parties, est revêtu, sans délai, de la formule exécutoire par le président du tribunal pour enfants.
En cas d'échec, la procédure judiciaire reprend son cours.

Article 142
L'acte de médiation est exonéré de tous frais.

TITRE IV : DE LA PROTECTION PÉNALE

CHAPITRE I : DE LA PROTECTION DE L'ENFANT AVANT SA NAISSANCE

Article 143
Quiconque porte volontairement des coups ou fait des blessures à une femme enceinte est passible de six mois à un an de servitude pénale principale et d'une amende de cent mille à deux cent cinquante mille francs congolais.

Article 144
Si les coups portés et les blessures faites volontairement, sans détruire l'embryon ou le fœtus, entraînent pourtant une altération grave de la santé de la femme, de l'embryon, du fœtus ou la perte d'un organe, l'auteur est passible de deux à cinq ans de servitude pénale principale et d'une amende de deux cent mille à trois cent cinquante mille francs congolais.

Article 145
Si les coups portés et les blessures faites volontairement, mais sans intention de provoquer l'avortement, l'ont pourtant causé, l'auteur est passible de deux à cinq ans de servitude pénale principale et d'une amende de trois cent cinquante mille à cinq cent mille francs congolais.

Article 146
Est puni des peines prévues pour non assistance à personne en danger, le personnel soignant qui s'abstient de porter assistance à une femme en instance d'accouchement.

CHAPITRE II : DE LA PROTECTION DE L'ENFANT APRÈS SA NAISSANCE

Section 1re : Des atteintes volontaires à la vie et à l'intégrité physique ou mentale de l'enfant

Article 147
Les coups et blessures volontaires portés sur l'enfant sont punis de trois à six mois de servitude pénale principale et d'une amende de cent mille à deux cent cinquante mille francs congolais.
En cas de préméditation, l'auteur est passible de six à douze mois de servitude pénale principale et d'une amende de cent cinquante mille à trois cent mille francs congolais.

Article 148
Les coups et blessures volontaires porté sur l'enfant ayant entraîné une maladie ou une incapacité de plus de huit jours sont punis de six à douze mois de servitude

pénale principale et d'une amende de deux cent mille à trois cent cinquante mille francs congolais.

Article 149
Les coups et blessures volontaires ayant entraîné une mutilation ou un handicap permanent de l'enfant sont punis de deux à cinq ans de servitude pénale principale et d'une amende de trois cent cinquante à cinq cent mille francs congolais.

Article 150
Les coups et blessures volontaires ayant entraîné la mort d'un enfant sans intention de la donner sont punis de cinq à vingt ans de servitude pénale principale et d'une amende de cinq cent mille à un million de francs congolais.

Article 151
Le fait de soumettre un enfant à la torture est puni de un à cinq ans de servitude pénale principale et d'une amende de cinq cent mille à un million de francs congolais.

Il faut entendre par torture, tout acte par lequel une douleur ou des souffrances aiguës, physiques ou mentales, sont intentionnellement infligées à une personne aux fins notamment de :
1. obtenir d'elle ou d'une tierce personne des renseignements ou des aveux ;
2. la punir d'un acte qu'elle ou une tierce personne a commis ou est soupçonnée d'avoir commis ;
3. l'intimider ou faire pression sur elle, intimider, faire pression sur une tierce personne, ou pour tout autre motif fondé sur une forme de discrimination quelle qu'elle soit, lorsqu'une telle douleur ou de telles souffrances sont infligées par un agent de la fonction publique ou toute autre personne agissant à titre officiel ou à son instigation ou avec son consentement exprès ou tacite.

Article 152
La peine encourue est la servitude pénale à perpétuité lorsque les tortures ou les actes de brutalité, de cruauté, d'odieuses souffrances, de privation ou de séquestration susceptibles de porter atteinte à sa santé physique ou mentale ainsi qu'à son équilibre affectif et psychologique ont entraîné la mort.

Article 153
La mutilation sexuelle d'un enfant est punie de deux à cinq ans de peine de servitude pénale principale et d'une amende de deux cent mille à un million de francs congolais.
Lorsque la mutilation sexuelle entraîne la mort de l'enfant sans intention de la donner, l'auteur est passible de dix à vingt ans de servitude pénale principale.
La mutilation sexuelle est un acte qui porte atteinte à l'intégrité physique ou fonctionnelle de l'organe génital.
La circoncision n'est pas une mutilation sexuelle ni une atteinte à l'intégrité physique.

Article 154
Le fait de pratiquer ou faire pratiquer une expérimentation médicale sur un enfant est puni de un à cinq ans de servitude pénale principale et d'une amende de deux cent mille à un million de francs congolais.
Si elle entraîne une incapacité ne dépassant pas huit jours, la peine est de deux à cinq ans de servitude pénale principale et d'une amende de deux cent mille à un million de francs congolais.
Si elle entraîne une incapacité de plus de huit jours ou provoque une mutilation ou une infirmité permanente, la peine est de cinq à dix ans de servitude pénale principale.
Si cette expérimentation entraîne la mort, la peine est portée à la servitude pénale à perpétuité.

Article 155
L'administration volontaire à un enfant des substances nuisibles, notamment des stupéfiants et des psychotropes, qui peuvent donner la mort ou des substances qui, sans être de nature à donner la mort, peuvent altérer gravement la santé d'un enfant de quelque manière que ces substances aient été employées ou administrées, est punie de trois à vingt ans de servitude pénale principale.

Article 156
Lorsque l'administration volontaire à un enfant des substances nuisibles cause une infirmité permanente, l'auteur est passible de cinq à vingt ans de servitude pénale principale.

Article 157
Est puni de un à deux ans de servitude pénale principale et d'une amende de deux cent mille à six cent mille francs congolais, l'auteur d'épreuves superstitieuses commises sur un enfant.

Si les épreuves superstitieuses causent une maladie ou une incapacité, ou s'il en résulte la perte de l'usage absolu d'un organe ou une mutilation grave, l'auteur est puni de cinq à vingt ans de servitude pénale principale et d'une amende de deux cent mille à un million de francs congolais.

Par épreuve superstitieuse, il faut entendre tout acte consistant à soumettre un enfant, de gré ou de force, à un mal physique réel ou supposé, en vue de déduire des effets produits, l'imputabilité d'un acte ou d'un événement ou toute autre conclusion.

Article 158
L'incitation d'un enfant au suicide est punie de un à cinq ans de servitude pénale principale et d'une amende de quatre cent mille à un million de francs congolais.
Si l'incitation aboutit au suicide, la peine est portée à la servitude pénale à perpétuité.
Si l'auteur de l'infraction est une personne exerçant l'autorité parentale sur l'enfant, le juge peut, en outre, prononcer la déchéance de cette autorité.

Article 159
Le juge peut également prononcer la déchéance de l'autorité parentale conformément aux disposions pertinentes de la loi lorsque le père, la mère, le parâtre, la marâtre ou le tuteur sont condamnés pour des atteintes volontaires à la vie, à l'intégrité physique ou mentale de l'enfant.

Section 2 : Des atteintes à l'honneur et à la liberté individuelle de l'enfant

Article 160
Quiconque impute méchamment et publiquement à un enfant un fait précis qui est de nature à porter atteinte à son honneur et à sa dignité est puni de deux à douze mois de servitude pénale principale et d'une amende de deux cent mille à six cent mille francs congolais.

En cas d'accusation de sorcellerie à l'égard d'un enfant, l'auteur est puni de un à trois ans de servitude pénale principale et d'une amende de deux cent mille à un million de francs congolais.

Article 161
Quiconque enlève ou fait enlever, arrête ou fait arrêter arbitrairement, détient ou fait détenir un enfant par violence, ruses, ou menaces, est puni de deux à cinq ans de servitude pénale principale.

Lorsque l'enfant enlevé, arrêté ou détenu a été soumis à des tortures corporelles, l'auteur est puni de dix à vingt ans de servitude pénale principale.

Article 162
La traite ou la vente d'enfants est punie de dix à vingt ans de servitude pénale principale, et d'une amende de cinq cent mille à un million de francs congolais.

Il faut entendre par :
1. traite d'enfants : le recrutement, le transport, le transfert, l'hébergement ou l'accueil des enfants, par la menace de recours à la force ou à d'autres formes de contrainte, par l'enlèvement, la fraude, la tromperie, l'abus d'autorité ou d'une situation de vulnérabilité, ou par l'offre ou l'acceptation de paiements ou d'avantages pour obtenir le consentement d'une personne ayant autorité sur l'enfant aux fins d'exploitation ;
2. vente d'enfants : tout acte ou toute transaction faisant intervenir le transfert d'enfants de toute personne ou de tout groupe de personnes à un autre groupe contre rémunération ou tout autre avantage.

Section 3 : Des atteintes à la propriété ou au patrimoine de l'enfant

Article 163
Quiconque soustrait frauduleusement un bien qu'il sait appartenir à un enfant est puni conformément à la loi.

Article 164
Si le vol a été commis à l'aide de violences ou de menaces, l'auteur est puni de dix à vingt ans de servitude pénale principale et d'une amende de cinq cent mille à un million de francs congolais.

Article 165
Est puni de cinq à dix ans de servitude pénale principale et d'une amende de deux cent cinquante mille à cinq cent mille francs congolais, quiconque détruit ou dégrade méchamment des biens meubles ou immeubles qu'il sait appartenir à un enfant.

Article 166
Quiconque vend ou donne en gage un immeuble qu'il sait appartenir à un enfant est puni de cinq à dix ans de servitude pénale principale et d'une amende de deux cent cinquante mille à cinq cent mille francs congolais.

Article 167
Est puni de deux à cinq ans de servitude pénale principale et d'une amende de cent mille à deux cent cinquante mille francs congolais, quiconque se rend coupable d'escroquerie au préjudice d'un enfant.

Article 168
Est puni de deux à cinq ans de servitude pénale principale et d'une amende de cent mille à deux cent cinquante mille francs congolais quiconque détourne frauduleusement ou dissipe au préjudice d'un enfant des effets, propriétés, deniers, marchandises, billets, quittances, écrits de toute nature contenant ou opérant obligations ou décharges qui lui avaient été remis à la condition de les rendre ou d'en faire un usage ou un emploi déterminé.

Section 4 : Des agressions sexuelles

Article 169
Les actes de pédophilie s'entendent de toute attirance sexuelle d'un adulte ou d'un adolescent envers un enfant, notamment l'attentat à la pudeur, la relation sexuelle, l'érotisme, la pornographie, l'abus sexuel et le viol.

Article 170
Le viol d'enfant est puni de sept à vingt ans de servitude pénale principale et d'une amende de huit cent mille à un million de francs congolais.

Le minimum de la peine est doublé si le viol est le fait :
1. des ascendants de l'enfant sur lequel ou avec l'aide duquel le viol a été commis ;
2. des personnes qui ont autorité sur l'enfant ;
3. de ses enseignants ou de ses serviteurs à gage ou les serviteurs des personnes ci-dessus ;
4. des agents publics, des ministres de culte qui ont abusé de leur position pour le commettre, du personnel médical, para médical ou des assistants sociaux, des tradipraticiens envers les enfants confiés à leurs soins ;

5. des gardiens sur les enfants placés sous leur surveillance ;

Le minimum de la peine est également doublé :
1. s'il est commis avec l'aide d'une ou plusieurs personnes ;
2. s'il est commis en public ;
3. s'il a causé à la victime une altération grave de sa santé et/ou laissé de séquelles physiques et/ou psychologiques graves ;
4. s'il est commis sur un enfant vivant avec handicap ;
5. s'il a été commis avec usage ou menace d'une arme.

Article 171
Commet un viol d'enfant, soit à l'aide de violences ou menaces graves ou par contrainte à l'encontre d'un enfant, directement ou par l'intermédiaire d'un tiers, soit par surprise, pression psychologique, soit à l'occasion d'un environnement coercitif, soit en abusant d'un enfant qui, par le fait d'une maladie, par l'altération de ses facultés ou par toute autre cause accidentelle a perdu l'usage de ses sens ou en a été privé par quelques artifices :
a) tout homme qui introduit son organe sexuel, même superficiellement dans celui d'une enfant ou toute femme qui oblige un enfant à introduire même superficiellement son organe sexuel dans le sien ;
b) tout homme qui pénètre, même superficiellement l'anus, la bouche ou tout autre orifice du corps d'un enfant par un organe sexuel, par toute autre partie du corps ou par un objet quelconque ou toute femme qui oblige un enfant à exposer son organe sexuel à des attouchements par une partie de son corps ou par un objet quelconque ;
c) toute personne qui introduit, même superficiellement, toute autre partie du corps ou un objet quelconque dans le vagin d'une enfant ;
d) toute personne qui oblige un enfant à pénétrer, même superficiellement son anus, sa bouche ou tout orifice de son corps par un organe sexuel, par toute autre partie du corps ou par un objet quelconque.

Article 172
L'attentat à la pudeur sans violence, ruse, ou menace commis sur un enfant est puni de six mois à cinq ans de servitude pénale principale. L'attentat à la pudeur avec violence, ruse, ou menace commis sur un enfant est puni de cinq à quinze ans de servitude pénale principale.

Si l'attentat est commis sur un enfant, à l'aide d'un ou de plusieurs enfants âgés de moins de dix ans, l'auteur est passible de cinq à vingt ans de servitude pénale principale.

Les peines encourues sont portées de cinq à quinze ans de servitude pénale principale et à une amende de quatre cent mille francs congolais si l'attentat à la pudeur a été commis par des personnes ou dans les circonstances prévues à l'alinéa 2 de l'article 170.

L'attentat à la pudeur est tout acte contraire aux mœurs exercé intentionnellement sur un enfant.

Article 173
Quiconque attente aux mœurs en incitant, facilitant ou favorisant pour satisfaire les passions d'autrui, la débauche ou la corruption des enfants est puni d'une servitude pénale principale de trois à cinq ans et d'une amende de cinq cent mille à un million de francs congolais.

Le fait énoncé à l'alinéa précédent est puni d'une servitude pénale principale de dix à vingt ans et d'une amende de deux cent mille à quatre cent mille francs congolais, s'il est commis envers un enfant âgé de moins dix ans accomplis.

Si l'infraction a été commise par le père, la mère, le parâtre, la marâtre, le tuteur ou toute personne exerçant en droit ou en fait l'autorité sur l'enfant, l'auteur est en outre déchu de l'autorité parentale ou tutélaire.

Les peines encourues sont portées à une servitude pénale principale de cinq à dix ans et à une amende de un million à deux millions de francs congolais si l'incitation à la débauche est le fait du père, de la mère, du parâtre, de la marâtre, du tuteur ou de toute personne exerçant en droit ou en fait l'autorité sur l'enfant.

L'incitation à la débauche est le fait de faciliter, exciter ou favoriser la débauche d'un enfant.

Article 174
L'incitation d'un enfant à des relations sexuelles avec un animal est punie de sept à quinze ans de servitude pénale principale et d'une amende de cinq cent mille à un million de francs congolais.

Article 175
Le fait de détenir un ou plusieurs enfants dans le but d'abuser d'eux sexuellement est puni de dix à vingt ans de servitude pénale principale.
Si grossesse s'en suit, la servitude pénale principale est de quinze à vingt ans.

Article 176
Le fait de priver un enfant de la capacité biologique de reproduction sans qu'un tel fait ne soit justifié médicalement est puni de cinq à quinze ans de servitude pénale principale.

Lorsque le fait est médicalement justifié, le consentement des parents ou de ceux qui exercent l'autorité parentale est requis.
En cas de conflit entre la justification médicale et le consentement des parents, l'intérêt supérieur de l'enfant prime.

Article 177
Quiconque contamine délibérément un enfant d'une infection sexuellement transmissible incurable, notamment le VIH/SIDA, est puni d'une servitude pénale à perpétuité et d'une amende de cinq cent mille à un million de francs congolais.

Article 178
L'exposition d'un enfant à l'exhibition sexuelle est punie de cinq à dix ans de servitude pénale principale et d'une amende de deux cent mille à six cent mille francs congolais.

Les peines encourues sont portées de cinq à quinze ans de servitude pénale principale et l'amende de deux cent mille à un million de francs congolais, si l'exhibition sexuelle est le fait du père, de la mère, du parâtre, de la marâtre, du tuteur ou de toute personne exerçant en droit ou en fait l'autorité sur l'enfant.

L'exhibition sexuelle désigne le fait de montrer certaines parties intimes du corps et/ou de faire en public, des gestes à caractère sexuel.

Article 179
Le fait de produire, de distribuer, de diffuser, d'importer, d'exporter, d'offrir, de rendre disponible, de vendre, de se procurer ou procurer à autrui, de posséder tout matériel pornographique mettant en scène un enfant est puni de cinq à quinze ans de servitude pénale principale et d'une amende de deux cent mille à un million de francs congolais.
Le juge prononce en outre la confiscation du matériel pornographique concerné.
On entend par pornographie mettant en scène les enfants toute représentation, par quelque moyen que ce soit, d'un enfant s'adonnant à des activités sexuelles explicites, réelles ou simulées, ou toute représentation des organes sexuels d'un enfant, à des fins principalement sexuelles.

Article 180
L'exposition de l'enfant à la pornographie sous toutes ses formes est punie de cinq à vingt ans de servitude pénale principale et d'une amende de un million de francs congolais.

Article 181
Le harcèlement sexuel sur l'enfant est puni de trois à douze ans de servitude pénale principale et d'une amende de deux cent mille à quatre cent mille francs congolais.

Le harcèlement sexuel sur l'enfant est le fait pour une personne d'abuser de l'autorité que lui confère sa position sociale ou professionnelle en exerçant sur l'enfant des pressions afin d'obtenir de lui des faveurs de nature sexuelle.

Article 182
Le proxénétisme à l'égard d'un enfant est puni de cinq à vingt ans de servitude pénale principale.

La peine encourue est portée de dix à vingt-cinq ans si le proxénétisme à l'égard d'un enfant est le fait du père, de la mère, du parâtre, de la marâtre, du tuteur ou de toute personne exerçant l'autorité parentale.

Le proxénétisme à l'égard d'un enfant est le fait d'offrir, d'obtenir, de fournir, de se procurer ou d'utiliser un enfant à des fins sexuelles contre rémunération ou toute autre forme d'avantages.

Article 183
L'esclavage sexuel d'un enfant est puni de dix à vingt ans de servitude pénale principale et d'une amende de huit cent mille à un million de francs congolais.
L'esclavage sexuel est le fait pour une personne d'exercer un ou l'ensemble des pouvoirs assimilés au droit de propriété sur un enfant notamment en détenant ou en imposant une privation de liberté ou en achetant, vendant, prêtant, troquant l'enfant pour des fins sexuelles, et de le contraindre à accomplir un ou plusieurs actes de nature sexuelle.

Article 184
La condamnation du père, de la mère, du parâtre, de la marâtre ou de toute personne exerçant l'autorité parentale sur l'enfant, pour une infraction prévue à la présente section, peut être accompagnée de la déchéance de l'autorité parentale, en application des dispositions de la loi.

Section 5 : De la mise en danger d'un enfant

Article 185
Tout acte discriminatoire à l'égard de l'enfant expose son auteur à une peine de trois à six mois de servitude pénale principale et à une amende de cent mille à deux cent mille francs congolais.

Article 186
Est puni de un à trois ans de servitude pénale principale et d'une amende de deux cent mille à un million de francs congolais, tout déplacement ou rétention illicites de l'enfant à l'étranger par un parent ou un tiers.

Article 187
Quiconque contrevient aux dispositions de la présente loi sur les pires formes du travail de l'enfant, est puni d'une peine de un à trois ans de servitude pénale principale et d'une amende de cent mille à deux cent mille francs congolais.

Toutefois, l'enrôlement ou l'utilisation des enfants âgés de moins de dix-huit ans dans les forces et groupes armés et la police sont punis de dix à vingt ans de servitude pénale principale.

Article 188
Quiconque utilise un enfant dans les différentes formes de criminalité, est passible de cinq à dix ans de servitude pénale principale et d'une amende de deux cent mille à un million de francs congolais.

Article 189
Toute personne qui exerce l'autorité parentale ou tutélaire sur un enfant, le donne en mariage ou en vue de celui-ci, ou le contraint à se marier est puni d'une peine de cinq à douze ans de servitude pénale principale et d'une amende de huit cent mille à un million de francs congolais.

Article 190
Le délaissement d'un enfant en un lieu quelconque est puni de un à cinq ans de servitude pénale principale et d'une amende de cent mille à deux cent cinquante mille francs congolais.
Lorsqu'il entraîne une mutilation ou une infirmité permanente, il est puni de cinq à dix ans de servitude pénale principale et d'une amende de deux cent mille à cinq cent mille francs congolais.
S'il entraîne la mort de l'enfant, il est puni de la servitude pénale à perpétuité et d'une amende de cinq cent mille à un million de francs congolais.
Par délaissement d'enfant, il faut entendre le fait, pour le père ou la mère, le parâtre ou la marâtre, ou le tuteur, d'abandonner et/ou de rejeter un enfant sans s'être assuré qu'il sera en sécurité et protégé dans ses droits.

Article 191
Quiconque s'abstient de porter secours à un enfant menacé d'atteinte imminente à sa vie ou à son intégrité physique, sans risque pour lui ni pour des tiers, est puni de trois mois à un an de servitude pénale principale et d'une amende de cent mille à deux cent cinquante mille francs congolais.

Article 192
Toute personne a l'obligation de dénoncer toute forme de violence physique ou morale infligée à l'enfant ainsi que toute menace à sa santé et à son développement dont elle a connaissance.
La non-dénonciation des violences commises sur un enfant est punie d'une amende de cent mille à deux cent cinquante mille francs congolais.

Article 193
Tout fonctionnaire ou officier public, toute personne chargée d'un service public qui prend connaissance d'abus ou de mise en danger d'un enfant et qui s'abstient volontairement d'accomplir un acte de sa fonction ou de son emploi requis pour la circonstance est puni d'une amende de cent mille à deux cent cinquante mille francs congolais.

Article 194
Quiconque utilise un enfant aux fins de mendicité est puni d'une amende de cinquante mille à cent mille francs congolais.

Section 6 : Des atteintes aux droits à la santé et à l'enseignement

Article 195

Tout responsable d'un établissement sanitaire public ou privé intégré dans le système des soins de santé primaires qui ne se conforme pas à la politique sanitaire du pays et s'abstient de donner les soins préventifs requis à l'enfant est puni de un à six mois de servitude pénale principale et d'une amende de cent cinquante mille francs congolais ou d'une de ces peines seulement.

Article 196

Tout parent, tuteur ou responsable légal qui refuse délibérément d'assurer à son enfant les soins médicaux préventifs et particulièrement les vaccinations, est puni d'une servitude pénale principale ne dépassant pas cinq jours et d'une amende de cinquante mille francs congolais ou d'une de ces peines seulement.

Article 197

Tout gestionnaire de l'enseignement primaire, secondaire et professionnel public qui exige des frais autres que ceux prévus par les textes légaux et réglementaires est puni d'une amende de cent mille francs congolais.

Article 198

Tout parent, tuteur ou responsable légal qui, délibérément, n'envoie pas son enfant à l'école est puni d'une amende de cinquante mille francs congolais.

TITRE V : DES DISPOSITIONS TRANSITOIRES, ABROGATOIRES ET FINALES

Article 199

En attendant l'organisation des structures appropriées de la protection de l'enfant, celle-ci est assurée conformément aux mécanismes en vigueur non contraires à la présente loi.

Article 200

Les tribunaux de paix et les tribunaux de grande instance restent compétents pour connaître respectivement en premier et second ressort des affaires qui relèvent de la compétence des tribunaux pour enfants qui seront installés et fonctionneront au plus tard dans les deux ans qui suivent la promulgation de la présente loi.

Article 201

Sont abrogées toutes les dispositions antérieures contraires à la présente loi.

Article 202

La présente loi entre en vigueur à la date de sa promulgation.

Fait à Kinshasa, le 10 janvier 2009
Joseph KABILA KABANGE

Annexe II

Arrêté ministériel n° 12/CAB.MIN/TPSI/045 /08 du 8 août 2008 fixant les conditions de travail des enfants

(Source : *Journal Officiel de la République Démocratique du Congo*, 49e année, Première partie, n° 16, Kinshasa, 15 août 2008).

La Ministre de l'Emploi, du Travail et de la Prévoyance Sociale ;
Vu la Constitution de la République Démocratique du Congo du 18 février 2006, spécialement en son article 93 ;
Vu la Loi n° 015/2002 du 16 octobre 2002 portant Code du Travail spécialement en ses articles 3, 38 et 126 ;
Vu l'Ordonnance n° 06/001 du 30 décembre 2006 portant nomination du Premier Ministre ;
Vu l'Ordonnance n° 07/017 du 3 mai 2007 portant organisation et fonctionnement du Gouvernement, modalités pratiques de collaboration entre le Président de la République et le Gouvernement ainsi qu'entre les membres du Gouvernement ;
Vu l'Ordonnance n° 07/018 du 16 mai 2007 fixant les attributions des Ministères ;
Vu l'Ordonnance n° 07/071 du 25 novembre 2007 portant nomination des Ministres d'État, Ministres et Vice-Ministres ;
Revu l'Arrêté ministériel n° 68/13 fixant les conditions de travail des femmes et enfants du 17 mai 1968 ;
Le Conseil National du Travail entendu en sa seconde session extraordinaire tenue du 25 mars au 8 avril 2008 ;

ARRÊTE :
Chapitre 1 : Des dispositions générales

Article 1er :
Il est interdit à tout employeur, personne physique ou morale d'occuper des enfants à des travaux excédant leurs forces, les exposants à des risques professionnels élevés, ou qui par leur nature ou par les conditions dans lesquelles ils sont effectués, sont susceptibles de blesser leur moralité.

Article 2 :
Au sens du présent Arrêté, l'expression « enfant » désigne toute personne âgée de moins de 18 ans.

Article 3 :
Au sens du présent Arrêté, l'expression « transport manuel des charges désigne tout transport où le poids de la charge est entièrement supporté par le travailleur ; elle comprend également le soulèvement et la pose de la charge.

Article 4 :
Au sens du présent Arrêté, l'expression « transport manuel régulier des charges » désigne toute activité consacrée de manière continuelle ou essentielle au transport manuel des charges ou comportant, normalement, même de manière discontinue, le transport manuel des charges.
Chapitre II : De la durée du travail

Article 5 :
Les enfants âgés de moins de 18 ans ne pourront effectuer plus de 8 heures de travail effectif par jour.

Lorsque la durée du travail effectif dépasse 4 heures par jour, celle-ci doit être coupée d'un ou plusieurs repos dont la durée totale ne peut être inférieure à une heure.

Chapitre III : Du travail de samedi de dimanche et de nuit

Article 6 :
Aucun enfant âgé de moins de 18 ans ne peut être occupé le samedi et le dimanche.

Article 7 :
Le travail de nuit est interdit à tout enfant âgé de moins de 18 ans.

Chapitre IV : Les travaux interdits aux enfants

Section 1 : Des pires formes de travail des enfants

Article 8 :
Il est interdit à tout employeur, personne physique ou morale d'occuper les enfants dans les pires formes de travail.

L'expression « les pires formes de travail des enfants » comprend :

a) toutes les formes d'esclavage ou pratiques analogues, telles que la vente et la traite des enfants, la servitude pour dettes et le servage ainsi que le travail forcé ou obligatoire, y compris le recrutement forcé ou obligatoire des enfants en vue de leur utilisation dans des conflits armés ;

b) L'utilisation, le recrutement ou l'offre d'un enfant à des fins de prostitution, de production de matériel pornographiques ou des danses obscènes ;

c) L'utilisation, le recrutement ou l'offre d'un enfant aux activités illicites, notamment pour la production et le trafic de stupéfiants ;

d) Les travaux qui, par leur nature ou les conditions dans lesquelles ils s'exercent, sont susceptibles de nuire à la santé, à la sécurité, à la dignité ou à la moralité de l'enfant ;

e) L'utilisation des enfants de moins de 18 ans à la confection, la manutention et la vente d'écrits, imprimés, dessins, gravures, emblèmes, images et autres objets dont la vente, l'offre, l'exposition, l'affichage ou la distribution, sont réprimés par les Lois pénales ou qui, sans tomber sous le coup de ces Lois, sont contraires aux bonnes mœurs.

Il est également interdit d'employer les enfants à tout autre travail dans les locaux où s'exécutent les travaux énumérés au présent article.

Section 2 : De travaux pouvant excéder les forces des enfants

Article 9 :
L'affectation des enfants de deux sexes âgés de moins de 18 ans au transport manuel régulier des charges est interdite. Toutefois, cette interdiction ne s'applique pas dans le cas de récolte de semences, de feuilles et de fruits à l'exception des bananes et des fruits de palmier pour autant que le travail de cueillette s'effectue sur le sol.

Article 10 :
L'affectation des enfants de moins de 18 ans aux travaux visés au présent article est interdite.

Les enfants de 16 à moins de 18 ans ne peuvent porter, traîner ou pousser, tant à l'intérieur qu'à l'extérieur du lieu habituel de travail des charges d'un poids supérieur aux maxima suivants :

1) Transport manuel occasionnel de charges :
Garçons : 15 kg
Filles : 10 kg

2) transport sur brouette (véhicule compris) :
Garçons : 35 kg
Filles : 25 kg

3) transport sur véhicule à trois ou quatre roues (véhicule compris) :
Garçons : 50 kg
Filles : 35 kg

4) transport sur wagonnet circulant sur voie ferrée plane, véhicule compris, et à raison de 4 heures maxima par jour :

Garçons : 400 kg
Filles : 250 kg.

Article 11 :
Il est interdit d'employer des enfants du sexe féminin au transport des charges sur véhicules porteurs à pédales et sur charrettes à bras.

Article 12 :
Le transport sur diables ou véhicules analogues est interdit aux enfants de deux sexes âgés de moins de 18 ans.

Section 3 : Des travaux dangereux ou insalubres

Article 13 :
Il est interdit d'employer des enfants âgés de moins de 18 ans aux travaux suivants :

1. Contrôle, graissage, nettoyage ou réparation des machines ou mécanismes en marche ;

2. Travaux nécessitant la présence ou le passage dans un local où se trouvent des machines actionnées à la main ou par un moteur animal ou mécanique, des moteurs, transmissions et mécanismes dont les parties dangereuses ne sont point couvertes d'organes protecteurs appropriés ;

3. Conduite ou manœuvre d'appareil de levage ou de manutention ;

4. Équarrissage et travail des abattoirs, boyauderies et tanneries ;

5. Conduite de moteurs, véhicules et engins mécaniques ;

6. Travail moteur au moyen de pédales, roues, manivelles, leviers, manœuvres de jig et tables à secousses à la main ou au pied ;

7. Usage et manipulation des scies circulaires ou ruban ou à lames multiples, travail sur cisaille ou lames tranchantes mécaniques ou sur meules ;

8. Fabrication, manipulation ou transport de substances explosives ou inflammables ;

9. Travaux de fabrication ou de réparation des accumulateurs électriques ;

10. Travaux de peinture industrielle comportant l'usage de la céruse, du sulfate de plomb et de tous produits contenant ces pigments ;

11. Travaux dans des locaux fermés du service électrique ;

12. Travaux qui exposent les enfants à des sévices physiques, psychologiques ou sexuels ;

13. Travaux qui s'effectuent sous terre, sous l'eau, à des hauteurs dangereuses ou dans des espaces confinés ;

14. Travaux qui s'effectuent avec des machines, du matériel ou des outils dangereux, ou qui impliquent de manipuler ou porter de lourdes charges ;

15. Travaux qui s'effectuent dans un milieu malsain pouvant, par exemple, exposer des enfants à des substances, des agents ou des procédés dangereux, ou à des conditions de température, de bruit ou de vibrations préjudiciables à leur santé ;

16. Travaux qui s'effectuent dans des conditions particulièrement difficiles, par exemple, pendant de longues heures, ou la nuit, ou pour lesquels l'enfant est retenu de manière injustifié dans les locaux de l'employeur ;

17. Et généralement, tous travaux interdits, en raison de leur caractère dangereux ou insalubre, par l'Inspecteur du Travail du ressort.

Article 14 :
Il est interdit également d'employer des enfants de moins de 18 ans comme soutiers ou chauffeurs à bord des navires ainsi qu'à tous travaux susceptibles d'altérer leur santé ou présentant des risques particuliers d'accidents.

Article 15 :
L'emploi des enfants de moins de 18 ans est interdit dans les bars et autres lieux publics où sont consommées des boissons alcoolisées.

Chapitre V : Des travaux légers et salubres autorisés pour les personnes âgées de moins de 18 ans

Section 1 : Du contrôle de l'âge du travailleur ou de l'apprenti à défaut d'État Civil.

Article 16 :
À défaut d'attestation de naissance, l'âge du travailleur ou apprenti est déterminé par un examen pratiqué par un médecin du travail ou, à défaut par un médecin. Les frais résultant de l'examen sont à charge de l'employeur ou du maître d'apprentissage.

Section 2 : Des travaux légers et salubres.

Article 17 :
Les travaux légers et salubres autorisés pour les personnes âgées de moins de 18 ans sont les suivants :

1. récolte de semences, de feuilles et de fruits à l'exception de bananes et de noix de palme, pour autant que le travail de cueillette s'effectue sur le sol ;

2. égrenage manuel de fruits et semences, triage de produits végétaux ;

3. confection de liens pour pépinières ;

4. vannerie ;

5. garde de petit bétail et de basse-cour ;

6. surveillance exercée par les plantons grooms, portiers et sentinelles de jour ;

7. vente de journaux et colportage ne comportant pas le transport de marchandises pondéreuses ;

8. ou travaux qui seront autorisés par l'Inspecteur du ressort.

Chapitre VI : De l'embauchage des enfants

Article 18 :
Tout embauchage des personnes âgées de moins de 18 ans, quel que soit leur sexe, doit donner lieu à l'établissement par l'employeur d'une liste indiquant les noms, prénoms et date de naissance de chaque travailleur ainsi que l'emploi occupé.

Copie de cette liste, portant mention des certificats d'aptitude au travail établis, doit être adressée, dans les huit jours de l'embauchage, à l'Inspecteur du Travail du ressort.

Chapitre VII : Des dérogations

Article 19 :
Lorsque des raisons impérieuses de formation professionnelle l'exigent, l'Inspecteur du Travail du ressort peut accorder des dérogations temporaires aux dispositions de l'article 12 au profit des enfants de moins de 16 ans révolus et de moins de 18 ans, et ce sur demande de l'employeur.

Celles-ci ne sont pas applicables aux travailleurs du sexe féminin.

Chapitre VIII : Des dispositions finales

Article 20 :
Les infractions aux dispositions du présent Arrêté sont punies des peines prévues aux articles 321 a) et 328 b) du Code du Travail.

Article 21 :
Le Secrétaire Général à l'Emploi et au Travail et l'Inspecteur Général du Travail sont chargés, chacun en ce qui le concerne de l'exécution du présent Arrêté qui entre en vigueur à la date de sa signature.

Fait à Kinshasa le 8 août 2008
Marie Ange Lukiana Mufwankolo
Ministre

Bibliographie

Textes légaux et réglementaires

Décret du 30 janvier 1940 portant Code pénal congolais, tel que modifié et complété à ce jour, *Journal officiel de la République Démocratique du Congo*, 45e année, numéro spécial, du 30 novembre 2004 et 47e année, n° 15, du 1er août 2006.

Loi organique n° 13/011-B du 11 avril 2013 portant organisation, fonctionnement et compétences des juridictions de l'ordre judiciaire, *Journal officiel de la République Démocratique du Congo*, 54e année, numéro spécial, du 4 mai 2013.

Loi-cadre n° 14/004 du 11 février 2014 de l'enseignement national, *Journal officiel de la République Démocratique du Congo*, numéro spécial, du 19 février 2014.

Loi n° 09/001 du 10 janvier 2009 portant protection de l'enfant, *Journal officiel de la République Démocratique du Congo*, 5e année, numéro spécial, du 25 mai 2009.

Loi n° 13/005 du 5 janvier 2013 portant statut du militaire des forces armées de la République Démocratique du Congo, *Journal officiel de la République Démocratique du Congo*, 54e année, numéro spécial, du 25 janvier 2013.

Loi n° 13/013 du 1er juin 2013 portant statut du personnel de carrière de la police nationale, http//www.leganet.cd/Legislation/Droit%20Public/Divers/loi.13.013.01.06.2013.htm#TIII.

Loi n° 87-010 du 1er août 1987 portant code de la famille, telle que modifiée et complétée à ce jour, *Journal officiel de la République Démocratique du Congo*, 44e année, numéro spécial, du 25 avril 2003.

Ordonnance n° 78-179 du 26 avril 1978 portant réglementation de l'autopsie scientifique, *Journal officiel du Zaïre*, n° 9, 1er mai 1978, p. 26, *in* Code judiciaire congolais 2013.

Décret-loi n° 017/2002 du 3 octobre 2002 portant Code de conduite de l'agent public de l'État, *Journal officiel de la République Démocratique du Congo*, 44e ammée, numéro spécial, 13 janvier 2003.

Décret n° 06/130 du 11 octobre 2006 portant statut spécifique des médecins des services publics de l'État, *Journal officiel de la République Démocratique du Congo*, 47e année, numéro spécial, 26 octobre 2006.

Arrêté ministériel n° 12/CAB.MIN/TPSI/045 /08 du 8 août 2008 fixant les conditions de travail des enfants, *Journal officiel de la République Démocratique du Congo*, 49e année, Première partie, n° 16, 15 août 2008.

Jurisprudence

CPI, Chambre de première instance I, n° ICC-01/04-01/06, du 14 mars 2012, Aff. *Procureur c. Thomas Lubanga Dyilo.*

Cour suprême de justice (2010), *Bulletin des arrêts de la Cour suprême de justice. Années 2004-2009*, tome I, SDE du Ministère de la Justice, Kinshasa.

Cour suprême de justice (2010), *Bulletin des arrêts de la Cour suprême de justice. Années 2004-2009*, tome II, SDE du Ministère de la Justice, Kinshasa.

TPIR, Chambre de première instance, n° ICTR-96-4-T, du 2 septembre 1998, Aff. *Procureur c. Jean-Paul Akayesu.*

TPIR, Chambre de première instance, n° ICTR-95-1-T, du 21 mai 1999, Aff. *Procureur c. Clement Kayishema et Obed Ruzindana.*

TPIY, Chambre d'appel, n° IT-94-1-AR72, du 2 octobre 1995, n° 70, Aff. *Procureur c. Dule.*

Tribunal de grande instance d'Uvira, Siège secondaire de Kavumu, RP 10 749, du 2 novembre 2015, inédit.

Tribunal de paix de Kinshasa-Gombe, RP 24081/II, du 14 avril 2014, affaire *Ministère public c/ la prévenue Sénéchal Laurence*, inédit.

Ouvrages, articles et rapports

AEBERHARD-HODGES, J. (1996), « Le harcèlement sexuel sur les lieux de travail : jurisprudence récente », *Revue internationale du travail*, vol. 135, n° 5, pp. 545-583.

Avocat Sans Frontières (mai 2012), *Étude de jurisprudence en matière des violences sexuelles en droit commun.*

BERNARDINI, R. (2015), *Droit criminel*, vol. II, *L'infraction et la responsabilité*, 2e éd., Bruxelles, Larcier.

BROCK, B. (1981), *Les maladies vénériennes*, Kinshasa, Éditions Saint Paul Afrique.

Bureau du représentant spécial du Secrétaire général pour les enfants et les conflits armés (2014), *Les six violations graves commises envers les enfants en temps de conflit armé : Fondements juridiques*, Document de travail n° 1, Nations Unies, New York.

CIZUNGU M. NYANGEZI, B. (2011), *Les infractions de A à Z*, Kinshasa, Nyangezi.

CORNU, G. (2014), *Vocabulaire juridique*, Paris, PUF.

DE NAUW, A. (2008), *Initiation au droit pénal spécial*, Waterloo, Kluwer.

DECLERCQ, R. (2006), *Éléments de procédure pénale*, Bruxelles, Bruylant.

FIERENS, J. (2010), « La sorcellerie dans le droit religieux et droit moderne Burundi, République démocratique du Congo, Rwanda », in *Convictions philosophiques et religieuses et droits positifs*, Bruxelles, Bruylant, pp. 421-452.

GUINCHARD, S. *et al.* (2015), *Lexique des termes juridiques*, 22e éd., Paris, Dalloz.

HENCKAERTS, J.-M. et DOSWALD-BECK, L. (dir.) (2006), *Droit international humanitaire coutumier*, vol. I, *Règles*, Bruxelles-Genève, Bruylant-CICR.

HENNAU, C. et VERHAEGEN, J. (2005), *Droit pénal général*, Bruxelles, Bruylant.

KASHAMA NGOIE, S. (2009), *La procédure devant le tribunal pour enfants*, Monuc/section protection de l'enfant, Save the Children, Service de documentation et Études, Kinshasa.
KATWALA KABA-KASHALA (1995), *Code pénal zaïrois annoté*, Kinshasa, Asyst SPRL.
LAGARDE, X. (2009), *Les personnes vulnérables*, Cour de cassation, Rapport annuel 2009, Paris, La Documentation française.
LARMURIER, X. et NAU, D. (2012), *Sexe et loi. Questions réponses*, Saint-Denis, Centre ressource, conseil, information et documentation sur la prévention des risques liés à la sexualité.
LEMPEN, K. (2006), « Aperçu de la jurisprudence relative au harcèlement sexuel sur le lieu de travail », *AJP/PJA*, pp. 1404-1412.
LESUEUR, J. (1974), *Précis de droit pénal spécial*, Kinshasa, ADI.
LEVASSEUR, G. (1967-1968), *Cours de droit pénal spécial*, Paris, Les Cours de droit.
LIKULIA BOLONGO (1985), *Droit pénal spécial zaïrois*, tome 1, Paris, LGDJ.
LUKOO MASUMBUKO, R. (2010), *La jurisprudence congolaise en matière de violences sexuelles aux Congo Kinshasa et Brazzaville*, tome I, Kinshasa, On s'en sortira.
LUKOO MASUMBUKO, R. (2010), *La jurisprudence congolaise en droit pénal*, tome II, Kinshasa, On s'en sortira.
LUZOLO BAMBI LESA (2011), *Manuel de procédure pénale*, Kinshasa, PUC.
MELZER, N. (2010), *Guide interprétatif sur la notion de participation directe aux hostilités en droit international humanitaire*, Genève, CICR.
MERGER, R., LEVY, J. et MELCHIOR, J. (1993), *Précis d'obstétrique*, Paris, Masson.
MESCE, D. *et al.* (2011), *Un guide sur la santé sexuelle et reproductive en Afrique de l'Ouest francophone à l'attention des journalistes*, Population référence Bureau.
MICHIELS, O. et FALQUE, G. (2013-2014), *Procédure pénale*, Notes de cours, Faculté de droit, Université de Liège, Liège.
MILLET, R. (1965), *Le dictionnaire de la loi. Termes légaux à la portée de tous*, Montréal, Les Éditions de l'homme.
MINEUR, G. (1953), *Commentaire du Code pénal congolais*, Bruxelles, Larcier.
MUTATA LUABA, L. (2008), *Traité de crimes internationaux*, Kinshasa, Éditions universitaires Africaines-L'Arc-en-ciel, coll. « Droit et Société ».
NIMY MOENDE, B. (1993), *Fondements pour une théorie de prévention intégrée en milieu africain*, thèse de doctorat en criminologie, Université catholique de Louvain, Louvain-la-Neuve.
NOEMIE, B. (2009), « L'attentat à la pudeur ou la protection de l'intégrité sexuelle telle qu'elle est communément admise. Commentaire de l'arrêt de la Cour constitutionnelle du 4 juin 2009 », *J.D.J.*, n° 287, septembre 2009, pp. 19-24.
NYABIRUNGU MWENE SONGA (1989), *Droit pénal général zaïrois*, Kinshasa, Droit et Société.
NYABIRUNGU MWENE SONGA (2001), *Traité de droit pénal général congolais*, Kinshasa, Droit et Société.
Office des Nations Unies contre la drogue et le crime (2006), *Référentiel d'aide à la lutte contre la traite des personnes*, New York, Publications des Nations Unies.
ONUSIDA (août 2008), *Politique générale, Criminalisation de la transmission du VIH.*
ONUSIDA (mai 2013), *Ending overly broad criminalisation of HIV non-disclosure, exposure and transmission: Critical scientific, medical and legal considerations.*

POTEL BARANES, C. (2008), « Intimité du corps. Espace intime. Secret de soi », *Enfances & Psy*, vol. 39, n° 2, pp. 106-118.
PRADEL, J. et DANTI-JUAN, M. (2010), *Droit pénal spécial*, 5e éd., Paris, Cujas.
PRADEL, J. (1977), *Droit pénal*, tome I, Paris, Cujas.
PUIGELIER, C. (2015), *Dictionnaire juridique*, Bruxelles, Larcier.
RENOUT, H. (2008), *Droit pénal général*, 13e éd., Orléans, Paradigme.
RIGAUX, M. et TROUSSE, P.-E. (1968), *Les crimes et les délits du Code pénal*, tome V, Bruxelles, Bruylant.
Sénat de la RDC (juillet 2008), *Rapport de la commission spéciale chargée de l'examen de la loi portant protection de l'enfant*, Document inédit, Kinshasa.
SERVICE DE DOCUMENTATION ET ÉTUDES DU MINISTÈRE DE LA JUSTICE (SDEMJ), *Recueil de jurisprudence annotée 2014. Justice pour enfants*, Kinshasa, SDEMJ.
STROUVENS, L. et PIRON, P. (1948), *Codes et lois du Congo Belge*, 6e éd., Bruxelles, Larcier.
TSHIMALANGA MWANTA (2013), *Revue du cadre juridique congolais de la riposte au vih/sida*, Kinshasa, PNUD.
TULKENS, F. et KERCHOVE, M. (2005), *Introduction au droit pénal. Aspects juridiques et criminologiques*, Bruxelles, Kluwer.
VÉRON, M. (1999), *Droit pénal spécial*, 7e éd., Paris, Armand Colin.

Articles - Webographie

ANGELESI BAYENGA, F. (2010), *Le VIH/SIDA, une épreuve pour la science juridique. Illustrations en droit congolais et perspectives*, mémoire de licence en droit, Université de Kinshasa, www. memoireonline.com/05/10/3529/m_le-VIHSIDA-une-perspective4.html, consulté le 17 avril 2016 à 11h.
BUFFET, A.-L. (2016), *Souffrances morales infligées aux enfants*, https://cvpcontrelaviolencepsychologique.com/2016/04/01/souffrances-morales-infligees-aux-enfants/, consulté le 14 avril 2016 à 18h.
HADDAD, S. (2006), « Qu'est-ce que le harcèlement sexuel ? », www.legavox.fr/blog/maitre-haddad-sabine, consulté le 24 avril 2016.
HADDAD, S. (2012), « Exhibition sexuelle et sanction de l'attitude impudique imposée à autrui », www.legavox.fr/blog/maitre-haddad-sabine consulté le 4 avril 2016.
JAMES T. et PACALA, M. D, « Généralités sur les soins préventifs », http://www.merckmanuals.com/fr-us, consulté le 12 octobre 2016.
LATIMER, J. (s.d.), « Les conséquences des violences faites à l'enfant », http://aivi.org/vous-informer/consequences-de-linceste/sur-les-enfants/1455-les-consequences-de-la-violence-faite-aux-enfants.html?showall=1&limitstart, consulté le 14 avril 2016.
http://www.linternaute.com/dictionnaire/fr/definition/personnel-soignant/ consulté le 30 juin 2014 à 13 heures.

Index des infractions et autres matières traitées

Abstention de donner des soins préventifs requis à l'enfant 299

Abstention de porter assistance à une femme en instance d'accouchement 340

Abstention de porter secours à un enfant 278

Abstention volontaire d'accomplir un acte de sa fonction ou de son emploi 291

Abus d'une situation de la vulnérabilité 83

Abus de confiance au préjudice d'un enfant 130

Accusation de sorcellerie à l'égard d'un enfant 68

Accusation de sorcellerie 69

Acte discriminatoire à l'égard d'un enfant 237

Acte matériel de privation de la capacité de reproduction 192

Administration volontaire à un enfant des substances nuisibles à la santé 49

Arrestation arbitraire d'un enfant 72

Atteintes avant la naissance de l'enfant 329

Attentat à la pudeur avec violence, ruse ou menace 176

Attentat à la pudeur commis sur un enfant 172

Autorité parentale ou tutélaire. 269

Contamination délibérée d'un enfant d'une infection sexuellement transmissible incurable 195

Contraindre un enfant à se marier 271

Contrat de dépôt et de séquestre 134

Coups et blessures volontaires aggravés portés sur une femme enceinte 333

Coups et blessures volontaires ayant entraîné l'avortement sans l'intention de le provoquer 336

Coups et blessures volontaires ayant entraîné la mort d'un enfant 29

Coups et blessures volontaires ayant entraîné une maladie ou incapacité à un enfant 25

Coups et blessures volontaires ayant entraîné une mutilation ou un handicap sur un enfant 27

Coups et blessures volontaires portés sur un enfant 18

Coups et blessures volontaires portés sur une femme enceinte 330

Déchéance de l'autorité parentale 184

Défaut de consentement résultant de l'âge de la victime 161

Délaissement d'un enfant 273
Déplacement d'un enfant à l'étranger 246
Déplacement ou rétention illicites de l'enfant à l'étranger 244
Destruction ou dégradation méchante d'un bien d'un enfant 104
Détention d'un enfant afin d'abus sexuel 188
Détention d'un enfant 74
Diffamation à l'égard d'un enfant 61
Différence avec le recrutement des élèves 261
Différence entre l'épreuve superstitieuse et la torture commise sur un enfant 56
Différence entre le viol d'enfant et la détention d'enfant afin d'abus sexuel 191
Distinction entre traite et vente d'enfants 91
Donner en mariage un enfant ou mariage forcé d'un enfant 267
Donner en mariage 270
Enlèvement d'un enfant en procédure devant le tribunal pour enfants 325
Enlèvement, arrestation arbitraire ou détention d'un enfant 71
Enrôlement ou utilisation d'un enfant 257
Enrôlement ou utilisation des enfants dans le contexte d'un conflit armé 260
Enrôlement ou utilisation des enfants dans les forces, groupes armés et police 256
Entraînement 228
Entrave de la procédure judiciaire entamée contre un enfant en conflit avec la loi 315
Épreuves superstitieuses commises sur un enfant 52
Esclavage sexuel d'un enfant 231
Escroquerie au préjudice d'un enfant 114
Exigence des frais scolaires autres que ceux prévus par les textes légaux et réglementaires 307
Expérimentation médicale sur un enfant 43
Exposition d'un enfant à l'exhibition sexuelle 203
Exposition de l'enfant à l'exhibition 207
Exposition de l'enfant à la pornographie 215
Finalité de l'acte de la traite : aux fins d'exploitation 87
Forces et groupes armés et police 258
Harcèlement sexuel sur l'enfant 220
Illicéité de l'acte de déplacement ou de rétention : violation du droit de garde ou de l'État 247
Incitation à des fins sexuelles avec un animal 186
Incitation d'un enfant à des relations sexuelles avec un animal 185
Incitation d'un enfant à la débauche 178
Incitation d'un enfant au suicide 57
Menace à la santé et au développement 288
Mort de l'enfant victime de coups 31
Mutilation sexuelle d'un enfant 38
Non-dénonciation des violences commises sur un enfant 284
Non-envoi d'un enfant à l'école 310
Non-dénonciation 290
Non-présentation d'un enfant à ceux qui ont le droit de le réclamer 322
Objet de stellionat 110
Participation criminelle 149
Personne victime d'abus ou mise en danger 293
Perte de l'organe 336
Pires formes de travail de l'enfant 249
Pornographie mettant en scène les enfants 211
Prescription de l'abus de confiance au préjudice d'un enfant 149

Preuve du détournement ou de la dissipation 145
Privation d'un enfant de sa capacité biologique de procréer 191
Proxénétisme à l'égard d'un enfant 225
Qualité de l'auteur de l'abstention 292
Quid de la détention d'enfant afin sexuelle réalisée par une femme 191
Refus d'assurer à son enfant les soins médicaux préventifs 304
Régime répressif de l'entrave à la procédure entamée contre un enfant 328
Rétention d'un enfant à l'étranger 246
Soumission d'un enfant à la torture 34
Soustraction d'un enfant à la garde 319
Soustraction d'un enfant à la procédure intentée contre lui 318
Stellionat au préjudice d'un enfant 107
Tenue de la maison de débauche ou de prostitution 228
Traite ou vente d'enfants 78
Usage de faux noms 116
Utilisation d'un enfant aux fins de mendicité 295
Utilisation d'un enfant dans les différentes formes de la criminalité 237
Utilisation dans les différentes formes de criminalité 265
Utilisation, le recrutement ou l'offre d'un enfant aux fins d'activités illicites 253
Viol d'enfant 155
Vol d'un bien appartenant à un enfant 93
Vol d'un bien d'un enfant à l'aide des violences ou des menaces 101

TABLE DES MATIÈRES

Note à l'auteur 9

Principales abréviations 11

INTRODUCTION 13

CHAPITRE PREMIER
LES ATTEINTES VOLONTAIRES À LA VIE ET À L'INTÉGRITÉ PHYSIQUE OU MENTALE DE L'ENFANT 17

Section 1. Coups et blessures volontaires portés sur un enfant 18

§ 1. Base légale 18

§ 2. Éléments constitutifs 18

§ 3. Circonstance aggravante : la préméditation 21

§ 4. Régime répressif 22

§ 5. Notion de droit de correction 22

§ 6. Position de la Commission africaine des droits de l'homme et des peuples par rapport aux fouets 24

§ 7. Juridiction compétente 24

Section 2. Coups et blessures volontaires ayant entraîné une maladie ou incapacité à un enfant 25

§ 1. Élément légal 25

§ 2. Éléments constitutifs 25

§ 3. Conséquences sérieuses pour la santé de l'enfant : une maladie ou une incapacité 26

§ 4. Régime répressif 27

Section 3. Coups et blessures volontaires ayant entraîné une mutilation ou un handicap sur un enfant 27

§ 1. Élément légal 28

§ 2. Éléments constitutifs 28

§ 3. Régime répressif 29

Section 4. Coups et blessures volontaires ayant entraîné la mort d'un enfant 29
§ 1. Élément légal........ 30
§ 2. Éléments constitutifs........ 30
§ 3. *Quid* de la part de responsabilité au cas où les coups portés sur l'enfant sont l'œuvre de plusieurs personnes ? 33
§ 4. Régime répressif........ 34
Section 5. Soumission d'un enfant à la torture 34
§ 1. Base légale........ 35
§ 2. Éléments constitutifs........ 35
§ 3. Circonstance aggravante : la torture ayant entraîné la mort de l'enfant 38
§ 4. Répression de la torture........ 38
Section 6. Mutilation sexuelle d'un enfant........ 38
§ 1. Base légale........ 39
§ 2. Éléments constitutifs........ 39
§ 3. Circonstance aggravante........ 41
§ 4. Régime répressif 42
Section 7. Expérimentation médicale sur un enfant 43
§ 1. Base légale........ 43
§ 2. Éléments constitutifs de l'expérimentation médicale 44
§ 4. Répression de l'expérimentation médicale sur un enfant........ 48
Section 8. Administration volontaire à un enfant de substances nuisibles à la santé........ 49
§ 1. Base légale de la prévention........ 49
§ 2. Éléments constitutifs........ 49
§ 3. Répression de l'administration volontaire à un enfant des substances nuisibles.. 52
Section 9. Épreuves superstitieuses commises sur un enfant........ 52
§ 1. Base légale........ 52
§ 2. Éléments constitutifs........ 53
§ 3. Régime répressif des épreuves superstitieuses........ 55
§ 4. La différence entre l'épreuve superstitieuse et la torture commise sur un enfant 56
Section 10. Incitation d'un enfant au suicide 57
§ 1. Base légale 58

§ 2. Éléments constitutifs 58
§ 3. Répression d'incitation d'un enfant au suicide 60

CHAPITRE II
LES ATTEINTES À L'HONNEUR ET À LA LIBERTÉ INDIVIDUELLE DE L'ENFANT 61

Section 1. Diffamation à l'égard d'un enfant 61
§ 1. Base légale 62
§ 2. Les éléments constitutifs 62
§ 3. La répression de la diffamation 67

Section 2. Accusation de sorcellerie à l'égard d'un enfant 68
§ 1. La base légale 69
§ 2. Les éléments constitutifs 69
§ 3. Répression de l'accusation de sorcellerie 70

Section 3. L'enlèvement, l'arrestation arbitraire ou la détention d'un enfant 71

Sous-section 1. Fait matériel infractionnel 71
§ 1. Enlèvement d'enfant 72
§ 2. Arrestation arbitraire d'un enfant 72
§ 3. Détention d'un enfant 74

Sous-section 2. Moyen utilisé par l'auteur 74
§ 1. La violence 74
§ 2. La ruse 75
§ 3. Les menaces 75

Sous-section 3. Élément moral 76

Sous-section 4. Circonstance aggravante 77

Sous-section 5. Régime répressif 77

Section 4. Traite ou vente d'enfants 78
§ 1. Base légale 79
§ 2. Traite d'enfants 80
§ 2. Vente d'enfants 89
§ 3. Régime répressif 90
§ 4. Distinction entre traite et vente d'enfants 91

CHAPITRE III
LES ATTEINTES À LA PROPRIÉTÉ OU AU PATRIMOINE DE L'ENFANT 93

Section 1. Vol d'un bien appartenant à un enfant 93

§ 1. Base légale 94

§ 2. Éléments constitutifs 94

§ 3. Régime répressif 100

Section 2. Vol d'un bien d'un enfant à l'aide de violences ou de menaces 101

§ 1. Base légale 101

§ 2. Éléments constitutifs 101

§ 3. Régime répressif 103

Section 3. Destruction ou dégradation méchante d'un bien d'un enfant 104

§ 1. Base légale 104

§ 2. Éléments constitutifs 104

§ 3. Régime répressif 106

Section 4. Stellionat au préjudice d'un enfant 107

§ 1. Base légale 108

§ 2. Éléments constitutifs 108

§ 3. Régime répressif 112

Section 5. Escroquerie au préjudice d'un enfant 114

§ 1. Base légale 115

§ 2. Éléments constitutifs 116

§ 3. Régime répressif 128

§ 4. La prescription de l'action publique résultant de l'escroquerie 130

Section 6. Abus de confiance au préjudice d'un enfant 130

§ 1. Base légale 131

§ 2. Conditions préalables de la prévention 132

§ 3. Éléments constitutifs 141

§ 4. La répression 148

CHAPITRE IV
LES AGRESSIONS SEXUELLES **153**

Section 1. Viol d'enfant **155**
§ 1. Base légale 156
§ 2. Les éléments constitutifs 157
§ 3. Poursuites 165
§ 4. Sanctions 166
§ 5. *Quid* du cas de la mort de l'enfant ? 172

Section 2. Attentat à la pudeur commis sur un enfant **172**
§ 1. Base légale 173
§ 2. Attentat à la pudeur sans violence, ruse ou menace 174
§ 3. Attentat à la pudeur avec violence, ruse ou menace 176
§ 4. Circonstances aggravantes communes à tous les deux attentats à la pudeur 177
§ 5. La répression de l'attentat à la pudeur commis sur l'enfant 178

Section 3. Incitation d'un enfant à la débauche **178**
§ 1. Base légale 179
§ 2. Les éléments constitutifs 179
§ 3. La répression de l'incitation d'enfant à la débauche 183

Section 4. Incitation d'un enfant à des relations sexuelles avec un animal **185**
§ 1. Base légale 185
§ 2. Les éléments constitutifs 185
§ 2. Sanctions pénales 187
§ 3. Différence avec la zoophilie 187

Section 5. Détention d'un enfant aux fins d'abus sexuel **188**
§ 1. Base légale **188**
§ 2. Éléments constitutifs **188**
§ 3. Sanctions pénales **190**
§ 4. Quelles particularités ? **191**

Section 6. Privation d'un enfant de sa capacité biologique de procréer **191**
§ 1. Base légale 192
§ 2. Éléments constitutifs 192
§ 3. La répression 195

Section 7. Contamination délibérée d'un enfant d'une infection sexuellement transmissible incurable **195**

§ 1. Base légale 196
§ 2. Les éléments constitutifs 196
§ 3. Répression de la contamination délibérée d'une infection 201
§ 4. Constitution de la partie civile 202
§ 5. Mesures en faveur du prévenu 202

Section 8. Exposition d'un enfant à l'exhibition sexuelle 203
§ 1. Base légale 204
§ 2. Distinctions avec d'autres préventions relatives aux agressions sexuelles 204
§ 3. Les éléments constitutifs 205
§ 4. La sanction pénale 211

Section 9. Pornographie mettant en scène les enfants 211
§ 1. Base légale 212
§ 2. Éléments constitutifs 212
§ 3. Sanctions de la pornographie mettant en scène les enfants 215

Section 10. Exposition de l'enfant à la pornographie 215
§ 1. Siège de la matière 216
§ 2. Éléments constitutifs 217
§ 3. La peine applicable 219

Section 11. Harcèlement sexuel sur l'enfant 220
§ 1. Base légale 220
§ 2. Éléments constitutifs du harcèlement sexuel sur l'enfant 221
§ 3. Répression du harcèlement sexuel sur l'enfant 224

Section 12. Proxénétisme à l'égard d'un enfant 225
§ 1. Base légale 226
§ 2. Éléments constitutifs 227
§ 3. Répression 231

Section 13. Esclavage sexuel d'un enfant 231
§ 1. Base légale 232
§ 2. Éléments constitutifs 232
§ 3. Répression 235

Section 14. Que retenir sur les agressions sexuelles sur l'enfant ? 235

CHAPITRE V
LA MISE EN DANGER D'UN ENFANT 237

Section 1. Acte discriminatoire à l'égard d'un enfant 237
§ 1. Base légale 238
§ 2. Éléments constitutifs 238
§ 3. Répression de la discrimination 244
Section 2. Déplacement ou rétention illicites de l'enfant à l'étranger 244
§ 1. Base légale 245
§ 2. Éléments constitutifs 246
§ 3. Régime répressif 249
Section 3. Pires formes de travail de l'enfant 249
§ 1. Base légale 251
§ 2. Éléments constitutifs 252
§ 3. Régime répressif 256
Section 4. Enrôlement ou utilisation des enfants dans les forces, groupes armés et police 256
§ 1. Base légale 257
§ 2. Éléments constitutifs 257
§ 3. Répression 259
Section 5. Utilisation d'un enfant dans les différentes formes de la criminalité 262
§ 1. Base légale 262
§ 2. Éléments constitutifs 263
§ 3. Régime répressif 266
Section 6. Donner en mariage un enfant ou mariage forcé d'un enfant 267
§ 1. Base légale 268
§ 2. Éléments constitutifs 268
§ 3. Régime répressif 271
Section 7. Délaissement d'un enfant 273
§ 1. Base légale 273
§ 2. Éléments constitutifs 274
§ 3. Répression du délaissement d'un enfant 278
Section 8. Abstention de porter secours à un enfant 278
§ 1. Base légale 279
§ 2. Éléments constitutions ou conditions d'existence de la prévention 279
§ 3. Répression de l'abstention de porter secours à un enfant 283

Section 9. Non-dénonciation des violences commises sur un enfant 284
§ 1. Base légale de la prévention 285
§ 2. Conditions et éléments constitutifs 285
§ 3. Régime répressif 290

Section 10. Abstention volontaire d'accomplir un acte de sa fonction ou de son emploi 291
§ 1. Base légale de la prévention 292
§ 2. Éléments constitutifs 292
§ 3. Répression 294

Section 11. Utilisation d'un enfant aux fins de mendicité 295
§ 1. Base légale de la prévention 296
§ 2. Éléments constitutifs 296
§ 3. Répression 297

CHAPITRE VI
LES ATTEINTES AUX DROITS À LA SANTÉ ET À L'ENSEIGNEMENT DE L'ENFANT 299

Section 1. Abstention de donner des soins préventifs requis à l'enfant 299
§ 1. Base légale 300
§ 2. Éléments constitutifs 300
§ 3. Régime répressif 302

Section 2. Refus d'assurer à son enfant les soins médicaux préventifs 304
§ 1. Base légale 304
§ 2. Éléments constitutifs 304
§ 3. Régime répressif 307

Section 3. Exigence des frais scolaires autres que ceux prévus par les textes légaux et réglementaires 307
§ 1. Base légale 308
§ 2. Éléments constitutifs 308
§ 3. Régime répressif 310

Section 4. Non-envoi d'un enfant à l'école 310
§ 1. Base légale 311
§ 2. Éléments constitutifs 311
§ 3. Régime répressif 313

CHAPITRE VII
LES AUTRES FORMES D'INFRACTIONS À LA LOI PORTANT PROTECTION DE L'ENFANT 315

Sous-chapitre VII.1
Entrave à la procédure judiciaire entamée contre un enfant en conflit avec la loi 315

Section 1. Éléments communs 316
§ 1. Existence d'une instance judiciaire 316
§ 2. Qualité de l'auteur 317
§ 3. Circonstance aggravante : la déchéance de l'autorité parentale 317

Section 2. Éléments propres à chaque prévention 318

Sous-section 1. Soustraction d'un enfant à la procédure intentée contre lui 318
§ 1. Élément matériel 318
§ 2. Élément moral 319

Sous-section 2. Soustraction d'un enfant à la garde 319
§ 1. Existence d'une décision de justice confiant un enfant à la garde 320
§ 2. Élément matériel 321
§ 3. Élément moral 321

Sous-section 3. Non-présentation d'un enfant à ceux qui ont le droit de le réclamer 322
§ 1. Droit de réclamer l'enfant 322
§ 2. Élément matériel 324
§ 3. Élément moral 324

Sous-section 4. Enlèvement d'un enfant en procédure devant le tribunal pour enfants 325
§ 1. Élément matériel 326
§ 2. Élément moral 327

Section 3. Régime répressif de l'entrave à la procédure entamée contre un enfant 328
§ 1. Poursuite 328
§ 2. Peines applicables 328

Sous chapitre II
Atteintes avant la naissance de l'enfant 329

Section 1. Coups et blessures volontaires portés sur une femme enceinte 330
§ 1. Base légale 330
§ 2. Éléments constitutifs 330
§ 3. Régime répressif 332
§ 4. Étendue de la responsabilité pénale du conjoint 333
Section 2. Coups et blessures volontaires aggravés portés sur une femme enceinte 333
§ 1. Base légale 333
§ 2. Éléments constitutifs 334
§ 3. Régime répressif 336
Section 3. Coups et blessures volontaires ayant entraîné l'avortement sans l'intention de le provoquer 336
§ 1. Base légale 337
§ 2. Éléments constitutifs 337
§ 3. Régime répressif 339
Section 4. Abstention de porter assistance à une femme en instance d'accouchement 340
§ 1. Base légale 340
§ 2. Éléments constitutifs 341
§ 3. Régime répressif 345
CONCLUSION GÉNÉRALE 347
Annexe I
La loi n° 09/001 du 10 janvier 2009 portant protection de l'enfant 351
Annexe II
Arrêté ministériel n° 12/CAB.MIN/TPSI/045 /08 du 8 août 2008 fixant les conditions de travail des enfants 388
Bibliographie 395
Index des infractions et autres matières traitées 399

www.ingramcontent.com/pod-product-compliance
Lightning Source LLC
LaVergne TN
LVHW050053061026
849532LV00001BA/166
* 9 7 8 2 8 0 6 1 0 6 5 4 4 *